Bernd Oei

Eros & Thanatos

Reihe Sprach- und Literaturwissenschaft

Band 42

Bernd Oei

Eros & Thanatos

Philosophie und Wiener Melancholie in Arthur Schnitzlers Werk

Centaurus Verlag & Media UG

Über den Autor

Bernd Oei, Magister Phil., studierte Philosophie, Geschichte, Romanistik in Bremen, Hamburg und Bordeaux. Seither freier Dozent und Leiter des Philosophiesalons in Bremen. Buchveröffentlichungen über Nietzsche, Hölderlin, Camus, Roth, Rilke, Flaubert, Tolstoi. Sein Anliegen ist, immer die Grenze zwischen Philosophie und Literatur zu suchen.

Bibliografische Informationen der Deutschen Nationalbibliothek
Die Deutsche Nationalbibliothek verzeichnet diese Publikation in der Deutschen Nationalbibliografie; detaillierte bibliografische Daten sind im Internet über http://dnb.d-nb.de abrufbar.

ISBN 978-3-86226-214-4   ISBN 978-3-86226-934-1 (eBook)
DOI 10.1007/978-3-86226-934-1
ISSN 0177-2821

Gedruckt auf säurefreiem und chlorfrei gebleichtem Papier

© *CENTAURUS Verlag & Media KG, Freiburg 2013*
www.centaurus-verlag.de

Umschlaggestaltung: Jasmin Morgenthaler, Visuelle Kommunikation
Umschlagabbildung: Christine Dittmann, Bildende Künstlerin, Bremen
Lektorat: Beate Steinert
Satz: Vorlage der Autors

Inhaltsverzeichnis

Prolog

Arthur Schnitzlers Stücke sind zeitgemäß, obgleich sie in einer anderen Welt spielen, dem Fin de Siècle, das man gerne als den großen Umbruch oder das hysterische bzw. neurasthenische Zeitalter bezeichnet. Es wird viel gelitten, noch mehr gelogen und am Ende auch gestorben. Sterben trägt immer ein wenig Heimweh nach dem Ursprünglichen in sich. Der Tod ist nicht das Gegenteil, sondern die Voraussetzung für das Leben, und dazwischen liegt nichts als ein Übergang zu Neuem. In seiner Erzählung „Flucht in die Finsternis", die während des ersten Weltkrieges entsteht, entwickelt Schnitzler das Psychogramm eines pathologischen Mörders, der seine Identität verliert und offensichtlich an Schizophrenie leidet. Treffender könnte ein „taumelnder Kontinent", wie sich Philipp Blom über diese Zeitspanne ausdrückt, nicht beschrieben werden. Es gibt keine Rettung vor dem Wahnsinn, der aus Verfolgungsängsten und Neid gewoben wird. Obschon alles detailliert, konkret und individualisiert gehalten ist, wirken Schnitzlers künstlerische Arbeiten unheimlich verallgemeinerbar. In jungen Jahren will er, wie er selbst einräumt, nur Fallstudien beschreiben und den Moment einfangen, in dem die Normalität auseinander bricht, wo die Masken fallen und das Ich auf seine Kernlosigkeit und Unrettbarkeit zurückgeworfen wird. Die Unausweichlichkeit des Schicksals begleitet und umschattet alle seine Erzählungen, selbst die Komödien. Eine seiner frühen Erzählungen „Reichtum" skizziert dies deutlich: Ein kleiner Beamter wird von Aristokraten zum Spiel eingeladen und gewinnt eine große Summe Geld. Im Glückstaumel versteckt er seinen Schatz, doch am Morgen findet er ihn nicht mehr, und im Laufe der Jahre wird er verrückt, weil er nicht erträgt, was ihm widerfahren ist. Sein Sohn findet das Geld und verspielt es noch in derselben Nacht, woraufhin auch er im Wahnsinn endet. Wenngleich die Geschichte konstruiert und unglaubwürdig wirkt – Novellen haftet stets das Unheimliche an – so ist sie doch eine Parabel auf das Leben und mehr noch auf das Schicksal wie Schnitzler es auffasst.

Auch bei „Flucht in die Finsternis" erscheint die Handlung trotz mancher Wendungen vorhersehbar, doch tritt hier viel stärker das Individuum in den Vordergrund. Schnitzler will keinen Fall mehr schildern oder die Kausalketten aufzeigen, sondern den Zerfall eines offensichtlich an Nervenfieber leidenden Menschen schildern. Mehr und mehr tritt die Rätselhaftigkeit unserer Bewusstseinsschichten in den Vordergrund, und über die Zwangsmechanismen hinaus, die Schnitzlers Figuren immer gefangen halten, wird eine zweite Welt sichtbar, die trotz des Traums genauso real wirkt wie physische Naturgesetze. Das Interesse am Wahn begleitet alle Geschichten Schnitzlers, dabei ist es gleich, ob es sich um eine erotische oder eine auf den Todestrieb bezogene Illusion handelt. Als geistiger Ahn erscheint dabei Heinrich von Kleist, dem es nur um die Spanne zwischen Lebens- und Todesplan geht und dessen Menschen gleichfalls wie Marionetten an Schnüren hängen. Das Interesse der Romantik am Verrückten, Grotesken und der Krankheit soll, so Susan Sontag in „Krankheit als Metapher", dem Tod seinen Schrecken nehmen und bisweilen sogar erotisieren. Schnitzler hat gleichfalls ein Interesse an der Krankheit und benutzt sie als Metapher für Eros und Thanatos, aber entgegen der romantischen Sehnsucht, der Heimkehr zum Ganzen, entlarvt er die Lügen, weil es in einer modernen Gesellschaft schwieriger geworden ist mit dem Sterben umzugehen und dem Tod seine Würde, sein Gesicht geraubt wurde. Dem kollektiven Massensterben, der Euphorie, sich für das Vaterland totschießen lassen zu wollen, folgt Schnitzlers Weisheit: „Schmerz ist untauglich für sittliche Erneuerung. Das Individuum bleibt von Beginn bis zum Ende ein Apparat der Natur."

Alle sind Schauspieler. Treuebruch, Selbstlüge, Suizid. Erotisches Verlangen bis zur Manie, pathologischer Wahn, Selbstverleugnung oder Selbstüberschätzung. Das sind die Themen, das ist das Leben. Menschen ändern sich selten, nie freiwillig. Die eigene Existenz als Bühne ständigen Kampfes und fortwährender Konkurrenz, selbst um Illusionen und Desillusionierungen. „Wer hat mehr Enttäuschung erlebt?" fragt der vermeintliche Todeskandidat und Journalist Rademacher. Inmitten eines Sanatoriums, in dem stündlich gestorben wird, handelt Schnitzlers positivster Fall, der bezeichnenderweise „Die letzten Masken" (1901) heißt. Rademacher will reinen Tisch machen und seinem ehemaligen Freund sagen, dass er mit seiner Frau über Jahre ein Verhältnis unterhalten hat. Er will ihn, den Erfolgreichen vernichten, will den totalen Krieg, jetzt, wo er sterben muss, hat er nichts mehr zu verlieren. Doch bevor er seine Hasstirade ansetzen kann, redet sich der vermeintlich Sorglose und Erfolgreiche die Leber frei. Rademacher erkennt, was er für wichtig hielt ist im Grunde nichtig und was er übersah das wirkliche Leben. Er wird nicht sterben und stattdessen richtig anfangen zu leben.

Heinrich Mann sagt über Arthur Schnitzler in „Ein Zeitalter wird besichtigt", er enthülle in seinen Werken durch die Nichtbeachtung vieler Dinge.

So hielt er Zionismus für eine lächerliche Antwort auf den Antisemitismus und den Naturalismus für naiven Symbolismus in seiner positiven Überzeugung, der Mensch werde durch Bildung ein besseres Zeitalter schaffen. Schnitzler gehört der Wiener Moderne „Junges Wien" an, die sich einerseits ins Leben stürzt, andererseits die Dekadenz des Zeitgeistes artikuliert. *„Ihr seid Produkte eines Reiches, das zu schnell geworden ist"*, äußert er Heinrich Mann gegenüber, als es in ihrem Gespräch um den Unterschied zwischen Deutschland und Österreich geht. Vielleicht stimmt es, was Mann über ihn liebevoll sagt, dass er den Ruhm und die Frauen mehr liebe als sein Vaterland oder eine zweifelhaft gewordene Ehre. Schnitzlers Themen bleiben zeitlos beschränkt auf Eros und Thanatos sowie ihre unauflösliche Verschränkung ineinander. Das Glück erachtet er dabei als so gebrechlich wie das vorgeahnte Unglück. Er schreibt über die doppelte Moral der Menschen, ihre Schwächen und Laster, aber niemals zynisch oder verurteilend. Als Arzt fühlt er den Puls und die Krankheit seiner Patienten, als Schriftsteller den Puls der Zeit und die Symptome des Untergangs. *„Sein Pessimismus war der gründlichste ... Empörung aber blieb ihm fremd. Er schien nicht mehr zeitgemäß, gerade wegen ihrer vorher reizvollen Übereinstimmung mit dem Zeitgeist."*[1]

Dem scheinbar transparent gewordenen und von den Romantikern mit so viel Selbstbewusstsein ausgestatteten „Ich" gegenüber bewahrt sich Schnitzler nicht nur eine profunde Skepsis, der zufolge er den freien Willen für eine Utopie hält. Schnitzlers profunde Überzeugung lautet: Man ist nur, was die Umstände wollen. *„Er sah dieselben Menschen zwecklos dahinleben, ob reiche Monarchie oder Republik des Elends; achtbar wurden sie nur, weil sie sterben mußten."*

Schnitzler glaubt, die Kunst müsse um ihrer selbst willen ernst genommen und gleichzeitig als ein Instrument angesehen werden soziale Kräfteverhältnisse darzustellen. *„Er war Österreicher, womit viel erklärt ist."* Sein Instinkt unterscheidet sich von dem des deutschen Herdentiers und deshalb nimmt er den Verfall dieser wachsenden, von Instinktlosigkeit geprägten Zeit in der Donaumonarchie auch als einer der ersten wahr.

---

[1] Heinrich Mann, Ein Zeitalter wird besichtigt, Arthur Schnitzler S. 259 ff.

I. Der Zeitgeist

I. 1. Gesellschaftspolitik: Wien um die Jahrhundertwende

1. 1. Die gesellschaftliche Situation

„Man sollte Österreich von allen vier Seiten anzünden," heißt es im Drama „Professor Bernhardi."[2] Unter der Regentschaft Kaiser Franz Joseph I (1948-1916) funktioniert noch der äußerliche Staatsapparat (Verwaltung, Armee, Bildung) des Habsburgerreiches, die Wirtschaft erlebt jedoch spätestens nach dem Börsenkrach 1873 bereits ihren Niedergang. Die erstarrten feudalen Strukturen erscheinen angesichts der sozialen Umwälzungen überholt. Das kaiserliche Österreich verkommt zunehmend zu einem Marionettentheater.

„Ich schreibe Diagnosen", formuliert Schnitzer an Richard Beer-Hofmann. Neue, meist konträre Strömungen wie Anarchismus und Nationalismus oder Antisemitismus und Zionismus verstärken zudem die Spannungen innerhalb des Vielvölkerstaates, da die deutsch sprechende Oberschicht einem Dreiviertel der um Autonomie ringenden Nationen gegenüber steht. Die Heteronomie der k. u. k. Donaumonarchie umfasst 15 ethnische Gruppen, 12 Sprachen, fünf Religionen mit eigenständigen Kulturen und äußerst disparaten wirtschaftlichen Interessen. Voraussetzungen für ein Pulverfass des Balkans und Auflösungserscheinungen einer Großmacht, Stagnation und Resignation der ehemaligen Weltmacht.

Die Bevölkerung erfährt durch Urbanisierung und Industrialisierung (Anteil des Industrie-Proletariats 52 %) eine dramatische Verschiebung, die neue Spannungen hervorbringt oder alte vertieft. In Wien, das innerhalb eines Jahrhunderts um das fast Fünffache seiner Bevölkerung anwächst, ist diese Vielfalt besonders stark zu spüren: Prunkvoll barocke Fassaden und ein glanzvoller Hofstaat verdecken auf fatale Weise die Brüchigkeit der sozialen Struktur. Zu den wichtigsten der 55 % Migranten, die sich teilweise gar nicht assimilieren, zählen Ostjuden aus Galizien, Tschechen, Ungarn, Kroaten, Bosnier, Italiener. Die neuen Gesellschaftsgruppen erheben An-

---

[2] Die Uraufführung fand bezeichnenderweise 1912 in Berlin statt, da das Stück aufgrund der reichskritischen Haltung innerhalb der k. u. k. Monarchie verboten war.

spruch auf Macht und organisieren sich in Massenparteien. Der Liberalismus der Monarchie wandelt sich in subtilen, später öffentlichen Antisemitismus.

Die Bedeutung der Juden war nicht nur im finanziellen, sondern auch im intellektuellen Milieu besonders stark ausgeprägt. In Wien sind es um die Jahrhundertwende ca. 175.000. Das Wiener Judentum repräsentiert zugleich die Wiener Moderne, die Kaffeehausliteratur und den Jugendstil. Schnitzler entwirft vor allem in „Der Weg ins Freie" ein differenziertes Bild, das zwischen Zionismus, Assimilation und radikalem Sozialismus um seine Identität ringt.

Unter dem Einfluss der Juden etabliert sich auch die Suche nach einem neuen Lebensstil, dem Impressionismus bzw. dem Jugendstil. Er ist weniger sozialpolitisch engagiert als der Berliner Naturalismus, stattdessen mehr psychologisch fundiert. Die Suche nach einem künstlerischen Ausdruck für das vom Verfall bedrohte Ich wird vordergründig.

Die erfolgreichen Juden waren in der Regel deutscher als die deutschsprachigen Österreicher selbst. Sie assimilierten sich (u. a. Wiener Kreis, Freudianer, Schnitzler oder Hofmannsthal) als deutsch-liberale Gesinnungsgenossen mit wenig Verständnis oder Interesse für die Kultur ihrer Ahnen. Häufig unterschätzten sie den wachsend populären Antisemitismus, der mit der Wirtschaftsflaute starken Zuwachs erhielt. Hofmannsthal mehr noch als Schnitzler glaubte an die Donaumonarchie, weil er von der Idee des Reiches – dem europäischen Gedanken – überzeugt war und dem Nationalismus skeptisch gegenüberstand. Das Gefühl für die Dekadenz ihrer Kultur, die dringend einer Blutauffrischung und eines tiefgreifenden Wertewandels bedurfte, blieb ihm allerdings nicht fremd: *„Die Zersetzung des Geistigen in der Kunst ist in den letzten Jahrzehnten von den Philologen, den Zeitungschreibern und den Scheindichtern gemeinsam betrieben worden."*[3]

Um die Verlogenheit oder Doppelmoral der Gesellschaft, die den Hauptangriffspunkt Schnitzlers Dramenwerke betrifft zu verdeutlichen, eignet sich in besonderem Maße der Dreiakter „Das Vermächtnis" (1899). Darin nimmt die Familie eines dem Tod geweihten junges Mannes aus gutem Haus das Wiener Madl „Toni" auf, das von diesem geschwängert, einen dreijährigen Sohn alleine ernähren muss. Sämtliche Freunde wenden sich von dem Liberalismus der Familie ab, da sie eine Unstandesgemäße und Unverehelichte in ihrem Haus aufgenommen hat. Als der Bub stirbt, jagt man Toni

---

[3] Hugo von Hofmannsthal, Sämtliche Werke, Prosa I, Poesie und Leben (1896), S. 303 ff.

aus dem Haus, da dies der Familie die Möglichkeit bietet, die gesellschaftliche Reputation wiederzuerlangen. Auch bei den Frauen findet Toni keine Solidarität, denn Neid, Eifersucht und Vorurteile lassen sie vereinsamen, so dass die Unglückliche in den Selbstmord getrieben wird. Schnitzler macht das Schicksal einer „Gefallenen" zum Ausgangspunkt seiner Tragödie.

1. 2. Das kulturelle Leben

Die Vielschichtigkeit der Bevölkerung führt zu einem äußerst produktiven künstlerischen Nährboden, der auch in der Musik (Strauß, Schönberg, Mahler) große Innovationen hervorbringt. Wien erlebt eine kulturelle Blüte, inspiriert durch die Theorien Freuds und Innovationen in neu gebauten Theatern und Aufführungen, die dem gesellschaftskritischen Naturalismus entspringen. Das Krisenbewusstsein des Fin de Siècle bleibt für Schnitzler kennzeichnend. Lebensmüdigkeit, Melancholie verbunden mit Genuss und Schönheit, subtiler Humor und detaillierte Beobachtungsgabe charakterisieren die folgenden Stilblüten: charmante Dekadenz, fröhliche Apokalypse oder farbenvoller Untergang. Ein Gefühl des Wirklichkeitsverlustes durch den schönen Schein, der Willenslähmung angesichts der neuen Mächte in Europa herrscht vor. Die Endzeitstimmung führt auch zu einer Aufbruchstimmung, weil der Untergang der alten Welt eine neue zeitigt. Der Verlust von Werten, wie Nietzsche sie proklamiert, fasziniert zahlreiche Intellektuelle der Wiener Moderne.

Sinnbild des Ganzen wird die Wiener Kaffeehausliteratur. Das Café Griensteidl dient als Treffpunkt für Schnitzler, Hofmannsthal und andere Köpfe der Wiener Moderne, die sich Junges Wien nennen. Sie bilden jedoch keine feste Gruppe mit einheitlichem Programm, sondern eine Lebensanschauung, die mit der deutschen Romantik insofern vergleichbar ist, dass sich viele Künstler untereinander austauschen. Es entwickelt sich eine eigene Art von Humor, Konversation, eine Mischung aus Eleganz und Leichtigkeit, erotischer Schlüpfrigkeit und weltmännischem Dandytum.

Die Philosophie wird durch die Wissenschaft um Ernst Mach entscheidend geprägt. In „Die Analyse der Empfindungen" (1886) untersucht er den Glauben an eine schöpferische Einheit im Menschen. Das individuelle, in sich geschlossene Ich ist nicht mehr die zentrale Instanz allen Wollens und Handelns (wie es in Fichtes Anschauung kulminiert), sondern ein labiler Zustand, ein Komplex diverser Willensbestrebungen, Empfindungen, Erfahrungen, die Assoziationen und Stimmungen hervorbringen. Wirklichkeit existiert nicht wirklich an sich, sondern als innere Fabrikation des Geistes. Machs Konzept hat viel Ähnlichkeit mit Nietzsche, der neben Mach zum einflussreichsten Philosophen der Wiener Moderne avancierte. Die Auflösung der äußeren Welt, die Brüchigkeit der Fassaden, die subtile Manipulation der Triebe in der Rationalität, schließlich der Zerfall des inneren Ich, werden zu zentralen Themen der Wiener Moderne. Auch Schnitzler denkt sich das Ich nur noch als einen subjektiv wahrgenommenen Empfindungskomplex. Die Suche nach dem Ich, wie sie einst in der Romantik stilisiert wurde, beginnt von neuem, aber unter freudianisch-libidinösen Umständen. Machs These von der Verfallenheit des Ich trifft den Nerv der Zeit. Die Wiener Moderne bringt den literarischen Impressionismus hervor, der mit der Entdeckung von Elementarteilchen einhergeht. Die pointilistische Ästhetik (führender Theoretiker Hermann Bahr), Positivismus (führend Ernst Mach) und die Skizzenästhetik Peter Altenbergs greifen ineinander über. Zunehmend treten psychologische, philosophische und anthropologische Methoden interdisziplinär in ein Wechselverhältnis. Ausgelöst durch den Hiatus zwischen ethischem Anspruch (Möglichkeitssinn) und politischer Wirklichkeit (Realsinn) begibt sich das Junge Wien auf die Suche nach dem „neuen Menschen" mit einer authentischen Lebensform. Die Unvereinbarkeit zweier antagonistischer Prinzipien ist evident: auf der einen Seite Verlangsamung, retardierendes Moment und Genuss, auf der anderen rasantes Wachstum, Progressivität und Dynamik.

Finanz- und realpolitisch verliert der Adel zunehmend an Bedeutung, das Bürgertum drängt an die Macht. In der gesellschaftlichen Stellung bleibt jedoch die Ehe zwischen den Ständen so unmöglich wie eine konfessionsübergreifende Beziehung oder die Infragestellung des Patriarchats. Andererseits drängen die Frauenfrage, die Arbeiterbewegung und die Emanzipation der Naturwissenschaft auf „moderne" Lösungen. Nicht nur Anspruch (Ideal) und Norm(alität), sondern auch Inhalt und Form divergieren zunehmend. Musikalisch kommen diese Missklänge und Disharmonien – wenngleich zeitversetzt – in der Atonalität Arnold Schönbergs zum Ausdruck.

Schnitzler betreibt nach eigener Aussage „Kulturphilosophie". Sie bezieht sich zum einen auf die Ästhetik im Sinn von Reflexion über soziale Werte, Motive und leitende Ideen von Handlungen. Ihr entspricht eine Narration, ein Kunstmittel wie den inneren Monolog oder Bewusstseinsstrom, der Montage wie sie die Moderne zeitigt. Von Bedeutung ist die zunehmende Konvergenz zwischen Geistes- und Naturwissenschaften. Sie wirft Fragen auf nach der Trennbarkeit von Immanenz und Transzendenz, der Dinghaftigkeit der Dinge, der Bedeutung des Scheins und der Erscheinung für die Eigentlichkeit und Wesenhaftigkeit der Materie. Mit anderen Worten: Das Eine wird Symbol für das Ganze, die Sprache nicht nur Ausdruck, sondern Problem, folglich teleologisch nicht Mittel zum Zweck sondern Selbstzweck. Insbesondere die Bedeutung des Traumes in seinen praktischen Wirkungen und das Unbewusste in seiner Kraft auf die Handlungsfähigkeit des Individuums treten in den Vordergrund des Interesses. Besitzt der Einzelne überhaupt eine Einzelseele, die trennbar ist von dem Kollektiv? Kann jemand verantwortlich sein für seine Triebe? Ist er frei, seinen Willen zu wählen, umzugestalten oder wenigstens zu hemmen? Schnitzlers Zeit ist die der Repräsentationen, der Zeichen, des Intentionalismus und der Phänomenologie, die Husserl prägnant die *„eidetische Reduktion"* nennt, also Rückführung des Erlebten auf das Wesentliche oder Konzentration der Gefühle und Wahrnehmungen auf ein Minimum an Handlung. Stilistisch zählt Schnitzler zum Impressionismus, wofür die Einakter und die Zusammenstellung mehrerer meist Einakter wie „Der Reigen" und „Anatol" typisch sind. Aufgrund seiner sozialkritischen bzw. erotisch freizügigen Aussagen gehört Schnitzler zugleich zu den Naturalisten.

Die Wiener Moderne läuft parallel zum Positivismus in Frankreich (Comte, Taine) und sucht daher ihre Vorbilder zumeist in Autoren wie Flaubert, Maupassant oder Zola. Diese Denkrichtung geht hauptsächlich von einer durch die Materie bedingte Welt aus, was zu sozialen und psychosozialen Determinationstheorien führt und wendet sich scharf von der vorher dominierenden Strömung des Idealismus ab. Vor allem in Wien bildet sich ein Zentrum für die an empirische Naturwissenschaften ausgerichtete Philosophie (Wiener Kreis um Mach, Wittgenstein, Carnap, Schlick). Andererseits kommt zeitgleich aus Russland der Nihilismus auf mit seinem Schwerpunkt Dostojewski. Analog zu Schnitzler revolutionieren Chechov (ebenfalls Arzt), Wedekind, Hauptmann und Strindberg als Erben Ibsens das Theater. Dazu gesellt sich der malerische Einfluss der Secession (Klimt) mit ihrer Zeitschrift *Ver Sacrum* (u. a. Texte von Hermann Bahr). Diese Bewegung überkreuzt sich mit dem französischen Symbolismus (Baudelaire, Rimbaud, Verlaine und Mallarmé). Einerseits synthetisiert Schnitzler diese Einflüsse, andererseits lässt er sich von der Lebensphilosophie Nietzsches inspirieren. Kulturphilosophisch formuliert lautet die zentrale Frage für Schnitzler: Verfügt der Mensch sowohl über eine Form von Objektivität als auch subjektiver Natur, und ist er dann Bewohner zweier Welten?

Europa steht am Scheideweg, der Kontinent vor einer neuen Ordnung, die von der nationalen und nicht mehr der Reichsidee bestimmt wird. Zahlreiche Autoren in allen Kulturnationen beschäftigt der Zeitgeist. Es ist von daher interessant, zwei bekennende Kosmopoliten – Hugo von Hofmannsthal und Heinrich Mann – zu dieser Frage und speziell mit der Rolle Schnitzlers zu vergleichen. Hofmannsthal bezeichnet in seinem Essay von 1921, *„das Greifbarste am europäischen Geistesleben des Augenblicks"* sei *„das Ringen dieser beiden Geister um die Seele der Denkenden und Suchenden"[4]* – gemeint sind Goethe und Dostojewski und damit der Konflikt oder die Synthese des westeuropäischen Christentums mit dem zu Asien tendierenden Mystizismus Russlands. Österreich liegt zwischen beiden Achsenmächten, und ihm kommt daher eine federführende Rolle bei der Neuordnung zu. Die Habsburger repräsentieren jahrhundertelang die Universalmonarchie so wie das wilhelminische Kaiserreich die nationale Idee vertritt. In einer solchen Universalmonarchie kann es nur fließende Grenzen, auch im intellektuellen und künstlerischen Bereich geben, ebenso bunt und übernational wie das alte Rom. Die progressive Reichsidee der Deutschen dagegen rührt vom Protestantismus her. Die Beschädigung für Moral und Geisteshaltung nach dem Krieg für Staaten und Individuen wird so groß, dass sie alle Sinne betäubt und die Frage aufwirft, *„ob Europa ... zu existieren aufgehört habe."* Es gelte das Besondere zu sehen, ohne darin aufzugehen und das Ganze zu zersetzen. Ein Jahr später, zu seinem 60. Geburtstag, schreibt Hofmannsthal, Schnitzlers Stücke besäßen *„immer das nötige Detail, aber nie zuviel davon"*, seine Psychologie diene immer dem Ganzen, und die Beobachtungen bzw. die Philosophie trete immer hinter dem künstlerischen Anspruch der Erzählung zurück. Versteckt äußert sich die Kritik in seinem Urteil, wenn er Schnitzlers großes Talent für kleine Erzählungen sowie Komödien hervorhebt. Es ist offensichtlich, dass ihn die politischen Stücke wie „Professor Bernhardi'" nicht euphorisieren.

Heinrich Mann stellt Schnitzler vielleicht menschlich nicht das beste Zeugnis aus, wenn er seine Ruhmessucht, pathologische Hypochondrie oder Frauenaffären akzentuiert, andererseits bescheinigt er ihm Zeitlosigkeit hinsichtlich seiner Themen „Liebe und Tod". Schnitzler sei einer der wenigen, die Humor auch im Tragischen bewahren. So nimmt er Manns Befürchtung einer Radikalisierung hin zu einer europäischen nationalsozialisti-

---

[4] Hugo von Hofmannsthal, Ges. Werke, Prosa IV, Blick auf den geistigen Zustand Europas, S. 78. Folgendes Zitat ebenda, S. 75.

schen Bewegung nicht ernst. „*Sein Pessimismus war der gründlichste, er meinte ihn gar nicht, kaum, daß er ihn kannte.*"[5] Tragisch in seiner Individualität und dennoch bezeichnend als gesellschaftliches Symptom, dass Schnitzlers Tochter Lili nach ihrem gescheiterten Verhältnis zu einem italienischen Faschisten fast zeitgleich mit Hofmannsthals Sohn Franz Suizid verübt. Hofmannthal schätzt Schnitzler als zu pessimistisch und politisch verbittert ein, Mann dagegen als zu wenig von beidem. Übereinstimmung erzielen sie in ihrem Urteil, dass Schnitzler komplexe und schwierige Sachverhalte einfach und leicht erscheinen lässt.

I. 2. Ästhetizismus, Kaffeehauskultur und die Bohème

Siegmund Salzmann (1869 in Budapest geboren) stößt 1890 im Café Griensteidl auf die Vertreter von Junges Wien: Arthur Schnitzler, Hugo von Hofmannsthal, Richard Beer-Hofmann, Peter Altenberg, Hermann Bahr und Karl Kraus. Etwas später gesellen sich Rudolf Steiner, Alfred Kerr und Egon Fridell hinzu. Im Gegensatz zu diesen Autoren stammt er als einziger nicht aus großbürgerlichem Milieu und muss von seiner Schreibarbeit leben. Seine frühen Novellen aus dieser Zeit schildern punktuell (impressionistisch) seinen subjektiven Erfahrungsraum der Großstadt Wien. Eine Geliebte Saltens in dieser Zeit ist Lotte Glas, die Schnitzler zum Vorbild für die Figur der Therese Golowski in seinem Roman „Der Weg ins Freie" nimmt. Schnitzler verkehrt hauptsächlich mit Schauspielerinnen wie Marie Glümer, Adele Sandrock, Mizzi Reinhard oder Olga Gussmann, die er schließlich heiratet und mit der er zwei Kinder, Heinrich (1902) und Lilli (1909) hat. Salzmann, die Kaffeehausbekanntschaft, wird Trauzeuge bei Schnitzlers Hochzeit. Die jungen Männer tauschen bisweilen sogar die Liebhaberinnen untereinander aus. Am Beispiel Schnitzler, der vier Lebensgefährtinnen und ein Kind (Sohn Fritz) innerhalb eines Jahrzehnts verliert, wird sowohl deutlich, dass der Tod in seinem Leben beruflich wie privat sehr präsent ist und viele Menschen an Krankheiten sterben, die heute medikamentös behandelbar und weit weniger lebensgefährdend sind. Das sorglose, aus bürgerlicher Sicht frivole Liebesleben der Bohème schildert Felix Salten (so das schriftstellerische Pseudonym von Salzmann) in seinem berühmten „Josefine Mutzenbacher. Die Geschichte einer Wienerischen Dirne" (1906). Es ist dabei se-

---

5   Heinrich Mann, Ein Zeitalter wird besichtigt, S. 260.

kundär, ob es sich um eine fiktive oder kolportierte Biografie handelt, denn das Werk steht nicht nur repräsentativ für die erotische, sondern auch die soziale Welt des Fin de Siècle. Wie fast alle Werke der damaligen Zeit, erscheint es als Vorabdruck in einer der Wiener Tageszeitungen. Schnitzler beschreibt die Orte Wiens und integriert konkrete Schauplätze in seiner Literatur. Ein Beispiel aus der „Kleinen Komödie": *„Weißt du noch, wie ich am Café Imperial vorüberging vor dem Tisch ...“*

Das Café Griensteidl, 1847 von dem vormaligen Apotheker Heinrich Griensteidl eröffnet, avanciert bald zum Treffpunkt Wiener Literaten, die ihre Werke teilweise konzipieren, redigieren oder diskutieren. Häufig treffen hier auch die Theaterkritiker auf die Dramatiker, es ist die Szene, in der manche Stunden und andere den halben Tag verbringen. Trifft man sich nicht hier, so wandert man ein paar Schritte weiter in ein anderes Café. Legendär sind die Schilder Peter Altenbergs, er wolle nicht gestört werden, er lege Wert auf Privatsphäre. Vor Schnitzler verkehrten bereits Persönlichkeiten wie Franz Grillparzer und Johann Nestroy in dem Café, das nicht nur Literaten anzieht. Vorübergehend ist das Griensteidl Hauptquartier der Arbeiterbewegung und ihrer Führungsfiguren Victor Adler und Friedrich Austerlitz.

Im Januar 1897 wird das Gebäude, in dem sich das Café gegenüber dem alten Burgtheater befindet, im Zuge der Neugestaltung des Michaelerplatz abgerissen. Karl Kraus nutzt den Anlass, um in seinem Essay *„Die demolierte Literatur“* mit den Kaffeehausliteraten des Jungen Wien abzurechnen. Am 25. Januar 1897 veröffentlicht das Illustrierte Wiener Extrablatt:

„Die treuen Stammgäste feierten den Untergang des Lokales mit einem großartigen Leichenschmaus ... Nach Mitternacht waren sämtliche Vorräte an Speis und Trank vergriffen und es wurden nur noch Ohrfeigen verabreicht. Sonst war die Stimmung famos.“

Die Ohrfeige erhält Kraus von Salten für eine Passage der demolierten Literatur verpasst, was Schnitzler in seinem Tagebuch mit den Worten vermerkte: *„Gestern abends hat Salten im Kaffeehaus noch den kleinen Kraus geohrfeigt, was allseits freudig begrüßt wurde ...“*[6]

Nach dem Ende des Griensteidl, das seit 1990 wieder an alter Stelle zu finden ist (allerdings ohne Billardzimmer), siedeln viele seiner Gäste in das Café Central in der Herrengasse über. Es hat sich im Unterschied zu vielen anderen Kulturtreffpunkten kaum verändert. Gegründet 1876 von den Brü-

---

[6] Arthur Schnitzler, Tagebuch, 1893-1902, S. 235.

dern Pach und pompös ausgestattet. Peter Altenberg hat hier einen Stammtisch, der immer für ihn freigehalten werden muss, was auch ein gewisser Ausdruck für die Dekadenz Wiens um die Jahrhundertwende ist. Unter anderem wird das Café Central zum Anlaufpunkt von Emigranten wie Leo Trotzki von 1907 bis zum Ausbruch des ersten Weltkrieges. Freud und Schnitzler müssen sich hier begegnet sein, aber sie meiden den vertraulichen Umgang.

Schnitzler ist aber ebenso häufig im Café Imperial am Kärntner Ring zu Gast, weil es dort den besten Kaffee Wiens gibt wie er schreibt. Typisch für die Verschwendungssucht oder den kaiserlichen Prunk ist das aus Brasilien importierte Syenit, das aufgrund seiner Kaffeebohnenfarbe ein besonderes, Schnitzler angenehmes Flair ausstrahlt.

Spät am Abend ist Schnitzler in dem 1912 eröffneten Chatam in der Dorotheergasse zu finden, das Mobiliar stammt noch heute aus dieser Zeit. Seinen Kultstatus erreicht das Café erst 1939 nach der Neueröffnung durch Leopold Hawelka, Stammgäste sind dann u. a. von Doderer und Hundertwasser.

I. 3. Die Theaterwelt Wiens im Fin de Siècle

3. 1. Die Sprechbühnen

Die meisten Uraufführungen erleben Schnitzlers Werke im Burgtheater, das zweimal im 20. Jahrhundert abgebrannt ist und zu den drei bedeutendsten deutschsprachigen Schauspielbühnen überhaupt zählt. Es wird erst 1888 am Burgring eröffnet und ist heute das größte Sprechtheater, was Wiens Stellung für die Theaterwelt dokumentiert, zumal es fast immer ausverkauft ist. Zur Tradition des Burgtheaters gehört, nahezu jeden Tag ein anderes Stück zu präsentieren. Das alte Burgtheater ist kein reines Sprechtheater und liegt bis zur Eröffnung seines Nachfolgers am Michaelerplatz, wodurch dem Griensteidl seine zentrale Rolle als Künstlertreff zukommt. Das während der großen Umbaumaßnahme Wiens (Kaiser Joseph lässt die Burgmauer abtragen, und eine Ringstraße entsteht) neue Burgtheater, wird mit Grillparzers berühmtestem Stück „Esther" eingeweiht. Unter anderem erlebt es die Uraufführung von Schnitzlers „Zwischenspiel", „Das Vermächtnis", „Marionetten", „Paracelsus", „Lebendige Stunden", „Der Puppenspieler", „Professor Bernhardi", „Casanova in Spa" und natürlich „Liebelei", mit dem

Schnitzler 1895 der wirkliche Durchbruch gelingt. Bis heute ist kein Stück öfter aufgeführt worden als „Liebelei", das vom tragischen Tod des süßen Madls Christine handelt, die den Tod ihres Geliebten im Duell für eine Andere nicht verwinden mag. Schnitzler führt am Burgtheater die Tradition ein, drei separate Einakter zu einer Aufführung zu verbinden. Große Karrieren von Schauspielern oder Dramaturgen wie Max Reinhardt gehen damit einher. Von besonderer Bedeutung ist die Technik der Hebebühne, welche das Bühnenbild in Sekundenschnelle zu ändern vermag und auf mehreren Ebenen zu spielen erlaubt.

Das zweitwichtigste Theater bezogen auf Tradition und Größe aber auch die Aufführungen Schnitzlers ist das Volkstheater, das 1889 in der Neustiftsgasse erbaut wird. Es eröffnet nicht zufällig mit „Der Fleck auf der Ehr" von dem bedeutendsten Volkdramatiker Ludwig Anzensgruber, den Schnitzler tief verehrt. Vor allem Komödien von Schnitzler wie „Anatol", „Das Märchen", nach Aufhebung des Verbots auch der „Reigen" werden hier gespielt. „Freiwild" und „Vermächtnis" werden zwar aufgrund ihrer beißenden Gesellschaftskritik in Berlin uraufgeführt, Wien erlebt jedoch im Volkstheater seine Premiere.

Das drittwichtigste Theater liegt in der Josefstadt (Josefstädter Straße) – es ist eine Beamtenstadt, in der Schnitzler in jungen Jahren als Arzt und Stefan Zweig bis zu seinem Umzug nach Salzburg leben. Es ist mit seiner Gründung im Jahr vor der Französischen Revolution das älteste bestehende Sprechtheater in Wien. Regelmäßig werden dort frühe Stücke Schnitzlers wie Anatol, Abenteuer des Lebens, Das Märchen und Liebelei gespielt. Es hat Raimund und Nestroy als Schauspieler zu Beginn ihrer Karriere erlebt, allerdings auch viele Opern und Operetten aufgeführt. Max Reinhardt führt Mitte der Zwanziger Jahre als Theaterintendant Regie und führt in einer Zeit, als es ruhig um Schnitzler geworden ist, seine Stücke wieder auf.

Das Carltheater steht in der Praterstraße als das älteste Vorstadttheater und hieß daher ursprünglich vor seiner Eingemeindung 1847 Leopoldstädter Theater. Es verdankt seine Berühmtheit dem Dramatiker und Schauspieler Raimund. Auch hier erleben Schnitzlers Stücke vor allem vor dem Ersten Weltkrieg zahlreiche Aufführungen. 1929 wird es geschlossen.

1893 entsteht ein Volkstheater, das bald in „Raimundtheater" umbenannt wird. Hauptsächlich werden hier Raimundstücke gespielt, selbstverständlich auch die Premiere. Es liegt im Bezirk Mariahilf (Wallgasse) und ist das erste von Vereinsmitgliedern bezahlte Schauspielhaus. Hier finden zwar keine Premieren Schnitzlers statt, doch zahlreiche Aufführungen. Nach dem ersten Weltkrieg wird es in ein Kino (damals Lichtspielhaus) umgebaut. Verfilmungen von Schnitzler sind dort noch zu seinen Lebzeiten zu sehen.

Auch im Stadtteil Nussdorf, in dem Roth einige Jahre verbringt und der vom Wienerwald und dem „Heurigen" (den Lokalen, wo der erste Wein des Jahres ausgeschenkt wird) geprägt ist, steht eine Volksbühne, als einzige erhoben auf einem künstlich angelegten Theaterhügel. Es ist zugleich ein Tanzsaal mit Wohnungen und Geschäften, einem Restaurant und einem Hotel. Schnitzler erwähnt es in seinen Tagebüchern von 1925, unter anderem kommt es zur Aufführung seines letzten Theaterstücks „Der Gang zum Weiher" und vorher zur Inszenierung „Der Schleier der Beatrice". Volkstheater liegen generell in fast jedem Stadtteil und spielen bevorzugt Stücke mit Lokalkolorit und im Wiener Dialekt. Es ist daher Schnitzler kein Vorwurf zu machen, dass manche seiner frühen Stücke (ein Erbe des Naturalismus) Volksweisheiten und Sprachwendungen enthalten.

Allgemein verliert das Theater nach dem Ersten Weltkrieg deutlich an Bedeutung. Das liegt an der Inflation und am Kino, das immer mehr Publikum anzieht. Bestes Beispiel dafür liefert der Abriss des Johann Strauß Theaters in der Favoritenstraße, dem Wiener Bezirk Wieden. Es ist das Theater, in dem die legendäre Josephine Baker noch 1910 auftritt. Durch den Tonfilm gerät das Theater in finanzielle Schwierigkeiten und wird 1931 In ein Kino umgewandelt. Schnitzler erkennt diesen Übergang zu einem neuen Medium als einer der wenigen rechtzeitig als Chance, zumal sein bevorzugter Regisseur Reinhardt bald Kontakte nach Hollywood pflegt.

3. 2. Die Vorläufer Schnitzlers, Einflüsse auf seine Dramenkunst

Einen besonderen Stellenwert besitzt in Wien das Feuilleton. In der Nachfolge von Ludwig Speidel und Hugo Wittmann erlebt es um die Jahrhundertwende seinen Höhepunkt. Herausragende Vertreter sind Theodor Herzl (1860-1904), Felix Salten (1869-1945), Ludwig Hevesi (1842-1910) und Alfred Polgar (1873-1955). Sie alle greifen auf Theaterstücke zurück, die sie in ihre Texte kunstvoll verweben. Schnitzler selbst erwähnt von den zeitgenössischen Dramatikern am häufigsten Ibsen, Wedekind und Hauptmann, was aufgrund der Ausrichtung der zum Jungen Wien rechnenden Künstler nicht überraschen kann. Besondere Aufmerksamkeit schenkt er zudem dem 1845 nach Wien kommenden und fast zwanzig Jahre dort lebenden Dramatiker Friedrich Hebbel, dem Inbegriff des bürgerlichen Trauerspiels. Er gehört in der Tat zu den meistgespielten Autoren des Fin de Siècle, zu denen auch die innerhalb von zehn Jahren in Wien geschriebenen „Die Nibelungen" zählen. In „Maria Magdalena" fällt der für Schnitzler und seine Zeit so einschneidende Schlusssatz des durch den Suizid der Tochter Klara gebrochenen Vaters: *„Ich verstehe die Welt nicht mehr."* Hebbels Figuren sind wie bei Schnitzler von einem dunklen Verlangen, der Eros treibt sie notwendig und traumwandlerisch in den Tod. Auch in Schnitzlers Stücken wie in „Der Gang zum Weiher", „Der einsame Weg" oder „Komödie der Verführungen" gehen Frauen aus einem gewissen Ehrgefühl heraus wie Klara ins Wasser.

Zu den wichtigsten, von Schnitzler selbst erwähnten Theaterautoren Wiens Mitte des neunzehnten Jahrhunderts (Realismus) gehören Marie Freifrau Ebner von Eschenbach (1830-1916) und Ludwig Anzensgruber (1839-1899), der dem Biedermeier in den Stücken Nikolaus Lenau (1802-1850) entgegentritt. Den Biedermeier nennt Jean Paul pointiert *„Flucht ins Idyllische"* und *„Volksglück der Beschränkung"*. Lenau verkörpert den individuellen Weltschmerz und damit verbundenen Byronismus, Eschenbach und Anzensgruber repräsentieren hingegen einen antiklerikalen sozialkritischen und aufklärerischen Ansatz. Nach eigenem Anspruch will er die Welt entgöttern und vermenschlichen. Eschenbach weiß sich der Tradition des Humanismus verpflichtet, Anzensgruber führt bereits in die naturalistische Weltanschauung ein. Da er im Josefstädter Theater viel gespielt wird, wächst Schnitzler geradezu mit seinen Stücken wie „Der Meineidbauer", „Der Gewissenswurm", „Doppelselbstmord", oder „Das vierte Gebot" auf. Eschenbach und Anzensgruber legen Wert auf individuelle Psychologie, die bei dem dritten wichtigen Vertreter des Spätrealismus Ferdinand von Saar (1833-1906) in den Hintergrund tritt. Von Saar ist zudem Autor zahlreicher Novellen wie „Sappho", „Die Geigerin" oder „Der Sündenfall", in denen ebenso Einsamkeit, Verrat in der Liebe und Lebenslüge thematisiert werden und die Frau am Ende Selbstmord begeht. Der Realismus artikuliert, wenn die Menschen schwach geworden sind und nur die Worte stark, so siegt der gespenstische Zusammenhang der Worte über die naive Redekunst. Liebe und Leid sind tief eingetaucht in Illusion und Traumbilder. Im Eros sucht sich das Individuum vergeblich von den Konventionen zu befreien.

Der Klassizismus wird durch Ferdinand Raimund (1790-1836) und Johann Nestroy (1801-1862) hauptsächlich durch ihre Komödien vertreten. Beide gelten als Gründer des Volkstheaters. Franz Grillparzer (1791-1872) schuf neben seinem einzigen Lustspiel „Wehe dem, der lügt" ausschließlich lyrische Trauerspiele, die meist auf die griechische Antike zurückgreifen wie „Des Meeres und der Liebe Wellen". Ein Musterbeispiel wie Grillparzer es gelingt, aktuelle Tagesgeschehen in einen historischen Kontext zu verweben, ist „Die Jüdin von Toledo". Formal gesehen handelt es sich um die jüdische Gefahr in Gestalt der verführerischen Rahel für das arabische Christentum mit dessen Zentrum Toldeo. Der in sie verliebte König Alfonso soll vor ihr beschützt werden, darum muss sie sterben. Zugleich repräsentiert die Jüdin das Fremde, Unheimliche und Sinnliche, das in eine vom Untergang bedrohte Kultur eindringt und sie zu zersetzen droht. Realhistorisch spielt Grillparzer auf die Irin Lola Montez an, die in ihrer Promiskuität das Laster schlechthin personifiziert und 1847 eine Staatskrise in Bayern auslöst, als der ihr sexuell hörige katholischen Bayernkönig Ludwig auf ihren Wunsch das gesamte Kabinett auflöst. Die Parallelen sind offensichtlich und dennoch kunstvoll verwoben. In allen Werken Grillparzers, einem Zeitgenossen Schopenhauers, ist der Determinismus des Schicksals sowohl durch äußere als auch innere Veranlagung zu spüren. Ein Anspruch auf absolute Wahrheit existiert ebenso wenig wie auf das Recht der Selbstverwirklichung. Auch die Bedeutung des Traumes und die Verbindung von Eros und Thanatos treten in Stücken wie „Die Ahnfrau" deutlich hervor.

Die Romantik ist der österreichischen Seele fremd geblieben. Raimund, Nestroy und Grillparzer schmücken das Pantheon des Wiener Burgtheaters, an dem für Schnitzler bezeichnenderweise kein Platz ist. Aufgrund seiner harten Kritik und schonungslosen Darstellung der Verlogenheit oder Doppelmoral des Wiener Bürgertums findet er außerhalb seiner Heimat mehr Gefallen und erlebt häufiger Aufführungen als in Wien selbst.

I. 4. Melancholie, Hysterie und Wiener Madl

4. 1. Die weibliche Sicht am Beispiel „Frau Beate" und „Berta Galan"

Prinzipiell stellt sich bei Schnitzler die Frage, ob er, getragen von einer Leitkultur des wenn nicht freudianisch geprägten psychologischen Determinismus, so doch der Skepsis hinsichtlich individueller Entfaltungs- und Selbstbestimmungsmöglichkeiten, überhaupt Einzelschicksale darstellt. Nicole Terwort verneint dies in ihrer Analyse „Ich-Entwertung und Identitätsverlust in Arthur Schnitzlers Dramen" (1992) und spricht von einer Typologisierung. Barbara Gutt vertritt in „Emanzipation bei Arthur Schnitzler" (1978) die konträre Meinung, wobei sie die Entpersönlichung im Zeitalter der Wissenschaft und Industrialisierung nicht leugnet. Sie sieht durchaus eine schablonenhafte Perspektive, die Frauen *zu Puppen in einem männlichen Welttheater"* degradiert. Schnitzler beschreibt in seiner Autobiografie „Jugend in Wien" das Wiener Madl als geistig beschränkt, kleinbürgerlich, *„aber als Liebchen das bürgerlichste und uneigennützigste Geschöpf, das sich denken läßt."* Namentlich Jeannette Heger, seine Geliebte 1887, verkörpert diese Tugenden aus Sinnlichkeit, Mutterwitz, Naivität und Anspruchslosigkeit.

Allgemein tendiert das Fin de Siècle zu einer antagonistisch-polarisierenden Rollenverteilung: hier die Heilige, dort die Hure, hier die Erlöserin, dort die Versucherin, das kindlich unschuldige Mädel vom Land oder die Kurtisane. Männer verdichten ihre Träume und Ängste in Frauenfiguren, sie projizieren Hoffnungen und Moralvorstellungen in sie. Frauen wiederum verdichten ihre Fantasien in der Fixierung auf ein Objekt oder Subjekt. In Schnitzlers Werk kommt dies bei der Doppelmoral am deutlichsten zum Ausdruck und die handelnde Person verdrängt ihre Wünsche. So reagiert Frau Beate hysterisch eifersüchtig auf die mutmaßlichen Annäherungsversuche ihrer Nachbarin an ihren pubertierenden Sohn Hugo, was nur auf ihr eigenes sexuelles Verlangen zurückzuführen ist. Berta projiziert dabei ihre libidinösen Wünsche in andere Frauen hinein.

Die finanziell eigenständige Frau oder Angestellte bildet noch immer die Ausnahme; im Fin de Siècle sichern sich Frauen allein durch die Ehe materiell und sozial ab. Allerdings bröckelt die bürgerliche Fassade mit ihrer Scheinmoral, so dass Schnitzler und Freud ein reiches Potential an unglücklichen Ehen, Lügen, Betrügereien und Selbstmordfantasien vorfinden. Vier von Schnitzlers Süßen Mädels sterben früh, so auch Marie Reinhard (an Blinddarmdurchbruch), Marie Glümer und Olga Wassinix. Der Tod und die Liebe bilden in seinem Fall ein autobiografisches Amalgam.

Ein Typus, der die Hysterie darstellt, sind die Witwen, die bei Schnitzler zu einem späten erotischen Erwachen gelangen und die Verführer, die spät erkennen, dass ihnen etwas Wesentliches im Leben gefehlt hat. In „Frau Berta Garlan" (1900) wird einer Klavierspielerin die bislang verdrängte Liebe zu einem verschmähten Jugendfreund umso schmerzlicher bewusst, dass sie sich ihrer Eltern und der Konvention zuliebe an den falschen Mann „weggegeben" hat. In typischer Triebsublimation verlagert sie all ihre erotischen Wünsche auf den zwölfjährigen Sohn Fritz. Am Ende stirbt ihre Freundin, die ihren Mann auf heimlichen Fahrten nach Wien betrügt. Wien erscheint nicht nur in dieser Geschichte als Sündenpfuhl und Verlockung zu einem unmoralischen Lebensstil. Leitmotiv ist das Motto ihrer die Doppelmoral lebenden Freundin Anna: *„Auf das Lebendigsein kommt es an."*

Das Thema reifer, an der Seite ihres Gatten enttäuschter Frauen, variiert Schnitzler in verschiedenen Werken, so auch in der schon im Titel ähnlichen Erzählung „Frau Beate und ihr Sohn" (1913). Frau Beate muss jedoch erkennen, dass sie lebenslang von ihrem Mann betrogen worden ist und diese Lebenslüge aufarbeiten, sich folglich als Frau wiederentdecken. In diesem Fall folgt die Witwe nach langer Abstinenz dem Drängen ihres ehemaligen Jugendfreundes und wird seine Geliebte (was sich Berta nicht gestattet). Als sie von ihrem Liebhaber erfährt, wie er sie sieht, bricht der Schmerz über ein vertanes Leben so mächtig aus ihr, dass sie den Freitod wählt. Die beiden thematisch verwandten Novellen „Frau Berta Garlan" und „Frau Beate und ihr Sohn" haben beide eine Grenzüberschreitung zum Inhalt. *„Beide Heldinnen erleben aus einem ruhigen, in konventioneller Sicherheit dahindämmernden Witwendasein ein erotisches Erwachen, das sie nicht nur mit den Untiefen der eigenen Sinnlichkeit bekannt macht, sondern sie zugleich die Risse in ihrer scheinbar wohlgeordneten bürgerlichen Umwelt erkennen läßt."*[7]

Frau Beate und Frau Berta Garlan erfahren mit Vehemenz das Thema Sexualität, Eifersucht und Kontrollverlust, woraus Konflikte mit Normen, Konventionen und eigenen Lebensüberzeugungen entstehen. Daraus resultiert eine hysterische Neigung, Kleinigkeiten aufzuwerten oder unverhältnismäßig Gefühl in einen seelischen Vorgang zu legen.

4. 2. Die männliche Sicht am Beispiel „Anatol" und „Reigen"

Die Werke „Anatol" (1893) und „Reigen" (1903) begründen den Ruhm Schnitzlers als Skandalautor und Erotomane. Ausgangspunkt ist die (mangelnde) Treue, die angeblich ohnehin biologisch nicht gewollt ist. Mit Anatol schafft er den Typus eines kultivierten, zur Melancholie neigenden Verführers, der allerdings seine sentimentale Seite nur deshalb auszuleben vermag, weil er unliebsame Wahrheiten ausklammert. Da er selbst nicht aufrichtig sein kann, schließt Anatol von sich auf andere und legitimiert seine Untreue damit. Schnitzler präsentiert seine Wandlungsunfähigkeit in den stereotyp amourösen Beziehungen, in der Täuschung, Lüge und Illusion dominie-

---

[7] Elisabeth Dangel, Augenblicke Schnitzlerscher Frauen, S. 103.

ren und eine Bindungsphobie deutlich wird, auch wenn das Stück mit seinem Gang zur eigenen Hochzeit endet. Erkenntniskritischen Rahmen und Interpretationshorizont bilden nicht nur die Angst vor der nackten Wahrheit, sondern auch Bindungslosigkeit der Individuen in einer zunehmend auseinanderstrebenden (und sterbenden) Gesellschaft. Anatol hinterfragt die Dinge immer nur so weit und tief, dass sie keine wirkliche Erkenntnis ermöglichen. Eine Entwicklung, die auf Selbsterkenntnis basiert, findet daher nicht statt. Im ersten Akt sagt Anatol nahezu das Gleiche wie im letzten: *„Unglücklich sein ist erst das halbe Unglück, bedauert werden: Das ist das ganze Dilemma der Menschen."*[8]

Anatol ist gebildet, solvent und durch sein Nichtstun charakterisiert: *„Ich mache nichts, wie gewöhnlich!"* Das süße Wiener Madl aus der Vorstadt wird geliebt, geheiratet wird (wenn unvermeidlich) stets die Bürgerliche. Die erotische Abwechslung – selbst seine Geliebten sehen in ihm bisweilen nur noch ein Lustobjekt – verdeutlicht seine Beziehungsunfähigkeit und die Angst vor der Langeweile. Nichts ist Anatol mehr verhasst als Gewöhnung und Langeweile. *„Ist halt fad."* Er monologisiert mit wechselnden Stichwortgebern. Seine innere Einsamkeit tritt am deutlichsten im tête à tête mit der Geliebten hervor. Verflossene Liebschaften und sentimentale Erinnerungen substituieren ihm echte Gefühle. Am Ende heiratet er, wohlwissend, dass man nur die Gattin belügen, betrügen und sogar verlassen kann, während das süße Mädel kommt und bleibt: *„Zu Ihnen kann man zurückkehren, jene kann man verlassen!"*

Anatol bleibt gefangen in seiner Pseudo-Realität und narzisstischen Erotomanie. Er selbst nennt sich im vierten Akt einen *„leichtsinnigen Melancholiker"*, dabei tendiert Anatol zum phallischen Typus Freuds, der beherrschen möchte. So lautet eine seiner Standardphrasen: *„Ich habe sie in meiner Macht."*[9] Andererseits ist dies nur sein Wunsch- und Rollenbild, denn er getraut sich nicht, die hypnotisierte Cora nach ihrer Treue zu befragen. In sieben Einaktern mit sieben Frauen tritt der Charakter des Verführers offen zu Tage, aber auch das Objekt seiner Begierde, die Libido der Frauen. Diese werden in der Magisterarbeit „Frauenfiguren bei Arthur Schnitzer – Individuen und Typen" von Anna Voigt analysiert. Cora etwa gehört zum Typus Wiener Madl, von der es heißt *„In der Stadt werden sie geliebt und in der Vorstadt geheiratet."* Solche Frauen müssen arbeiten, dienen in niedrigen

---

[8] Arthur Schnitzler, Dramen, Anatol, 7. Akt, S. 76. Folgende Zitate 1. Akt, S. 11 ff.
[9] Ebenda, 1. Akt, S. 15. Folgende Zitate 3. Akt, S. 34 und 5. Akt, S. 58.

Stellungen und träumen vom privaten Glück und sozialen Aufstieg durch eine gute Partie. Früher oder später finden sie sich mit der Rolle der ausgeführten (und ausgehaltenen) Geliebten ab oder sie zerbrechen, sofern sie einen Mann zu sehr lieben wie Christine im Drama „Liebelei" (1895).

Gabriele hingegen verkörpert den Typus verheiratete Frau, die sich gerne über das Wiener Madl stellt und sie dabei im Geheimen doch um ihre erotischen Abenteuer beneidet. Ihr fehlt die Leichtigkeit und auch das Dämonische der sinnlichen Verführung, sie ist eher unscheinbar und wirkt artifiziell bis übersättigt. Darunter leidet die natürliche Naivität und Begeisterungsfähigkeit, außerdem ist Gabriele durch die Ehe zu einer desillusionierten femme fragile mutiert. Bianca ist eine Halbweltdame, da sie als Artistin beim Zirkus arbeitet und tendiert zur femme fatale, die gerne selbst verführt und mit ihren Reizen nicht geizt. Sie erkennt ihren Liebhaber Anatol gar nicht wieder, er ist ja nur einer von vielen und bemerkt: *„Man kann sich doch nicht an alles erinnern."* Annie gehört genau wie Ilona wieder zum Typus Wiener Madl, seine zukünftige Braut Emilie zum Lager Gabrieles, wenngleich sie jünger, unverbrauchter, aber auch nicht mehr jungfräulich gezeichnet wird. Durch die Begegnung mit ihr tritt Anatols Doppelmoral zu Tage. *„Die offensichtlichen Mängel in der Kommunikation – sie besteht fast nur aus Lügen und Klischees – sorgen für Beziehungen, die keinerlei Fundament haben und auf ein ‚Komödienspiel' reduziert werden."*[10]

„Reigen" wird in Wien und Berlin als sittenwidrig verboten, darum 1912 in Budapest in ungarischer Sprache uraufgeführt, erst 1920 in Berlin und 1921 in Wien. Schnitzler reiht zehn Episoden und Dialoge zwischen Mann und Frau aneinander, wobei immer ein Partner in der folgenden Sequenz mit einem anderen gezeigt wird, so dass jeder einmal in der Rolle des Betrügers und des Betrogenen zu sehen ist. Die Entmenschlichung durch Versachlichung der Liebe zu einem erotischen Amüsement erfährt hier eine besondere Zuspitzung. Am Anfang lässt sich die gutmütige Dirne Leocadia von einem Soldaten ausbeuten und wird desillusioniert, am Ende entzaubert sie einen Grafen, der sie am liebsten nur auf die Augen geküsst hätte und von einem romantischen Abenteuer träumt.

Gerade in diesem Stück geht es nicht um Individuen, sondern Fallstudien, um stereotype Verhaltensmuster. Die Versachlichung beginnt bei der Berufsbezeichnung bzw. dem Stand, Namen fehlen zumeist wie sonstige individuelle Züge. Schnitzler beschreibt ein Kaleidoskop der Gesellschaft

---

[10] Anna Voigt, Frauenfiguren bei Arthur Schnitzer – Individuen und Typen, S. 102.

durch repräsentatives Fremdgehen. Alle Figuren erweisen sich als Lügner und untreu. Kaum eine Gesellschaftsschicht wird ausgespart: Soldat, Graf, Junggeselle, Ehemann, Student und Dichter, sie alle jagen einem nebulösen Traum hinterher und sind mehr mit diesem als den Frauen beschäftigt. Auch die weiblichen Protagonisten – Dirne, Stubenmädchen, Komödiantin, Gattin, süßes Madl und eine junge Dame – jagen dem flüchtigen Glück nach. Die Schauspielerin erweist sich dabei als selbstbewusste femme fatale, die den die platonische Liebe suchenden Grafen mit Chauvinismus verspottet: *„Was geht mich deine Seele an? Laß mich mit deiner Philosophie in Frieden. Wenn ich das haben will, lese ich Bücher.*"[11]

4. 3. Das Wiener Madl in „Anatol" und „Reigen"

Die Grenzen zwischen gewerblicher Prostitution, Naivität, Leichtlebigkeit und erotischer Selbstbestimmung sind bei Schnitzler stets fließend. In der Figur des süßen Mädels verdichtet er Männerwünsche und stellt klischeehafte Frauenbilder (Erotik als reines Vergnügen und Sexualität ohne Risiko) als kostengünstigere Variante der Prostitution dar. Schon die erste Szene im „Reigen" macht dies deutlich, da eine Dirne namens Leocadia (eine Heilige von Toldeo) von einem Soldaten ausgebeutet wird, allerdings ihm auch ein Angebot unterbreitet hat, das wenig zur Professionalität ihres Gewerbes passt. Die Männer nutzen die Geliebten meist schonungslos aus, wobei die Raffinesse und auch Spannung zwischen den Projektionen der Männer und dem äußerlich zwar angepassten, innerlich aber gleichgültigen, ja auf den eigenen Vorteil bedachten Verhalten der Frauen herrührt. Das Schnitzlersche Werk zerstört den Mythos von der romantischen Liebe, es destruiert einen Code, der in der Formel *„Du oder keine"* zwar literarisch seit den Tagen bürgerlicher Empfindsamkeit Karriere gemacht hat, aber In der Moderne – spätestens seit der Jahrhundertwende – aufs Niveau einer faulen Kaffeekränzchen-Semantik heruntergekommen ist.

Vielleicht ist es bezeichnend, dass eine Dirne die zufriedenste aller Figuren ist, zum Teil selbstbestimmt und durchaus selbstbewusst agiert. Frei nach dem Motto Leocadias *„Bleib jetzt bei mir. Wer weiß, ob wir morgen noch ´s Leben haben."* Das süße Mädel bietet dem jungen (aber auch dem bisweilen schon leicht angegrauten älteren) Herrn unbeschwerte Liebes-

---

[11] Arthur Schnitzler, Dramen, Reigen, 9. Akt, S. S. 308. Folgendes Zitat 1. Akt, S. 244.

freuden, den Genuss des Augenblicks ohne Vergangenheit und Zukunft. Mit der Erfüllung ist die Erinnerung bereits geschwunden, kann wieder zur Tagesordnung – der Ordnung der Dinge, Verhältnisse und Geschäfte – zurückgekehrt werden. Und alle Beteiligten sind zufrieden, die Männer, die ihre Lust befriedigen können, und die süßen Mädels, die auf eine mögliche Fortsetzung, auf ein nächstes Mal und weitere, jederzeit mögliche Anfälle ihrer Männer hoffen. So antwortet Anatol auf die Frage von Max: *„Und worin löst sich für dich das Rätsel der Frau?"* – *„In der Stimmung. Auf Dauer sind sie langweilig und unvernünftig noch obendrein."*[12]

Schnitzlers Dramaturgie ist ambivalent: Er kreiert ein Klischee und entlarvt es, er schafft Illusionen und entzaubert sie, alles um die träge Gewohnheit des Denkens und Vorverurteilens zu durchbrechen. Beispielsweise heißt eine Frau im „Reigen" Emma, und auch ihre Verliebtheit in romantische Literatur ist eindeutig eine Anspielung auf Flauberts gleichnamige „Madame Bovary". Anders als diese und ganz ein Kind des Fin de Siècle begeht sie nicht Suizid, denn sie leidet nicht tragisch, sondern wenn überhaupt komisch. Sie ergibt sich der Lust ganz im Sinn eines Wiener Madls, Schnitzlers Konglomerat aus *„vermeintlicher Vielfalt weiblicher Möglichkeiten",* wie es die Literaturwissenschaftlerin Silvia Bovenschen in ihrem Buch „Die imaginierte Weiblichkeit" (2006) formuliert. Das süße Madl wird *„stellvertretend für bestimmte weibliche Kulturtypen".* Formal ist Emma verheiratet und geht wie ihr Gatte fremd – während dieser sie mit einem süßen Madl betrügt, trifft sie sich mit einem selbst erklärten Lebemann, den jedoch im entscheidenden Augenblick die Kräfte verlassen, so dass ihr nur der Oralverkehr bleibt. Die Szene enthält mehrere pikante und ironische Details. Zum einen, weil die Romantikerin zur Pragmatikerin mutiert, zum zweiten, weil der junge Mann seine Unpässlichkeit mit Stendhals Kristallisationstheorie verschleiert und zum dritten, weil Emma vorgibt, nur unbeschwert plaudern zu wollen, doch alles andere sucht. Die Verlogenheit gipfelt in dem Disput mit ihrem Gatten, der seinerseits behauptet, das Wiener Madl sei minderwertig und nur zu bedauern. *„Diese Wesen sind von Natur aus bestimmt, immer tiefer und tiefer zu fallen."*

Verlogenheit und Doppelmoral scheint die Voraussetzung zur Verführung und Versöhnung zu sein. Wenn der Gatte zu seiner treulosen Frau sagt, Ehefrauen und Geliebte gehen nicht zusammen, antwortet diese, sie möch-

---

[12] Arthur Schnitzler, Dramen Anatol, 3. Akt, S. 37. Folgende Zitate Reigen, 5. Akt, S. 268, S. 271 und 6. Akt, S. 283.

te auch manchmal die Geliebte sein, und beide reden aneinander vorbei. Der Gatte spricht von der Tugend der Ehefrauen und seinem Heimweh nach dieser Tugend: *„Man liebt nur, wo Reinheit und Wahrheit ist."* Also nie. Der Dichter wird seinerseits dem gewiss naiven Wiener Madl sagen: *„Freilich bist du dumm. Aber gerade darum habe ich dich lieb. Ah das ist schön, wenn ihr dumm seid."* Er hat nicht einmal die Höflichkeit, den Singular zu verwenden, selbst in seinem Rendezvous sieht er nicht das neunzehnjährige Mädchen aus der Vorstadt, sondern einfach das wehrlose Wiener Madl an sich. Aber zwischen der vermeintlich anständigen Gattin und dem nicht standesgemäßen Frauenzimmer bestehen fließende Grenzen. Emma ist vom Charakter her ein süßes Madl, das es zumindest in die Ehe geschafft hat und weiß sich ihre sexuelle Freizügigkeit ähnlich der Dirne zu bewahren. Dagegen möchte das neunzehnjährige Vorstadtmädchen gerne ernst genommen werden, doch Emmas Gatte lädt sie nur zum Souper ein, weil es billiger ist als mit einer Dirne. Nach dem Beischlaf bereut er sofort seine Verführungskünste (wenngleich nicht aufrichtig) und beleidigt das Mädchen, das ihm ihre Jungfräulichkeit vorgespielt hat. Aus ihren Worten *„Willst mich wirklich schon z' Haus schicken? – Geh, du bist aber wie ausgewechselt. Was hab' ich dir denn getan?"* gehen Enttäuschung und Zerbrechlichkeit gleichermaßen hervor. Diese werden in „Liebelei" Christine das (gleichfalls neunzehnjährige) Leben kosten. Die Kluft zwischen Anspruch und Wirklichkeit ist gerade in den Kreisen dieser einfachen Frauen, die noch ein Herz haben und mehr als nur ein flüchtiges Abenteuer suchen, besonders groß. So liebt der Dichter, dem sie begegnet, das Dummchen an ihr, das seine Klugheit besonders gut zur Geltung bringt, kann sich aber nicht vorstellen, mit ihr etwas Ernsthaftes anzufangen.

I. 5. Antisemitismus

Kaum eine Stadt ist so mit dem intellektuellen Judentum zu verbinden wie Wien. Nahezu alle der von mir behandelten Autoren haben semitische Wurzeln. Der größte Strom Migranten kommt erst nach der Märzrevolution in die Stadt. Eine Statistik belegt, dass der jüdische Anteil an der Gesamtbevölkerung in Wien erstmals 1857 über 1 % beträgt. Damals beträgt die Gesamtpopulation etwa eine halbe Million Bürger. Diese Zahl steigt kontinuierlich, so sind es im Geburtsjahr Schnitzlers 6,6 % und um die Jahrhundertwende 9 %. In diesen dreißig Jahren hat Wien seine Bevölkerung verdreifacht auf 1,6 Millionen Menschen. Die extremste Steigerung erfährt die Hauptstadt Österreichs und die k. u. k. Monarchie bis zum Ausbruch des ersten Weltkrieges, denn zu dieser Zeit leben mit über zwei Millionen mehr Menschen in der Stadt als 2012 – Wien zählt 1,7 Millionen, davon 0,6 % jüdischer Anteil. Die meisten Juden mit 15 % leben 1933 in der Stadt, danach sinkt er stetig, besonders dramatisch in den Jahren nach dem Anschluss an das Deutsche Reich, bedingt durch den Holocaust auf 0,1 %.

Diese nackten Zahlen belegen quantitativ, wie sich Wien zu einem jüdischen Zentrum entwickelt, wobei die jüdischen Bürger angepasste Westjuden sind, relativ gemäßigt, wenn überhaupt, die Synagoge besuchen und äußerlich kaum auffallen. Erst 1867, also kurz nach Schnitzlers Geburt, erhalten jüdische Mitbürger überhaupt das Grundrecht auf ungehinderten Aufenthalt, freie Religions- und Berufsausübung. Subtil ist der Antisemitismus aber nicht wegzudiskutieren, so steigen nur wenige Menschen mit jüdischem Hintergrund in militärische Führungsfunktionen auf. Es gibt in Wien kein jüdisches Viertel, die meisten von ihnen leben in der Josefstadt oder Leopoldstadt, beides sehr angesehene Quartiere mit Ärzten und Beamten, semitische Arbeiter und Handwerker wohnen meist in Alsergrund und Brittenau. Unter den Künstlern fällt der jüdische Rassenhintergrund noch häufiger ins Gewicht als in anderen Berufen, es sind Intellektuelle, die über den sozialen Aufstieg sehr häufig ihre Wurzeln vergessen haben, assimiliert sich als Deutsche empfinden und teilweise (Hofmannsthal) sogar antisemitische Überzeugungen haben.

Die Stimmung verschlechtert sich und nimmt um die Jahrhundertwende antisemitische Pogrome an, weshalb Theodor Herzl als erster „1896" den Judenstaat proklamiert. Auch sein Name ist eingedeutscht bzw. ein Pseudonym, dies gehört ausnahmslos zum guten Ton der Gesellschaft. Es ist auch kein Zufall, dass er aus Ungarn stammt, das ohnehin Teil der Habsburgermonarchie ist, seit sich Kaiserin „Sissi" Elisabeth 1867 für die Doppelmonarchie erfolgreich eingesetzt hat und Franz Joseph Kaiser Österreichs und Apostolischer König Ungarns in Personalunion ist. Nach Zerschlagung der großdeutschen Lösung, der Niederlage der Habsburger bei Königsgrätz gegen die Hohenzoller, ist Österreich Cisleithanien und Ungarn Transleithanien. Aus Ungarn strömen die meisten Juden ab diesem Zeitpunkt ins gemeinsame Kaiser- und Königreich. Robert Musil, den die nostalgische Schwärmerei der Exilautoren wie Joseph Roth enerviert, nennt die Donaumonarchie in „Der Mann ohne Eigenschaft" abschätzig „Kakanien".

1897 gründet Herzl die zionistische Wochenzeitschrift „Die Welt". Sie bleibt bis zum Ausbruch des Ersten Weltkrieges Zentralorgan der zionistischen Bewegung. Schnitzler, Hofmannsthal und die meisten Autoren von Junges Wien schreiben weder für sie noch für irgendeine andere jüdische Zeitung, sie empfinden sich als Österreicher und positionieren sich in ihrer Literatur auch gegen die Idee eines Judenstaates Israel, der nach dem Holocaust 1948 Wirklichkeit werden sollte. Für die zunehmende Radikalisierung antisemitischer Strömungen, die es immer in Wien gegeben hat, spricht auch die Verlegung des Zentralrats von Wien nach Köln und der Zionistentagung nach Basel. Der Flüchtlingsstrom infolge der Unruhen auf dem Balkan und speziell nach dem ersten Weltkrieg sorgt für zusätzliche Aggressivität, da die jüdischen Migranten auf den ohnehin überlaufenen Arbeitsmarkt drängen. So wohnt Roth 1913 zwischen der Rembrandtstraße um den Tabor in einem offiziell nicht existierenden jüdischen Viertel, das de facto durch die Migranten entstanden ist. Sein Fall ist daher symptomatisch, da sich Roth politisch mit dem Kommunismus und Sozialismus identifiziert wie die meisten der jüdischen Migranten in Wien. Ein anderes, durchaus repräsentatives Beispiel für die geringe Identifikation mit den eigenen Wurzeln bildet der aus Ungarn stammende Otto Weininger (Pseudonym), der nicht zum Katholizismus wie Roth, aber zum Protestantismus konvertiert und sogar antisemitische Hetzschriften publiziert. Namentlich gegen einen Typus wie ihn richtet sich Schnitzlers Kritik in „Professor Bernhardi". Weininger, ein bekannter Frauenfeind in der Tradition Schopenhauers, endet im Suizid, über den Stefan Zweig einen Essay verfasst hat. Weininger und Roth zeichnet bei allen Unterschieden auch eine extreme an Schizophrenie grenzende gespaltene Persönlichkeit aus, die keineswegs selten ist bei Menschen, die ihre rassische Herkunft verleugnen. Nebenbei bemerkt ist Weininger schwärmerischer Wagnerianer, einem der größten Antisemiten überhaupt und auch Schnitzler merkt an, in jungen Jahren von dessen Musik „vergiftet" worden zu sein.

Hofmannsthal formuliert über das ästhetische Programm des Jungen Wien 1894, es sei paradox, sich für die Elite einer absterbenden Kulturepoche zu erachten und der letzte Mensch zu sein, bevor entweder die große Barbarei oder das Judentum beginne. Er setzt dieses mit „sinnlich – slawisch" gleich. Er denkt visionär das zerstörte Wien voraus und träumt von einem Neubeginn. Schnitzler schreibt im selben Jahr das paradoxe Ereignis, einem Konzert beigewohnt zu haben, in der ein jüdischer Komponist vor einer „beinah oder ganz semitischen Tafelrunde" spielt. Über dieses

Phänomen handelt auch das neunte Kapitel seines Romans „Der Weg ins Freie", in der Georg einem Wagnerkonzert beiwohnt. Im Gegensatz zu Hermann Bahr distanziert sich Schnitzler von Wagner, auch aufgrund seiner verbalen Entgleisungen, die den Antisemitismus salonfähig machen. Allgemein ist der Selbsthass ein bei jüdischen Intellektuellen häufig vorkommendes Phänomen. Der große Börsenkrach von 1873, später noch einmal 1929, schafft einen vorwiegend aufgrund von Verschwörungstheorien und offensichtlichem jüdischen Reichtum verursachten Antisemitismus. Fast alle behandelten Autoren entstammen einer großbürgerlichen Familie aus dem Bank- oder Industriewesen, das den Seinen ein finanzielles Auskommen a priori sichert. Deutschtum gilt nebst der Sprache aber nach wie vor als Voraussetzung für Erfolg und Integrität zu den Bildungskreisen im Vielvölkerreich. Das Bürgertum vergleichbar einer Hansestadt oder einer Handelsstadt existiert hier nicht; Wien ist gleichzeitig Industrie- und Intellektuellenstadt, die namentlich von Wissenschaft, Reputation und Armee ihre Meriten bezieht. Es ist folglich stärker von aristokratischen Traditionen geprägt und führt daher statistisch auch die meisten Duelle durch, obschon diese offiziell verboten sind. Schnitzlers Aversion gegen das Duell kommt fast in allen seinen poetischen Werken zum Ausdruck. Allgemein gilt der Rückzug des Bürgertums ins Private seit der Wiener Restauration als charakteristisch für das Wien im 19. Jahrhundert; Revisionismus und Indifferenz gegenüber politischen Entwicklungen wie der Emanzipation sind besonders ausgeprägt. Der Mangel an ideologischem Selbstbewusstsein führt zu übersteigertem Hedonismus im Erotischen, sprich in der Sexualität und in der Kunst. *„Karl Kraus ebenso wie Schnitzler, Freud, Hermann Broch und Robert Musil sahen deutlich die verdrängten Widersprüche, die Hohlräume und den Zynismus einer gesellschaftlichen Ideologie, die eine vielfältig gestufte kulturelle Kommunikation mitgestalten und mitverdecken half."* [13]

Die Folgen dieses Rückzugs ins Private sind Dandyismus, Egomanie und Narzissmus. Bei Schnitzler tritt zu dem rassischen Identitätskonflikt ein beruflicher hinzu: Bis zu seinem 30. Lebensjahr steht er im Schatten des Vaters und fühlt sich sowohl als schlechter Arzt als auch mittelmäßiger Künstler. *„Man will Zuschauer sein und physisch unmittelbar Miterlebender und Wissender zugleich im Bewußtsein ihrer himmlischen Würde".*

---

[13] Manfred Dickel, Zionismus und Jungwiener Moderne, Promotion 2004 an der Universität Jena, S. 91. Folgendes Zitat S. 130.

II. Geistige Verwandtschaft

II. 1. Der Einfluss von Sigmund Freud

1. 1. Freundschaft und Briefverkehr

Seine psychologischen Interessen und Einsichten verbinden Arthur Schnitzler mit dem 1856 geborenen Sigmund Freud. Zwischen beiden Männern bestand lange Zeit ein eigentümliches Verhältnis: Jahrzehntelang leben beide nebeneinander her, ohne dass es in dem überschaubaren Kreis der Wiener Gesellschaft, in dem sie sich bewegen, zu mehr als zufälligen und flüchtigen Begegnungen kommt. Um die Entwicklung dieser Beziehung zu charakterisieren, dient Freuds Schreiben, in dem er sich bei dem Dichter für dessen Glückwünsche zu seinem 50. Geburtstag bedankt und von weitreichender Übereinstimmung spricht, die *„zwischen Ihren und meinen Auffassungen mancher psychologischer und erotischer Probleme besteht".* Freud fügt hinzu: *„Ich habe mich oft verwundert gefragt, woher Sie diese oder jene geheime Kenntnis nehmen könnten, die ich mir durch mühselige Erforschung des Objektes erworben, und endlich kam ich dazu, den Dichter zu beneiden, den ich sonst bewundert."*[14]

Trotz dieser Wertschätzung dauert es noch weitere sechzehn Jahre, bis die beiden sich persönlich näher treffen. In seinem Glückwunschschreiben zum 60. Geburtstag Schnitzlers versucht Freud dieses auffallende Hinauszögern der Bekanntschaft zu erklären. *„Ich meine, ich habe Sie gemieden aus einer Art von Doppelgängerscheu ... ich habe immer wieder, wenn ich mich in Ihre schönen Schöpfungen vertiefe, hinter deren poetischem Schein die nämlichen Voraussetzungen, Interessen und Ergebnisse zu finden geglaubt, die mir als die eigenen bekannt waren. Ihr Determinismus wie Ihre Skepsis – was die Leute Pessimismus heißen – Ihr Ergriffensein von den Wahrheiten des Unbewussten von der Triebnatur des Menschen, Ihre Zersetzung der kulturell-konventionellen Sicherheiten, das Haften Ihrer Gedanken an der Polarität von Leben und Sterben, das alles berührte mich mit einer unheimlichen Vertrautheit. ... So habe ich den Eindruck gewonnen, dass Sie durch Intuition – eigentlich aber in Folge feiner Selbstwahrneh-*

---

[14] Briefe von Freud an Schnitzler, 1912, S. 96. Ebenda folgendes Zitat, 1922, S. 107.

mung – alles das wissen, was ich in mühseliger Arbeit an anderen Menschen aufgedeckt habe. Ja ich glaube, im Grunde Ihres Wesens sind Sie ein psychologischer Tiefenforscher, so ehrlich, unparteiisch und unerschrocken wie nur je einer war."

Schnitzler äußert sich mehrfach in Aphorismen und Briefen an den von Freud geförderten, gleichfalls jüdischen Psychoanalytiker Theodor Reik[15] kritisch über die Systemlehre Freuds. Seit der Veröffentlichung seines Buches „Arthur Schnitzler als Psychologe" (1913) halten beide den Briefverkehr aufrecht. Reik gegenüber distanziert sich der Künstler von bestimmten Auslegungsmustern freudianischer Traumtheorie als zu statisch, *„denn nach dem Dunkel der Seele gehen mehr Wege ... als die Psychoanalytiker sich träumen (und traumdeuten) lassen."*[16] Freuds Theorie fundamentaler Polarität von Eros und Thanatos, von Lebens- und Todestrieb bildet auch ein Grundthema in Schnitzlers Dichtungen. Schließlich durchlaufen beide eine sehr ähnliche Ausbildung zum Mediziner an der gleichen Fakultät mit den gleichen Lehrern. Dennoch distanziert sich Schnitzlers Konzept hinsichtlich der Libido weit mehr von Freud als etwa Stefan Zweig. Markant bleiben zunächst die Bedeutung unterdrückter oder sublimierter Sexualität und die Enttabuisierung sexueller Motivation in zahlreichen Handlungen, die in einer an Rationalität und Fortschritt orientierten Gesellschaft verdrängt werden. Schnitzler sieht, dass im Unterbewussten des Menschen Kräfte wohnen, die sich der Kontrolle des Verstandes entziehen: *„Aufgabe der Erziehung wäre es, den metaphysischen Hunger der Menschheit durch Mitteilung von Tatsachen mit weisem Maß zu stillen, statt ihn durch Märchen, was ja die Dogmen sind, zu betrügen."*[17] Freud antwortet ihm: *„Im Grund Ihres Wesens sind Sie ein psychologischer Tiefenforscher, so ehrlich unparteiisch und unerschrocken wie nur je einer war."*

Für Schnitzler bedeutet Dichter stets „Seelenkenner" zu sein. In „Anatol und die Frage an das Schicksal", versucht dieser über Hypnose seiner Geliebten ein Geständnis ihrer Untreue zu entlocken. Freud nennt Schnitzler daraufhin einen *„psychologischer Tiefenforscher".* Auch in „Paracelsus" führt Schnitzler die Effekte der von ihm selbst praktizierten Hypnose vor Augen. Freud: *„Unlängst war ich in Schnitzlers Paracelsus erstaunt, wieviel*

---

[15] Reik verfasste über Flaubert und Schnitzler psychoanalytische Literaturstudien und machte sich mit der Studie über Sadomasochismus „Aus Leiden Freude" einen Namen.
[16] Schnitzler als Psycholog, Hg. Bernd Urban, S. 12. Zitierter Brief Schnitzlers an Reik 31.12.1913.
[17] Briefe von Freud an Schnitzler, S. 112. Folgendes Zitat, Freud an Schnitzler, S. 115.

von den Dingen so ein Dichter weiß," schreibt er nach der Aufführung (1899). Auch das Bewusstseinsprotokoll „Leutnant Gustl" (1900) ist Folge einer künstlerischen Adaption spontaner Assoziationsketten. Schnitzler revolutioniert die narrative Technik, und Freud erkennt dies: *„Der Dichter tut dasselbe wie das spielende Kind; er erschafft eine Phantasiewelt, die er sehr ernst nimmt, während er sie von der Wirklichkeit scharf sondiert."*[18]

1. 2. Typenlehre

Freud unterscheidet in seiner Typenlehre je nach Grad der Störung in der Kindheit den oral fixierten Typ vom phallischen, genitalen oder analen Typ. Oral sind die Personen, die wie ein Kind immer genährt werden wollen, labile, infantile Züge aufweisen und über einen geschwächten Eigenantrieb verfügen, also in der Regel passiv sind. Der anale Typ hingegen reagiert äußerst zwanghaft, ist streng und überregulierend, meist auch materialistisch und geizig. Der phallische Mensch besticht durch seinen Führungs- und Leistungswillen, er will immer gefallen und beherrschen. Der genitale Typus hingegen verfügt von allen Charakteren über die größte Ausgeglichenheit und sieht sich darum weder von Psychosen noch Neurosen geschwächt. Freud arbeitet zudem mit den Persönlichkeitsbildern des römischen Arztes Galen, der den Melancholiker vom Choleriker, Sanguiniker und Phlegmatiker unterscheidet. Der Melancholiker erweist sich als introvertiert, der Choleriker als extrovertiert, der Phlegmatiker ist behäbig, der Sanguiniker heiter zu nennen. Ein gesunder Mensch trägt alle Anteile ausgewogen in sich, ein kranker lebt nur Teile aus, unterdrückt die anderen oder hemmt sie derart, dass es zu psychosomatischen Krankheiten bis hin zur Schizophrenie kommt. Entscheidend sind für Freud die vielen Abhängigkeiten des Ich – jeder ist eine multipersonale Persönlichkeit – die zu Abspaltungen und dementsprechend Psychosen oder Neurosen führen können.

Unter Psychose versteht Freud den Konflikt zwischen Ich und Über-Ich (der Welt der Normen, Konventionen, Autoritäten), unter Neurose hingegen den Widerstreit zwischen Ich und Es (die ins Unbewusste verdrängte Triebwelt). Er sagt, *„die Neurose sei der Erfolg eines Konflikts zwischen dem Ich und seinem Es, die Psychose aber der analoge Ausgang einer sol-*

---

[18] Sigmund Freud, Gesammelte Werke, Das Unbehagen der Kultur, 14, 1930, S. 430. In diesem Aufsatz variiert Freud die Grundtriebe Eros (Freiwilligkeit) und Ananke (Zwang).

chen Störung in den Beziehungen zwischen Ich und Außenwelt."[19] Die Hysterie ist eine neurotische Störung, die heute als dissoziative Anomalie bezeichnet wird. Freud fasst darunter ein übersteigertes, jedoch unterdrücktes Geltungsbedürfnis, als deren Folge Egozentrismus zwar im Vordergrund steht, hinter der sich aber häufig eine übertriebene (weil verlagerte) Liebe zu einem Objekt oder Subjekt versteckt. Hysterische Menschen leiden unter Halluzinationen und überreizten Nerven, also einem Überfluss oder Defizit an Sinneseindrücken, das durch den hysterischen Anfall kompensiert wird. Hebt man dem Hysteriker die Quelle seines Leidens durch Erinnerung (Hypnose) ins Bewusstsein und gewährt ihm Zugang zu einem verdrängten Teil seiner Persönlichkeit, so verschwindet das Symptom Hysterie. Die Psychotherapie hilft dem hysterischen Menschen, indem *„sie dem eingeklemmten Affekte derselben den Ablauf durch die Rede gestattet."*[20] Als Beispiel, wie sich dies auf die Arbeit Schnitzlers auswirkt, dient „Frau Beate und ihr Sohn". Der erste Satz der Novelle deutet bereits ihren Realitätsverlust an: *„Es war ihr, als hätte sie ein Geräusch aus dem Nebenzimmer gehört."*[21]

Auch das Ende macht deutlich, dass die Mutter aus ihrer symbiotischen Verstrickung mit ihrem Sohn nicht heraus findet, folglich der Konflikt im Inneren (die Akzeptanz der Weiblichkeit trotz Mutterschaft und Witwenstand) gelöst wird: *„Sie zog ihn näher zu sich heran, drängte sich an ihn; eine schmerzliche Sehnsucht stieg aus der Tiefe ihrer Seele auf und flutete dunkel in die seine über."* Diese Frau verwechselte Ziele mit Utopien, Traum und Wirklichkeit, so dass ihr Sohn nahezu ihr Liebhaber wird, zumindest derartige Rollen auf ihn übertragen werden. Bezeichnend dafür sind Formulierungen wie *„Als sie ihre Besinnung wiederkehren fühlte, war ihr noch so viel Seelenkraft geschenkt, um sich vor völligem Wachwerden zu bewahren."*

Gerade das Ausbleiben eines Wachzustandes verursacht ihr Leiden und ihren Todeswunsch. Auch in diesem Fall sind Lebens- und Todestrieb (wörtlich) bis zum Ertrinken miteinander verbunden; man mag den Freitod im Wasser mit *„ihrem Geliebten, dem Sohn, dem Todgeweihten"* als romantisches Symbol des Einswerdens mit dem Urmeer, einer zweiten Geburt, interpretieren oder einfach nur die Suche nach dem Ende, da ihr ein Anfang doch nie möglich schien, gleichsetzen. In jedem Fall ist die hysterische Stö-

---

[19] Sigmund Freud, Gesammelte Werke,13, Psychose und Neurose, 1924, S. 387.
[20] Sigmund Freud, Ges. Werke, 1, Zur Psychotherapie der Hysterie, 1895, S. 512.
[21] Arthur Schnitzler, Frau Beate und ihr Sohn, S. 9. Folgendes Zitate ebenda, S. 153.

rung (das Festhalten an einer imaginierten Wunschvergangenheit) von Frau Beate zu groß, um sie für die Zukunft lebenstüchtig zu erhalten. Um es mit Freud zu formulieren: *„Die Erhaltung des Vergangenen ist im Seelenleben eher die Regel als befremdliche Ausnahme.“*[22] Freud unterscheidet die weibliche Hysterie als subtilen Kampf gegen (männliche) Übermacht (Penisneid) von jener, welche die Macht der Mutter gegenüber ihrem Kind ins Zentrum stellt.

Unter der Vielzahl von Studien, die den Einfluss oder die Nähe freudianischen Denkens in Schnitzlers Werken dokumentieren, gibt es auch einige, die den Einfluss für überschätzt halten und die Psychologie Victor Adlers für maßgeblicher erachten. Dazu gehört die Arbeit „Schnitzler und Adler in Abgrenzung zu Freud" (2007) von Sandra Kluwe, die Schnitzlers an Adler orientierten Ansatz der Individualpsychologie gegenüber dem Systemischen Denken der Tiefenpsychologie Freuds hervorhebt. Die Autorin ordnet dabei Anatol dem Typus „Hypostasierung des nervösen Charakters", Fräulein Else der „Hypostasierung des Willens zur Macht" und Robert aus der Erzählung "Flucht in die Finsternis" der „Hypostasierung des Willens zur Ohnmacht" zu. Allgemein nimmt das *„bewusste Unbewusste"* bei Schnitzler einen größeren Raum ein.

1. 3. Traumlehre

In „Traumdeutung" (1900) verbindet Freud die Psychose bzw. Neurose, die auf eine Erlebnisstörung in der frühkindlichen Entwicklungsphase zurückzuführen ist, mit der Methode der Hypnose, um das von den seelisch Erkrankten Vergessene bzw. Verdrängte wieder in Erinnerung zu bringen und dann erfolgreich zu bearbeiten. Freud, der selbst an Zwangsvorstellungen leidet, glaubt dabei, dass sich die freie Assoziation in Wirklichkeit als streng determiniert erweisen werde. Er arbeitet daher archetypische Grundmuster heraus. Dem hat Schnitzler als Individualist heftig widersprochen. Für Freud hat ferner jeder Traum einen Sinn, weil alle seine Elemente Teile einer Symbolsprache sind. Er unterscheidet in *„latente Traumgedanken"*, die unbewusst sind und letztlich vom Bewusstsein unterdrückte Wünsche darstellen und den *„tatsächlichen Traum"*, der zumindest teilbewusst und rekonstruierbar ist. Von Bedeutung ist dabei der *„manifestierte Trauminhalt"*, an

---

[22] Sigmund Freud, Ges. Werke, 14, Das Unbehagen in der Kultur, 14, S. 433.

den sich der Träumende vollständig erinnert, weil die Erinnerung vom Bewusstsein zugelassen wird. Für Freud ist daher nur der rekonstruierbare Teil des Traumes gleich nach dem Erwachen von therapeutischer Bedeutung. Traumarbeit impliziert die allmähliche Rückerinnerung und Vervollständigung des Traumes, Traumdeutung hingegen die Mechanismen, die uns nur an bestimmte Dinge beim Erwachen erinnern lassen. Für Freud ist ferner nur der latente Traumgedanke Teil des Unbewussten. Es geht daher um „Verdichtung" und „Verschiebung" von realen zu symbolischen Ereignissen, die den Zugang zum Unbewussten ermöglichen. Inhalt des Traumes ist eine Wunscherfüllung, sein Motiv ein Wunsch. Für ihn sind folglich alle Träume Wunschträume. Dem Argument, es gebe ja auch Angstträume, begegnet Freud mit der Bemerkung, dass seine Theorie nicht auf der Würdigung des manifesten Trauminhalts, sondern auf dessen Deutung beruhe, die aus jedem Angsttraum einen verdeckten, weil von der Angst überlagerten Wunschtraum macht.

Für Freud folgt die Traumsymbolik aus Märchen, Mythen, Schwänken, Witzen, der Folklore und auch der Dichtung. Selbst die Sprache ist ein Symbol, das im Traum nur direkter zu uns spricht. Da die meisten Störungen in der frühkindlichen, also asexuellen Phase entstehen, sind die entsprechenden Symbole fast alle dem erotischen Kontext entnommen. Der Vorwurf der Phalluszentriertheit ist angesichts folgender Aussagen nicht von der Hand zu weisen: *„Alle in die Länge reichenden Objekte, Stöcke, Baumstämme, Schirme ... alle länglichen und scharfen Waffen: Messer, Dolche, Piken wollen das männliche Glied vertreten ... Dosen, Schachteln, Kästen, Schränke, Öfen entsprechen dem Frauenleib, aber auch Höhlen, Schiffe und alle Arten von Gefäßen."*

Unter anderem repräsentiert die grüne Schachtel die Libido einer „alten Jungfer" und kann Ursache zahlreicher hysterischer Eifersuchtsanfälle sein.[23] Für die Stichhaltigkeit der weiblichen Sexualsymbole führt Freud Redewendungen aus der Alltagssprache an wie „alte Schachtel" und „Frauenzimmer". Der Geschlechtsakt wird nach Freud im Traum durch das Steigen auf Leitern, Treppen, Stiegen, durch Flugträume und Eisenbahnfahren symbolisiert. Der Tod wird nach Freud häufig abgebildet durch das Nichterreichen eines Eisenbahnzuges, durch Ortswechsel und Abreise. In Träumen auftretende Städte sind daher Symbole für unerreichbare Ziele. Nach heutigem Stand der Wissenschaft sind zwar die meisten seiner Theorien

---

[23] Sigmund Freud, Ges. Werke, 2, Die Traumdeutung, 1897, S. 348.

widerlegbar oder zumindest inkonsistent[24], dennoch beflügelt seine Auseinandersetzung mit dem Unbewussten die Poesie und ist kulturgeschichtlich von tragender Bedeutung.

1. 4. Schnitzlers Übertragung der Theorie Freuds

1. 4. 1. Paracelsus und die Hypnose

In diesem Einakter als Versspiel (1899) geht es um Cyprian und seine Gattin Justina, deren Schwester Cäcilia, den Doktor Copus, einen Junker namens Anselm und Paracelsus. Demgemäß spielt das Stück zu Beginn des 16. Jahrhunderts in Basel, wo der Arzt damals wirkte und körperliche als seelische Schmerzen deutete, die er durch Hypnose linderte oder ganz behob. Copus würde den „hochberühmten Arzt" gerne als „Quacksalber" entlarvt sehen, daher soll er die stets an Kopfschmerz leidende Cäcila heilen. Anselm meint spöttisch in Anlehnung an seine unerfüllte Liebe zu Justina: *„Habt ihr ein Mittel gegen Gram der Seele?"*[25] In Anlehnung an die Tatsache, dass Paracelsus einst seine Gattin geliebt und um sie geworben hatte, verkündet Cyprian dass es keine Verbindung von Vergangenem und Gegenwart geben könne: *„Vergangenes ist vergangen. Zum Gatten nahm sie mich, nicht euch."* Auch er hält den Arzt für einen Schwindler und will dies an der jüngeren Schwester bewiesen sehen. Paracelsus, in seinem Stolz gekränkt, erwidert: *„Ich kann das Schicksal sein, wenn´s mir beliebt!"* Dieser Auftakt zeigt, wie umstritten Freuds Theorien zu seiner Zeit waren, dass auch Zauberer mit Hypnose arbeiteten und man keine Erklärung für parapsychologische Phänomene fand. Ferner deuten die ersten Szenen einen Konflikt und ein dunkles Geheimnis im Hause Cyprians an, der sich als aufgeklärter Bürger gibt. *„Ist Schicksal nur, was sich im Hellen zeigt / Und nicht verweht, wenn wir die Augen öffnen."*

Paracelsus soll das Kind Cäcilia von ihrer Depression heilen, ohne dass er die Ursache ihrer Verstimmung erfährt. Doch sie will nicht geheilt werden, und so hypnotisiert der Arzt Justina und gibt ihr ein, sie sei in den Junker verliebt gewesen. Paracelsus enthüllt Cyprian seine Eifersucht, da er seine Gattin einst geliebt hat: *„Von neuem immer, seh´ ich solche Frauen /*

---

[24] Max Planck, Scheinprobleme der Wissenschaft, S. 47: „Eine Wissenschaft des Unbewußten oder Unterbewußten gibt es nicht."

[25] Arthur Schnitzler, Erzählungen, Paracelsus, S. 322. Folg. Zitate S. 327, S. 331.

Geschaffen hoher Menschen Glück zu sein / An einen Gauch, wie ihr seid, weggeworfen / Erbittert mich auf's neu."[26] In seiner subjektiven Kränkung steckt die Tatsache, dass oft junge, talentierte und vielleicht auch gutherzige Männer die Frauen ihrer Träume nicht zur Gattin bekommen, weil es ihnen an Einkommen und Sicherheiten mangelt oder aber die Eltern für das Wohl der Tochter entscheiden. In den romantisch veranlagten Frauen brennt der Wunsch, dem Ruf ihres Herzens zu folgen, doch sie müssen diesen Wunsch unterdrücken. Aus dem privaten Duell wird somit ein gesellschaftliches Konfliktpotential.

Cyprian fragt, weshalb Paracelsus seine nun willenlos gewordene Gattin nicht mit sich führt, doch dieser beruft sich auf sein Ethos *„Rein soll sie bleiben – nur für euch beschmutzt."* Justina indes glaubt wahrhaftig, sie habe ein Verhältnis mit dem Junker, leidet unter ihrer Schmach und verhält sich nach Freuds Kriterien hysterisch. Sie gesteht und Cyprian erfährt, was sie jahrelang in ihrer Brust verschlossen hielt. Es kommen ihm Zweifel, die Paracelsus lustvoll nährt *„Ich bin ein Zauberer nur – sie ist ein Weib!"* Diese Stelle erinnert an Freuds Theorie, wo Wunsch und Traum sich begegnen und die gewünschte, aber verdrängte Fantasie als vermeintlich erlebte Wirklichkeit empfunden wird. Besonders hysterische Menschen neigen zum Tausch von Traum und Realität, weil der empfundene Reiz gleichwohl wirkt.

Anselm wird herbei zitiert, befragt und leugnet, sich im Gartenhaus mit der Verehelichten getroffen zu haben. Auch der Hypnotiseur vermag nicht zu sagen, ob das Geständnis einer gefühlten, doch eingebildeten Schuld entspricht oder den Fakten folgt. Daher schickte er Justina noch einmal in Schlaf. Er gebietet ihr wahrer zu sein, *„daß wie klare Flut im Sonnenglanz die Seele daliegt".* Sie gesteht Aselm, aus der Trance erwacht: *„Wärt Ihr nur eine Nacht noch hiergeblieben / So wären minder schuldlos wir geschieden."* Daraus geht hervor, dass sie im Fleische zwar treu geblieben, doch in Gedanken unkeusch war. Gelegenheit macht Diebe, wie der Volksmund sagt, und eine Frau, so Freuds Überzeugung, bleibt immer ein Weib und besonders gefährdet, wenn sich ihre Schönheit in den letzten Tagen weiß. Eine Schönheit, die ein schwärmerischer Jüngling häufiger und leidenschaftlicher zu besingen weiß als ein Ehemann, der abends müd geworden nach Hause kehrt. Justina gehört zu den Frauen, die zwar mitunter in ihres Herzens Regung schwanken, jedoch aus freien Stücken bleiben: *„Ein friedlich Glück / Ist's auch nicht allzu glühend, bleibt das Beste."* Sie gesteht fer-

---

[26] Ebenda, S. 338. Folgende Zitate S. 341, S. 345 und S. 346 f.

ner, dass sie vor dreizehn Jahren Paracelsus geliebt hat und dass dieser in der entscheidenden Nacht nicht zurückkehrte, sondern die Stadt verließ, als sie ihn fortschickte. *„Wer weiß, wie viele Fenster in der Stadt / Allnächtlich offenstehen für einen, der – nicht kommt."* Um mit Freud zu sprechen, sie hat ihren Wunsch verlagert auf den jungen Anselm und verdichtet in ihren Gatten Cyprian, da sie sich einst nach der vertanen Nacht für ihn entschied und gegen Paracelsus.

Folglich hat Justina einmal mit dem Feuer gespielt, der Zufall hat ihre Seele rein gehalten und der junge Galan hat die alte Leidenschaft, die sie aus ihrem Herzen verbannt wähnte, wieder auferstehen lassen. Cyprian war sich seiner Sache zu sicher und wollte nicht sehen, was nur zu fühlen oder ahnen war. Paracelsus war damals nicht von einem Reicheren, sondern von seiner eigenen Mutlosigkeit ausgestochen worden. Die pubertierende Cäcilia hat sich in Anselm verliebt, leidet seitdem unter Weltschmerz und weil sie seine Gunst nicht erhält, sondern die reifere Schwester, hat sie sich in Kopfschmerzen geflüchtet.

1. 4. 2. Freuds Traumdeutung in der „Traumnovelle"

Im fünften Abschnitt aus „Traumnovelle" schildert Albertine ihrem Gatten ihren Traum, der mit einer Erinnerung aus der Hochzeitsnacht am Wörthersee beginnt. Ihr Traum ist jedoch ebenso wenig nur Traum wie die nächtlichen Erlebnisse Fridolins insbesondere der Maskenball nur Wirklichkeit sind. Beide Erlebnisse entspringen der Innenwelt und speziell den Urlaubsbegegnungen in Dänemark, in dem beide Partner Lust auf ein erotisches Abenteuer verspürt haben. Beide Eheleute haben ihre plötzlich aufkeimende Lust und Libido über die Jahre verdrängt und so wie Fridolin für eine kurze Zeit glaubt, in der fremden Frau Albertine zu begegnen, so trägt in deren Traum die Fürstin Züge der dänischen Strandbegegnung.

Ein Leitmotiv des Traums ist die märchenhafte *„phantastische Stadt"* (auch Fridolin erlebt sein nächtliches Wien als Phantasiegebilde), in der Albertine dem Mann begegnet, den sie am dänischen Strand vor Jahren einst begehrte. Ihr Gatte taucht auch in dem Traum auf, doch schützt er seine nackte Frau nicht, sondern kauft ihr viele (nutzlose) Dinge. Damit deutet der Traum an, dass Albertine sich wie eine Ware gekauft fühlt und Fridolin seine Macht über Geld ausübt. Sie vermag sich dem Einfluss des Fremden nicht zu entziehen und gibt sich ihm hin. *„In Worten lassen sich diese Dinge* *eigentlich kaum ausdrücken.*"[27] Aus ihrem Traum ergibt sich eine sexuelle Fantasie, die gleichfalls Fridolins erotische Orgie spiegelt, weil Albertine *„nicht mehr mit diesem einen Mann allein auf der Wiese".* Albertine spricht von großem Glück und Wonnen, die sie beim Träumen empfunden hat und dies, obschon Fridolin (Wunschbild) ausgepeitscht wird, bis sein Blut *„wie in Bächen"* an ihm herabfließt und er gekreuzigt werden soll. Aber nicht sie peitscht den Gatten und nagelt ihn ans Kreuz, sondern die Fürstin, in der Albertine *„das Mädchen vom dänischen Strande"* erkennt.

Nach Freud sind im Unterbewussten jedes Menschen masochistisch-sadistische Strebungen eingelagert, die oft nur mühsam durch das Über-Ich (Normen) beherrscht werden. Die Konstruktion des Todestriebes wird aus derselben Auffassung heraus begründet. Der Eros kann sich jederzeit in einem Thanatos-Trieb gegen andere oder das eigene Selbst richten. Depression als auch Aggression sind fehl geleitete sexuelle Energien. Der Schluss des Traumes Albertines zeigt an, wie sehr beide Ehepartner sich schon voneinander entfernt hatten: *„... ich begann zu schweben, auch du schwebtest in den Lüften; doch plötzlich entschwanden wir einander, und ich wußte, wir waren aneinander vorbeigeflogen. Da wünschte ich, du solltest doch wenigstens mein Lachen hören, gerade während man dich ans Kreuz schlüge."*

Die Botschaft scheint eindeutig: Albertine spürt, wie sehr Fridolin sich von ihr entfernt hat, bestraft ihn dafür im Traum brutal und nimmt für sich selbst alle Freiheit in Anspruch. Fühlt sich Fridolin durch den Traum seiner Frau verletzt und trägt ein Ressentiment in sich, so bleibt er doch emotional unterbewusst an sie gebunden: *„Nun merkte er, daß er immer noch ihre Finger mit seinen Händen umfaßt hielt und daß er, wie sehr er auch diese Frau zu hassen gewillt war, für diese schlanken, kühlen, ihm so vertrauten Finger eine unveränderte, nur schmerzlicher gewordene Zärtlichkeit empfand; und unwillkürlich, ja gegen seinen Willen – ehe er diese vertraute Hand aus der seinen löste, berührte er sie sanft mit seinen Lippen."* [28]

Die Traumerlebnisse sind Indiz für diese unbewusste Schicht, die von Albertine und Fridolin nicht länger verdrängt, sondern durchlebt und teilweise verarbeitet werden. Diese Traumdeutung labiler Traumvorstellungen wird schon am Anfang angedeutet. Die selbstverantwortliche Albertine, die in ihrem sozialen Umfeld intakt bleibt, geht darum aus dieser Auseinander-

---

[27] Arthur Schnitzler, Traumnovelle und andere Erzählungen, Traumnovelle, 5, S. 184.f.
[28] Traumnovelle, 5, S. 187. Folgende Zitate 7, S. 212 und S. 214.

setzung mit ihrer Es-Schicht gestärkt hervor. Nur autonome Partner sind demgemäß durch diese Triebschicht in einem labilen Gleichgewichtszustand zu halten. Wird dieses Gleichgewicht nicht von der Ich-Schicht, sondern von Über-Ich-Normen erhalten, kommt es zur Katastrophe, sobald sich die Es-Schicht durchsetzt, wie das Beispiel „Fräulein Else" zeigt. Beide Erzählungen sind fast gleichzeitig geschrieben.

Albertine ist ein gleichwertiger Kommunikationspartner und handelt nicht reaktiv. Sie agiert nicht nur auf der verbalen Ebene, sondern auch nonverbal, als sie z. B. die Larve, die Fridolin bei seiner Rückkehr verloren hat, auf das Kopfkissen legt: *„So konnte er auch nicht daran zweifeln, daß Albertine nach diesem Fund mancherlei ahnte und vermutlich noch mehr und noch Schlimmeres, als sich tatsächlich ereignet hatte. Doch die Art, wie sie ihm das zu verstehen gab, ihr Einfall, die dunkle Larve neben sich auf das Polster hinzulegen, als hätte sie nun sein, des Gatten, ihr nun rätselhaft gewordenes Antlitz zu bedeuten, diese schmerzhafte fast übermütige Art, in der zugleich eine milde Warnung und die Bereitwilligkeit des Verzeihens ausgedrückt schien, gab Fridolin die sichere Hoffnung, daß sie – wohl in Erinnerung ihres eigenen Traumes – was auch geschehen sein mochte, geneigt war, es nicht allzu schwer zu nehmen."*

Ihre Beziehungsebene ist nicht zerstört, er will seiner Gattin nun *„alles erzählen"*, was Albertine als Partnerin auf Augenhöhe anerkennt. Am Ende fragt er sie um Rat *„Was sollen wir tun?"*, und sie weist ihm den Weg. Sie antwortet mit der Gewissheit, *„daß die Wirklichkeit einer Nacht, ja nicht einmal die eines ganzen Menschenlebens zugleich auch seine innerste Wahrheit bedeutet."* Sie lässt ihre gemeinsame Zukunft offen, weil das menschliche Gewebe nicht vorhersehbar ist und weil ein zu genaues Analysieren und Erkennen doch nur einen Teil der Wahrheit trifft, gerade weil so viele Seelen in einer Brust wohnen und so viele Stimmen gehört werden wollen. Genau hier unterscheiden sich Schnitzler und Freud. Psychologisch gesprochen wird ein psychisches Gleichgewicht der Ich-Person erreicht, das keineswegs ein für alle Mal gesichert ist, sondern immer von neuem gewonnen werden muss durch tägliche kommunikative Arbeit in der Beziehung.

II. 2. Der Einfluss von Ernst Mach

2. 1. Zusammenhang psychischer und physikalischer Phänomene

Um die Jahrhundertwende ist Ernst Mach einer der meistgelesenen philosophierenden Naturwissenschaftler mit einem Einfluss bis in die künstlerische Szene, namentlich das Junge Wien. Hofmannsthal und Bahr hören seine Vorlesungen, Musil erwirbt in Berlin mit seiner Dissertation über Machs Lehre den Grad eines Doktors der Philosophie. Lenin wie Husserl polemisieren gegen ihn, Physiker wie Max Planck und Albert Einstein geben sich große Mühe, ihn zu widerlegen. Mach verkörpert als Wiener Physiker und Philosoph 1838 bis 1916 den fließenden Übergang von Natur- und Geisteswissenschaft. Er erklärt die Welt zusammengesetzt aus Empfindungen und leugnet die reine Materie in Gestalt von Atomen. Sein Weltbild folgt einer antimetaphysischen Gesetzmäßigkeit und wirkt auf die Wiener Literaten des Fin de Siècle, die mit dem Kriegstrauma und dem Untergang ihrer alten Welt (dem *Tod Gottes*) den Glauben an die Metaphysik verloren haben. Seine Suche nach den unsichtbaren Zusammenhängen der erkennbaren Welt steht in der Tradition des Positivismus von Auguste Comte. In der Tradition Leibniz, dessen Monadensystem Newtons Atomlehre zu widerlegen versucht, bekennt sich Mach zum Monismus, der Untrennbarkeit von Stoff und Form. Gefühl, Wahrnehmung, Energie und Ding gelten ihm als eine Sache, daher vermag er Leib und Seele nicht so ohne weiteres zu trennen. In Hinblick auf Dinglichkeit von leblosen Gegenständen unterscheidet er jedoch in „*Leib*" und „*Körper*". Seine zentrale Lehre lautet: *„Die Natur setzt sich aus den durch die Sinne gegebenen Elementen zusammen. Der Naturmensch fasst aber zunächst gewisse Komplexe dieser Elemente heraus, die mit einer relativen Stabilität auftreten und die für ihn wichtiger sind. ... Es gibt in der Natur kein unveränderliches Ding. Das Ding ist eine Abstraktion, der Name ein Symbol für einen Komplex von Elementen, von deren Veränderung wir absehen. Dass wir den ganzen Komplex durch ein Wort, durch ein Symbol bezeichnen, geschieht, weil wir ein Bedürfnis haben, alle zusammengehörigen Eindrücke auf einmal wachzurufen. ... Vielmehr ist das "Ding" ein Gedankensymbol für einen Empfindungskomplex von relativer Stabilität. Nicht die Dinge (Körper), sondern Farben,*

*Töne, Drücke, Räume, Zeiten (was wir gewöhnlich Empfindungen nennen)
sind eigentliche Elemente der Welt.*"[29]

Auch Schnitzlers Werken ist die Verbindung von Ding (das auch Gesellschaft sein kann) und Empfindung durch sozialkritische und ästhetische Reflexionen zu eigen. Schnitzler diagnostiziert den Zusammenhang von physischen Erkrankungen und seelischen Verstimmungen. Seine eigenen von Schopenhauer und Nietzsche geprägten Vorstellungen einer systemischen Determination ähneln Ernst Mach, der die Empfindungen nicht von den physikalischen Fakten trennt, ihnen aber ein Eigenleben zuspricht. Obschon an objektiven messbaren Gesetzen geschulter Physiker, so gehört er doch zu den radikalen Kritikern am Empirismus des Positivismus. Mach bezweifelt, das aufgrund der naturwissenschaftlichen Erkenntnisse ein Automatismus am Körper und in der Objektwelt greift und weil die individuelle Gefühlslage sich auf den Charakter verschiedentlich auswirkt. Das führt zu dem Paradox, dass die Psychologie an eine strengere Form der Determination der Seele glaubt als die Physik in Bezug auf Naturgesetze.

Mach ist insofern Realist, Materialist und auch Determinist, als er das *„Gegebene"* stets zur Quelle der Erkenntnis bestimmt. Gegeben ist für ihn jedoch nur eine Mannigfaltigkeit von Sinneseindrücken, die in den Nerven stets neu zusammengestellt wird. In dieser Hinsicht folgt er Schopenhauers Philosophie, die Realität als Vorstellungswelt und Gehirnphänomen definiert. Jede Handlung ist folglich ein Reflex auf einen Mangel oder einen Überfluss, der dem Gehirn als Störung gemeldet wird. Kants Ding an sich ist eine *„leere Abstraktion für einen Komplex* von *singulären dinghaften Elementen."* Um mit dem Leitsatz aus „Die Analyse der Empfindungen" zu sagen: *„Das Physische und Psychische sind identisch, nur ihrer Betrachtungsweise nach verschieden."* [30]

2. 2. Das Ende der Metaphysik und des Idealismus

Machs zwei wichtigste Folgerungen sind: Erstens, es gibt keine metaphysische Erkenntnis über außersinnliche Realität und auch keine reine Objektivität. Die Unterscheidung zwischen Ich und Welt (Nicht-Ich) ist somit halt-

---

[29] Ernst Mach, Die Mechanik in ihrer Entwicklung historisch und kritisch dargestellt, Kapitel 4, S. 457 f. Folgendes Zitat Kapitel 5, S. 499 f.

[30] Ernst Mach, Die Analyse der Empfindungen und das Verhältnis des Physischen zum Psychischen, S. 134. Folgende Zitate S. 161 und S. 183.

los, weil beides ständig interagiert. Schlussfolgerungen wie Fichtes Identitätssatz: *„Das Ich ist das Nicht-Ich"* sind daher nur paradox und irreführend. Zweitens: Die Natur setzt sich aus den durch die Sinne gegebenen Elementen zusammen, wird aber stets neu angeordnet. Es kann folglich im Inneren, das Mach den *„weichen Kern"* nennt, eine Veränderung vorgehen, ohne dass die äußere Hülle davon betroffen ist. Die Ablösung von einem (religiös gefärbten) Idealismus führt direkt in einen materiell determinierten Pragmatismus. Die Leugnung einer selbstbestimmten Individualität ist nichts desto trotz absolut. Seine Theorie hat im Zeitalter zweier Weltkriege besondere Relevanz, da sie die Katastrophe als unvermeidbar determiniert. *„Das Ich ist unrettbar"* lautet der prägnante Satz, den Egon Schiele in ein berühmtes Bild umgesetzt hat.

Machs Theorie der Determination leugnet dabei durchaus nicht den Handlungsspielraum des Menschen, sein System ist weniger streng als das von Sigmund Freud. Der Mensch ist ein besonderes *animale rationale,* da sein Einfühlungsvermögen über tierische Existenz hinausreicht und dazu zu wählen vermag (Möglichkeitssinn). Doch wählt der Mensch immer innerhalb von Angeboten (Realitätssinn) das ökonomisch Vorteilhafte. *„Alles menschliche Handeln und Trachten ist vom Verlangen nach Selbsterhaltung bestimmt. Durch die Ausbildung der höheren intellektuellen Funktionen werden gerade jene angeborenen Eigenschaften und Reflexe ersetzt, die den niederen Organismen ihr Dasein ermöglichen."*

Peter Kampits schreibt in seinem Aufsatz „Ernst Mach oder das unrettbare Ich", der Positivismus oder Empiriokritizismus Machs füge sich gut in jene Tradition empirisch orientierten Philosophierens ein, die schon mehrfach *„als Besonderheit der österreichischen Philosophie geortet"* wurde. Die metaphysikfeindliche Grundeinstellung machte ihn für den Wiener Kreis interessant, seine aufklärerische, sozialkritische Haltung unter den Künstlern beliebt. Kampits spricht von einer Grundstimmung des Jahrhunderts, einer eigenartigen Synthese von Positivismus und Impressionismus, deren Grundlagen Mach lieferte. Die Welt und das Ich bilden kein Dualsystem, sondern eine Welt einziger Masse von Empfindungen analog Einsteins Raum-Zeit- und Bergsons Dauer-Zeit-Modell. *„Das Physische und das Psychische enthalten also gemeinsame Elemente."* [31]

Entscheidend wird dabei der Zusammenhang von Materie und Geist, wie es auch in dem *élan vital* von Henri Bergson zum Ausdruck kommt. Die

---

[31] Peter Kampits, Zwischen Schein und Wirklichkeit, S. 84.

Verbindung zwischen Physik und Philosophie hält bis Heisenberg und Weizäcker auch im fortgeschrittenen 20. Jahrhundert an. Zudem treten Einflüsse des entfesselten Kapitalismus hinzu, worauf die Werke Georg Simmels „Philosophie des Geldes" oder Max Webers „Die protestantische Ethik und der Geist des Kapitalismus" schon namentlich hinweisen. Machs *Prinzip der Denkökonomie* impliziert, mit Hilfe geringsten theoretischen Arbeitsaufwandes ein gesetztes praktisches Ziel zu erreichen, so dass eine größtmögliche Erfahrungsfülle auf immer einfachere theoretische Formeln gebracht werden kann. Der von Mach in zeitlicher Parallele mit dem Züricher Philosophen Richard Avenarius begründete Empiriokritizismus variiert Schopenhauers These von der „Welt als Wille und Vorstellung", indem er postuliert, dass sämtliche Erfahrungen uns nur in Sinnesempfindungen zugänglich sind. Folglich existiert weder eine Welt an sich noch ein Ich an sich. *„Die Welt besteht ... für uns nicht aus rätselhaften Wesen, welche durch Wechselwirkung mit einem anderen ebenso rätselhaften Wesen, dem Ich, die allein zugänglichen Empfindungen erzeugen. Die Farben, Töne, Räume, Zeiten ... sind für uns vorläufig die letzten Elemente, deren gegebenen Zusammenhang wir zu erforschen haben. Darin besteht eben die Ergründung der Wirklichkeit."* [32]

Tatsachen, Erfahrung und Methode bilden eine Trinität. Allen Tatsachen kommt dabei die gleiche Wertigkeit zu, Schein und Wirklichkeit haben den gleichen Sinn: *„Die Sinne täuschen nie und zeigen nie richtig."* Darum sind Schein und Wirklichkeit, Eindruck und Realität im Grund ununterscheidbar, durch Anpassung der Gedanken an die Tatsachen bilden wir die Tatsachen ab und gewinnen Erkenntnisse mittels des *„denkökonomischen Prinzips"*.

2. 3. Das unrettbare Ich

Der berühmte Satz *„Das Ich ist unrettbar"* wird zum Titel eines Essays von Hermann Bahr und darüber hinaus zum Schlagwort der Wiener literarischen Impressionisten, die darin ihre eigene Grundhaltung, die nicht mehr zwischen Schein und Wirklichkeit, Wahrheit und Fiktion unterscheiden will, ausdrückt. *„Das Ich ist unrettbar, nichts als ein Strom aus Wahrnehmungen und Erfahrungen. Die Vernunft hat die alten Götter umgestürzt und unsere Erde entthront. Nun droht sie, auch uns zu vernichten."* Ähnlich denkt Max

---

[32] Ernst Mach, Die Analyse der Empfindungen, S. 211. Folgendes Zitat S. 215.

Weber die protestantische Ethik und den Geist des Kapitalismus (1920) an, denn für beide Denker führt die Macht der Moderne in den seelischen Abgrund. In seiner „Antimetaphysische Vorbemerkung" stellt er sich dem Idealismus Kants und Fichtes entgegen. Wo Kant schreibt, das Ich müsse all seine Apperzeptionen (Denkvorgänge) begleiten können, postuliert Mach, dass jedes Subjekt sich nicht darauf verlassen kann, selbst *„unwiederholbar und einmalig und unverwechselbar oder unaustauschbare Einheit"* zu sein. Zentral für Schnitzlers Kunst ist der Ausdruck von der Kernlosigkeit bzw. *„leeren Persönlichkeit"*. Kampitz schlussfolgert, Schnitzlers Novellen, in denen sich so oft die Entpersonalisierung der Akteure zuträgt, deren Folge die Auflösung des scheinbar kontinuierlichen Ich ist, seien ohne Mach schwer vorstellbar. Kulturphilosoph Blom hält gleichfalls mehrfach die starke Wirkung dieser fundamentalen These auf das Moderne Wien fest. *„Es gibt nichts außer der Physiognomie ... keine Wahrheit, keine verborgene Wirklichkeit, kein Ding an sich und schon gar keinen Schöpfer. Was blieb war eine Masse von leblosen Wahrnehmungen, die aus Denkbequemlichkeit zur Fiktion der Persönlichkeit wurde, eine Idee, die der österreichische Essayist Hermann Bahr in seinem Aufsatz „Das unrettbare Ich" als ein großes Problem vorstellte."[33]*

Vielleicht war die Verbindung zwischen Kunst (sowohl Malerei, Musik als auch Literatur), Philosophie und Naturwissenschaft mit der neu aufkommenden Psychologie nie enger miteinander verbunden als im Fin de Siècle. *„Ernst Mach kommt zu dem Schluss, daß das, was man gemeinhin Person nennt, nichts weiter ist als ein Strom physikalischer Eindrücke, der nur die Illusion vermittelt, ein bestimmtes Ich zu sein, weil sich in der Komplexität und Vielseitigkeit der Eindrücke nur langsam größere Veränderungen vollziehen. Begriffe wie Seele, Körper, Ich sind nur Notbehelfe zu einer vorläufigen Orientierung, reinem Pragmatismus und Bequemlichkeit geschuldet: „Der Gegensatz zwischen Ich und Welt, Empfindung oder Erscheinung und Ding an sich fällt dann weg".*

Der von zahlreichen Veränderungen geprägte Zeitgeist der Jahrhundertwende verwandelt das Verhältnis von Mann und Frau, die sich wie Eros und Thanatos gegenüber stehen. Schnitzler ist ein Anhänger des Eros, aber zur Steigerung gebraucht er immer das Pathos des Thanatos. Der moderne Mann leidet unter dem Intellekt wie unter einer Krankheit, durch die erotische Macht der Frau wird seine eigene Ohnmacht sichtbar.

---

[33] Philipp Blom, Der taumelnde Kontinent, S. 82. Folgendes Zitat S. 462.

II. 3. Der Einfluss von Friedrich Nietzsche

3. 1. Das ästhetische Konzept

Kaum ein Autor des Fin de Siècle bleibt unberührt vom Werk Nietzsches[34], das durch Georg Brandes Vorlesungen sowie Lou Salomés Berichten von ihren persönlichen Erfahrungen mit dem Philosophen rasche Verbreitung in den Künstlerkreisen Wiens erfährt. In seiner „Geburt der Tragödie" (1872) deuten sich der typische Kulturpessimismus und die Dekadenz bereits an, zum einen durch die Entwertung des klassischen Bildungsbegriffes des autonomen Ich durch ein selbstzerstörendes Es, zum anderen durch die Fragmentierung des einheitlichen Ich. Künstlerisch wird das in der Aufklärung und Romantik dominierende harmonisch apollinische Prinzip der Reflexion als bürgerlicher Lügenputz entlarvt, das trügerische Vernunftgebäude stürzt zusammen, der dionysische Rausch und Wahn treten in den Vordergrund. Der Mensch ist gespalten in einen dionysischen (unbewussten) und einen apollinischen (bewussten) Anteil. Die Adaption Nietzsches erfährt zahlreiche Variationen: So wird etwa in Hofmannsthals Mysterienspiel „Das große Salzburger Welttheater" die Bühne immer mehr zum allegorischen Ausgleich (Katharsis) einer aus den Fugen geratenen Welt, bei Werfels „Spiegelmensch" produziert Thamal seinen eigenen Doppelgänger, und in Schnitzlers „Marionetten" wird der Mensch zur Puppe, an deren Fäden ein anderer zieht.

Drei Momente charakterisieren Nietzsches Beschreibung des Phänomens Kunst: erstens die Teilung in eine bislang im Christentum vorherrschende apollinische Darstellungs- und Erklärungsweise gegenüber der dionysischen ursprünglichen Elementarlehre. Das Apollinische betont den Verstand und die Moral, es basiert auf Sprache und bildende Künste, um den Stoff auszudrücken. Das Dionysische entspringt der Musik und der Mimesis, richtet sich an das kollektive Unbewusste und wird in der Antike im Chor verkörpert. Beide Kunsttriebe sind notwendig und wirken gleichzeitig, dennoch ist das Dionysische der ältere, ursprünglichere, unmittelbare Kunsttrieb, daher auch der Titel „Die Geburt der Tragödie aus dem Geiste der Musik". Eine direkte Folge dieser Aussage ist das Bemühen zahlreicher Dramatiker um eine enge Zusammenarbeit mit Musikern.

---

[34] Bernd Oei, Nietzsche unter deutschen Literaten, DWV Verlag, Baden-Baden, 2008.

Die zweite zentrale Aussage, die auf so gut wie alle Künstler des Fin de Siècle Wirkung besitzt, liegt in der Bedeutung des Rätselhaften, Unerklärlichen, und das Publikum besitzt laut Nietzsche einen aktiven Part und wird miteinbezogen. Es handelt sich um ein Gesamtkunstwerk mit mehreren Mischformen. Die Dionysien sind Dithyramben, als rhythmisches, aber freies Versmaß. Unmittelbare Konsequenz dieser These ist, dass fast alle Dramatiker experimentelle Neuerungen in die Form der Darstellungskunst einbringen, das klassizistische Versmaß durchbrechen, Komödie und Tragödie mischen, Satire, Glosse und Karikatur einfließen lassen.

Die dritte Ebene stellt die Bejahung der Sinne, der Leiblichkeit und Enttabuisierung des Geschlechtstriebes dar. Der Mensch wird in seiner animalischen Natur sichtbar gemacht. Häufig kommen Tanz und sichtbar gemachte Verwandlung auf der Bühne hinzu, um die Vielschichtigkeit der seelischen Bewegung darzustellen. Das Publikum soll erschüttert und tief betroffen werden. Die emotionale Steigerung bildet das Fundament für den intellektuellen Genuss. Ein Ausweg oder eine Lösung wird selten geboten, es geht primär darum, ein Krisenbewusstsein zu erzeugen.

Neben der Echtheit und Wahrhaftigkeit des Dargebotenen anstelle des Wünschenswerten und der Erziehungspädagogik treten der Wahn, die Symbolik, Traum und Rausch in den Vordergrund. Nietzsche spricht in der „Geburt" von der *„Zerstückelung der Individuen"*, die sich symbolhaft äußert. *„Im dionysischen Dithyrambus wird der Mensch zur höchsten Steigerung all seiner symbolischen Fähigkeiten gereizt."*[35] Der Mensch wird nicht idealisiert, sondern in seinen seelischen Nöten und Stimmungsschwankungen auf die Bühne gebracht. Schnitzler kommentiert oder stigmatisiert diesen Vorgang nicht, er zeigt nur die Wirklichkeit auf. Er übernimmt die moralische Enthaltung Nietzsches: *„Alle moralischen Empfindungen sind ästhetische Empfindungen"*, folglich sind alle Urteile Werte und Wertschätzungen. Es geht ihm stets darum, den Menschen in seiner Gesamtheit abzubilden und nicht darum, ihn zu bewerten. Um es mit Nietzsche zu formulieren: *„Von der Einheit der Seele und von der Person zu fabeln, haben wir uns untersagt"* (Nachlass 1885, Aphorismus 37). Es handelt sich um eine dionysische Lebens- und Weltanschauung, die den Wert des Lebens als Eros und die Bejahung des Willens (Triebe) zum Inhalt hat. *„Denn nur als ästhetisches Phänomen ist das Dasein und die Welt ewig gerechtfertigt."* Dieses Konzept

---

[35] Friedrich Nietzsche, Die Geburt der Tragödie, Ges, Werke, KSA 1. Abschnitt 2, S. 33. Folgende Zitate ebenda, Abschnitt 5, S. 47 und Abschnitt 7, S. 57.

tritt dem der Aufklärung, der Bildungspolitik und dem Konzept der Ratio entgegen, da es auf unmittelbare Wirkung und Empfindung abhebt. Der Satyr der griechischen Dionysien verhält sich zu dem Kulturmenschen in gleicher Weise wie die dionysische Musik zur Zivilisation. *„Die Erkenntnis tötet das Handeln, zum Handeln gehört das Umschleiertsein durch die Illusion … Kunst allein vermag jene Ekelgedanken über das Entsetzliche oder Absurde des Daseins in Vorstellungen umzubiegen, mit denen sich leben läßt."*

Nietzsche schreibt Eros auch das dionysische Prinzip des Werdens, des Flüchtigen und der Lust am (ästhetischen) Moment zu, wohingegen Apoll das Thanatos-Prinzip verkörpert, da er das Sein dauerhaft gestalten möchte und seine Erkenntnis (Wahrheitstrieb) auf Ewigkeit hin angelegt ist. Folglich darf Eros auch nicht mit Verführung und Sexualität gleichgesetzt werden, sondern als ein Trieb zum Schein, der Illusion und des Vergänglichen, der umso stärker wirkt, weil der Genuss am Jetzt nur möglich ist, wenn die Dauer vergessen oder verdrängt wird. Der Leib folgt den dionysischen Prinzipien wie der Geist den apollinischen. Beide Triebe regulieren sich, da ungehemmter Eros eine Maßlosigkeit nach sich ziehen würde, wohingegen ein reiner Thanatos die Leben erhaltenden vitalen Funktionen hemmt und zur Todessehnsucht verkommt. Beide Triebe ergänzen und verstärken sich, wenn sie sich im Gleichgewicht befinden, sobald aber eines dieser Prinzipien unterdrückt wird, kann es zu Störungen im seelisch-geistig-körperlichen Gleichgewicht kommen.

3. 2. Die Demontage des Ich

In seinen Briefen thematisiert Arthur Schnitzler im Austausch mit Beer-Hofmann und Hofmannsthal bereits um die Jahrhundertwende mehrfach Nietzsches Philosophie. Sie stehen beide in Kontakt zu den Nietzschespezialisten Georg Brandes und Lou Salomé, die in Künstlerkreisen das Bild des Philosophen prägen. Schnitzler sieht in Nietzsches Dichtung vornehmlich Psychologie. Insbesondere interessieren sie sich für seine Erkenntnis irrationaler und unbewusster Triebe im Menschen. *„Besonders Nietzsche – zuletzt hat mich sein Schlußgedicht zu Jenseits von Gut und Böse ergriffen …"*[36] Schnitzler hält sich für einen Laien, weiß aber, dass Nietzsches Philo-

---

[36] Arthur Schnitzler 1875-1912, 27.07.1891 an Hugo von Hofmannsthal, S. 120. Folgendes Zitat ebenda, 21.06.1895, S. 262.

sophie etwas ganz anderes als die Systemgedanken des deutschen Idealismus beinhaltet. Wie seine Briefe dokumentieren ist Schnitzler von der Skepsis und der Realitätsbezogenheit des Philosophen angetan, schätzt seine Ästhetik, doch wähnt er sich in seinem eigenen Schaffen autonom: *„Doch finde ich nichts in ihm, das meine Anschauungen über Kunst irgendwie beeinflußt hat ... Mir ist, was Nietzsche geschaffen, ein Kunstwerk für sich. Ich verehr ihn hoch, neben Goethe, neben Beethoven, neben Ibsen, neben Maupassant, neben Michelangelo, ich habe einen Genuß mehr seit Nietzsche – aber ich habe keinen Genuß anders als ich ihn gehabt habe.“*

Prinzipiell lassen sich zwei Kategorien von Schriftstellern des Fin de Siècle unterscheiden: die eine, die sich als Traditionalisten und Erben des Humanismus empfinden (als Restaurateure) und jene, die radikal etwas ändern wollen (als Revolutionäre). Schnitzler gehört zweifelsohne zu den Künstlern, die einen Bruch mit dem beschaulichen Wien für unabdingbar erachten. So bringt er in seinem Brief an Hofmannsthal bereits 1891 als erster die an der Konstitution des Ich zweifelnde Erkenntnislyrik Nietzsches mit der *„Unrettbarkeit des Ich"* von Ernst Mach in Verbindung. Er verweist dabei verstärkt auf die Bedeutung der Maske und des Scheins für die Verstellung, hinter der Erkenntnis, Urteil und Handlung verborgen liegen. Schnitzler teilt mit Nietzsche die Skepsis am freien Willen und die Verurteilung der herkömmlichen und verlogenen Moral. Viele seiner Werke verkörpern den Voluntarismus des Artistentyps.

Wie der belgische Germanist und Kulturphilosoph Roland Duhamel in seinem Aufsatz nachweist, *„war Schnitzler mit dem geringfügig älteren Entdecker der psychoanalytischen Methode fast zwangsläufig seelenverwandt".*[37] Nebst Rainer Maria Rilke, Hermann Broch und Robert Musil, Franz Kafka, Hugo von Hofmannsthal und Georg Trakl erklären die „österreichischen" Autoren die Auflösung des bürgerlichen Ich zu ihrem Leitmotiv und gelten als Dichter des Thanatos. Ein ideales Beispiel für die direkte Anwendung eines philosophischen Gedankens ist der psychologische Monolog als *„Beichte ohne Kommentare",* wie Broch Schnitzlers Seelendrama *Leutnant Gustl* bezeichnet. Kaum eine Novelle setzt Ernst Machs *„unrettbares Ich"* besser um; es korreliert mit Schopenhauers Kulturpessimismus und Nietzsches Dekadenztheorie. Schnitzlers Charaktere sind alle von Anfang an verloren und stehen vor der Ich-Auflösung. Nietzsches Pluralität der Iche

---

[37] Roland Duhamel, Zu den philosophischen Grundlagen der österreichischen Literatur um und nach 1900, S. 18. Duhamel betont zudem die Problematik von Schuldfähigkeit und unfreiem Willen für Schnitzler in seinem Essay "Schuld und Verantwortung".

hinterfragt die Subjektivität, insbesondere die Kontinuität eines autonomen Denkens und Fühlens. Er ist daher Impuls- und Stichwortgeber für Schnitzlers charakteristische Auflösung in Assoziationsketten und Empfindungsknäuel in Schnitzlers Werk.

Die Demontage des Ich bei Schnitzler bedeutet einen unüberbrückbaren Gegensatz zur Biedermeier-Literatur eines Adalbert Stifters und der darin implizierten Philosophie des Idealismus. Es fordert einen Bruch mit den Hierarchien und gängigen Vorstellungen von Wahrheit, Norm und Sitte. Dies deckt sich mit Nietzsche, dass Philosophie überhaupt keine Wissenschaft und Geschichte nur unter spezifischen Bedingungen von Nutzen sei. Insgesamt geht es bei Schnitzler aber weniger um profunde philosophische Kenntnisse als vielmehr um ein Lebensgefühl des Untergangs. In den Werken erscheint der Name dreimal, in „Der Weg ins Freie", „Das weite Land" (1910) und „Sterben" (1892).

Schnitzler bezeichnet Nietzsche als einen *„großen Suchenden"* und enorm wichtig für die Seelenerkenntnis. Eine systematische Erfassung erfolgt jedoch nicht. Es verbinden sie Themen wie die Problematik der Kommunikation zwischen Mann und Frau (Begriffsironie), die Fragen nach der wahren Kunst, Kritik an der Moral und dem Generationenkonflikt mit den Bildungsphilistern. Schnitzler bezeichnet in seinem Nachlass den *„Geist der Zusammenhänge"* als Äquivalent zum *„Willen zur Macht"*. Gemeint ist damit, dass nichts ohne Wirkung bleibt, jede Erfahrung oder Empfindung zumindest unbewusst auf das Triebleben einwirkt und Wahrheit folglich nie ganz nur aus den Kausalketten erfolgt.

Zur Ich-Bildung und Ich-Werdung hinsichtlich ihrer stabilisierenden und destabilisierenden Wirkung liefert die Erotik bzw. Sexualität ein sehr gutes Beispiel der Veranschaulichung. Materie, Leib und Körperlichkeit als *prima substantia* Priorität über den Intellekt. Nietzsche heißt den Leib die *„große Vernunft"* und hält dementsprechend körperliche Bedürfnisse für persönlichkeitsbildend. Dazu kommt seine Zweiteilung der Kunst in eine dionysisch-weibliche und eine konvergierende apollinisch-männliche Seite mit adäquater Perspektivenverschiebung hin zur dionysischen Sinnlichkeit. Dabei fordert Nietzsche die Umwertung aller Werte. Diese drei Aspekte koinzidieren in der Stellung des Weibes und ihrem Recht auf Gleichstellung. Vanessa Trösch verweist in ihrer Promotion „Die Frau in den literarischen Geschlechterbeziehungen bei Arthur Schnitzler" auf den Zusammenhang von Nietzsches Frauenbild und Schnitzlers Frauentypen sowie die gesamte Problematik der Sexualität auf die Triebsublimierung oder deren Unterdrückung hin (Sexualität als Krankheit, Eros als Vorstufe des Thanatos). Vor allem aber entziehen sich beide Autoren der gewöhnlichen moralischen Vorverurteilung der Andersartigkeit, insbesondere der Prostituierten. Sie wird als subtiler, facettenreicher Charakter geschildert, der häufig aus sozialen Beweggründen wie Mutterliebe oder aufgrund ökonomischer Ausbeutung ins Gewerbe bzw. Milieu kommt. Die Frau wird sexuell aktiv und gleichwertig, die träge Gewohnheit des Denkens durchbrochen, die Rezeptionsästhetik konterkariert. Beide Denktypen propagieren die moderne, selbstbewusste, emanzipierte und über sich selbst bestimmende Frau; auch eine freiwillige *ménage à trois*, wie Nietzsche sie mit Lou Salomé und Paul Ree plante, wird mehrfach durchgespielt. Bei Schnitzler stoßen jedoch alle Protagonisten hinsichtlich ihrer Lebensverwirklichungen an eine unüberschreitbare Grenze. Das Ich ist offensichtlich noch nicht vom Leib befreit, sondern bloße Stimme, die aus dem Dunkel drängt. Auch Anna Voigt untersucht „Frauenfiguren bei Arthur Schnitzler". Die Auswirkungen der beginnenden Emanzipation auf die Individualisierung der weiblichen Protagonisten Schnitzlers unter Einbezug Nietzsches, folgt aber einem konservativeren Bild Nietzsches, wenn sie zitiert: *„Autoritäten, die in jener Zeit maßgebliche Geltung besaßen, wie Schopenhauer, Nietzsche, Darwin, Weininger u. a. sind sich einig in emanzipationsfeindlicher Verachtung des Weibes."*[38] Auch Schnitzlers Frauenbild ist weit davon entfernt, das andere Geschlecht intellektuell ernst zu nehmen, doch es hinterfragt die Souveränität des Patriarchats.

3. 3. Die Doppelmoral in „Das Märchen"

Aus Schnitzlers Briefen und Tagebucheintragungen geht hervor, dass er sich zur Zeit seines Dramas „Das Märchen" (1893 im Wiener Volkstheater uraufgeführt) mit „Jenseits von Gut und Böse" (1886) beschäftigt. Nietzsche postuliert darin, alle ästhetischen Empfindungen basieren auf moralischen Empfindungen, und daher beruhen alle unsere ethischen Urteile auf Geschmacksurteilen. Die Wertschätzungen der Moral haben keinen Wert an sich, sondern liegen jenseits von Gut und Böse und haben immer einen Zweck oder Nutzen. Das Märchen von der Verlorenen handelt von der gesellschaftlichen Moral, dass nur eine Frau mit tadellosem Ruf und jungfräu-

---

[38] Barbara Gutt, Emanzipation bei Arthur Schnitzler, S. 31.

lich für die Ehe in Frage kommt. Die Männer hingegen können sich an den Naiven schadlos halten, bis eine gute Partie kommt. Fanny hat sich einen solchen Fehltritt geleistet und fürchtet *„Ich bin kein Mädchen, das man heiratet ... nun bin ich verloren für mein ganzes Leben, nicht wahr?"[39]* Selbst Mutter und Schwester lassen sie subtil den Makel der verlorenen Unschuld spüren. Fanny macht Karriere an ihrem Theater und spielt ein Stück, das der Dichter Fedor geschrieben hat, den sie innig liebt. Als die Freunde das Gespräch auf das Märchen bringen, zeigt er sich von der liberalen Seite, die Frage der Moral existiert nicht für ihn, es sei ja eine Doppelmoral, wie sie Leo artikuliert: *„Und wenn ein Mädchen uns einmal dieser Sünde wegen verschmähte, so wäre sie geradeso lächerlich wie wir, wenn wir sie ihr einmal verziehen."* Fedor kritisiert die Meinungsschablonen, die nur für die Mittelmäßigen gut sind. Nietzsche unterscheidet den Dutzendmenschen, der auf das Gerede der anderen hört von dem Ausnahme- oder Übermenschen, der das nicht nötig hat. *„Wir brauchen die alten Vorurteile nicht mehr"* sagt Fedor darum im *„Bewusstsein, dass unsere Gesellschaft auf einer verlogenen Moral aufgebaut ist."* Fanny ist glücklich, sie beginnt zu hoffen, dass es doch noch zu einem guten Ende mit ihr kommt.

Bald beginnt Fedor zu zweifeln, was sich darin ausdrückt, dass er Fanny nicht mehr besucht, so dass sie ihn aufsucht. Leo, dessen Philosophie es ist *„Es gibt keinen Schmerz, mit dem man nicht fertig werden könnte"[40]* erinnert insofern an Nietzsche, als dass dieser Leid als Stimulans für die Lust begreift und nicht an die Gegensätze (Dualismus, Antagonismen) der Metaphysik glaubt. Folglich ist kein Schmerz an sich gut oder schlecht. Leos Egoismus vermeint, nie geliebt zu werden sei das größere Unglück als nicht mehr zu lieben. Da das Glück im Werden liege, bedürfe es einfach der Abwechslung, sowohl vor als auch nach der Ehe. Er gibt aber dennoch zu bedenken, dass Fedor nicht in seiner Wahl frei sei, weil ein freier Geist eine Illusion sei. Schnitzler knüpft hier an Nietzsches *„Geist der Schwere"* an. Fedor weicht aus, Liebe sei ein ewiger Kampf mit dem Anderen, eine Jugendliebe nur dumpfer Trieb. Aber er ahnt, dass seine Souveränität bereits Risse bekommen hat, je mehr er sich klar macht, dass er nicht der Erste für seine Fanny ist. Er erkennt, dass die Ehe zwar *„eine triviale Bequemlichkeit"* ist, aber deshalb nicht verachtenswert, weil ein menschlicher Trieb. Nietzsche rechnet in *„Jenseits von Gut und Böse"* mit vier Grundirrtümern

---

[39] Arthur Schnitzler, Dramen, Das Märchen, 1. Akt, S. 103. Folgende Zitate, S.121 ff.
[40] Ebenda, 2. Akt, S. 128. Folgende Zitate S. 137, S. 143 und S. 147.

des abendländischen dogmatischen Weltbildes ab, unter anderem dem metaphysischen Vorurteil, unser Denken entspringe der Vernunft und sei stärker als das leibliche Begehren, der instinktive Trieb. Das Denken sei primär eine *„Instinkt-Tätigkeit"*, das Gehirn denkt nur nach, indem es unmittelbare Eindrücke, Empfindungen er- oder verklärt. Die Illusionen und der Schein entstehen folglich durch die angeblich rationalen Bewertungen. Fedor erhält Besuch von Friedrich, der heiraten will und von dem Fedor ahnt, dass er einst Fanny verführt hat. Als dieser seinen Standpunkt vertritt, Menschen können sich ändern und Frauen sind nicht Gefallene, nur weil sie sich haben verführen lassen, antwortet Friedrich kalt: *„Man hat immer eine Zeitlang seine Illusionen … anfangs … Aber es sind eben Illusionen."* Während die Frau zu verachten ist, bleibt es dem Mann bestimmt, eine gute Partie zu machen: *„Die Frauenzimmer … haben alle gewisse Fehler, die wir immer und immer finden, sobald wir über unsere illegitimen Honigmonde hinaus sind."* Die Heirat ist nur dazu da, gesellschaftlich dazuzugehören und für voll genommen zu werden. Mit Liebe hat das wenig zu tun, zumal dieser ohnehin keine Dauer beschieden ist. Der noble Verführer bleibt aber dabei immer in seinen Kreisen, zu denen weder eine Künstlerin noch eine Gefallene gehören könne. Fedor argumentiert zwar noch immer gegen diese Doppelmoral, doch er weiß, dass er zwei Seiten hat: ein träumender Visionär (Übermensch) und zugleich ein rachsüchtiger Mann. Das auffallend häufige Attribut lautet unbegreiflich. So sagt der melancholisch veranlagte Robert: *„Ach es ist eigentlich so schön zu leben, aber du merkst nichts davon, es ist unbegreiflich."* Auch Nietzsche nennt das Leben eine *„unbegreifliche Macht und Rätsel"*. So kommt es, wie es kommen muss: Fedor zwingt Fanny zu einem Geständnis. Sie sagt, sie wollte mehr als nur geheiratet werden und bringt damit die Stimme der Emanzipation zu Gehör, die Nietzsche die „Frauenfrage" nennt. Nietzsches Position zu Weib und Ehe ist in höchstem Maße ambivalent. Er wird von manchen Frauen als Befreier vom Joch des Patriarchats und von anderen als Frauenverächter betrachtet und beides stimmt, zumindest teilweise. Nietzsche verlangt einerseits Gleichstellung und Kommunikation auf Augenhöhe, Ende der Doppelmoral und Aufrichtigkeit statt *„Lügenputz"*, andererseits traut er der Frau in der Regel zu wenig Verstand und Kultur zu und hält sie für ein *„gefährliches Tier"* – in diesem Sinn ist auch der so häufig völlig missverstandene Satz *„Du gehst zum Weibe – vergiss die Peitsche nicht"* zu verstehen. Der Mann muss sich vor der Macht des Eros, der sinnlichen Verführung und moralischen Korruption stets hüten. Das Weib braucht den Mann des Kindes wegen: *„Denn des*

Weibes Erlösung heißt Schwangerschaft." Sowohl Nietzsche als auch Fedor wollen mehr als sie aufzugeben bereit sind. Sie verlangen Opferbereitschaft von dem Weib, die sie selbst nicht aufzubringen bereit sind. Fanny beteuert, dass sie sich geändert habe: *„Unbegreiflich ist mir dies heut alles. Es war eine andere. Ich war eine andere."* Fedor glaubt ihr dies, zumal er sie wirklich liebt, aber er ist feiger und nachtragender als er will. In Schnitzlers Worten folgt er einem Naturgesetz.

Die Frage des Glückes ist eine häufig von Nietzsche gestellte, wobei er drei Formen unterscheidet: das Glück zu erinnern, jene zu vergessen und die dritte, über den Dingen zu tanzen. Diese dionysische Kraft ist der Urtrieb von Liebe, die verzeiht und den Augenblick lebt, nicht nachtragend oder vorausschauend sein will. Fanny meint, sie habe sich an alles geklammert, nur weil sie glücklich sein will und ahnt, dass sie Fedor verlieren wird. Dieser will bezeichnenderweise über alles „hinauskommen", aber nicht, wie Nietzsche es fordert, „überwinden". Er hat seine Skrupel und Vorurteile, sein Ressentiment und seine Angst vor der eigenen Courage. Dennoch kämpft auch er mit sich und um seine Liebe, nur erträgt er es nicht, dass sie die Geliebte Friedrichs war. Klara, Fannys Schwester, soll aus der Künstlerfamilie heraus für das, was Robert *„Das Ideal einer echten deutschen bürgerlichen Ehe"*[41] heißt. Da kommt das Angebot für Fanny, ins Ausland zu gehen, gerade recht, denn mit ihr würde sich Robert, der hunderte Male in den Logen saß und ihr Blumen schickte, mit etwas Glück auch ihr Liebhaber geworden wäre, nur genieren. Es ist bezeichnend, dass die Mutter die Tochter nicht gehen lassen möchte, weil sie sich in der Fremde unwohl, aber ohne ihre Tochter verlassen fühlen würde und die Schwester auf das Engagement drängt, weil sie fürchtet, Robert würde ihre Verlobung lösen. Er artikuliert die öffentliche Meinung: *„Der Künstlerwelt bring man ein achtungsvolles Mißtrauen entgegen"* – auch dies veranschaulicht die doppelte Moral. Man bewundert und liebt die Künstler, doch geheiratet werden selbstverständlich andere. Symbol der verlorenen Liebe zwischen Fanny und Fedor sind die Rosen, die ausgerechnet Robert von seiner Hochzeit mitbringt, um sie der gefeierten Schauspielerin zu überreichen. *„Unsere Erinnerungen welken nicht, sie können nur ihren Duft verlieren, aber sie blühen weiter."* Ein Gedicht von Nietzsche trägt den Titel *„Meine Rosen"* und enthält die Zeilen: *Wollt ihr meine Rosen pflücken? / Müsst euch bücken und verstecken."* Möglicherweise kennt es Schnitzler, zumin-

---

[41] Arthur Schnitzler, Märchen, 3. Akt, S. 159. Folgende Zitate S. 160, S. 163 und S. 165 ff.

dest nicht zu diesem Zeitpunkt, aber es enthält die gleiche Gesinnung: Man will das Glück, nicht das Leid, man will es bequem und niemals anstrengend, selbst in der Liebe, die doch Wagnis ist und Aufbruch zu neuen Meeren wie Nietzsche meint.

Der Mann nimmt Abschied vom süßen Mädl, *„weil´s ja sein muß"* bevor es ernst wird, um frei zu sein für eine Frau aus den gewünschten Kreisen. Zu Fedor sagt Leo: *„Wir alle wissen wann´s vorbei ist. Ihr habt nur selten den Mut, es euch einzugestehen."* Fanny ist bereit, auf die Karriere zu verzichten, doch für Fedor bildet das Angebot den willkommenen Anlass, sich von ihr trennen zu können. Es wird klar, dass „Ich liebe dich" nur Worte sind und eine Momentaufnahme und vielleicht gerade darum so schön und zauberhaft, weil es nur dieses Ich und jenes Du für einen flüchtigen Moment geben kann. Am Ende bleibt Fanny nur die bittere Erkenntnis: *„Die Männer sind es nicht wert, dass man sich ihnen opfert, sie tun es niemals für uns."* Nietzscheanische Anti-Moral ist vorhersehbar: Niemand kann vor der Vergangenheit weglaufen, man muss sie überwinden und hinter sich lassen. Auch diese Einsicht artikuliert Fanny beim Abschied von Fedor, der zu feige ist, seinen Worten Taten folgen zu lassen: *„Es mag ein Märchen von der Verlorenen sein, aber es gibt noch ein tausendfach Verlogeneres, das Märchen von der Erhobenen."* Fedor ist inzwischen überzeugt, dass „Frauen wie du die Treue nicht halten können", und es wird (wie so häufig beim Abschied, weil es uns dann vielleicht leichter fällt) unschön. Der einstige Galan bezichtigt sie, im Herzen eine Dirne zu sein und auch zu bleiben, doch er weiß auch: „ich bin nicht stark genug, das Vergangene zu ertragen." Sein Wille genügt nicht für eine wirkliche Veränderung seines Verhaltens oder seiner moralischen Einstellung, die der Konvention seiner Zeit entspringt; der Wille zu herrschen, in diesem Fall der Mann über das Weib. *„Philosophie ist dieser tyrannische Trieb selbst, der geistige Wille zur Macht zur Schaffung der Welt, zur causa prima."*[42] Für Nietzsche existiert ein Grundproblem, weil eine Grundspannung zwischen Mann und Weib besteht. Der Mann möchte sich eine Frau zurechtträumen und aus diesem Traum nie erwachen. *„Die Frauen sind von den Männern bisher wie Vögel behandelt worden, die von irgendwelcher Höhe sich hinab zu ihren verirrt haben: als etwas Feineres, Verletzlicheres, Wilderes, Wunderlicheres, Süsseres, Seelenvolleres – aber als etwas, das man einsperren muss, damit es nicht davonfliegt."*

---

[42] Friedrich Nietzsche, KSA 5, Jenseits von Gut und Böse, S. 23. Folgendes Zitat S. 174.

III. Die Dramenwelt Schnitzlers

III. 1. Professor Bernhardi

1. 1. Gesellschaftlicher Aspekt

Im Vordergrund dieses Werkes steht eindeutig der Antisemitismus. Schnitzler konfrontiert uns in seinem Vorkriegsstück (1912) mit zumindest vier gesellschaftlichen Teilbereichen: prägnant und dominant die Welt der Ärzte, der diejenigen der Politik und der Kirche gegenüberstehen, teilweise unversöhnbar wie es scheint. Etwas subtiler integriert der Autor auch das Milieu der Ärmeren, denn Auslöser des Konflikts wird die schwangere und durch eine ungesetzliche Abtreibung dem Tode geweihte Patientin. Auch wenn Schnitzler diese nicht ausdrücklich zu Wort kommen lässt, so wirkt ihre Präsenz doch wie ein Schatten, der auf allen Beteiligten liegt: die Heuchelei der Kirche um die Absolution der Sünden, die naturwissenschaftliche Kälte, die aus dem Menschen einen Patienten machen muss und Diagnosen stellt – einzig Bernhardi erweist sich als mitfühlend, was ihm aber zum Unglück gerät. Vor allem aber wird durch die Gespräche über die an einem verpfuschten Eingriff Sterbende klar, wie ungerecht die Rollen verteilt sind: Der Liebhaber macht sich aus dem Staub, die Schwangere kann in ihrer Not nicht anders, als heimlich abzutreiben und gerät, vor allem, wenn sie arm ist, wahrscheinlich an eine Kurpfuscherin, im Volksmund „Engelmacherin" genannt. Ihr Fall wird als „Sache" behandelt.

Neben dem Thema der Scheinheiligkeit, das nur am Rande mit der vertuschten Schwangerschaft eingeführt wird, sich aber bald als politisches Problem zwischen den Parteiinteressen in und außerhalb der Klinik erweist, vertieft Schnitzler den verderblichen Einfluss des Antisemitismus. Die Juden zahlen und stellen die kompetenteren Ärzte, wie es im Stück heißt, doch die Patienten sind zumeist Katholiken und die prolongierten Ärzte Nichtjuden. Vor allem die Assimilierten, so genannte Teiljuden, erweisen sich als unnachgiebig teutonenhaft. Die Klinik wird zum Probierfeld der großen Politik und der drohenden deutsch–österreichischen Einigung (Allianz des Ersten Weltkrieges). Das Volk stilisiert Bernhardi zu einem wie es im Stück heißt *„politischen Opfer klerikaler Umtriebe, als eine Art medizinischen Dreyfus."*

1. 2. Psychologischer Aspekt

Das zentrale psychologische Moment stellt die Gewissensfrage dar, die in nuancierter Weise drei Bereiche miteinander verbindet. Professor Bernhardi hat eine Klinik zu leiten und zu finanzieren. Dementsprechend tritt er zurück, als er zum einen die fehlende Unterstützung seines Stabes bemerkt, zum anderen nicht die Augen verschließen will vor den gewaltigen Finanzierungsproblemen, die sein Handeln ausgelöst hat. Einerseits steht er zu seiner Entscheidung, einer Sterbenden den Anblick eines Pfarrers ersparen zu wollen, andererseits erkennt er, welche Auswirkungen dieser Umstand auf die Geldgeber der Privatklinik hat. Die ihn unterstützenden Personen gewichten die Unabhängigkeit oder seine Entscheidung etwas anders, doch nicht konträr. Einige wie Cyprian hätten gerne mehr Pragmatismus im Handeln des Professor Bernhardi, aber sie teilt doch seine Position in ihrer Ethik. Ihren Pragmatismus äußert sie vor den unvorhersehbaren Folgen: *„Es war nicht richtig ... Und nebstbei wird es ein Einzelfall bleiben. Du wirst an der Sache selbst nichts ändern."*[43] Gerade weil Cyprian solidarisch bis zuletzt bleibt, hat ihr Einwand Gewicht und deutet an, dass Bernhardi auch aus Stolz und nicht nur aus Ritterlichkeit so gehandelt hat. Ihm selbst wird dies erst am Ende bewusst, zum Teil im Gespräch mit dem Pfarrer, vor allem aber im Gefängnis, wo er davon ablässt, sich an den Intriganten im Ministerium bzw. der Klinik zu rächen (gerade dies wäre Eigenwille). Zwischen Integrität und Intrige liegen mehr als ein paar Buchstaben, zwischen Instinkt und Verstand mehr als ein Wille.

Professor Pflugefelder, als Anwalt der Tatsachenwahrheiten wird zum Verteidiger gegenüber dem um Kompromisslösung bemühten Gerichtsverteidiger und nimmt Bernhardi vor den Kollegen bei dessen Amtsentbindung in Schutz. Er redet vom Gewissen, das vor den Fakten nicht die Augen verschließt, obschon genau das von niemandem gewollt wird. Seine Erklärung, weshalb Bernhardi den Pfarrer nicht zu der Todgeweihten vorlassen möchte, ist dennoch moralischer Natur: *„Es war vielleicht der schönste Augenblick ihres Lebens, ihr letzter Traum. Und aus diesem Traum wollte Bernhardi sie nicht mehr zur furchtbaren Wirklichkeit erwachen lassen. Das ist seine Schuld! Dieses Verbrechen hat er begangen! Dies und nichts mehr. Er hat den Pfarrer gebeten, das arme Mädel ruhig hinüberschlummern zu lassen. Gebeten. Sie wissen es alle. Wenn er auch minder höflich gewesen*

---

[43] Ebenda, 1. Akt, S. 702. Folgendes Zitat 4. Akt, S. 795.

wäre, jeder müßte es ihm verzeihen. Was für eine ungeheure Verlogenheit gehört dazu, um den ganzen Fall anders anzusehen als rein menschlich. Wo existiert der Mensch, dessen religiöse Gefühle durch das Vorgehen Bernhardis in Wahrheit verletzt worden wären."

Nietzsches zentrales Argument, wenn er vom Tod Gottes spricht, ist der Wille zur Lüge der Allzuschwachen und der Stärkeren ihr Wille zum Stolz.

Obschon sie in ihren Schwächen bloßgestellt werden, verdammt Schnitzler die Charaktere nicht. Sie sind Kleingeister, die ihre Interessen verwalten und daher nur sehen, was sie sehen wollen und was ihnen nutzt. Einzig der Minister Flint bekennt sich offen zu seinem Herrschaftstrieb, den er jedoch als Gestaltungwillen verstehen will. Möglicherweise ist er der Aufrechteste von allen, da er bedingungslos zu seinem Treiben steht. *„Ich mag geirrt haben in meinem Leben wie wir alle, aber gegen meine Überzeugung – Nein!"[44]* Zwischen Anarchie und Sozialismus sieht er keinen so großen Unterschied, da ja beide Parteien zu kaufen oder zu überzeugen sind und da beide – zumindest in der Öffentlichkeit – als Opposition zu seiner Staatsphilosophie auftreten. Er trennt private Ansichten von dem, was politisch nützt und pragmatisch angezeigt ist: *„So glattweg seine Ansichten daherplappern, das ist die Art politischer Dilettanten. Der Brustton der Überzeugung gibt einen hohlen Klang. Was wirkt, auch in der Politik, ist der Kontrapunkt."*

Auch der Pfarrer bekleidet, wie Bernhardi und Flint, eine eigenständige Meinung, die mit ihrem Gewissen ringt und sich selbst überzeugt. *„Kein Bekenntnis hatte ich Ihnen abzulegen, wie ich anfangs glaubte, sondern von einem Zweifel mich zu befreien."* Für ihn darf nur Gott urteilen, und nur im göttlichen Urteil liegen Gerechtigkeit und Wahrheit.

1. 3. Philosophischer Aspekt

Hinsichtlich Nietzsches Willenstheorie „Wille zur Macht" gibt beispielsweise das Drama „Professor Bernhardi" Auskunft. Bernhardi, ein Arzt, dem nichts ferner liegt, als die Welt zu verbessern und profunde Antworten auf metaphysische Fragen zu finden, resümiert in einem seiner letzten Sätze: *„Ich habe einfach in einem ganz speziellen Fall getan, was ich für das Richtige hielt."* Seine ganze Figur ist auf Nietzsches Anspruch der Authentizität fern von aller Heuchelei angelegt. In seiner Tragikkomödie behandelt Schnitzler

---

[44] Ebenda, 2. Akt, S. 730. Folgende Zitate 5. Akt, S.798 ff. und 4. Akt, S. 772 ff.

drei philosophische Themen: erstens die Willensfreiheit, die Nietzsche so beantwortet: Es gibt keinen freien Willen, aber einen *Willen zur Freiheit*, den er später *Wille zur Macht* nennt. Der Arzt Bernhardi steht vor der Entscheidung, seiner dem Tod geweihten Patienten eine letzte Stunde des Glücks zu gönnen (sie wähnt sich gerettet) oder dem allgemeinen katholischen Brauchtum zu folgen, einen Priester die Beichte abnehmen zu lassen. Als Folge seiner Weigerung, den Geistlichen zu der ahnungslos Sterbenden vorzulassen, steht er alsbald vor der Wahl, seine Klinik vor einem öffentlichen Skandal zu retten und zurückzutreten oder sich in einen juristischen Prozess mit ungewissem Ausgang für seine Person involvieren zu lassen und damit zum Politikum (Mittel zum Zweck) zu mutieren. Die dritte Wahl ist seine Entscheidung zwischen der Rache an seinen Verleumdern und der Größe, ihnen zu verzeihen. In jedem Fall zieht die eine Situation die andere nach sich und ist keineswegs frei; allerdings führt sie auch nicht zu Determination oder Resignation. Im finalen Gespräch mit dem Hofrat gesteht ihm dieser, genauso handeln zu wollen, doch sich *„nicht bereit zu fühlen, bis in die letzten Konsequenzen zu gehen – und eventuell selbst unser Leben einzusetzen für unsere Überzeugung."* Genau das aber ist der Appell Nietzsches: *„Sich selbst befehlen und gehorchen zu lernen ist das Schwerste."*[45]

Der zweite philosophische Aspekt, der im Stück enthalten ist, entpuppt sich als Gestalt des ehemaligen Freundes und Widersachers Bernhardis, des windigen Ministers und Machtmonschen Flint. Er hat sich über Gewissensskrupel längst hinweggesetzt und beispielsweise als junger angehender Arzt einen Patienten sterben lassen, weil die Korrektur oder Bloßstellung seines Chefarztes ihn möglicherweise die Karriere gekostet hätte. Er entspricht damit der blonden Bestie Nietzsches, wie dieser den Typus des Instinktmenschen Caesare Borgia nennt, den Renaissancefürsten und Herrentypus, der nur ein Ideal kennt: sich selbst. Schnitzler weist auf den engen Spagat zwischen Herrschaft und Macht hin. Flint argumentiert: *„Denn es kommt nicht auf das Rechthaben an im Einzelnen, sondern aufs Wirken im Großen. Und solche Möglichkeit des Wirkens hinzugeben für das etwas ärmliche Bewußtsein, in irgendeinem gleichgültigen Fall das Rechte getan zu haben, erscheint mir nicht nur klein, sondern im höheren Sinn unmoralisch."*[46]

---

[45] Nietzsche, KSA 4, Also sprach Zarathustra, I,1, Von den drei Verwandlungen, S. 31.
[46] Arthur Schnitzler, Dramen, Professor Bernhardi, 5. Akt, S. 798 f.

Die Umwertung und Verbiegung der Moral in ihrer Perversion ist ein Leitgedanke Nietzsches, der jede Moral „jenseits von gut und böse" einstuft. Während der Herrschende utilitaristisch argumentiert, für ein geopfertes Menschenleben doch so viele andere gerettet zu haben, stellt sich der Wille Bernhardis immer auf die Seite des Prinzips, weil er um die schleichende Korruption und Korrumpierbarkeit des Gewissens weiß. Bernhardi, den der ehemalige Freund etwas herablassend einen „anständigen Menschen" (wie Nietzsche in seinen „Unzeitgemäßen Betrachtungen" Anstand eine verlorene Tugend heißt) nennt, lässt sich indes von dem Gehabe Flints nicht blenden: „Du ahnst wohl nicht, wie sehr du deine Macht überschätzt."[47]

Bernhardi kämpft folglich sowohl mit sich selbst und den Antagonismen seiner Interessen als auch mit der Opposition und einem ihm fremden Ethos des Machtstrebens. Der dritte Konfliktpunkt besteht zwischen der Philosophie und der Theologie, angelehnt an das ancilla-Argument, wer wessen Magd ist: Hat der Glaube der Pflicht oder die Pflicht dem Glauben zu folgen? Ausgangspunkt ist der Pfarrer, der während des Prozesses geschwiegen und damit zu Bernhardis Verurteilung beigetragen hat, obschon er weiß, dass erstens die Interpellation auf einer Lüge basiert und zweitens, dass der Arzt aus Gewissensgründen genau wie er selbst so handeln muss. Möglicherweise will er sich selbst nur entsühnen und sucht um eine Art Absolution nach, vielleicht ist es ihm aber auch nur um ein Vier-Augen-Gespräch fern aller Ideologie zu tun. Selbst die Möglichkeit, Bernhardi doch noch von der Rechtmäßigkeit seines Handelns zu überzeugen, kommt in Betracht. Als dieser ihn jedoch nicht von einer Form der Heuchelei und Feigheit freispricht, beginnt er, ihm selbstherrlichen Eigendünkel und Eigenwille vorzuwerfen. „Kein Bekenntnis hatte ich Ihnen abzulegen, wie ich anfangs glaubte, sondern von einem Zweifel mich zu befreien. Von einem Zweifel, Herr Professor, der mir selbst als solcher noch nicht bewußt war, als ich hier eintrat. Nun aber hat er sich gelöst, Klarheit dringt in meine Seele, und was ich Ihnen früher zugestanden habe, Herr Professor, ich bedauere sehr, ich muß es wieder zurücknehmen."

Drei Themen überkreuzen sich: die Notwendigkeit des Zweifels und des Irrtums bei Nietzsche, um wahrhaftig leben und glauben zu können; zweitens die Tatsache, dass Wahrheit immer mindestens zwei Gesichter hat und daher nur perspektivisch zu erfahren ist; drittens, dass die Wahrheit immer zu zweien beginnt und folglich eines Zugeständnisses bedarf. Wahr-

---

[47] Ebenda, 2. Akt, S. 707f. Folgende Zitate 4. Akt. S. 772 ff.

heit und Wille sind nicht monogam, sondern bestehen aus mehreren Schichten, teilweise bewusst, teilweise unbewusst. Gerade dies hat Schnitzler besonders fasziniert. Mag auch die Sichtweise des Geistlichen auf Selbstrechtfertigung abzwecken, so hat er nicht unrecht mit seiner Bemerkung: *„Es ist bestenfalls eine Selbsttäuschung, wenn Ihnen als ärztliche Fürsorge, als menschliches Mitleid erscheint, was Sie veranlaßt hat, mir den Eintritt in jenes Sterbezimmer zu verweigern. Dieses Mitleid, diese Fürsorge, sie waren nur Vorwände; nicht völlig bewußte vielleicht, aber doch nichts anderes als Vorwände."*

Die drei zitierten Stellen und Konfliktpunkte bezeugen, dass die Wahrheit, Wahrhaftigkeit und Aufrichtigkeit nicht offen zu Tage treten und nie eindimensional sind, sondern sich perspektivisch erschließen.

1. 4. Ästhetischer Aspekt

Das Stück gliedert sich in fünf Akten und entspricht formal einer Tragikkomödie. Es impliziert zahlreiche politische Bezüge, um nur drei zu nennen: die Verwicklung von Geldern und medizinischer Fürsorge namentlich für private Kliniken; zweitens die Verquickung von religiösen (katholischen) Interessen mit der allgemeinen Politik, die den Ersten Weltkrieg andeutet. Drittens der rigorose Machtlobbyismus, der keinerlei individuelle Glaubwürdigkeit bzw. Authentizität zulässt. Vor diesem Hintergrund erscheint Schnitzlers Drama sozialdarwinistisch inspiriert.

Schnitzler betont in seinen Briefen, insbesondere den Theaterkritikern gegenüber, er habe weder ein Ärztestück noch ein Stück über Politiker geschrieben. Dies ist vordergründig nachvollziehbar, denn der sozikulturelle Hintergrund ist hinsichtlich der Frage nach Aufrichtigkeit bzw. strategischer Lüge so austauschbar wie die Frage nach dem Antisemitismus durch eine andere Minderheit. Dennoch bilden sich jeweils Oppositionen, teilweise untergliederbar in verschiedene Argumente. Zwei Lager der Ärzte stehen sich jeweils gegenüber: zum einen die Fürsprecher der Freiheit (des hippokratischen Eides) und Freunde des integeren Humanisten, Klinikleiter Bernhardi: Zu ihnen zählen Cyprian, Löwenstein und Pflugefelder bzw. sein Sohn Oskar. Demgegenüber stehen als Ärzte mäßig begabte Intriganten, die nur Karriere machen wollen wie Assistenzarzt Hochroitzpointner (er ist mit 25 genau halb so alt wie Bernhardi und verkörpert die kommende Generation), Feuermann oder Ebenwald, der nur Interesse daran hat, dass sein Protégé die Stelle des Hautarztes erhält und prinzipiell keine Juden mag. Zu den dritten Personen gehören diejenigen, die gar keine Meinung haben, sondern nur aus reiner Lust an der Bosheit und Schadenfreude gemein sind wie Hautarzt Tugendvetter und der frühere Arzt und jetzige Unterrichtsminister Flint.

Zwei Lager bilden auch die Theologen und die Ärzte, wenngleich beide füreinander Verständnis aufbringen. Bernhardi ist durchaus bewusst, dass es etwas Höheres als die Ärztekunst gibt und dessen auch bedarf, seinem Widersacher Pfarrer Franz Reder ist klar, dass Bernhardi nach seinem Berufsethos so hat handeln müssen und dass seine Kirche den Vorfall ausnützt, um die Position der Juden zu schwächen. Beide Personen erscheinen glaubwürdig und sympathisch bis zu einem gewissen Grad, vermögen aber dennoch nicht, sich auf einen Konsens in der Streitfrage zu einigen und es scheint, dass sie ihre persönliche Arroganz (Eigenwillen) hinter ihren Systemen verstecken. Es erfolgen keine überraschenden Wendungen bei dem Theologen, auch wenn das Pendel zwischen Sympathie und Antipathie gegenüber Bernhardi hin und her wogt. Schnitzler misstraut dem Volk, er ist kein Demokrat und schon gar kein Plebejer, er sieht in den schwankenden Gunstbekundungen pro und contra vielmehr die Orientierungslosigkeit seiner Gesellschaft.

Zusammenfassend kommen fünf stilistische Merkmale Schnitzlers Dramenkunst zum Tragen: Sichtbarmachen von Stimmungen durch Perspektivenverengung: Sowohl der rechte wie der theologische als auch der liberale Flügel scheinen nur ihre eigenen Interessen wahrzunehmen und zu selektieren. Zweitens die Wiedergabe nur des augenblicklichen subjektiven Eindrucks und damit verbunden die Unfähigkeit, die Wirklichkeit in ihrer Gesamtheit zu erkennen. Drittens die Inszenierung des Dramas, um Seelenzustände plastisch darzustellen und gleichzeitig Typen und Individuen hervorzubringen. Viertens der realistische Pessimismus und fünftens die Lebenslüge, die bewusst oder unbewusst in allen Protagonisten vorherrscht und die zur inneren Vereinsamung führt. Es geht Schnitzler nicht um die Darstellung krankhafter seelischer Zustände, sondern um die Vorgänge im Inneren gewöhnlicher, durchschnittlicher Menschen mit ihren gewöhnlichen Lebenslügen, zu denen eine Gesellschaft voll von ungeschriebenen Verboten und Vorschriften, sexuellen Tabus und unglaubwürdig gewordenem Ehrenkodex besonders die schwächeren unter ihren Bürgern herausfordert.

III. 2. Der einsame Weg

2. 1. Gesellschaftlicher Aspekt

Sowohl im Lager der Bürgerlichen als auch der Künstler herrscht Tristesse. Der einzige Repräsentant der Aristokratie erweist sich als unnahbar. Im Mittelpunkt steht die Lebenslüge verschiedener Personen, die letztlich Johannas Suizid verursachen. In ihr zeichnet Schnitzler sowohl die femme fragile als auch den Charakter eines an Nervenfieber leidenden Neurasthenikers. Sie ertränkt sich nicht zufällig im See vor dem Haus von Salas, da sie dort ihr größtes Glück und ihren tiefsten Schmerz erfahren hat: In ihr lebt eine unglückliche Romantikerin, die von von Sala, der für sie alles ist, verkannt wird. Das Thema der Sehnsucht behandelt Schnitzler in dieser Tragödie wie Goethe in seinem „Werther" negativ und destruktiv.

Mit der Vaterschaftsfrage und der Frage um echte Kunst überschneiden zwei private Themenkreise sich mit der öffentlichen Sphäre, die zu Schnitzlers Zeiten ohnehin nicht so viel Intimität erlaubte wie heute. Der erste Punkt betrifft die von Schnitzler häufig berührte Frage nach der standesgemäßen Erziehung eines nicht standesgemäß gezeugten Kindes. Meist sterben die Frauen aufgrund einer Fehlgeburt oder aber sie gehen an den Vorwürfen, Vorurteilen und realen Hindernissen zugrunde, die damit verbunden sind, ein Kind alleine großziehen zu müssen. Gabriele entzieht sich dieser Problematik, indem sie einem anderen Mann, der sie aufrichtig liebt, die Herkunft des Kindes verschweigt und sich arrangiert.

Julian ist nur noch Schatten eines Genius wie seine Geliebte Irene nur noch eine meist arbeitslose Schauspielerin. Sie haben beide ihr Ego gelebt, doch glücklich sind sie damit ebenso wenig geworden wie Gabriele, die sich für die Familie aufgeopfert hat. Eine Schnittstelle zwischen Einsamkeit und Zweisamkeit scheint es nicht zu geben, jedenfalls nicht in diesem sehr düsteren Stück. Zum einen sind alle Protagonisten zu sehr mit sich beschäftigt, zum anderen reden sie nicht über ihre wahren Bedürfnisse. Da es sich um sehr unterschiedliche Individuen handelt, ist der Schluss erlaubt, dass sie die Umstände der Wiener Konvention zu dem machen, was sie sind.

Die Abenteuer des Herrn von Sala erwecken bei der bodenständigen Johanna Begehren nach der Ferne, doch sieht dieser den Untergang seiner Zeit und der Aristokratie voraus. Er verkörpert eine andere Epoche und ist sich dies in seiner Rede bewusst, da er häufig auf den Umstand, einer anderen Weltanschauung anzugehören, verweist. Die Lebenslüge Julians besteht nicht nur in seinem angeblichen Opfer für die Kunst auf Liebe zu verzichten, denn diese verspürt er zu niemandem, sondern auch in der Überschätzung seines Genius selbst. Sehr spät bemerkt er, dass er nichts Wesentliches gemalt habe und doch mehr Epigone geblieben ist. Schnitzler thematisiert damit den Kunststreit seiner Zeit, inwieweit ein Maler seinen eigenen Stil finden und diesen konsequent verfeinern muss.

Von Sala, sofern er die alte Zeit vor dem Fin de Siècle verkörpert, neigt zur Anmaßung, wenngleich er mitunter bedauert, keinen rechten Beruf wie Reumann oder Wegrath auszuüben, sondern kraft seiner Geburt privilegiert zu sein. *„Von Gnaden des Augenblicks sind wir Götter und zuweilen etwas weniger."*[48] Er erscheint als Kosmopolit, liberal und bisweilen selbstverliebt. Gegenüber seinem Leibarzt Reumann behauptet er zwar, die Wahrheit zu vertragen, als dieser ihm aber reinen Wein über den tödlichen Verlauf seiner Krankheit einschenken möchte erwidert er: *„Ich wünsche nicht um das Bewusstsein meiner letzten Tage betrogen zu werden. Man hat das Recht sein Dasein zu vervollkommnen und es auszuleben. Sie sollen mir meine Todesstunde nicht vorweg eskarmotieren."*

Während die Lebenslügen von Salas ausblenden, was ihm schaden könnte, verdrängt Julians all das, was Konsequenzen nach sich zöge.

2. 2. Psychologischer Aspekt

Schnitzlers Fünfakter erinnert an Tennessee Williams „Endstation Sehnsucht". Einsamkeit und Sehnsucht dominieren und erscheinen wie abwesende Götter. Johanna sieht, dass ihre Träume von der Zukunft unerfüllbar bleiben müssen, vielleicht ahnt sie sogar, dass sie zu den Sternen greift, denn Reumanns Werben ignoriert sie. Da sie um Herrn von Salas tödliche Krankheit weiß und in ihn verliebt ist, stirbt sie vor ihm. Allerdings könnte auch seine leichtfertige Rede, sie zur Frau zu nehmen, damit sie ihn auf den Reisen begleiten könne, den Ausschlag dafür geben, denn in seinem Angebot schwingt nicht die Spur von Liebe zu einer Frau mit.

Julian Fichtner und Stephan von Sala haben beide in ihrer Jugend sehr intensiv und mit freizügiger Moral gelebt und erkannt, dass sie diesen Lebensstil nicht mehr weiterführen können und durch ihn vereinsamt sind. Aus diesem Grund sucht Fichtner die Nähe seines Sohnes Felix, um der Ein-

---

[48] Arthur Schnitzler, Der einsame Weg, 2. Akt, S. 475. Folgendes Zitat 3. Akt, S. 457.

samkeit des Alters zu entfliehen und von Sala die Nähe zu Johanna. Felix aber empfindet seinen Erzeuger als Betrüger und lehnt seinen Lebensstil ab. Gabriele Wegrath erscheint vielleicht weniger trostlos einsam, doch hat sie ihr Leben mit einer lebenslangen Lüge an der Seite eines nicht wahrhaftig um seiner selbst geliebten Gatten verbracht. Die Schauspielerin Irene Herms leidet darunter, dass sie ihr Kind mit Julian der Karriere wegen hat abtreiben lassen – ein Thema, das Schnitzler aus eigener Erfahrung mit der Schauspielerin Marie „Mizzi" Glümer kennt. Sie muss erkennen, dass auf der Bühne stehen ihr die Mutterschaft nicht hat ersetzen können und sie sich gerne als Mutter verwirklicht hätte. Es könnte sein, dass Schnitzler die mit ihm und Freud befreundete Schriftstellerin Lou Salomé als Vorbild genommen hat, denn zum einen flüchtet sie sich in eine Vernunftehe, zum anderen äußert sie sich sowohl in ihrem Sachbuch „Der Mensch als Weib" (1990) als auch ihrem Roman „Mütter, Töchter, Frauenbilder" (1904), die zeitnah zu Schnitzlers Stück veröffentlicht werden, über die Problematik, als Künstlerin auf Mutterschaft verzichten zu müssen.

Zwischen den handelnden Personen herrscht stets eine kühle Atmosphäre, geprägt von Toten und Furcht vor Intimität bzw. Indiskretion. Johanna antizipiert sowohl den Tod ihrer Mutter als auch den des Herrn von Sala. Um den schmerzlichen Verlust nicht ertragen zu müssen kommt sie seinem zuvor. Stephan von Sala, in dem Hugo von Hofmannsthal sich wieder erkennt, verkörpert den Ästheten und unnahbaren Bildungskünstler (Schriftsteller). Er gibt vor, auf eine lange Reise gehen zu wollen, wohl wissend, dass er bald sterben wird und nährt so die Hoffnungen sowohl von Felix als auch von Johanna. Einsam sind folglich alle Menschen im Stück, man darf sagen tödlich einsam.

Julian verkörpert einen Künstler, der sich aus Angst vor Bindung zunehmend isoliert und zur Egomanie neigt. Er ist im Vergleich zu von Sala weniger intellektuell und lebt intuitiver, doch den Zugang zu seinen wahren Gefühlen hat auch er weitestgehend verloren. Selbst die Vaterschaft erweckt in ihm eher egoistische Triebe als die Sehnsucht, für jemand sorgen zu dürfen. Die drei Künstler, Schriftsteller, Maler und Schauspieler, erscheinen als Prototypen der Vereinzelung, der Enttäuschung und Hoffnungslosigkeit, gerade weil sie nur ein „Ich" kennen ohne Rücksicht auf die Notwendigkeit, dass dieses Ich sich von den Anderen speist. Sie spiegeln die Verunsicherung des Menschen um die Jahrhundertwende wider. Um es mit Werfels Drama „Spiegelmensch" zu sagen, *„das Ich wird sich selbst und der Umwelt zum Problem"*. Aber auch die Bürgerlichen bieten keine Alternative, wenngleich sie weniger rücksichtslos gezeichnet sind. Felix personifiziert den Soldaten: „Man muß sich eben zusammennehmen" lautet einer seiner ersten Sätze, die er an die Schwester Johanna richtet. Bezeichnenderweise trifft er ein, als die Mutter bereits im Sterben liegt und ahnt es nicht einmal. Während er von der Armee Urlaub hat, schickt sich von Sala an, zu einer (letzten) Reise aufzubrechen und will ihn mitnehmen. Auch das ist symbolisch: Niemand verweilt, jeder ist in Bewegung, es könnte ja Langeweile oder Selbsterkenntnis aufkommen.

Johanna wird von von Sala bereits im Eingangsgespräch als die „gefangene Prinzessin" erkannt. Pikanterweise sehen alle relativ klar, was die anderen sind, nicht aber, wer sie selbst sind oder wie sie wirken. Alle – Johanna ausgenommen – sind auf dem Auge der Selbsterkenntnis blind. Johanna erkennt auch, dass hinter der Fassade von Salas Traurigkeit – er verlor vor sieben Jahren Frau und Tochter – eine ersehnte Melancholie, sprich Todeswunsch, steckt. Auch den Maler weiß sie gut einzuschätzen; er gehört zu den Menschen, „die immer von weit herkommen" und „nie lange bleiben".

Professor Wegrath bezeichnet sich im ersten Akt selbst als „Kunstbeamter", weil er an der Universität Vorlesungen gibt. Zwischen den Zeilen bemerkt er, dass er sich gerne als freischaffender Künstler (wie Julian) verwirklicht hätte, doch die Familie ging ihm immer vor. Über seinen ehemaligen Weggefährten Julian sagt er: „Als junger Mensch hatte er etwas Faszinierendes, Blendendes. Nie hab' ich jemanden gekannt, auf den das Wort »vielversprechend« so zutraf wie auf ihn."[49]

Über die Eitelkeiten der Künstler verrät das Verhältnis von Irene und Stephan etwas. Beide zeichnen ein negatives Bild voneinander, sind aber im Umgang stets freundlich. Fällt ein Stück beim Publikum durch, so ist es für den Autor klar, dass es die Schuld der Schauspielerin ist, ebenso verhält es sich umgekehrt. Hinter dem Spott von Salas verbirgt sich zudem Schnitzlers eigene Eitelkeit, dass eine Schauspielerin seine Texte schlecht rezitiert. Zudem kann der Autor seine Abneigung gegen moderne Kunst (Schiele, Klimt) ausdrücken, denn die Beschreibung von Julians Portrait von Irene (das im Museum zu sehen ist) zeigt nur, wie sophistisch Irene und wie epigonenhaft Julian veranlagt sind. Irenes Abneigung ist ihrerseits nicht nur auf Antipathie zurückzuführen, sondern sie erkennt – im Gegensatz zu der von Sala liebenden Johanna – das dieser eine dunkle, zynische Seite hat

---

[49] Ebenda, 1. Akt, S. 425.

und *„eine „maßlose Arroganz in ihm steckt."* Sie deutet auch an, dass seine kalte Art seine Frau umgebracht hat und vielleicht noch andere töten wird. In allen Aussagen verpackt Schnitzler ein wenig Wahrheit und ein wenig Lüge. Von Sala und Julian sind in gewisser Weise narzisstische Doppelgänger, zumindest Brüder im Geiste. Sie leben beide dieselbe Lebenslüge der Fassade, denn scheinbar sind beide souveräne Herren ihres Schicksals und verkörpern Gelassenheit, hinter der sie ihre Sehnsucht nach Intimität verbergen. Die drei Frauen hingegen vereinsamen aufgrund ihrer Weigerung nach einem Kompromiss. Mutter, Tochter und Schauspielerin dienen in ihrer Hingabe einer vielleicht höheren Form des Egoismus, der Familie bzw. der Kunst, doch sie verleugnen sich dabei. Felix hingegen als Repräsentant der k. u. k. Monarchie bleibt blass und ohne wirkliche Identität. Auch die ethisch besseren Männer wie Wegrath und Reumann vereinsamen in ihrem Pflichtgefühl.

2. 3. Philosophischer Aspekt

Die 1904 in Berlin unter der Regie von Max Reinhard uraufgeführte Tragödie handelt von der Vereinsamung des Menschen, in einer Epoche, die Mach als „unrettbar" bezeichnet, Freud als das hysterische und Adler als das neurasthenische Zeitalter. Nach 10 Jahren (einer Generation Leben) kehrt der Maler Julian Fichtner (eine Anspielung an die selbstsüchtige Ich-Philosophie Fichtes) nach Wien zurück. Die Schauspielerin Irene ist ihm gefolgt, weil sie es inzwischen bereut, wegen ihrer Karriere keine Kinder gewollt zu haben, ebenso wie Julian eine gewisse Leere bemerkt, die er mit dem gemeinsam gezeugten Sohn Felix mit Gabriele Wegrat zu füllen gedenkt. Nach seiner Rückkehr stirbt sie, Tochter Johanna liebt unglücklich den Intellektuellen von Sala. Jeder verbirgt seine wahren Gefühle, so gut er kann. Vordergründig geht es um die Wahrheit, sowohl im subjektiven Sinn der Authentizität und Aufrichtigkeit (im Gegensatz zur Lebenslüge) als auch im wissenschaftlich objektiven Sinn des Positivismus (Faktenlage). Medizinisch und biologisch ist zwar Julian der Vater, doch die Tatsache, dass Felix bei seiner realen Vaterfigur Professor Wegrat aufwuchs, gewichtet Schnitzler mehr. Julian bekennt sich daher nach kurzzeitiger Desorientierung für den falschen Vater und echten liebevollen Menschen. Einzig diesen beiden Protagonisten steht eine Zukunft bevor, alle anderen gehen in Einsamkeit zugrunde.

Schnitzler behauptet in seinen Briefen, er habe sich, wenn überhaupt, mit der Person des todgeweihten Aristokraten von Sala identifizieren können. Bezeichnend für dessen Einsamkeit ist von Salas Bemerkung über sich selbst: *„Freunde hab´ ich im allgemeinen nicht und wenn ich sie habe, verleugne ich sie."*[50] Diese an Nietzsches Pathos der Distanz erinnernde Aussage gegenüber der ihn liebenden Johanna schafft zusätzliche Distanz und nimmt deren tragisches Ende bereits vorweg. Auch in direktem Dialog mit Fichtner drückt er sich um ein Bekenntnis der Freundschaft: *„Es gibt pathetische Leute, die solche Beziehungen Freundschaft nennen."*

Es kreuzen sich vier teilweise konträre Standpunkte in der Tragödie. Der stille Held, unscheinbar und von der Frau, die er liebt verkannt oder verschmäht, sagt Doktor Reumann: *„Ich glaube, was man hätte erreichen können, das erreicht man auch."*[51] Kunstprofessor Wegrath widerspricht, am Beispiel Fichtners zeige sich, dass es der inneren Mitte zur Sammlung und den Frieden für Reifung des Genies bedürfe. Damit wird bereits im ersten Akt von allen vier männlichen Hauptpersonen Entscheidendes gesagt: Von Sala beobachtet lieber und lässt sich lieben, als dass er selbst aktiv wird. Reumann ist ein fleißiger Arbeiter, Wegrath hat ein wenig Genius, doch er gibt sich damit zufrieden und keinen Illusionen hin. Julian, der bis dato noch nicht selbst über sich gesprochen hat, wird von allen Seiten gleichermaßen bewundert wie bedauert als Mensch, der nirgendwo heimisch zu werden versteht und sich sogar in seinen eigenen Werken nur aufhält, sie aber nie wirklich ist.

Neben der Grundfrage nach Schein und Sein, Geltung und Anspruch, Freiheit und Verpflichtung, ästhetischer und ethischer Ausrichtung wird der Bezug zum eigenen Selbst thematisiert. Die Frage nach dem Ich führt zur Selbstverlorenheit wie sie von Sala pointiert: *„Ja, die Traurigkeit steckt in den Dingen oft viel tiefer verborgen als man ahnt."* Es ist die Melancholie des Fin de Siècle, das um seinen Untergang weiß.

Jeder hat seine Gründe, weshalb er sich gegen eine Beziehung oder für einen Kompromiss in der Beziehung entschieden hat. Die Künstler pochen auf ihre Freiheit, die auf Karriere verzichtenden Männer auf ihre Bequemlichkeit, die Mutter hatte das Wohl des Sohnes im Auge, die Tochter wollte die Mutter nicht im Stich lassen. Schnitzler verbindet ästhetische Fragen mit ethischen und mitunter wetteifern die Protagonisten nicht nur um die Gunst

---

50 Arthur Schnitzler, Dramen, Der einsame Weg, 1. Akt, S. 414. Folg. Zitat 2. Akt, S. 430.
51 Ebenda, 1. Akt, S. 427. Folgendes Zitat 1. Akt, S. 428.

des Glücks und der Wahrhaftigkeit, sondern auch um ihr Recht auf Unglück. Reumann stellt die Frage, ob man sich für die Kunst oder das Leben zu entscheiden habe so, ob Beamte oder Genies die Welt weiterbringen und beantwortet sie durch seine Bewunderung Professor Wegraths von selbst. Dieser ist konträrer Ansicht, der Genius sei *„eine Welt für sich".*

Wegrath ist nach Auskunft Gabrieles *„ein kluger und guter Mensch",* doch ihm fehlt das Feuer, und vielleicht bleibt er deshalb auf seine Art einsam. Von Sala, der von allen umschwärmt wird, ist ein kluger und nicht ganz so guter Mensch, zumal er sich gar nicht darum müht, es jemandem recht zu tun. Er bleibt einsam, weil er ein Gefangener seiner aristokratischen Konventionen ist. Der Künstler Fichtner ist mit Sicherheit weder gut noch allzu klug, aber immerhin versucht er, sich selbst treu zu bleiben und wirkt daher auf seine Umgebung anziehend. Jeder aber von ihnen leidet am Ende darunter, dass er für sich alleine steht wie ein Monolith. Reumann sagt, er würde gerne anders leben, doch er habe nicht das Talent dazu. Er kann weder sich noch andere verkennen, doch in seiner Nüchternheit muss er vereinsamen. Ganz aufrichtig ist aber auch er nicht, denn er will nicht zugeben, dass er eine Berufung an einen anderen Ort auch deshalb ablehnt, weil er in Johanna verliebt ist und auf ihre Hand hofft. Wegrath wird erst am Ende erkennen, dass sein Sohn ihn liebt.

Für den Maler und die Schauspielerin tritt das Motiv der Reue in den Vordergrund. Gabriele hingegen, die als erste von drei Protagonisten stirbt, betont: *„Ich glaube, ich habe nie etwas bereut. Aber ich fühle, daß irgendetwas nicht in Ordnung ist."*[52] Konkret treibt sie die Sorge um, dass sie ihrem Felix, indem sie ihm die Wahrheit über den Vater vorenthalten hat, etwas angetan hat. Reumann tröstet sie, eine Lüge, die Frieden erhält ist besser als die Wahrheit, die Krieg entfacht. Pragmatisch mag dies eine wie Kant es nennt „Klugheitsregel" sein, ethisch betrachtet ist sie anfechtbar, weil Wahrheit dann zu einem reinen Mittel zum Zweck verkommt wie es Fichte propagiert. Julian seinerseits beteuert gleichfalls, nie etwas bereut zu haben. Er schildert von Sala das unverhoffte Wiedersehen nach etwa zehn Jahren mit Gabriele: *„Nur einmal sprachen wir von der Vergangenheit – sie ohne Vorwurf, ich ohne Reue; als wäre jene Geschichte anderen begegnet."* Auch gegenüber Felix räumt er ein, nichts täte ihm leid. Trotz allem ist es eine Selbstlüge wie sein Handeln verrät.

---

[52] Ebenda, 1. Akt, S. 419. Folgende Zitate 2. Akt, S. 433 ff.

In mancherlei Hinsicht erscheint es, als ob Schnitzler bei dem Maler auch an Nietzsches Plädoyer der Einsamkeit (*„Nie fand ich das Weib, von dem ich schwanger werden wollte!"*) gedacht hat, weil dieser die Ehe als faulen Kompromiss ansah: *„Mein Leben ist bis zu einer gewissen Epoche wie in einem Rausch von Zärtlichkeit und Leidenschaft, ja von Macht dahingeflossen."* Dazu kommt, dass Julian wie Nietzsche mit seinem Schicksal hadert, selbst der Genius sei den natürlichen Gesetzen der Physis unterworfen. Hinter Julians Maske, väterliche Freuden erkannt zu haben und nach dem Tod Gabrieles keinen Hinderungsgrund mehr zu sehen, Felix die Wahrheit zu sagen, versteckt er seinen Egoismus, nicht alleine alt werden zu wollen und von jemandem Bewunderung zu erlangen. Selbst der wenig moralische von Sala ist von dieser Aussicht unangenehm berührt. Er meint, Familie sei ein hübsches Ding, doch sollte es sich in den eigenen vier Wänden abspielen.

Ein weiteres Motiv der Tragödie ist die Frage nach dem rechten Glück, auch unabhängig ob mit oder ohne Kinder, ob erfüllter Beruf oder freischaffender Künstler, von tödlicher Krankheit wissend oder sie erfolgreich verdrängend. Julian sagt seinem Sohn, der zu diesem Zeitpunkt nichts von seinem wirklichen Vater weiß: *„Die Gabe, dauerndes Glück zu geben oder zu empfangen, lag wohl nicht in mir."*[53] Dies schließt aber nicht aus, sondern eher ein, dass ihm die Gabe des vergänglichen Glücks und des Genusses zuteil geworden ist. Felix seinerseits ahnt etwas, und als er ein Bild aus glücklichen Tagen seiner Mutter sieht, das Julian ihm schenken will, weiß er, wonach er sich unbewusst gesehnt hat all die Jahre. In diesem Landschaftsportrait liegt die glücklichste Zeit seiner Mutter, die Zeit, in der sie mit ihm schwanger war und noch an die große Liebe glaubte, abgebildet. Im Gegensatz zum Alltagsleben vermag das Bild dieses Glück zumindest in der Erinnerung zu bewahren. *„Sie werden es nun verstehen, warum ich eine so starke Sehnsucht hatte, dieses Bild zu sehen. – Mir ist wirklich, als könnte es weiter zu mir reden wie es meine Mutter selbst getan hätte."* Julian schenkt seinem Sohn symbolisch das Portrait, weil es ihm jetzt nicht mehr gehört.

2. 4. Ästhetischer Aspekt

Die Kernfrage Wer bin ich? wird von allen Protagonisten unterschiedlich angegangen, aber von niemandem gelöst. Professor Wegrath verkörpert

---

[53] Ebenda, 2. Akt, S. 449. Folgendes Zitat S. 453.

die gutbürgerliche Mitte, die nach Kompromissen sucht und sie notfalls auch findet. Dennoch hat er weder den Mut, seinen Kindern die Wahrheit zu gestehen, selbst nicht, als sie alt oder reif genug dafür sind. Sein Intellekt und seine Ethik verhindern eigenes Unglück, aber nicht das Unglück seiner Familie – Tochter und Gattin sterben einsam. Schnitzler verbindet folglich die Figuren Vater, Tochter, Mutter mit Unglück.

Julian weiß, dass die gerade verstorbene Ex-Geliebte Gabriele mit ihm einen Sohn Felix gezeugt hat, bevor er sie verließ. Er versucht, dessen Gunst zu gewinnen und ihm seine Vaterschaft zu enthüllen. Einst hatte er Gabriele verführt und verlassen, um seine Freiheit als Künstler nicht aufzugeben. Sie hat den Akademieprofessor Wegrath geheiratet, der für Felix und Johanna als Vater gilt. Felix bekennt sich zu Wegrath, dem *„falschen Vater und echten Menschen"*. Schnitzler verbindet folglich die Triade Liebhaber, Vater, Sohn mit Lüge.

Johanna sperrt sich gegen die Zukunft und verlobt sich nicht mit dem jungen Arzt Reumann wie es die Mutter gerne sähe, denn sie hat deren falschen Kompromiss vor Augen. Vielleicht liebt sie in Stephan von Sala auch den erwünschten Vater, der ihr der eigene nie sein konnte. Tendenzen, ihr einen Vaterkomplex zu unterstellen, lassen sich im Stück finden. In jedem Fall erweist sie sich trotz ihrer anfänglichen Klarheit, Selbstbeherrschung und Ruhe als selbstzerstörerische Existenz und Spiegelbild der Frau, die keine Mitte findet, folglich eine femme fragile. Schnitzler konstruiert folglich auch eine Vater-, Tochter-, Liebhaber-Beziehung, die scheitern muss.

Von Sala trägt eine tödliche Krankheit in sich, die er sich selbst gegenüber verschweigt. Er hat Gattin und Tochter verloren, Tod und Einsamkeit sind ihm stets gegenwärtig, und da er das Zentrum bildet, auch für all diese verlorenen Menschen: Johanna begeht Selbstmord, weil sie im Tod die einzige Vereinigung mit von Sala erkennt. Von Sala zieht den Freitod einem langsamen, schmerzvollen Ende vor. Für Wegrath und den unglücklich Johanna liebenden Reumann bleibt nur der einsame Weg zur Arbeit. *„Ich schreibe Diagnosen"*, sagte Schnitzler anlässlich des Dramas. Eine Diagnose lautet: Der Mensch seiner Zeit ist einsam nicht durch, sondern an seiner Zeit.

Irene und Gabriele waren einst Freundinnen, die eine folgte dem Ruf der Bühne, die andere blieb mit ihren Kindern bürgerlich. Beide haben sie sich ein wenig beneidet, und beide hatten sie ein Verhältnis mit Julian. Sie ändern sich, doch von einer Entwicklung kann keine Rede sein. Auch Offizier Felix entwickelt sich nicht, obschon er einige Krisen durchläuft und mit Ungewöhnlichem konfrontiert wird. Seine erste Aussage, die typische Wiener Melancholie des Fin de Siècle lautet: *„Vielleicht hätte ich auf die Welt kommen sollen, als es noch nicht so viel Ordnung gab."*[54]

Das Stück wirkt sehr gut gewichtet: Zwei starke Frauenfiguren gehören zwei Generationen an; Irene hat etwa das Alter Julians und fühlt wie dieser nahezu zeitgleich die biologische Uhr der Elternschaft in sich. Auf der anderen Seite stehen zwei Männerpaare, die sich in Grundzügen ähneln: Reumann und Wegrath auf der einen, Julian und von Sala auf der anderen Seite. Die beiden Künstler verbindet ihre narzisstische Störung und ihr Glaube, etwas Besonderes, ja sogar Besseres zu sein als das bürgerliche Lager ihnen zu bieten hat. Reumann und Wegrath verbindet, dass ihnen das Feuer und die Fantasie fehlen, um das Herz einer Frau zu gewinnen. Irene und Julian verbindet wiederum, dass sie ihres alten Künstlerlebens überdrüssig geworden sind und sich nach einem behaglichen Heim, einer bürgerlich anmutenden Idylle sehnen. Johanna wiederum wünscht sich auszubrechen aus diesem engen Familienleben und geordnetem Alltag, der zwar Sicherheit, aber keine Abenteuer und keine Reisen bietet. Sie hat Menschen gern, die von Ferne kommen und etwas zu erzählen haben. Die goldene Mitte indes findet niemand. Irene und Julian hätten vor 23 Jahren selbst ein Kind haben können, doch es kam anders. Als der Maler der Schauspielerin sagt, es sei besser so gewesen, sie hätte sich als Künstlerin verwirklichen dürfen, entgegnet sie schroff: *„Ich pfeif' drauf."* Diese Lakonie steht im idealen Gleichgewicht mit den schön ausformulierten Sätzen von Salas.

„Der einsame Weg" ist ein Drama über die Einsamkeit, das nur im Tod noch Erlösung findet. Wie von Schnitzler gewohnt gelingt es ihm schon alleine durch die Dialoge seiner Charaktere, einen tieferen Blick auf die inneren Beweggründe der Protagonisten freizulegen. In mitreißender Tragik erlebt man, wie die vielen Einzelschicksale der Charaktere sich schließlich zu einer großen beklemmenden Atmosphäre vereinen. Abenteuergeist und Fernweh, verkörpert durch den verlorenen Sohn Felix – auch er kehrt nach 9 Jahren zeitgleich mit seinem Erzeuger ans Grab der Mutter zurück – und seine zurück gebliebene (verlassene) Schwester Johanna sind nur zwei extreme Formen der misslungenen Schicksalsbewältigung.

Schnitzlers Tragödie wirkt realistisch der Romantik entgegen, die Schicksale erscheinen nicht konstruiert, sondern durch ihre Zeit determiniert. Bezeichnend für die Einsamkeit und Ausweglosigkeit ist schon der erste Satz:

---

[54] Ebenda, 1. Akt, S. 418. Folgendes Zitat, S. 411.

„Das kleine Gärtchen am Hause des Professor Wegrath. Es ist beinahe gänzlich von Häusern umschlossen, so daß jeder freie Ausblick fehlt."

III. 3. Der Ruf des Lebens

3. 1. Gesellschaftlicher Aspekt

In dieser 1906 (abermals in Berlin) uraufgeführten Tragödie geht Schnitzler auf eine historische Legende ein, die der blauen Kürassiere. Sie ziehen in einem napoleonischen Feldzug in die Schlacht gegen die Franzosen und bringen durch ihren übereilten Rückzug nicht nur Schmach dem Kaiserreich, sondern bewirken eine Kettenreaktion mit vielen tausend Toten. Seither lastet ein Fluch auf ihnen, und sie sollen in eine Schlacht ziehen, aus der kein Mann zurückkehrt. Im gesellschaftlichen Mittelpunkt steht daher die Frage der Soldatenehre.

Marie liebt einen dieser Kürassiere namens Max und ist bereit, diesem bis in den Tod zu folgen. Sie hat gerade ihren (ohnehin schwerkranken) Vater vergiftet und den Antrag eines anderen abgelehnt. Sie ist von unheilbarer Todessehnsucht erfüllt, zumal ihr der Vater enthüllt hat, Auslöser der unglückseligen Fahnenflucht gewesen zu sein.

Anfänglich handelt die Geschichte von der Tyrannei des Patriarchats. Der alte Vater will nicht das Glück der Tochter, er sieht sie nur als Besitz. Er misshandelt sie und vereitelt ihre Liebe. Ihn treibt nur die Furcht umher, nicht versorgt zu sein: *„Eines Tages ist man auf und davon, verlobt oder nicht, vermählt oder nicht, und läßt den Vater hier verderben, verkommen, verdursten ..."* Er kettet die 26-jährige Tochter an sich wie einen Hund. Er vergleicht sie mit ihrer Mutter und sieht beide als *„böse Katzen".* Schnitzler gestaltet diesen Haustyrannen derart negativ, dass man eher Mitleid mit der Vatermörderin hat als mit dem vermeintlichen Opfer.

Aus ärztlicher Sicht deutet er das Problemfeld Euthanasie an. So erhält Marie die tödliche Dosis Gift aus den Händen des behandelnden Arztes mit den Worten: *„So werden Sie sie ihm geben – auch gegen seinen Willen. Es genügt, wenn Sie ihm zehn Tropfen ins Wasser träufeln. Dieses Mittel ist unwiderstehlich. In diesem Fläschchen ist der Schlaf von hundert Nächten."*

Wie im Privatleben der Vater regiert, so im Militär der Vorgesetzte und im Reich der Kaiser. Alle folgen einem Plan, der, um mit Kleist zu sprechen, einem „*Todesplan*" entspricht. Wahre Alternativen scheint es weder für den Soldaten noch den Krieg oder den Ruhm fürs Vaterland zu geben.

Schon der Beginn ist eindrücklich und nimmt alles vorweg. Marie liest ihrem bettlägerigen Vater aus der Zeitung die pathetische Schilderung einer Schlacht vor. Die Legende über die Kürassiere aber legt Schnitzler dem Arzt in den Mund, der Maries Vater konsultiert. Er versucht dem Alten auch ins Gewissen zu reden, eine professionelle Schwester anzustellen, doch dieser entgegnet halsstarrig und sein Ableben vorwegnehmend: „*Wozu zöge man Kinder auf, wenn sie in der schwersten Stunde sich davonstehlen dürften? Sie ist jung, sie kann warten ... es währt ja nicht ewig; dann ist sie frei, dann mag sie tun, was sie will!*"[55]

Tante und Arzt geben dem Todgeweihten noch einen Sommer. Es liegt nahe, dass Schnitzler dies erwähnt, um Maries Schuld so gering als möglich ausfallen zu lassen. Marie hat, wie der Arzt, ein Freund des Hauses, festgestellt, keine Vitalität mehr und ist nur noch ein Schatten jenes unbeschwerten Mädchens, das sie einst war. Später wird deutlich, dass des Vaters Schuld durch sein militärisches Versagen ihn verbittert hat, so dass er sowohl sein Leben als auch das seiner Familie ins Unglück stieß. Schnitzler deutet damit an, dass Vater Moser ein Trauma erfuhr, das behandelt hätte werden müssen.

Die Klammer zwischen privatem und öffentlichem Leben ist durch die Teilnahme des Vaters an der verhängnisvollen Schlacht der blauen Kürassiere gegeben. Nachdem der Vater die eigene Todesangst und Feigheit seiner Tochter gebeichtet hat, worauf sie ihm den Giftbecher reicht, schließt die Familientragödie und es beginnt die militärisch–öffentliche Katastrophe. „In unserer Schwadron gibt's keine Feiglinge" sagt Max, als ob es die Geister der Vergangenheit zu beschwören gelte. Der Aberglauben macht auch vor dem Militär nicht Halt; so verbrennt der Kommandant Briefe, damit die nachrückenden Rekruten nicht das Schicksal ihrer Vorgänger erleiden. Freud bezeichnet den Krieg als Zerstörungstrieb (Thanatos), der mit dem Eros verbunden ist. In seiner Triebtheorie ist der Bemächtigungstrieb in seiner natürlichen Aggression und Expansion mit dem Sexualtrieb verbunden.

---

[55] Ebenda, 1. Akt, S. 973. Folgendes Zitat 2. Akt, S. 995.

3. 2. Psychologischer Aspekt

In psychologischer Hinsicht dominiert die Lust am Tode und die Verkettung des Seins mit dem Verlöschen. Philosophisch betrachtet ist, wie Nietzsche es formuliert, alles was wird auch wert zu vergehen. So will es das Gesetz des Lebens. Ein Leitmotiv ist sicher (wieder einmal) die Untreue. Schließlich hintergeht Max sowohl seinen Vorgesetzen, da er mit Irene, der Frau des Oberst, ein Verhältnis hat. Er betrügt aber auch Irene, da er ihr sein Verhältnis zu Marie verschweigt und umgekehrt. Zum zweiten ist dieses erotische Motiv verbunden mit der Sehnsucht nach dem Tod, denn die Möglichkeit, aus der Schusslinie genommen zu werden, lehnt Max ab, so wie Marie ihm in blinder Ergebenheit und Todeslust folgt. Der Oberst rät: *„Max, prüfen Sie sich doch, ob es Ihnen ganz ernst ist mit dieser Lust zu sterben."*[56] Vordergründig kann dies mit Schuldgefühlen und Perspektivlosigkeit erklärt werden, doch weisen einige Aussagen der Charaktere auf eine tief in der Kultur der Romantik verwurzelte Neigung zum Tode hin.

Marie wird Zeuge von Max Untreue, wobei das Motiv mit Voyeurismus kombiniert wird, denn sie sieht den Geliebten mit Irene, die diesem ihre Liebe gesteht und mit ihm fliehen möchte. Der Oberst kehrt zurück und erschießt, wie in vielen Fällen üblich, seine Frau, da er sie in flagranti ertappt hat und somit nach der Ehre des Soldaten handelt. Max war Irene vorher noch einmal untreu, zumindest illoyal, denn er lehnt nicht nur die Reise ab (dies wäre Fahnenflucht), sondern er demütigt sie sogar. Der Oberst geht, und Max verbringt die Nacht mit Marie – vordergründig handelt er gefühlskalt, genau betrachtet hat er mit seinem Leben ohnehin abgeschlossen und tut, was viele Soldaten an seiner Stelle getan hätten.

Für Marie bricht gleich zweifach eine Welt zusammen: Sie hat ihren Vater getötet (was ihr erst spät ins Bewusstsein rückt), und sie hat ihren Geliebten verloren, der trotz ihres Opfers nicht hat leben wollen. Ihre Existenz war ihm nicht mehr wert als eine flüchtige Nacht vor dem Tod. Über ihr individuelles Leid hinaus gilt die Tatsache, dass Max sich nicht einmal Zeit genommen hat, das fremde Mädchen kennen zu lernen und als Person zu würdigen. Sie ist nur flüchtiger Leib für ihn. Andererseits geht Marie sehend an ihrem Glück vorbei. Förster Eduard hält zweimal vergeblich um ihre Hand an. Marie ist der Krankheit ihrer Zeit, der *mal du siècle*, verfallen. Genau betrachtet von Beginn an, als sie merkt, dass sich das Leben *„draußen*

---

[56] Ebenda, 2. Akt, S. 998. Folgendes Zitat 1. Akt, S. 39.

vor der Tür abspielt" und sie nicht beachtet. Der Schlüsselsatz und die Fenstersymbolik tauchen bereits zu Anfang auf. Marie zieht es immer zum Fenster, der Vater hält sie davon ab. *„Mitten in der Stadt haben wir unsere Wohnung – nur ein Blick um die Ecke – und das Leben treibt vorbei ... Marie."*[57] Den Mord des Oberst beobachtet Marie gleichfalls am Fenster.

Auch der Tod ist omnipräsent: in Gestalt der vorgelesenen Zeitungsmeldung, durch unter dem Fenster vorbeireitende Kürassiere, durch des Försters Meldung, er sei durch den überraschenden Tod seines Vorgängers abberufen, dessen Stellung einzunehmen. Der Vater ist todkrank, seiner Tochter fehlt jegliche Lebensfreude. Der Oberst hat sich den Krieg ersehnt, da er einrückte, als die letzte Schlacht gegen Napoleon schon geschlagen war. Der Tod erscheint zumindest für die Soldaten als *va banque* Spiel, als die einzige Möglichkeit, sich des Lebens bewusst zu werden und dem Zufall, aus dem alles zu bestehen scheint, etwas abzugewinnen. *„Ich habe keine Zeit mehr, einen Zufall abzuwarten, der mir Beweise in die Hand spielte ..."* sagt der Oberst. Er spricht von einer Schuld, die im Vagen bleibt. Gleiches Schicksal teilt auch Max, wie er einem Kameraden andeutet, der ihn fragt, weshalb er so gelassen fröhlich in den Tod gehe. *„Warum nicht? Wenn man eine Schuld damit bezahlt, und wenn es die einzige Art ist, sie zu bezahlen."* Schuldgefühle verbinden alle Protagonisten in Schnitzlers Drama.

Sollte es sich um die Affäre mit seinem Vorgesetzen und Freund handeln, so wird zwar deutlich, weshalb er diese später mit den Worten ohrfeigt *„Ich hasse dich"*, nicht aber, weshalb er sich um diese Schuld zu tilgen vor die Kanonen werfen will. Selbst in Militärkreisen war dies nicht üblich. Eher wird der Aberglaube als Grund herhalten müssen, die Ehre des Vaterlandes und insbesondere der blauen Kürassiere durch ein besonders entschlossenes und mutiges Vorgehen wiederherzustellen. *„Es ist die gleiche Fahne, mein Lieber. Wir sind haftbar. Man muß die Zusammenhänge begreifen."* So wäre die Ehre und der Korpsgeist mit tiefer Schuld verbunden, ähnlich der Kollektivschuld, die manche Kriegsüberlebende empfanden, weil sie den Holocaust überlebten und andere Opfer nicht. In dieser Ethik muss man sich den *„Tod verdienen"*, wie es wörtlich bei Max heißt. Ironischerweise wird dieser Soldat, der nicht wie alle anderen vom Todesrausch besessen ist, die Schlacht überleben und stattdessen sich alleine in einer Scheune erschießen.

---

[57] Ebenda, 1. Akt, S. 968. Folgende Zitate beide, 2. Akt, S. 1001.

Anstelle des Pfarrers übernimmt der Arzt die Beichte Maries und auch sonst scheinen sich alle Beteiligten lieber mit ihm das Herz von der Zunge zu reden, so auch der Förster, der Marie liebt. Die junge unglückliche Frau gesteht dem Arzt auch, was ihr der Vater anvertraut hat. Es besteht folglich ein Zusammenhang zwischen dem privaten Unglück, dem Ehebruch und dem Fahneneid. Schnitzler deutet damit an, dass auch die vermeintlichen Helden Menschen und die Soldaten Söhne, Liebhaber oder Gatten sind, die in einer Schlacht ihre Erinnerungen, ihre Schuld vor allem, mit im Gepäck tragen.

Das Gegenstück zu all den Todeskandidaten bildet Katharina die nicht Schwarz trägt, als ihr Liebster mit all den anderen blauen Kürassieren fällt. *„Wenn man jung ist, soll man sich nicht schwarz kleiden, auch wenn Vater, Mutter und Bräutigam sterben."[58]* Ihre Leichtigkeit bezieht sie aus der Tatsache, dass sie sich nicht wie alle anderen schuldig fühlt. Selbst der vitale Förster glaubt, schuld am Tod des Vaters seiner Marie zu sein. Schuld hat wie Glück keinen objektiven Boden; beides sind höchst irrationale Emotionen. Für manche Menschen wie Marie scheint Schuld sogar ein Motiv zu leben, weil es die Sühne nach sich zieht: *„Wenn du es wagst, weiter zu leben, gleich Menschen, die ohne Schuld sich wissen – was war denn dies alles?"* Das Verharren in eine Art Gottesurteil zieht sich durch die gesamte Tragödie und entbehrt für einen Unbeteiligten möglicherweise der Plausibilität. Der Arzt gibt Marie, die auf der Suche nach einer Erklärung für den jähen Tod der Freundin ist, zu verstehen, dass *„der heutige der Ruf des Lebens viel reiner und tiefer in der Seele klingen werde als an jenem andern."* Das Stück endet mit dem Tod Katharinas, vermutlich infolge des Eingriffes einer Engelmacherin. Sie bezahlt ihre Sorglosigkeit mit dem Tod, dem sie nie Beachtung geschenkt hat.

3. 3. Philosophischer Aspekt

Die Frage nach dem Glück tritt in den Vordergrund, verbunden mit der Frage, welches Recht ein Individuum besitzt, dieses auf Kosten der Anderen zu suchen. Ein Mädchen opfert sich für den kranken Vater auf bis sie inzwischen eine alte Jungfer ist. Marie wird vom Leibarzt ihres Vaters nahezu aufgefordert, ihr eigenes Leben zu beginnen, möglichst an der Seite des sie liebenden Försters Eduard. Sie entgegnet ihm: *„Vielleicht wäre es das*

---

[58] Ebenda, 3. Akt, S. 1021. Ebenda folgende beide Zitate, S. 1025

Glück gewesen. Aber ich glaube, es ist nicht mehr das Glück, wonach ich mich sehne. Hat das Leben nicht mehr zu verschenken als Glück ... viel mehr –? Und das, das ist versäumt ... unwiederbringlich versäumt![59]

Man wird sich fragen, wie ein junger Mensch bereits so reden kann. Arthur Schopenhauer, der sicherlich Einfluss auf Schnitzlers eigenen Pessimismus besaß, hält das Glück erstens für ephemer, zweitens für illusionär und drittens für selbstzersetzend. *„Da aber keine Befriedigung dauernd, sondern nur der Anfangspunkt eines neuen Strebens ist, so zeigt sich schon in dieser Ziellosigkeit ... die Negativität allen Glückes."*[60] Und aus dem Gesagten folgt, dass Glück immer auf dem Unglück anderer basiert. *„Das Glück ist negativer Natur, d. h., es ist nur die Befriedigung eines Wunsches, die Aufhebung einer Entbehrung, die Stillung eines Schmerzes."*

Nicolai Hartmann widerspricht Schopenhauers einseitiger Betrachtung, doch auch er betont in seiner Ethik, Glück sei keineswegs der höchste Wert. Es gibt wertloses und sogar wertwidriges Glück, Glück ohne sittliche Grundlage und solches, das Schuld auf sich lade. An diese Gedanken knüpft Schnitzler an, wobei seine Protagonisten keine Intellektuellen sind und nur intuitiv handeln. Schon bevor Marie zur Vatermörderin wird, bevor sie sich endgültig an einen Leutnant kettet, der ohnehin nur noch das Sterben im Sinn hat, ist sie entschlossen, auf irdisches Glück zu verzichten.

Man mag dies begründen mit ihrer Zeit, der allgemeinen Untergangsstimmung, doch herrschte die nicht im Allgemeinen und schon gar nicht im Herzen eines etwas in die Jahre gekommenen Backfischs vor. Möglicherweise wird Maries negative Haltung zum Glück verständlich, wenn man ihre Umstände betrachtet, etwa das Leiden an der Seite ihres Vaters oder den frühen Tod der Mutter, für den er sie mitverantwortlich macht. Laut Hartmann gibt es nur vier Wege zum Glück: das Gute, das Edle, die Fülle, die Reinheit. Wenn dies aber nicht möglich erscheint, wozu dann die Suche nach einem Glück „da draußen". Die nicht mehr ganz junge Marie ist um die besten Jahre ihrer Jugend betrogen worden; sie hat nichts erlebt, und was andere die glückseligen Inseln der Erinnerung nennen, kennt sie nicht. Sie gibt niemandem die Schuld für ihre Isolation: *„Und was hielt mich zurück – was? Ich weiß es nicht mehr."*[61] Sie glaubt, den Ruf des Lebens einfach überhört zu haben. Erst im Moment der blauen Kürassiere packt sie das Leben wieder an, und ihr wird in einer Sekunde klar, wie viele Jahre sie mit

---

[59] Arthur Schnitzler, Ges. Werke, Dramen, Der Ruf des Lebens, 1. Akt, S. 980
[60] Arthur Schopenhauer, Welt als Wille und Vorstellung I, S. 378 f. Folg. Zitat S. 404.
[61] Arthur Schnitzler, Der Ruf des Lebens, 1. Akt., S. 981. Folgendes Zitate ebenda.

Warten vergeudet hat. Das Leben ist ihr *„davongeflohen, und ich hab' es verschlafen, und Sie wecken mich auf!"* In diesem Sinne ist der Arzt doppelt mitschuldig am Tode: er erweckt eine Halbtote und gibt ihr den Trank, der den Vater ins Grab bringen und ihr die Tür zur Freiheit öffnen kann.

Die zweite Stelle, die als Leitmotiv auf das Glück zurückkommt, betrifft die Liebe zweier Frauen zu Max. Weshalb Marie sich wie ein Magnet von dem Soldaten angezogen fühlt, bleibt spekulativ, vermutlich, weil er wie sie entschlossen zum Tode ist. Vielleicht glaubt sie ihn retten zu müssen oder sieht in ihm ihre eigene Rettung, da beide todessehnsüchtig sind. Heinrich von Kleist und Henriette Vogel fühlten sich auf diese Weise tief verbunden.

Marie gesteht schon im ersten Akt dem Brautwerber, dass sie sich danach gesehnt hat, ihren Vater zu erwürgen und ihm in die Waldeinsamkeit zu folgen. Vielleicht kann sie ihn gerade deshalb nicht erwählen, weil sie ahnt, dass dieses Schuldgefühl ewig zwischen ihnen gestanden hätte. Schnitzler deutet dies an, sagt es aber nicht, denn es handelt sich um die Stimme eines einfachen Mädchens und zudem um das Unbewusste, das aus ihr spricht.

Eine andere Form von Glück findet Katharina, Maries lebenslustige Cousine. *„Abschiednehmen ist süß. Wenn man erst weiß, wie kurz das Leben ist, duftet jeder Abschied von einem neuen Morgen."*[62] Sie lebt die nietzscheanische Maxime, nur dem Moment treu ergeben zu sein und ist glücklich über ihr erotisches Abenteuer auf einer Feldwiese.

3. 4. Ästhetischer Aspekt

Bereits 1898 schreibt Schnitzler eine Novelle mit gleichem Inhalt, die er selbst zu einem Bühnenstück 1905 in drei Akten umarbeitet. Hauptsächlich geht es ihm um Kritik an dem pathetischen Militarismus und Vaterlandsstolz, auch um die Hinterfragung der Soldatenehre. Dazu treten die Themen Euthanasie und Vorsehung (Aberglaube) sowie Macht des Schicksals (Determinismus).

Es prallen vier Sichtweisen aufeinander, die sich wechselseitig ergänzen. Der Oberst wird von Max und einigen Kameraden bewundert, fast verehrt. Die beiden scheinen vom selben Schlage und überzeugt, die Ehre der blauen Kürassiere wieder herstellen zu müssen. Umso mehr mag es ver-

---

[62] Ebenda, 1. Akt, S. 989. Folgende Zitate ebenda, S. 966 und S. 978.

wundern, dass der an sich loyale Max seinen Vorgesetzen mit dessen Ehefrau Irene betrügt. Er sieht in ihm Vater und Freund und hat Skrupel, die er ihr gegenüber äußert. Sie jedoch hat eine konträrere Wahrnehmung: *„Und doch bist du so wenig sein Freund gewesen wie ich jemals seine Frau war. Nie ist ihm irgendein Mensch etwas gewesen. Du denkst, wir leben mit ihm unter Sonne und Sternen, und wir sind ihm nichts als Partner an einem Spieltisch.*"[63] Auch ihr gegenüber spricht Max von einer Schuld, die er ihr mit seiner Liebschaft beglichen wähnt. *„Zu Ende war unser Abenteuer, unsere Lüge, unsere Lust.*"

Offensichtlich leidet der 27-jährige Offizier an einem Ehrenkodex, der ihn zur Lüge zwingt, weil er Verschwiegenheit gelobt und der ihm seine Liebe sowohl zu Irene als auch zu deren Gatten, seinem Fürsprecher, vergiftet hat. Um Bewegung in diese festgefahrene Dreierbeziehung zu bringen, die auch die Selbstachtung angreift, kommt Marie als vierte Person dazu. Bezeichnenderweise steht sie versteckt hinter dem Vorgang und ist nur passive Voyeurin. Die Lüge verkettet alle miteinander, in der Liebe wie im Tod.

Die wie Katharina das Leben bejahende Irene bildet das Gegengewicht zu den Blauen Kürassieren. *„Hätt' ich doch Kraft, sie alle zurückzuhalten! Wie viel Jugend schwindet sinnlos aus der Welt!*"

Irene ist ambivalenter Charakter. Einerseits verkörpert sie pure Liebes- und Lebenslust, andererseits treibt sie mit ihrer von Hohn getragener Aussage, ihr Mann empfinde nichts, sich selbst in den Tod. Man mag sagen, Eheleute kennen sich oft schlechter als ihre Liebhaber. Dennoch scheinen in Schnitzlers Stück alle Figuren nur das eine zu suchen: eine endgültige Antwort auf das Leben, und die liefert paradoxerweise nur der Tod. Die Dialoge der Protagonisten sind daher aneinander gereihte Monologe und niemand nimmt wirklich Bezug aufeinander. Jeder leidet für sich allein. Zwischen Marie und Max werden so gut wie keine Worte gewechselt. Es sind die Reden, die Menschen trennen, in der Tat sind sie eins.

---

[63] Ebenda, 2. Akt, S. 1004. Ebenda folgende Zitate, beide S. 1005

III. 4. Zwischenspiel

4. 1. Gesellschaftlicher Aspekt

Der Dreiakter wurde von Schnitzler als Komödie (Uraufführung 1905 im Wiener Burgtheater) konzipiert, trägt aber sowohl ein trauriges Ende als auch zahlreiche ungelöste Konflikte in sich. Tragend ist ein Eheversprechen, sich gegenseitig untreu werden zu dürfen, das jedoch nur der Gatte ausnutzt. Als er fürchtet, die Frau habe ihre zugesicherte Freiheit gleichfalls ausgelebt, reagiert er eifersüchtig und will sie zurückgewinnen. Am Ende steht die Trennung, wenngleich nicht die Scheidung. Auch in diesem Stück erweist sich die Frau als die stärkere, aufrichtigere der beiden Geschlechter. Am Rande kommt auch Schnitzlers Ablehnung des Duells zum Tragen.

Auslöser des Konfliktes ist das für die Zeitgenossen gewagte Experiment der offen geführten Ehe. Schnitzler glaubt weder an die Treue noch die Emanzipation, scheinbar nicht einmal an die Fähigkeit zur Aufrichtigkeit und zur Wandlungsfähigkeit. Doch auch der Versuch, jedem das Seine zu gönnen und einfach nur gut befreundet zu bleiben gelingt nicht. Kapellmeister Amadeus erweist sich der selbstbewussten Ansage, er gönne seiner Frau die gleiche Freizügigkeit wie sich selbst, als nicht gewachsen. Schnitzler ist zum Zeitpunkt des Stückes erstmals verheiratet und stolzer Vater eines Sohnes (Heinrich). Er hat die Schauspielerin Olga Gussman geheiratet und ist ihr untreu, zugleich jedoch rasend eifersüchtig auf Nebenbuhler.

Jaques Le Rider formuliert in „Arthur Schnitzler oder die Wiener Belle Epoque" (2007), das für die Epoche signifikante Grundthema des Stückes sei doch die vertane Chance auf wirkliche Annäherung und Versöhnung, weil beide Gatten sich der Illusion auf Gleichheit hingeben, das Patriarchat aber doch bestehen bleibe. Die Ehe zwischen Amadeus und Cäcilie erscheint abgekühlt, beide haben sich arrangiert in ihren Rollen, die bei Künstlern anders ausfallen als in gewöhnlichen Ehen. Doch der Burgfrieden ist in Gefahr, weil zu viel Freiheit Argwohn oder Alleinsein fördert. Cäcilie sagt, sie dränge sich nicht auf, doch insgeheim wünscht sie sich mehr Nähe und Treue von ihrem Gatten.

Subtil taucht das Thema der öffentlichen Meinung auf. So will Amadeus, das Gerede der Leute fürchtend, keine Scheidung, sondern den Anschein einer funktionierenden Ehe bewahren, sowohl des gemeinsamen Kindes und der Fürsorgepflicht wegen, als auch der künstlerischen Produktion zuliebe. Ironischerweise fordert er aber zugleich, dass es keine Geheimnisse zwischen den Partnern geben dürfe, wohl aber sexuelle Freizügigkeit. Sein Ehekonzept fußt auf einer Kameradschaft, bei der sich beide nicht alles sagen müssen, aber gerade darum auch nichts zu verbergen haben. Amadeus erscheint als unreif, sogar infantil. Cäcilie erwähnt mehrfach, dass ihr Gatte träumt, wenn er so mit ihr spricht und von Freiheiten redet, von denen sie weiß, dass sie ihre Ehe nur gefährden und keineswegs bereichern werden. Vielleicht kannte Schnitzler das Bonmot von Paul Valéry: *„Ein Traum ist alles, aus dem man erwachen kann.“* Gerade darum geht es in dem Stück: Ein liberal gesinnter Mann macht sich etwas vor, denn er sucht ein Alibi, um seine Frau betrügen zu können. Gerade im Bemühen, sie nur als Freund und Mensch zu sehen, entfernt er sich immer mehr von der Frau, die er eigentlich liebt. Er erwacht erst, als er den Traum seiner Freiheit gelebt und für unbefriedigend empfunden hat. Dies lässt sich vom Erotischen leicht auf das Künstlerische (den Ansprüchen eines solchen) übertragen und natürlich auch auf eine Gesellschaft, die sich noch für eine Großmacht hält und an die mittelalterliche Reichsidee glaubt, so dass sie an konservativen Ritualen der Macht festhält, während sie sich wissenschaftlich aufgeklärt und fortschrittlich gibt.

In Amadeus´ Musik offenbart sich die Lüge bzw. Täuschung über sich selbst: *„Nicht mehr zu dir zu gehen, beschloß ich und beschwor ich, und geh' doch jeden Abend.“*[64] Es ist symptomatisch für die Belle Epoque, dass er sich vornimmt, was er nicht einlöst und Beschlüsse nichts gelten.

Ein weiterer gesellschaftlicher Aspekt, der bei allen Stücken Schnitzlers zumindest latent eine Rolle spielt, ist der verlogen geworden Ehrenkodex des offiziell ohnehin verbotenen Duells. Nur halbherzig möchte der scheinbar gehörnte Gatte den Fürsten, den er immer für sehr sympathisch hält, zum Zweikampf fordern, wo er doch selbst seiner Frau sexuelle Freizügigkeit eingeräumt hat. Der Grund, weshalb er ihn fordern zu müssen glaubt, besteht in der Veröffentlichung einer Zeitungsnotiz, die etwas andeutet. Schnitzler zeigt damit, wie wichtig die öffentliche Meinung auch für freischaffende Künstler und nicht nur das Militär zu seiner Zeit noch immer ist. Amadeus will mit seiner offenen Ehe, wie er seinem Freund Albertus einräumt, kein *„Neuerer“* sein, es handle sich nur um eine *„Privatabmachung“*, und Eifersucht spiele keine Rolle. Die Idee oder Theorie, die er vertritt, eine offene Ehe sei besser und aufrichtiger als die ihm bekannten, weil jene auf Lüge und Verstellung aufbauen, stimmt nur zur Hälfte. Genau genommen

---

[64] Arthur Schnitzler, Dramen, Zwischenspiel, 1. Akt, S. 519. Folgende Zitate S. 497 ff.

möchte auch Amadeus den Anschein nach außen wahren, weshalb er sich dann doch zu einer Duellforderung aufrafft. Umgekehrt muss er selbst fürchten, vom Gatten seiner Exgeliebten Friederike durch seinen gefundenen Abschiedsbrief noch gefordert zu werden. Auch das wäre ein sinnloses Duell, da *„die Geschichte vorbei ist."*

4. 2. Psychologischer Aspekt

Amadeus glaubt, ein flüchtiges Abenteuer werde ihm die Liebe zu seiner Frau eher bestätigen als der permanente Wunsch, ihr treu zu sein. Halbwegs aufrichtig ist er nur im Gespräch mit Albertus. Unter anderem sucht er immer einen Vorwand, nicht an seiner großen Oper schreiben zu müssen oder seine Frau nicht auf ihre Konzertproben zu begleiten, was diese durchschaut, doch da sie auf seine Freiwilligkeit setzt, interveniert sie nicht. Allerdings bezeichnet Cäcilie ihren Gatten zweifach als „Träumer", und es erscheint nur logisch, dass sie ihm beim Aufwachen etwas behilflich ist.

Friederike verkörpert eine Lebensdame, die alles als Spiel betrachtet und daher dem untreuen Gatten, der noch mit sich ringt vorwirft, er nehme das Leben zu schwer. Sie hat Verständnis für Untreue und Unwahrheiten: *„Es gibt aber doch Dinge, die man einander nicht sagen kann."* Dadurch eignet sie sich für die Rolle einer pflegeleichten Geliebten. Sie verkörpert ein umgekehrtes Patriarchat, in dem auch die Frauen sich dem Genuss hingeben dürfen und nur die Ästhetik des Moments im Auge haben.

Freund Albertus ist das gute Gewissen und der Spiegel zu Amadeus. Er macht ihm klar, dass es dem Kapellmeister schon bei kleinen Dingen schwerfällt, aufrichtig zu bleiben und dieser Hang zur ständigen Unaufrichtigkeit ihm die Kraft raubt, Großes zu leisten. Er sieht ebenfalls voraus, dass der Gatte im Gegensatz zu seiner Frau untreu werden wird, aber nicht die Stärke besitzt, ihr die gleiche Freiheit einzuräumen. Generell hält er nichts von solchen liberalen Zugeständnissen, sie sind wider die menschliche Natur. *„Wenn nur das Verständnis übrig bleibt, so bedeutet es auch nichts anderes als den Anfang vom Ende."*

Amadeus erscheint als Träumer, der etwas *„Unausbleibliches"* erwartet und doch zugleich ignoriert, als es eintritt. Cäcilie hingegen weiß, was sie will und kündigt an, wie sie handeln wird, weil sie *„kläglich süße Versöhnungen"* nicht mag. Er verführt mit Worten, doch er bricht sie; seine Gattin hingegen führt ihn mit Worten vor Augen, wer er ist, wo sie stehen und entführt ihn damit in die Realität. Genau genommen überkreuzen sich drei Themen in ihrer Ehe: erstens die Partnerschaft, zweitens die Elternschaft, drittens die Künstlerschaft. Amadeus will auf letzteres in keinem Fall verzichten, seine Gattin wisse seine Kompositionen am besten zu interpretieren. Diese denkt zuerst an die Verantwortung für den gemeinsamen Jungen, der sich Amadeus allerdings auch nicht entzieht. Dennoch macht der Konflikt deutlich, dass sie unterschiedliche Schwerpunkte setzen und vor allem, dass es eine Überforderung für eine Beziehung beinhaltet, wenn alle drei Aspekte gleichzeitig gelebt werden sollen. Schnitzler bringt damit seine Skepsis vor der Künstlerehe zum Ausdruck, die er aus eigener Anschauung kennt, da er zum Zeitpunkt der Niederschrift mit einer Schauspielerin verheiratet ist und ein Kind mit ihr hat.

Der innere Konflikt besteht zweifellos aus der fragwürdigen Interpretation der Freiheit. Amadeus redet sich ein, diese erhalte seine Ehe und sein künstlerisches Schaffen, sucht aber in Wahrheit nur ein Alibi für seine bislang unausgelebte Promiskuität. Seine Gattin lässt ihn nach dem Krisengespräch in dem Glauben, sie sei nur eine Kameradin für ihn, weil sie weiß, dass ein Beharren auf die Treue ihn nur noch weiter von ihr stoßen würde. Sie nimmt sich die Freiheit, ein Experiment zuzulassen, dessen Ausgang sie besser als ihr Gatte kennt. Auch Albertus' Frau Marie weiß mit weiblicher Intuition, dass die Trennung nur eine Kopfgeburt von Amadeus ist: *„Sie werden einander wiederfinden.“*[65] Albertus hingegen redet sich noch immer ein, die Form der offenen Ehe sei die allerbeste Lösung für alle Beteiligten. *„Es kann überhaupt kein edleres Verhältnis geben.“*

Das Bonmot von Albertus, das ins Kants Abhandlung über das Eherecht in „Metaphysik der Sitten" „verlaufen" heißt, wo es um Ehebruch geht, lautet: *„weil unsere Erdbeeren jenseits des Gitters wachsen"*. Zum einen verpackt die Wiener Gesellschaft Unangenehmes und Unerhörtes gerne in Vergleiche, die man angenehm hören kann, zum anderen weckt der Freund mit dieser Bemerkung das Interesse des bislang auf diesem Ohr tauben Gatten. Verheißungen und Verlockungen, Kirschen oder Erdbeeren in Nachbars Garten, beginnen auf Dauer doch auch seinen Glauben an die freie Liebe zu erschüttern. Als Cäcilie den Gedanken ausspricht, an Gerüchten könnte etwas Wahres sein, regt sich eine Eifersucht zum ersten Male. Er besänftigt

---

[65] Ebenda, 2. Akt, S. 517, folgende drei Zitate ebenda, S. 520. Folgende Zitate 2. Akt, S. 524 ff.

sich selbst mit einer Variation der Worte Friederikes *„wenn man sich ent-schlossen hat, frei zu sein und das Leben leicht zu nehmen wie wir".*

Sehr spät, nach einer Liebesnacht, im Rausch, gelangt der Gatte zur Einsicht, *„daß ich's nicht ertragen kann – daß der Gedanke an den andern mich toll macht."*[66] Er ist nun bereit, sich mit dem vermeintlichen Nebenbuh-ler zu duellieren. Auf einmal findet er Albertus' Verarbeitung seiner Biografie in das Libretto nicht mehr lustig, sondern geschmacklos. Kunst soll heiter, Ehe muss ernst bleiben. Die tiefen Unsicherheiten zwischen Mann und Weib sind dem Freund jedoch bekannt, und er nennt ihn daher einen Nar-ren. Auch dies hat zwei Aspekte: Zum einen kennt sich der eifersüchtige und rachsüchtige Gatte selbst nicht mehr und ist weit davon entfernt, ver-nünftig zu sein, zum anderen haben nur Narren das Recht, die Wahrheit zu sprechen und dies geschieht, als Amadeus ausruft *„Ich liebe Cäcilie".* Irrun-gen und Wirrungen haben ihn zu dieser späten, aber wahren Einsicht ge-bracht und so aus ihm, dem vermeintlich Klugen einen Narren gemacht.

4. 3. Philosophischer Aspekt

Ein zentrales Thema ist der Umgang mit Wahrheit. Schon im ersten Satz, den die Geliebte Amadeus spricht, deutet Schnitzler dies an, indem er die Sängerin Friederike *„Ist's wahr, wirklich wahr?"* intonieren lässt. Ironisch spielt er zudem mit der phonetischen Homonymie von war und wahr, denn im Sinne von „Was kümmert mich mein Geschwätz von gestern" dreht sich Amadeus de facto alles so zurecht, bis es für ihn passt. Das Thema der Lü-ge durchschaut Friederike auch sofort, wenn Amadeus behauptet, er könne sich nicht verstellen. Ironischerweise vermögen gerade diejenigen, die sich selbst mit der Unwahrheit arrangiert haben, am besten zu erkennen, wenn jemand lügt. Im Gespräch mit seiner Gattin sagt Amadeus zweideutig: *„Auf die Worte kommt es wohl nicht so sehr an."*[67] Die sich daran entzündende Frage ist, ob man durch Worte etwas verschweigt, verändert oder Unge-wolltes in Gang setzt, kurz, ob Sein sich sprachlich sagen lässt und ob Ein- und Ausdruck jemals koinzidieren können. Das eine ist, die Wahrheit zu kennen, das andere, sie formgemäß zu vermitteln und das dritte, ob mitun-ter eine kleine Lüge durch Verschweigen nicht aufrichtiger sein kann, um

---

[66] Ebenda, 3. Akt, S. 544 ff. Ebenda folgendes Zitat.
[67] Ebenda, 1. Akt, S. 507. Folgendes Zitat ebenda, S. 508.

den Gefühlen Gerechtigkeit widerfahren zu lassen. Dass Cäcilie ihrem Gatten nicht sagt, dass es zu keinem Verhältnis zwischen ihr und dem Fürsten gekommen ist, verschweigt sie ihm schließlich nur, damit dieser zur Besinnung gelangt und merkt, dass er eifersüchtig und ganz und gar nicht tolerant gestimmt ist.

Ein Schlüsselsatz Albertus' lautet: *„Man darf die Menschen nie darüber aufklären, was sie einem bedeuten."* Folglich bedeutet Aufrichtigkeit immer auch Verschwiegenheit und Mut zur Lücke. Alfred Kerr lobt in seiner Kritik Schnitzlers Fähigkeit zur Andeutung einer unausgesprochenen Wahrheit. Alles bleibt in der Schwebe und zumindest zweideutig. Die Charaktere sprechen unbewusst bzw. ungewollt die Wahrheit über sich aus, so Amadeus gleich zu Beginn: *„Ich bin ein Narr."* Dabei ist der Schwerenöter gar nicht zur Selbstironie befähigt, und gerade darum verläuft auch der Eingangsdialog zwischen ihm und der Geliebten über das Thema Ironie. Der musikalische Dreiklang repräsentiert auch ihre Dreierbeziehung und das musikalisch wenig harmonisch verlaufende Intermezzo die Problematik einer solchen ménage à trois. Die Liebhaber könnten theoretisch kommen und gehen, es ändert sich nichts am Prinzip der Persönlichkeit, die jemand ist. Cäcilie formuliert: *„Wir wissen ja beide, daß wir die gleichen geblieben sind."*[68] Nur wenig später, bezogen auf die neu erwachenden erotischen Gefühle ihres Gatten, hält sie ihm fast mit denselben Worten wie Fanny in „Märchen" ihrem Fedor entgegen: *„Vergiß nicht, daß ich nicht mehr die bin, die ich war."* Der scheinbare Widerspruch liegt nur im Wort, paradoxerweise bedeutet die Differenz hier in diesem Fall das Gleiche: Eben weil sie ist, wie sie immer war, wirkt sie auf ihren Mann, der auf einem Auge blind blieb, wie eine andere. Während der Gatte glaubt, seine Frau habe sich verändert, haben sie nur die Umstände, dass sie scheinbar zu einem anderen will und für ihn nun eine Geliebte wäre, zu einer anderen gemacht. *„Wir haben uns zu viel zugetraut oder zu wenig."*

Sowohl Zweifel als auch Vertrauen, die Affäre wie die auf zu viel Sicherheit beruhende Gewohnheit bedrohen eine Beziehung gleichermaßen. Die Ethik des Stücks kommt in dem Satz Cäcilies zum Ausdruck: *„Wer keine Verpflichtungen hat, für den gibt es auch nichts mehr zu fürchten."*[69] Ihr Gatte hingegen fürchtet und erhofft zugleich eine *„neue Art von Abschied und eine neue Art von Wiederkommen"*. Er stellt fest, dass sich die Beziehung

---

[68] Ebenda, 2. Akt, S. 532. Folgendes Zitate 3. Akt, S. 565 und S. 563.
[69] Ebenda, 2. Akt, S. 539. Ebenda folgendes Zitat, S. 536.

zu seiner Frau nicht dadurch ändert, dass beide sich sexuelle Freiheit gelobt und rückversichert haben. Doch noch sind Gefühl und Verstand nicht bei ihm vereint, noch argumentiert die Lüge für die Wahrheit und umgekehrt.

Doppeldeutig sind viele Aussagen, etwa Cäcilies Kommentar, die *„verborgene Traurigkeit"* hätte Amadeus schon noch selbst entdeckt. Tatsächlich bedarf er ihrer kleinen Intrige, die ja nur darin besteht, ihren Gatten über ihr wahres Verhältnis mit dem Fürsten im Unklaren zu lassen, damit dieser seine Traurigkeit erkennt. Andererseits führt dieses Verschweigen, wenngleich über den Umweg einer süßen Versöhnung doch zum endgültigen Auseinanderbrechen ihrer Beziehung. Die Wahrheit bringt folglich die Lüge und dadurch das eigentliche Sein zum Vorschein. So liegt ein Reiz des Schönen in der Anbetung aus der Ferne oder dem Geheimnisvollen, ebenso aber auch die Gefahr, sich ganz in der Distanz zu verlieren. Wenn Geahntes Wirklichkeit wird, verliert es an Reiz.

Ein letztes angedeutetes philosophisches Problem besteht in der Frage des freien Willens. Es bleibt offen, wie weit Cäcilie freiwillig der *fait brut,* den von ihrem Gatten einseitig geschaffenen Verhältnissen durch seinen Seitensprung zustimmt und wie sehr sie sich zu einer Komödie verführen lässt. Einerseits agiert sie klug und in allem souverän, so dass die Möglichkeit besteht, sie habe diese Scheinaffäre mit dem Fürsten und die lange Abwesenheit von ihrem Mann minutiös geplant, andererseits verlässt sie ihn am Ende. Zu einem freien Willen gehört die Souveränität des Wissens sowie auch die Möglichkeit, den eigenen Plan in die Tat umzusetzen und alle möglichen Reaktionen vorauszusehen. Dies ist nachweislich nicht der Fall. Zwar beabsichtigt sie, dass ihr Gatte sie wieder als Frau sieht und begehrt und den Unsinn der rein in Freundschaft verbundenen Ehe einsieht, doch die Folgen kann sie nicht antizipieren. Bei Amadeus verhält es sich geradezu reziprok: Er wähnt sich frei, doch er agiert wie eine Marionette. Mit der Unbefangenheit ist es vorbei, und nichts kann die verlorene Unschuld wiederbringen. Nachdem der Fürst weiß, dass er nur ein Mittel zum Zweck war, damit Amadeus wieder Interesse an seiner Frau hat, hält er trotz seiner anhaltenden Sympathie eine Zusammenkunft im Hause des Künstlerpaares für unangemessen: *„Das kann alles nicht mehr. Die Unbefangenheit wäre fort."[70]* Zumindest er entscheidet aus freien Stücken, wo die Komödie zu enden hat und seine Würde beginnt. Cäcilie bringt ihrem Mann den Abschiedsbrief an die Geliebte aus deren Händen, damit die Duellgefahr end-

---

[70] Ebenda, 3. Akt, S. 561. Ebenda folgendes Zitat, S. 566.

gültig gebannt ist. Der Gang zur einstigen Rivalin hat sie jedoch verändert. Sie hat begriffen, dass eine Ehe nie *„der Laune eines Augenblicks"* ausgesetzt sein darf und sie bereits weit über diesen Punkt hinaus sind. Während Amadeus glaubt, *„Wir waren frei"*, weil er es glauben will, hat seine Gattin den elementaren Unterschied zwischen Wille zur Freiheit und freiem Willen erkannt. Die einzige Form, in der ein Mensch frei sein kann, ist sich zu seinem Innenleben zu bekennen und authentisch zu leben. Die einzige Wahrheit liegt darum in der Aufrichtigkeit wie es Cäcilie formuliert: *„Hätten wir einander damals unseren Zorn, unsere Erbitterung, unsere Verzweiflung ins Gesicht geschrien, statt die Gefaßten und Überlegenen zu spielen, dann wären wir wahr gewesen."*

4. 4. Ästhetischer Aspekt

Das Experiment mit der Offenheit misslingt. Die Gattin erweist sich als die stärkere von beiden scheinbar toleranten und emanzipierten Künstlern, doch am Ende verlässt sie ihren untreuen Mann. Der Titel suggeriert zweideutig, dass es sich bei der Affäre um ein kurzes, bei der Ehe jedoch um ein recht langes Zwischenspiel handeln könnte. Vielleicht bringt die doppelte Frage Cäcilies *„Soll ich mehr sagen, als ich für wahr halte? Wäre das nicht wieder Lüge?"* [71] die brüchige Konstellation am besten zum Ausdruck.

Nietzsche sagt in „Menschliches Allzu Menschliches", die besten Ehepartner sind immer diejenigen, die gut Freund miteinander sind, denn die Ehe beruht auf einer lebenslangen Freundschaft. Der Mann, so schreibt er in „Der Fall Wagner", ist feige vor allem Ewig-Weiblichen, das wissen die Frauen und nutzen es aus. Darum ist Liebe auch häufig nur ein feinerer Parasitismus, ein Sich-Einnisten. Eine Komödie ist immer zugleich eine Tragödie, denn durch das Lachen sagt sie, was eigentlich todernst ist. Viele nietzscheanische Weisheiten spiegeln sich in den Stücken Schnitzlers, wenn er die Ehe thematisiert, kritisiert und gleichzeitig karikiert.

Es prallen zwei auf Dauer unvereinbare Lebensauffassungen auf einander. Amadeus sucht im Grunde einen Vorwand, untreu sein zu können und redet sich und Cäcilie ein, verliebt sein (sich zueinander hingezogen zu fühlen) und Liebe sei das Gleiche. Seine Gattin gibt ihm von Anfang an zu verstehen, dass sie das nicht so sieht, weil Liebe einen davon zurückhält, einem Wunsch oder Verlangen einfach nachzugeben. Laut Kierkegaard bildet

---

[71] Ebenda, 1. Akt., S. 542.

die Ehe stets das Ziel einer ethisch bestimmten Liebe, die Verführung hingegen das Ziel einer ästhetisch bestimmten Liebe. Was die ethisch Liebenden von den Verführen und Erotomanen unterscheidet, ist: *„Die ethisch Liebenden sind aufs Innigste davon überzeugt, daß ihr Verhältnis ein in sich vollendetes Ganzes ist, das nie verändert werden kann."*[72]

Unvereinbar bleibt, dass der Gatte vorgibt, eine Ehe könne nicht Zwang beinhalten und deshalb sexuelle Freizügigkeit die ehrlichere Variante darstellt, die Gattin hingegen gerade in dem Verzicht auf Ausleben selbiger die Ehe zu bewahren sucht. Während sie zu ihren Worten steht, vermag er den seinigen keine Taten folgen zu lassen. Komödiantisch endet auch sein Versuch, die Ehre seiner Frau durch ein Duell mit dem vermeintlichen Rivalen wieder herzustellen, da der Fürst ihn aufsucht, um zu überprüfen, wie ernst des Gatten Absichten zu einer Scheidung sind, um sich ihr nicht unstatthaft zu nähern. Mögen die Gefühle auch nicht mehr authentisch sein, die Konventionen der Zeit treten noch immer in Kraft.

Durch das Überkreuzen der künstlerischen mit der Alltags-Ebene wird aus der ernsten Wirklichkeit Spiel und aus diesem entstehen Verwicklung, Betrug, Selbsttäuschung und Verlustängste. Die Kunst kompensiert und kristallisiert die unterdrückten Konflikte. Albert formuliert, er weigere sich, die lächerliche Wirklichkeit anzuerkennen. *„Ich lasse den Vorhang aufgehen, wenn es anfängt, amüsant zu werden, und lasse ihn fallen in dem Augenblick, wo ich recht behalten habe."*[73] Das Eheleben erscheint als Oper, in der Amadeus die Geister, die er rief, nicht mehr los wird. Für den Zauber des Augenblicks kann er noch einmal in alter Begeisterung für seine Gattin entflammen, doch für die Dauer des ethisch bedingten Glücks ist es zu spät. Ehepartner können Freunde oder Liebhaber sein, bedingungslos oder nach Belieben wechseln zwischen beiden Alternativen können sie nicht.

Alle spielen Komödie, die einen nur ein wenig beabsichtigter als die anderen. Cäcilie weiß aber, wann es Zeit ist, die Karten auf den Tisch zu legen, bevor alles in eine Farce ausartet: *„Glaubst du denn, dies sollte eine Prüfung für dich sein? Denkst du, ich spielte eine kindische Komödie, um dich zu strafen, und jetzt, nachdem du zu früh die ganze Wahrheit erfahren, würde ich dir in die Arme sinken und erklären, alles sei wieder gut?"*

Sie will keiner Laune des Augenblicks mehr folgen, keine Freiheiten gewähren oder Angst vor dem endgültigen Abschied haben.

---

[72] Sören Kierkegaard, Entweder – Oder, II, Die ästhetische Rechtfertigung der Ehe, S. 366.
[73] Arthur Schnitzler, Zwischenspiel, 2. Akt, S. 558. Folgendes Zitat ebenda, 3. Akt, S. 560.

IV. Die Seelendramen in Schnitzlers Prosa

IV. 1. Leutnant Gustl

1. 1. Gesellschaftlicher Aspekt

Schnitzlers erstmals 1900 in der Weihnachtsbeilage der Neuen Freien Presse veröffentlichte Novelle ist die erste Erzählung in der Technik des inneren Dialogs. In seinem Seelendrama analysiert er darin Ängste, verdrängte und sublimierte Triebe, Obsessionen und Neurosen eines jungen Leutnants der k. u. k. Armee. Die Geschichte enthält eine Reihe von Ortsangaben, die einen objektiven Zugang (Neue Sachlichkeit) zu den Schilderungen erlauben. Als offene Anklage des Militarismus und des Gesellschaftsbildes vom kaiserlichen Offizier erfuhr das Stück schon kurz nach seiner Veröffentlichung harsche Kritik, vor allem durch das Militär. Schnitzler, der selbst das Offiziersdiplom der Doppelmonarchie besaß, wurde des Offiziersstandes enthoben und galt nur noch als gewöhnlicher Rekrut.

Leutnant Gustls Reflexionen erlauben eine Reihe von Schlussfolgerungen, wie es im Gemüt des einfachen Leutnants und damit zahlreicher Wiener Männer um die Jahrhundertwende aussieht. Sie sind latent antisemitisch, leiden unter den dauernden Feldübungen ohne militärischen Einsatz und sehnen damit eine Schlacht, in der sie sich auszeichnen können, herbei. Auch über die diversen Liebschaften und das Frauenbild erfährt der Leser manches, was nicht nur das Individuum Gustl betrifft, sondern Gepflogenheiten im Militär. Entscheidend aber wirkt sich der militärische Ehrenkodex aus, dem sich der Leutnant verpflichtet glaubt und der ihn dazu führt, am nächsten Morgen um sieben Uhr Selbstmord begehen zu wollen. Auch Gustls Charakter, Gründe für die Aussetzung des beschlossenen Freitods zu finden und eine Lebensbilanzierung vorzunehmen, erscheint nicht individualisiert. Wie stark der Ehrenkodex wirkt, ist allein daran zu sehen, dass Gustl nach der überraschenden Wendung des Geschehens nicht davon ablassen mag, Satisfaktion im Duell zu suchen. Die Geschichte des Duells ist seit Kleists „Der Zweikampf" und Puschkins „Der Schuss", signifikanter Bestandteil der Literatur im 19. Jahrhundert. Im Duell kompensiert der militarisierte Mensch seine Hemmungen und Frustrationen. Der Ehrbegriff bleibt aber äußerlich, denn eine Verinnerlichung der Ehre bei Leutnant

Gustl erfolgt nicht, wie der Ausgang beweist. Diese Laschheit legt die Vermutung nahe, dass die Donaumonarchie eigentlich schon gestorben ist und substanziell nicht mehr Bestand hat.

Der Verweis Infanterie besagt, dass Gustl aus einfachen Verhältnissen stammen muss, denn die höher angesehene Kadettenschule konnte sich nur Adel oder Großbürgertum leisten, da die Pferde selbst unterhalten werden mussten. *„Schad', dass ich nicht zur Kavallerie gegangen bin ... aber das hat der Alte nicht wollen – wär' ein zu teurer Spaß gewesen."*[74] Bereits dies zeigt seine Minderwertigkeit an. Eine Verlobung der Schwester scheitert an der mangelnden Mitgift. Gustl selbst plagen Spielschulden und Geldnöte.

Der erste Gedanke, den Gustl hat, als ihn der Bäckermeister in aller Öffentlichkeit bloßstellt ist: *„Um Gotteswillen, nur kein' Skandal!"* Der folgende: *„Hat er das wirklich gesagt?"* Der dritte: *„Ich muss ihn umbringen."* Gedanke eins kreist um die Furcht der Enthüllung, der zweite stellt ihn in Frage, versucht zu beruhigen und zu unterdrücken, was nicht sein darf, der letzte stellt einen Appell dar, das bald zum Ultimatum wird: er oder ich. Da er den Bäckermeister als Zivilisten nicht zum Duell fordern kann, scheint der Suizid unausweichlich, sofern Gustl seine Ehre bewahren möchte. Entscheidend dabei ist aber, dass niemand von der Geschichte, dem Skandal, erfährt. *„Er kann jedem Menschen erzählen, dass er mir das g'sagt hat."*

Ein Nebenmotiv ist Gustls auc Sozialneid bedingte Judenfeindlichkeit. Antisemitische Züge verrät zum einen seine Einstellung zum Militär, wo Juden nichts zu suchen haben, zum anderen seine naive Art, in der Physiognomie nach semitischen Einflüssen zu suchen. Beides hat im Dreyfus-Prozess, der in Paris läuft, aktuelle Bedeutung, die zum Bekenntnis seines Zionismus oder Antisemitismus aufruft. Infolgedessen ist es nicht unwichtig, dass sich Gustl zu Beginn (und am Ende) mit einem Doktor duellieren und ihn aufgrund einer frechen Bemerkung *„kampfunfähig"* machen möchte. Die latente Gereiztheit, verbunden mit dem unbedingten Willen, den sozialen Status aufrecht zu erhalten, demzufolge Zivilisten, Juden und Frauen minderwertig sind, treibt Gustl von einem Konflikt zum nächsten. Der forsche Leutnant wirkt im Kleinen wie der Balkan im Großen, ein Pulverfass angestauter Aggression.

---

[74] Arthur Schnitzler, Leutnant Gustl, S. 23. Folgende Zitate ebenda, S. 16 ff.

1. 2. Psychologischer Aspekt

An der Garderobe des Konzerthauses stehend, gerät Gustl in einen Streit mit einem ihm bekannten Bäckermeister, der ihn einen *„dummen Bub"* nennt, und erweist sich dabei als ihm körperlich unterlegen. Diese Schmach, von einer gesellschaftlich tiefer stehenden Person beleidigt zu werden, vermag Gustl nicht zu verwinden und beschließt am nächsten Morgen um sieben Uhr Selbstmord zu begehen, unabhängig davon, ob der Bäckermeister den Vorfall publik machen wird. Am Anfang erscheint er dabei lebensmüde und von der Krankheit seines Jahrhunderts, Melancholie und Langeweile, umfangen.

Auf seinem Weg nach Hause durchquert Gustl den Wiener Prater. Der Duft der ersten Frühlingsblumen lässt ihn in seinem Entschluss, sich umzubringen ins Wanken geraten. Mehrere Male durchläuft er die Situation, pro und contra abzuwägen und spielt Szenarien durch, die tragisch-komische Züge tragen. Das Wissen, von den Dingen des Lebens Abschied nehmen zu müssen, entfacht in ihm eine neue Lebensgier. Die Erinnerung an seine Familie, insbesondere an seine Mutter und seine Schwester sowie an diverse, aktuelle und verflossene Geliebte versetzt ihn in tiefe Betrübnis, die er mit der autosuggestiven Feststellung, als österreichischer Offizier zum Selbstmord verpflichtet zu sein, zu betäuben versucht.

Ein zentrales Motiv des Seelendramas sind uneingestandene Schuldgefühle, die zur gleichfalls unterdrückten Minderwertigkeit führen. Sein Schneid ist aufgesetzt und suggeriert: *„Dass sie alle vor meinem Blick so eine Angst hab´n."*[75] Schon in der Oper steigert er sich in eine Art Duellsituation hinein. Gustl bezieht sein Selbstwertgefühl allein aus seiner Uniform, also seinem Stand. Er muss es daher bedauern, keinen Krieg erlebt zu haben und Zivilpersonen wie den Bäcker verachten. *„Mir sagt das so ein Kerl, so ein Hund."* Sein ganzes System ist auf Autorität ausgerichtet; als diese erschüttert wird, scheint nur ein ehrenhafter Handlungsweg möglich. Der Zwang, sich töten zu müssen kollidiert mit dem natürlichen Zwang, leben zu wollen.

Nimmt man Gustl nicht als Individuum, sondern Repräsentant der Armee, so stellt man ihre Moral und Wehrhaftigkeit in Frage. Die Veröffentlichung zog auch scharfe Kritik gegen Schnitzler nach sich. Die durch militärischen Schneid kompensierte Minderwertigkeit des Leutnants erfährt eine Nuancierung darin, dass sich Gustl einredet, ungemein attraktiv auf die Frauen zu

---

[75] Ebenda, S. 8. Folgende Zitate S. 17, S. 10. und S. 13.

wirken. Längerfristige Bindungen lehnt er ab, da diese Mädchen nur „Men-scherl" und damit nicht gesellschaftsfähig für ihn sind. Auch die Sozialisten sind für ihn Unwürdige. „Wieso hab´ ich mich mit dem Sozialisten in ein Ge-spräch eingelassen? ... Die Rechtsverdreher sind doch heutzutag alle Sozi-alisten!" Gustl verallgemeinert, ihre Haltung bezeichnet er als unverschämt. Wenn jemand ihn mit einer Frage oder Meinung konfrontiert wie der Tatsa-che, dass nicht alle zum Militär gehen, um ihr Vaterland zu verteidigen, sondern auch berufliche Interessen als Motiv haben, empfindet er dies als Frechheit und Infamie, die ihn zum Duell reizt.

Bereits während der Oper, die Gustl nur aus gesellschaftlicher Konventi-on besucht, befindet er sich in einer Art Trance oder Halbschlaf, die mit Er-innerungsfetzen verwoben ist. Die Bedeutung von Traum und die Nähe von Schlaf zum Tod sind allgemeine, bereits in der griechischen Antike themati-sierte Konflikte zwischen Bewusstsein, Teilbewusstsein und Unbewusstem. Gustl schläft mit dem unglaubwürdig gewordenen Vorsatz, sich in einer Stunde zu erschießen, auf einer Parkbank ein und erwacht erst am frühen Morgen. Noch einmal schiebt er sein Vorhaben auf, betört vom Duft des morgendlichen Kaffees und dem uneingestandenen Wunsch zu leben. Die Geschichte endet komisch mit einem grotesken Effekt, da der Leutnant er-fährt, dass der Bäckermeister an einem Schlagfuß gestorben ist und infol-gedessen die Notwendigkeit, sich zu töten um die Ehre zu bewahren, ent-fällt.

Schnitzlers Pessimismus ist auch in der karnevalesken Situationskomik allgegenwärtig. Trotz diverser Reflexionen findet keine Erkenntnis in Gustl statt; im Gegenteil, er wird sich (mit ungewissem Ausgang) am Nachmittag desselben Tages mit einem Kontrahenten duellieren. Damit schließt sich ein Kreislauf, denn schon am Beginn wurden Tod und Duell vorwegge-nommen: „Ja, übermorgen bin ich vielleicht schon eine tote Leiche! Ah, Un-sinn, das glaub' ich selber nicht! Warten S' nur, Herr Doktor, Ihnen wird's vergeh'n, solche Bemerkungen zu machen! Das Nasenspitzel hau' ich Ih-nen herunter."

Der Kreislauf schließt sich, wenn er am Ende seinem Versprechen nach-zukommen sucht, aus dem jüdischen Doktor und Militärarzt „Krenfleisch" zu machen. Die Verbindung von Eros und Spiel mit dem Thanatos durch die Duellsituation aus gekränkter Ehre entspringt einer narzisstischen Krän-kung. Und ist eines von Schnitzlers Leitmotiven, um die Dekadenz der Mo-narchie zu veranschaulichen.

1. 3. Philosophischer Aspekt

Bereits die gewählte Form der Darstellung ist philosophisch, denn sie liefert ein Beispiel für eine revolutionäre Erzähltechnik, des ununterbrochenen Bewusstseinsprotokolls. Da der Autor sie nicht kommentiert, muss sie der Leser selbst bewerten. Damit wird die Subjektivierung eines an sich objektiven Gedankenvorgangs vorgenommen und das Spiel zwischen Assoziation und Dissoziation vorangetrieben. Die Handlung findet fast ausschließlich in Gustls Denken statt. Die nicht stattfindende Handlung, insbesondere die finale Reaktion aus Schlüsselreiz und Entschluss, erzeugt eine Leere. Die Monarchie erscheint als Kulissenlandschaft wie der Wurstprater, vor dem Gustl die Hamlet-Frage nach Sein oder Nicht Sein an sich stellt. Sein Versuch, tiefe Gedanken zu denken, missrät zur Lächerlichkeit. Der gelebte Augenblick erscheint als nichts anderes als der wehmütige Punkt zwischen Verlangen und Erinnern. Leidenschaftliches Handeln wird zur Farce, eine Maske, hinter der Gustl seine Einsamkeit verbirgt.

Neben dem Gedanken, Philosophie auf die Bühne zu stellen, auf den Marktplatz wie einst vor ein sokratisches Gericht, wirkt die Monologstruktur atomisierend. Alles, was Gustl anführt, insbesondere der Ehrbegriff, wirkt wie eine unglaubwürdige Phrase. Zivilisten haben offensichtlich schon längst gefahrlos den Respekt vor einem jungen vorlauten Leutnant verloren, was die Brüchigkeit seines Selbstbewusstseins aufzeigt.

Die Verbindung von Leben und Tod wird durch die oberflächlichen Affären und seinen durch Spielschulden entstandenen Geldmangel erreicht. Für den Leser drängt sich der Eindruck einer gescheiterten, zumindest belanglosen Existenz auf. Gustl könnte als latent suizidal veranlagt gelten, zumindest aber sucht er offensichtlich seine Lebenslüge zu kompensieren. Satisfaktionsfähig, mit der Waffe Rechenschaft zu geben, sind in der Monarchie nur Adelige, Militärs und Akademiker (folglich auch der jüdische Doktor). Gustl, der sich von einem einfachen Bäckermeister bedroht fühlt, kann seine Ehre nur durch Freitod zurückerhalten. Dass ein solches System nicht überlebensfähig oder zukunftsträchtig ist, leuchtet ebenso ein wie die Leere, die in einem Menschen herrschen muss, der nur für eine verlogene Moral lebt und sich seine Inkonsequenz nicht wirklich einzugestehen bereit ist.

Schnitzler schildert einen Krisenzustand und eine Ausnahmesituation, die jedoch nahezu zwangsläufig aus dem gesellschaftlichen System hervorgehen. Gustl schwankt immer zwischen gefühltem „Totsein" und uneingestandenem Wunsch, weiterleben zu wollen. Als Mensch wird er ganz von der Angst beherrscht, die nicht nur ein Zeichen seiner subjektiven Lebensumstände, sondern offensichtlich die Agonie der Zeit (Freud nennt es die hysterische Epoche) ist. Er befindet sich in einem ekstatischen Zustand, einem Selbstmordrausch. Seine Gedanken sind zutiefst widersprüchlich, denn Schnitzler kontrastiert Gustls verletztes Ego mit seiner mangelnden Empathie zu anderen Suizidkandidaten. Als er an seinen Bekannten denkt, der wegen Eifersucht Selbstmord begehen will, sagt er: *„Unglaublich, weswegen sich die Leut' totschießen!"*[76]

Als Ausgleich zu den zunehmend erstarrenden, kreiselnden (an Katalepsie erinnernden) Gedanken empfindet er das Spazierengehen, die einzige Freiheit, die ihm bleibt. *„Und das Schönste ist, dass mich keiner zwingt."*

Gustls einseitiges Waren-Verhältnis zu Frauen ist ein wichtiger Teil seiner Persönlichkeit. *„Armes Ding. Eigentlich schrecklich, so eine abhängige Existenz ... Aber man muss ein hübsches Weiberl zu Hause vorrätig haben."* sagt er über die in ihn verliebte Steffi, die er loswerden möchte. Namen entfallen ihm häufig, die Damen dienen nur seinem Liebesabenteuer, Kommunikation ist dabei unerwünscht: *„Ob so ein Mensch Steffi oder Kunigunde heißt, bleibt sich gleich ... Kein Wort Deutsch hat sie verstanden, aber das war auch nicht notwendig ... hab' gar nichts zu reden brauchen!"* *„Vorigen Sonntag war's zum letzten Mal ... Ach Gott, das ist doch das einzige reelle Vergnügen ..."*

Bekannt war Schnitzler zur Entstehungszeit der Novelle Sigmund Freuds Traumdeutung, die im Herbst 1899 erschienen war; der Ablauf von Gustls Monolog folgt denn auch streckenweise der Logik des Unbewussten, der „Verdrängung" peinigender Inhalte – die Todesangst, der Gedanke an die Mutter, aber auch latente homoerotische Neigungen. Gustls Sprunghaftigkeit entspricht dabei weitgehend der Abfolge „freier" Assoziationen im psychoanalytischen Prozess.

Hinsichtlich des Mantels ist auffällig, dass Gustl in Konflikt gerät, als er sich noch nicht vollständig bekleidet weiß; er steht in der Schlange, um seinen Mantel zu bekommen. So wie er das Nacktsein als unangemessen befindet, wird in *Fräulein Else* dem neunzehnjährigen Mädchen ihre Entblößung zum Verhängnis – sie muss sich ja ohne Mantel nackt zeigen, um die Schulden ihres Vaters begleichen zu können – das Bekleidungsstück dient

---

[76] Ebenda, S. 33. Folgende Zitate S. 39 und S. 13 ff.

folglich als identitätsstiftende Metonymie für Rang und Ordnung innerhalb der Monarchie.

1. 4. Ästhetischer Aspekt

Es handelt sich um einen impressionistischen Stil, der den Versuch unternimmt, Gedanken nachzuzeichnen in Form eines Bewusstseinsprotokolls. Konsequenterweise sucht Schnitzler in dieser Form, will er reine Subjektivität vermeiden und ein Dokument der Zeit statuieren, das Paradoxe, etwa Gedanken und Mimesis verbindet. Die Handlung schildert er indirekt wie aus einer sprechenden Kameraperspektive heraus. Der Grundkonflikt grenzt dabei an Hamlet. Hofmannsthal formuliert, von der Tragödie zu Komödie sei es nur ein halber Schritt. Um es mit Heidegger aus seiner Rede „Was heißt Denken" zu formulieren *„Jedes Seiende ist und ist gleichzeitig nicht"*.

Für die Struktur des inneren Monologs bleibt charakteristisch, dass sich alles, die Introspektion wie die Evokation der äußeren Reize, Erinnerungen wie auslösende Erinnerungsbilder, Assoziationen und Dissoziationen allein in der Subjektivität des Helden abspielen. Die Flaubertsche Maxime: Der Autor der *deus absconditus* ist hier maximal ausgereizt. Nichts gibt einen kommentierenden Erzähler zu erkennen und nur in der gespiegelten Welt Gustls, der von seinem Widersacher als dummer Bub bezeichnet wird, findet der Leser einen Hinweis auf seine Unreife. Zu diesen faktischen Vorgängen gesellen sich Reflexionen und vor allem Halluzinationen des Handlungsträgers. Aus dieser extremen Erzählungsform folgt zwingend, dass die subjektive, durch die Spontaneität des Augenblicks bestimmte das Ganze fragmentiert. Es kann folglich weder eine chronologische Ordnung der Zeit geben, denn diese ist laut Bergson eine subjektiv empfundene Dauer, noch kann es eine Trennung von Denken, Ausgesprochenem und Unausgesprochenem geben. Es fehlt der panoptische Blick eines Regisseurs.

Gewöhnlich stellt Schnitzler Diagnosen und urteilt nicht, ergreift nur marginal und subtil Partei. Hier ist es anders, allein der Form geschuldet, da der Reflexionsgrad und Brennpunkt allein bei Gustl liegt, der aber kein wirkliches Eigenleben besitzt, da er doch eine literarische Figur ist. Folglich tritt die Kritik an der Gesellschaft wie dem Ehrenkodex, der Abwertung der Frauen und der Juden ganz besonders ungefiltert in den Vordergrund. Wenn Gustl mit dem militärischen Korps- und Zeitgeist der Armee personifiziert wird, dann steht es schlecht um Österreichs Zukunft. Seine Nichtigkeit und die Nichtigkeit der Nation scheinen kaum voneinander trennbar. Um es wieder mit Heidegger zu pointieren: Das Stück zeigt, bisher wurde „*zu viel gehandelt und zu wenig gedacht*". Gustl macht jedem deutlich, wie sinnentleert die Konventionen seines Handelns sind, wie beschränkt sein Horizont ist, wie eingeschränkt die Perspektive für Menschen wie ihn sein muss, die doch auch Handlungsträger der Geschichte und damit der Geschichtlichkeit sind. Gerade die vermeintliche Subjektivität zieht es nach sich, dass wir über das faktische Leben Gustls so gut wie nichts wissen. Fassbar wird seine Umwelt, nicht er selbst – Gust bleibt ein leeres Ich oder eine unbeantwortete Frage an das Sein.

IV. 2. Fräulein Else

2. 1. Gesellschaftlicher Aspekt

Fräulein Else ist eine im Stile „Leutnant Gustl" 1924 erschienene Monolog-Novelle und nimmt von der Form her den inneren Monolog (Bewusstseinsstrom) wieder auf. Inhaltlich geht es um eine junge Frau, die an einem italienischen Kurort in die missliche Situation gerät, auf Wunsch der Mutter ihren Vater vor einem Arrest und dem damit verbundenen Skandal bewahren zu sollen. Um dessen Spielschulden zu begleichen ist es erforderlich, sich vor einem Geschäftsmann zu entblößen. Sie tut es schließlich öffentlich und nimmt vorher eine tödliche Dosis Veronal.

Else ist Tochter eines Wiener Rechtsanwalts, folglich Repräsentantin des aufstrebenden und finanzstarken Bürgertums. Sie ist dementsprechend verwöhnt und hat ehrgeizige Pläne. Den reichen Kunsthändler Dorsday um ein dringend benötigtes Darlehen zu bitten, da dieser Mündelgeld veruntreut hat, setzt sie der Notlage aus, gegen die Konvention verstoßen und einen Mann „intim" ansprechen zu müssen. Moralische und finanzielle Schuld bedingen sich wechselseitig: Um ihrem Vater helfen zu können, muss sie sich moralisch korrumpieren – umgekehrt ist ihre moralische Unversehrtheit nur durch die Alternative des finanziellen Ruins zu haben.

Der zweite Aspekt betrifft den Antagonismus zwischen Selbstbestimmung und Opfer bzw. traditioneller Loyalität zur Familie. Dorsday willigt zwar ein, das Geld zur Verfügung zu stellen, fordert aber als Gegenwert die Erlaubnis, Else für eine Viertelstunde nackt betrachten zu dürfen. Else reagiert empört, spontan und intuitiv auf dieses Ansinnen, erkennt aber im Laufe des Abends das Dilemma, in dem sie sich befindet. Gefangen zwischen unbedingter Loyalität zu ihrem Vater und der starken Sehnsucht nach Autonomie und selbstbestimmter Weiblichkeit kann sie sich auf keine der möglichen Entscheidungsoptionen festlegen: Würde sie das unmoralische Angebot ablehnen, wären der Vater und das Familienansehen ruiniert; das Eingehen käme hingegen einer Selbstprostitution und damit der Aufgabe selbst bestimmten Verfügens über den eigenen Körper gleich. Schnitzlers Leitmotiv ist folglich eine junge Frau, die ihren Ort in der Gesellschaft suchen muss und dabei an den Konventionen ihrer Zeit scheitert.

Der dritte Aspekt ist Elses Liberalismus bzw. die erprobte Emanzipation Schon der erste Satz ist eine Frage, die an sie gerichtet wird und drückt ihre Negation, ihren Eigenwillen aus: *„Du willst wirklich nicht mehr weiterspielen, Else?"*[77] Es ist dabei von Bedeutung, dass Else zwar kokett, aber kein Wiener Madl ist, da sie ihre sinnlichen Reize als Selbstzweck versteht und nicht dazu benutzen möchte, gesellschaftlich zu reüssieren. In der Konfliktsituation, in welcher Else in ständiger Gedankenvariation ihren Handlungsspielraum auszuloten versucht, zeigen sich zahlreiche soziale Probleme und Irritationen. Als Stereotyp für den konventionellen Zwang verwendet Schnitzler die beschwörende Formel *„Adresse bleibt Fiala."*

Im Prinzip ist Elses Weg vorgezeichnet und von Anfang an ausweglos. Dies kommt dadurch zum Ausdruck, dass die junge Frau immer wieder den Zufall befragt und ihre Entscheidung, ob sie das unmoralische Angebot annimmt oder ausschlägt, vom Ausgang von ihr nicht vorhersehbarer Begegnungen abhängig macht. Generell ist nicht nur sie Opfer eines Voyeurismus, sondern sie selbst neigt auch zum Inszenieren, Beobachten und Zur-Schau-Stellen.

In dem Mantel als Bekleidungsstück steckt ein Dingsymbol, das gleichzeitig verdeckt und enthüllt. Die Kleidung verkörpert Status und soziale Klassenzugehörigkeit. Die geforderte Nacktheit repräsentiert dabei nicht nur Elses persönliche Verletzlichkeit und Brüchigkeit, sondern zugleich auch die Fragilität ihrer Gesellschaft. Dass sie sich ausgerechnet mit Veronal vergiftet und selbst ihr Verlobter, der Arzt ist, den schleichenden Tod nicht bemerkt, nimmt eine tragisch-komische Ironie an: In den Schlaftabletten stecken das lateinische Substantiv „vero" (in der Tat), das Adjektiv „verus" (wahr) und das reflexive Verb „vereor" (sich umschauen, sich fürchten).

---

[77] Arthur Schnitzler, Traumnovelle und andere Erzählungen, Fräulein Else, S. 7. Folgende Zitate S. 71, S. 60, S. 63 und S. 73.

Die Männer, denen Else begegnet, sind alle auf ihre Weise schwach. Der Vater bringt sie in die prekäre Lage, weil er ein Fassadenleben führt. Der Cousin Paul ist erstens untreu und zweitens als Arzt nicht sonderlich kompetent, denn er stellt eine fatale Fehldiagnose. Kunsthändler Dorsday ist ein Lebemann und dem Vater Elses offensichtlich nicht unähnlich, zwar nicht charakterlos, aber doch charakterschwach.

Aber auch die Frauenfiguren sind durchweg negativ gezeichnet. Die Mutter drängt auf Begleichung der Schulden und löst damit die Gewissenskonflikte des Mädchens aus. Die Freundin Elses Cissy umgarnt Paul, um die offensichtlich kranke Else kümmert sie sich nicht, hält sie am Ende (gleichfalls ironisch) für eine Schauspielerin, die Tante hat nur Angst vor einem Skandal. Das Gerede der Menschen, die Meinungen und der mutmaßliche Skandal lösen sowohl die Ängste als auch den Freitod des jungen Mädchens aus.

Das Fin de Siècle, so sagt man, sei ein Jahrhundert gewesen, mit dem es zu Ende gehen musste – wie mit jedem, das sich gegen den Wandel gewehrt hat im Taumel seiner Lebensfreude, die umso größer war durch die Verunsicherung, die es durch die Moderne erfuhr. Die Unentschlossenheit des Neurasthenikers, der schwache Nerven hat, ist vielleicht das zentrale Moment für Else, wenn man so will, eine Metapher oder Personifikation für ein viel zu frühes Ende, das Potentiale nicht mehr abruft: *„Du sollst mich retten, Paul. Ich will, daß ihr mich hört ... Ich hab´ es nicht tun wollen. Ich war verrückt. Ich will nicht sterben."* Eine weitere gesellschaftliche symptomatische Komponente ist die Beschleunigung. Alles geschieht in rasendem Tempo, buchstäblich stockt einem der Atem, und die teilweise wirren Gedankenfetzen gleichen einem Torso, in viel stärkerem Maße, als das bei „Leutnant Gustl" der Fall ist.

2. 2. Psychologischer Aspekt

Der Leser erhält Zugang zu der inneren Gedankenwelt, Traum und Assoziationen des Mädchens. Er hat daher teil an ihrem Bewusstseinsprozess und der Auflösung ihrer Rationalität. Der Konflikt ist: Um den sozialen Status der Familie und ihre Reputation zu erhalten, muss Else das aufgeben, was ihren Wert als großbürgerliche Frau bestimmt: Anstand. Wie im Fall des „Leutnant Gustl" ist von Bedeutung, dass der Angriff auf ihre Würde und Integrität im öffentlichen Raum erfolgt, aber ohne Zeugen bleiben soll.

Daher muss sich die Frau öffentlich inszenieren. Sie hat nicht die Möglichkeit, ihren Beleidiger zum Duell zu fordern. In Gedanken spielt sie durch, wie es wäre, Dorsday fordern zu lassen. Aber sie weiß, ihr bleibt nur eine andere Art von Demütigung, die Selbst-Erniedrigung.

Gemäß Freud wirken Triebunterdrückung und Triebsublimation zusammen. Bewusstsein und Unbewusstes stehen daher immer in Konflikt zu einander. Mindestens drei Antagonismen spiegeln sich in Elses Charakter wider, die durch die Extremsituation bedingt nicht länger unterdrückt werden können. Zum einen ihr lustvolles Begehren, als eine schöne Frau wahrgenommen zu werden, zum zweiten ihre leicht sadistischen und zunehmend hysterischen Züge (Freud nannte das Fin de Siècle das Zeitalter der Hysterie), zum dritten ihr starker Oppositionsgeist. Else schmeichelt sich, schön zu sein und über ihre Schönheit Macht über die Männerwelt zu erlangen. Sie liebäugelt damit, ein selbstbestimmtes Leben zu führen und die Wahl des Bräutigams nicht den Eltern zu überlassen. Neben diesem emanzipierten Zug des Eros offenbaren sich jedoch auch vermehrt latente Todessehnsucht und zudem ein exhibitionistischer Wunsch, aus allen starren Konventionen auszubrechen. Elses Liebesbedürftigkeit, ihr sexueller Appetit, ist längst geweckt und konkurriert mit einem bisher nicht eingestandenen Freiheitsdrang. In Elses lustvoller Imagination öffentlicher Exhibition und gleichzeitiger schamhafter Abwehr der erzwungenen Entblößung vor Dorsday entbrennt der Kampf zwischen männlicher Dominanz über das Weibliche und einem sich dagegen wehrenden weiblichen Eros.

Schnitzler übernimmt auch das Prinzip der Ökonomisierung der Normen, Werte und ödipale Gefühle von Freud und den Willen zum Handeln bei Nietzsche. *„Jetzt nur die Fassung bewahren. Papa ist verloren, wenn ich nicht die Fassung bewahre. Ich muß etwas reden."* Das Geld stimuliert ihren ästhetischen Wert und gleichzeitig ihren sozialen Werteverlust. Das Patriarchat erweist sich als fragil: Nicht mehr der Vater vermag es, der Tochter zu gebieten, die Mutter ist es. Zudem liegt das Schicksal des einstigen Beschützers ganz objektiv in der töchterlichen Hand. Doch letztlich ist Else nicht dazu in der Lage, sich gegen die Ansprüche des Vaters zu wenden und ihre eigene Integrität durchzusetzen. Zugleich wird immer klarer, dass Elses Selbstaufgabe mit einem Selbstmord einhergehen wird. Immer wieder vergewissert sie sich der Dosis von Veronal, am Anfang scheint es mehr ein Spiel, eine Beruhigung ihres Nervenfiebers, später aber steigen die Dosis und damit die Absicht, aus dem Leben zu scheiden. Symbolisch lässt sie Schnitzler auch die Treppe herabsteigen wie in den Hades. Lebens- und Todestrieb sind ständig im Dialog und in allen Entscheidungsgedanken wird der mögliche Suizid mit aufgenommen. Symbolisch erscheint auch die Tür, durch die sie auf die Bühne des Konzertabends tritt und die doch zugleich die Tür zum Tod ist.

Allerdings wird für Else zunehmend klar, dass sie sich nicht alleine auf das Zimmer Dorsdays wird begeben können, dass sie zu dieser Erniedrigung nicht in der Lage ist. So verbindet sich in ihrer überraschenden Entscheidung die exhibitionistische Sehnsucht mit dem ausgeübten Entblößungszwang: Im Speisesaal des Hotels – in Anwesenheit Dorsdays, dessen Forderung damit erfüllt ist – zeigt Else der versammelten Abendgesellschaft ihren zu Beginn von einem schwarzen (Farbe des Todes) Mantel verhüllten nackten weißen (Farbe des Eros) Körper und fällt anschließend in Ohnmacht. Der Verlust ihres Bewusstseins wird zum symbolischen Ausdruck für das reduzierte Handlungsvermögen der Frau ihrer Zeit: Was sie tun kann, folgt lediglich einem Zwang und keiner wahrhaft freien Entscheidung. Sie stirbt in einem traumartigen Zustand, der sie endgültig zu befreien scheint.

Voyeurismus und Scham sind bei Else eng verknüpft. Ihrem Triumph, mit ihren Reizen allen den Kopf zu verdrehen, eine große Summe Geld nur für ihren Körper zu erhalten kontrastiert mit dem Wunsch, in den Boden versinken zu müssen und entlädt sich in dem Gelächter, von dem Bergson schreibt und wie es bei Dostojewski in noch stärkerem Maße der Fall ist, es verdecke die Scham: *„Keiner sieht mich. Filou, Filou! Nackt stehe ich da. Dorsday reißt die Augen auf. Jetzt endlich glaubt er es … Der Papa ist gerettet. Fünfzigtausend! Adresse bleibt Fiala … Ha, ha, ha! Wer lacht denn da? Ich selber? Ha, ha, ha! Was sind denn das für Gesichter um mich? … ich will nicht lachen, ich will nicht … Was habe ich denn getan? Was habe ich getan? Ich falle um. Alles ist vorbei.“*

Allgemein wird der Eros benutzt, um Schwächen der Gesellschaft wie Bigotterie, Verlogenheit, Unterdrückung, sadistische oder masochistische Neigungen, Neurosen und Psychosen darzustellen. Dazu kommt der Aspekt der Not, sich entblößen, erniedrigen oder versachlichen zu müssen. Daher verbindet Schnitzler das Problem der Sexualität mit der Promiskuität und der Prostitution. Fräulein Else unterliegt Zwängen und zwar sowohl objektiv nachvollziehbaren als auch subjektiv eingebildeten. Verführung wird erst ermöglicht durch Führungslosigkeit. Die Metapher des taumelnden Kontinents von Philipp Blom lässt sich daher gut beziehen auf das Schicksal Fräulein Elses. Schließlich wird sie zur Ware degradiert, wie Britta Prasse in ihrer Diplomarbeit „Textanalytische Reflexion der Monolognovelle Fräulein Else mit dem Fokus auf die weibliche Hysterie" (2011) hervorhebt. Der hysterische Charakter nach Sigmund Freud oder der asthenische Charakter nach Alfred Adler befindet sich immer in einem Dilemma, weil es ihm laut Schnitzler nicht gestattet ist zu sprechen oder überhaupt eine eigene Sprache für sich zu finden. Sie ist nicht geschaffen für eine bürgerliche Existenz, hat aber auch nicht den Mut zu einer künstlerischen. Um es mit Nietzsche zu formulieren, sie ist „ein Seil, geknüpft zwischen Mensch und Übermensch", doch sie fällt von diesem wie der Seiltänzer in „Also sprach Zarathustra." Sie vermag sich weder aus der ökonomischen Abhängigkeit noch aus ihrer moralischen zu lösen. Folglich bildet ihr ungewollter Freitod den symbolischen Abschluss. Adlers Individualpsychologie spricht von Überkompensation des Körpers aus einem seelischen Defizit heraus, Fräulein Else ist eine „unerhörte Tochter", dazu bestimmt, den Status Quo ihrer Familie zu wahren. Ausdruck ihrer Abhängigkeit ist die mehrfach in Variationen gestellte Frage: „Ach Gott, warum habe ich kein Geld, warum verdiene ich nichts?" Laut Adler / Freud ist die sich bewusst eingestandene Abhängigkeit Voraussetzung der neurasthenischen / hysterischen Charaktere. Andererseits rebelliert Else gegen die Monogamie. Sie will „hundert Liebhaber" haben und „nie treu" sein, sie fordert das Recht der Männer ein, das doch durch ihre ökonomische Dominanz überhaupt erst ermöglicht wird.

2. 3. Philosophischer Aspekt

Vordergründig geht es um die Desillusionierung der Treue, hintergründig um die Rettung eines Ideals, das sich konsequent gelebt bis im Tode treu bleibt. Die Ehe wird vom Pessimisten Schnitzler als permanente Lüge und Verrat empfunden. Mehrfach deutet die Erzählung an, dass Elses Vater untreu war und alle Männer ihre Verlobten oder Gattinnen betrügen, sofern sie die Möglichkeit dazu sehen. Die Frauen belügen sich selbst oder verheimlichen den Rivalinnen, was sie an Intimitäten sehen. Der Schein regiert in dieser Epoche der Maskierungen, es genügt den meisten, wenn die Fassade steht. Besonders die Kleidung verrät und verdeckt zugleich die wahren Gefühle. Unweigerlich wird man an Klimts Bild nuda veritas (1899) denken, von der Hermann Bahr sagt, es enthalte die nackte Wahrheit über die gesamte verlogene Wiener Gesellschaft. Frauen nehmen zunehmend das

Heft in die Hand, die Männerwelt erscheint weniger entwicklungsfähig und häufig überfordert.

Der zweite Schritt der Desillusionierung vollzieht sich über die Worte: Redewendungen und Phrasen täuschen über die Kommunikationsunfähigkeit zwischen sehr einsamen Figuren hinweg. Wie Hofmannsthal „Chandos-Brief" (1902), so erscheinen auch bei Schnitzler die Dialoge als unzureichend und illusionäres aneinander Vorbeireden. Schnitzler enthüllt eine doppelte Moral oder den Schein des Anstands, hinter dem jedoch jedes Wort überflüssig erscheint, gerade weil so viel geredet wird, das unglaubwürdig wirkt. Paradigmatisch und pointiert lässt sich Schnitzlers philosophische Substanz in „Fräulein Else" durch die Parabel *„Die drei Elixiere"* (1895) artikulieren. Der erste Trank zwingt die Geliebte zum Geständnis, zur schonungslosen Wahrheit über ihr Liebesleben, das nur die schon vermutete Untreue beweist. Laut Schnitzler kann der Mensch gar nicht monogam leben, ohne in Konflikt mit seinen unbewussten oder verdrängten Gefühlen zu geraten. Der zweite Trank löscht ihr alle Erinnerungen und somit das kollektive oder individuelle Unterbewusste, was unerfüllte Wünsche und Scheitern von Illusionen einschließt. Der dritte Trank soll die Geliebte zur hörigen und willigen Sklavin in ewiger Liebe an den Mann binden: Dieses muss scheitern und die Geliebte töten, weil eine vollkommene Kontrolle nicht einmal Gott möglich ist. Wie also leben im Bewusstsein unserer Makel und ständigen Unvollkommenheit, selbst Cottos Schöpfung erscheint unvollkommen.

Für Schnitzler sind alle Liebesbeteuerungen ideell und damit Selbstbetrug, da Lebenswille und Egoismus stets stärker sind als Nächstenliebe und Ethik. Fräulein Else bringt sich nicht um, weil ihr Lebensplan gescheitert ist, sondern, um mit Kleist zu sprechen, weil ihr das Gelingen des Todesplans vor Augen steht. Sie glaubt, ihre Freiheit und Würde nur im Tod „leben" zu können. Sie verzichtet auf Erleben und Werden, weil sie Nietzsches Tanzlied vom *„ewigen Stirb und Werde"* wörtlich nimmt. Ihr Lebenswille erscheint uns auf die Zerstörung ausgerichtet; insofern ist die Selbstauslöschung konsequent. Schnitzler schildert den Suizid nicht ausdrücklich, er legt ihm den Leser nur nahe. Da viele seiner Figuren ähnlich enden, ist die Schlussfolgerung, dass Leben keine Alternative zu bieten hat.

Fräulein Else erinnert schon vom Titel her an „Frau Bovary", mit dem der moderne Roman geschaffen wurde. Genau wie Emma in Flauberts „Madame Bovary" (1852) scheitert die junge Frau an ihrem fatalen romantischen Liebesideal, einer Totalisierung des Moments und der Paarbeziehung. Auch ihr ist eine eigenartige Mischung aus Klugheit, Mut und emanzipatorischem

Willen zu eigen, die sich jedoch negativ im Suizid entlädt. Dazu kommt ihr Beharren auf einen Selbstentwurf, der so in ihrer Gesellschaft nicht vorgesehen ist. Die übermächtige Stimme des Unterbewussten suggeriert stets den kategorischen Imperativ lebe und nicht sterbe. Es ist aber möglich, diese Stimme zum Verstummen zu bringen, gerade weil der Mensch sich dem Intellekt oder einer Idee verpflichtet sieht. Ein Selbstmord aus gekränkter Ehre wie er in *„Fräulein Else"* angedeutet wird, ist eine Reaktion auf Einsamkeit, Ausweglosigkeit oder mangelnde Selbstverwirklichung. Alle Faktoren treffen auf die junge selbstbewusste Frau zu, die ihren Körper verkaufen soll, um ihren Vater vor dem Bankrott zu retten. Auch hierin gleicht sie ihrer literarischen Vorgängerin Emma Bovary, die ihrem Erpresser Lheureux entgegnet: *„Ich bin zu bedauern, zu kaufen bin ich nicht."*

Else hat kaum Alternativen in der Gesellschaft: Gibt sie dem Verlangen des Geldgebers nicht nach, ist ihr Vater und damit der Familienname entehrt, gewährt sie ihm seine Bitte, sie nackt zu sehen, ist ihr eigenes Schamgefühl verletzt. Mit dem Stereotyp *„Trala Trala, Adresse bleibt Fiala"* (der Anschrift des Gläubigers) unterstreicht Schnitzler die Alternativlosigkeit des kompromittierten Mädchens. Sie handelt unter Zwang, zunächst für die Familienehre, hinterher aus ihrem gekränkten Lebenswillen heraus. Sie rettet sich in den Traum und hält die Illusion (kindliche Regression) aufrecht. Ihr Freitod verdeutlicht, wie krank und retroperspektivisch das gesellschaftliche System ihrer Zeit ist. Ein Möglichkeitssinn bleibt reine Spekulation, Fantasie oder Träumerei – Optionen haben die Frauen nicht.

Schnitzler verbindet mit Eros und Thanatos, Lebens- und Todestrieb, unbewusstes Verlangen nach Revolution (Selbstverwirklichung des jungen Fräuleins) und Faszination an der Adoleszenz. Einerseits erscheint Verhalten determiniert durch die Konvention, andererseits gewichtet der Zufall die Situation und erlaubt ungeahnte Möglichkeiten.

Die pekuniären Verhältnisse sind wichtig: weil über das Geld das Patriarchat herrscht (dies wird umgekehrt in „Spiel im Morgengrauen"), zum zweiten, weil der soziale Aufstieg nur über Geld und damit Unabhängigkeit (entweder durch Erbe oder Mitgift) erreicht werden kann, drittens, weil über das Geld sexuelle Bedürfnisse befriedigt oder verschleiert werden können.

Die Männer sind von Schnitzler als Täter, die Frauen als Opfer modelliert, da letztere keinen autonomen Status über ihren Körper besitzen. Else wird folglich nicht nur körperlich, sondern auch seelisch entkleidet und zur Entblößung ihres Selbst(wertgefühls) gezwungen. Geld spielt hinsichtlich der Korrumpierung der Seele eine essenzielle Rolle. Es ist der Verursacher für die ganze Misere. Die gut situierten Personen im Hotel sind alles angesehene Leute, jedoch nicht aus der moralischen Sicht Elses, in der sie alle, sogar ihren spielsüchtigen Vater, als *Schufte* bezeichnet.

Schnitzler stiftet auch mythologische Bezüge. So sagt Else: *„Vor den Schlangen habe ich keine Angst. Wenn mich nur keine in den Fuß beißt."*[78] Dies verweist auf den mythischen Zusammenhang Elses mit Eurydike, die dem Biss einer Giftschlange in den Fuß erlag.

Else verfügt über eine sehr instabile Persönlichkeit, die sich latent immer mit Suizidgedanken beschäftigt. *„Auch als Tote will ich nicht mehr zurück. Und Papa und Mama sollen sich nicht kränken, mir geht es besser als ihnen. Und ich verzeihe ihnen. Es ist nicht schade um mich. ... Aber es ist ja alles nicht wahr. Ich werde nicht scheintot sein und tot auch nicht. Ich werde mich überhaupt gar nicht umbringen, ich bin ja viel zu feig."*

In ihrer Unentschlossenheit erinnert Else an Gustl, doch am Ende zieht sie eine Konsequenz, vor der ihr poetischer Vorgänger zurückschreckt. Auch das erscheint sinnbildlich für die Zeit des Jungen Wien: Nicht die Männer, die Frauen tragen die Geschichte voran. Das von Sartre als Missverständnis (malentendu) beschriebene Problemfeld im Eros bleibt sakrosankt bis in den Tod: *„Wisst ihr denn nicht, dass ich sterbe? Aber ich spüre nichts. Nur müde bin ich. Paul! Ich bin müde. Hörst du mich denn nicht? Ich bin müde, Paul. Ich kann die Lippen nicht öffnen. Ich kann die Lippen nicht öffnen. Ich kann die Zunge nicht bewegen, aber ich bin noch nicht tot."*

Fräulein Else geht zwar nach romantischem Vorbild für ein Ideal (ihre Jungfräulichkeit) in den Tod, dennoch bezweckt Schnitzler Gegenromantik, da er den traditionellen Liebescode unterminiert und gnadenlos auf die Tatsachen des Lebens verweist: Im Mittelpunkt der Ausweglosigkeit stehen Flüchtigkeit und Vergänglichkeit von Beziehungen, die Undurchschaubarkeit und der Egoismus der Männer, deren bloßes Opfer oder Objekt Fräulein Else nicht sein möchte. Wahrlich augenblickshaft erscheint einzig die Substitution der Liebe durch das Begehren und die reine Körperlichkeit. Pikanterweise tragen weder Dorsday noch ihre Familie das Stigma des Wahnsinns, sondern Fräulein Else, die diesen Konflikt überhaupt erst sukzessiv in ihrem Innenleben aufbaut. Es ist eine indirekte Folge des „unrettbaren Ich" nicht mehr zu wissen, was zu tun ist oder aber zu tun, was verlangt wird und zu sterben, weil das männlich oktroierte Paradigma verweigert wird. Auch Hamlet hat in seiner Schicksalsfrage „Sein oder nicht Sein" den freiwilligen

---

[78] Arthur Schnitzler, Fräulein Else, S. 51. Folgende Zitate S. 71 f.

Tod nach der Vollstreckung seiner Familienpflichten fest im Auge. Adler schreibt über den *nervösen Charakter*, dass er seine empfundene Minderwertigkeit – Elses Weiblichkeit – durch eine konstruierte Stärke – sexuelle Ausstrahlungskraft – stets zu kompensieren sucht.[79] Dem Lebens- steht ein Todesplan gegenüber.

2. 4. Ästhetischer Aspekt

Fräulein Else ist eine Novelle ohne Rahmen, in die übergangslos und sofort eingeführt wird. Da das Unerhörte Kernpunkt einer Novelle ist, kann das Telegramm mit der indirekten Erpressung, das Fräulein Else zur Preisgabe ihrer wohl gehüteten Intimität zwingt, geltend gemacht werden. Zwar hat bereits Schnitzler mit „Leutnant Gustl" das Bewusstseinsprotokoll eingeführt, doch die Integration von Musik bzw. Noten ist ungewöhnlich für eine Novelle. Bezogen auf den Stil bleibt es ein typisches Werk der Wiener literarischen Moderne und dessen Ästhetizismus des Verfalls. Um die blockierten Liebes- und Existenzprobleme der bürgerlichen Schicht aufzuzeigen, nutzt Schnitzler Monologform ohne Kommunikation mit der Außenwelt. Fräulein Else ist die einsamste Person auf der Welt, in einem Hotel und im Moment ihrer Enthüllung vor zahlreichen Menschen sowieso. Sein Seelendrama ist durchzogen von dem Versuch, adäquate sprachliche Ausdrucksmöglichkeiten für die innerpsychischen Vorgänge des Menschen zu finden. Der Sprach- ist zugleich Kontrollverlust und wird indiziert durch die zunehmende Notenschrift im Text. Zwischen den kurzen Dialogen findet vor allem ein innerer Monolog statt, der die hermetische Isoliertheit des Mädchens zum Ausdruck bringt, das sich niemandem anvertrauen mag.

Zwei Erzählstrategien sind wichtig für Arthur Schnitzler und mit Stefan Zweigs Erzählung „Untergang des Herzens" (1921) vergleichbar: die Seele eines unverschuldet in Not geratenen Mädchens zu erforschen und es als ein Experiment mit offenem Ausgang zu postulieren; zweitens die Bedeutung der Scham, die Menschen dazu treibt, selbst in Todesgefahr ihr Rätsel oder Geheimnis zu bewahren. Es ist keineswegs widersprüchlich, dass Erkenntnis- und Bewusstseinsforschung ergebnislos verlaufen. Zudem

---

[79] Alfred Adler (1870-1934) beeinflusst Schnitzler nachweislich seit 1920, als dem Künstler der Schematismus der Tiefenpsychologie zunehmend missfällt und er nach individuellen Lösungen sucht. Er hält zu diesem Zeitpunkt von Schnitzler besuchte Vorträge in Wien.

schreibt Schnitzler wie in „Leutnant Gustl" ein Bewusstseinsprotokoll, das die Konstruktion und Dekonstruktion von Gedankengängen nachzeichnet, allerdings mit tragischem und nicht mit komischem Ausgang. Eine stilistische Überschneidung mit Peter Altenbergs Skizzenprotokoll ist aufgrund der vielen Zeichen daher unübersehbar. Obschon der Leser nur von einer einzigen Perspektive erfährt, handelt es sich in dem Seelendrama durchaus nicht um Subjektzentrismus, weil sich der um Erkenntnis bemühte Beobachter nicht von Elses Perspektiven, die Schnitzler kunstvoll wie dramatisch beschreibt, beeinflussen oder gar vereinnahmen lassen darf. Sie wird, um Leibniz' Metapher zu gebrauchen, als eine Monade zum Fenster der Welt.

Das Desillusionieren und Dekonstruieren innerhalb des Bewusstseinsstroms ist rational (Ich-bildend) und verhilft doch den irrationalen Mechanismen (Ich-Auflösung) zu größerer Bedeutung. Diese Unentschiedenheit, Doppeldeutigkeit oder Ambiguität des In-der-Schwebe-Lassens (sowohl des Ausganges als auch des Prozesses) erscheint von Zufällen (Begegnungen) genauso abhängig wie von innerem Stimulus, so dass Zwang und Ausweg sich die Waage halten. Schnitzlers Methode, durch ein Bewusstseinsprotokoll das Unbewusste darzustellen oder gar nach außen zu kehren, erfährt eine symbolische Prägnanz durch den Exhibitionismus. Reden bringt keinerlei Ausweg, die Kommunikation mit der Mutter erweist sich als so unmöglich wie die gescheiterten Versuche, den Retter Dorsday zu altruistischem Handeln zu bewegen. Sich zu zeigen ist gleichbedeutend mit sich verstecken müssen. Will Else ihr Inneres leben, so muss sie es nach außen kehren, doch sobald die Perspektiven vertauscht sind, ist sie kein Fräulein mehr, sondern Frau. Um es mit Schillers Gedicht „Die deutsche Muse" zu sagen: *„Kannst du nicht vielen gefallen und es ihnen recht tun, so musst du dir einen wählen, dem Recht geschieht."*

In der Romantik haben Traum und Tod immer eine positive Komponente der Transgressions- und Bewusstseinserweiterung. Im Fall von Fräulein Else ist dies eindeutig anti-romantisch nicht der Fall: *„Ich fliege … ich träume … ich schlafe … ich träu … träu – ich flie …"* Elses Bewusstsein verlöscht, nachdem sie es recht aufgefasst hat. Ihr Zweifel soll einen wacheren, aktiveren und perspektivenreicheren Leser kreieren. Der viel zitierte Ich-Verlust (Das unrettbare Ich) kommt zu seiner Vollendung.

IV. 3. Spiel im Morgengrauen

3. 1. Gesellschaftlicher Aspekt

Die Erzählung von 1926/27 besitzt aufgrund des Milieus Bezüge zu „Leutnant Gustl". So gerät in beiden Fällen ein Leutnant, ausgelöst durch einen Zufall, in eine Existenzkrise. Als Exponent der vom Ende bedrohten Monarchie erscheint Willi, ein Offizier, typisch für eine Zeit, in der die überkommenen Normen unverbindlich geworden sind und nur noch die Flucht in die Zerstreuung als Schutz vor dem Gefühl der Überflüssigkeit und der Langeweile übrig bleibt. Auch Willi gerät an einen Zivilisten, hat Spielschulden und große Fehler im Umgang mit der Damenwelt begangen, weil er sie nur so zum Zeitvertreib ausprobiert. Anders als dieser, folgt er seiner Überzeugung jedoch konsequent in die Selbstauslöschung. Mit seinem Tod wird der Untergang seiner Welt (auch der Schnitzlers) in ihrer Agonie und in ihrer Zwangsläufigkeit deutlich. Schnitzler macht deutlich, dass Tradition alleine nicht genügt, wenn sie nicht bereit ist, das Feuer von Gestern ins Morgen zu retten. Als Gegenbild zum rückwärtsgewandten Leutnant Willi Kasta erscheint die siegreiche Leopoldine, ein Mädchen aus einfachen Verhältnissen, welche begriffen hat, dass in der neuen Zeit nur besteht, wer bereit ist, sein Leben auf die kühle kalkulatorische Vermehrung des Geldes zu stellen und diesem Zweck alles andere unterzuordnen.

Kasda teilt mit Gustl das Schicksal, arm zu sein und daher immer mit knapper Gage auskommen zu müssen. Einzig die Affären mit Frauen trösten ihn über die karge Existenz hinweg. *„Eigentlich traurig, dachte er. Niemals war ihm die Enge seiner Verhältnisse so deutlich zu Bewußtsein gekommen wie heute".*[80] Auch diese Erzählung endet mit einer Wiederholung, einer Variation des Beginns, den Spielschulden und dem drohenden Freitod Bogners, der sein Schicksal verzweifelt in die Hände des Kameraden Kasda legt. Auch diese Geschichte erinnert an eine fatale Determination sowohl des Willens als auch des Handlungsvermögens, da die Personen triebgesteuert agierten und zum großen Teil unbewusst auf ihren Tod zusteuern. Das gesamte Kasernenmilieu spiegelt sich im Mikroskop der beschriebenen Charaktere. Spielsüchtig sind sie alle, verschuldet obendrein und nicht wenige der Duelle oder Selbstmorde gehen auf eine fahrlässige Lebensfüh-

---

[80] Arthur Schnitzler, Traumnovelle und andere Erzählungen, Spiel im Morgengrauen, Abschnitt 2, S. 224. Folgende Zitat ebenda, 2, S. 227 und 10, S. 269 f.

rung zurück, als würde jeder nur russisches Roulette mit seinem Leben spielen und mit der Existenz sonst nichts anzufangen wissen. *„Was konnte in diesem Hause sich nicht alles ereignen, während er genötigt war, für einen entgleisten Kameraden im Kaffeehaus tausend Gulden zu verdienen?"* Später, als das Geld verspielt ist, sagt er zum Onkel: *„Ich hab doch überhaupt nichts gelernt ... als weggejagter Offizier – ...nein, nein, lieber eine Kugel vor den Kopf."*

Diesen Ehrenkodex kann indes ein Zivilist nicht verstehen, doch wie man bald sieht, trägt der seiner Frau hörige Onkel selbst nicht mehr viel davon in sich. In der Gestalt des zwielichtigen Konsuls Schnabel mit einem kalten Blick begegnet Kasda zum einen der Halbwelt, zum anderen der Verführung wie Faust seinem Mephisto mit einem spöttischen Lächeln im Gesicht. Er scheint mit seiner lässigen Art den jungen Offizier herauszufordern, über seine Grenzen zu gehen. Zudem erweist er sich, spätestens auf der Rückfahrt nach Wien, als skrupellos und verkörpert den Aufstieg eines Menschen aus unteren Kreisen (Parvenu), möglicherweise dem Bodensatz der Gesellschaft, denen es eine Befriedigung verleiht, andere, ehemals über ihnen stehende Personen fallen zu sehen. In abgeschwächter Form gilt dies auch für Leopoldine, als sie mit einem gewissen Sadismus Rache an dem Offizier übt. Mit Kasdas Fall ist auch der Sturz alter Werte intendiert wie der Ehrlichkeit, denn ein anständiger Kerl ist er eigentlich.

Während man von Konsul Schnabel als Geschäftsmann seelische Kälte erwarten darf, geht Wilhelms Distanziertheit auf Desillusionierung zurück und die Leopoldines auf ihre Zielstrebigkeit. Gerade die junge Frau, einst so sanft und schutzbedürftig, hat ihren Preis für den sozialen Aufstieg zu zahlen: Sie verliert ihr gutes Herz. Schnitzler entblößt eine Gesellschaft, die nur durch gute Manieren und Tradition zusammengehalten wird, doch in einen sozialdarwinistischen Kampf mit Verrohung des Charakters umgeschlagen ist. Leopoldines Raubtiercharakter unterstreichen der Name und Bemerkungen wie *„feuchte Zunge"* und *„blitzende Zähne"*. Trotz aller Verletzungen hat sie sich noch latent ihr gutes Wesen bewahrt, denn sie lässt dem jungen Mann durch die Hand ihres Gatten das Geld zukommen, allerdings ein paar Augenblicke zu spät, denn Kasda hat sich bereits erschossen. Das Zuspätkommen hat zweifach ironische Bedeutung: zum einen, da er mit seinem von ihr erhaltenen Geld wenigstens die Schulden Bogners tilgt und damit diesem das Leben rettet, zum anderen, weil er nach dem Parfüm Leopoldines riecht, was seinem Onkel *„seltsam bekannt vorkam"*. Moralische und pekuniäre Schulden werden in der Erzählung kunstvoll verwoben.

3. 2. Psychologischer Aspekt

Drei Konflikte und seelische Schwächen koinzidieren im Leutnant Kasda. Erstens sein Hang zur Oberflächlichkeit, zum Unüberlegten, sich dem Zufall gerne ausliefernden Handeln. Zweitens seine fatale Vergesslichkeit, sein fahrlässiger Umgang mit Leopoldine, als sie noch ein einfaches Wiener Madl war, das ihn liebte und das er einfach wie eine welke Blume gedankenlos mit ein wenig Geld zurückließ. Drittens seine Willenlosigkeit (der Name Willi erscheint als Ironisierung selbiger), denn der Leutnant lässt sich treiben, sucht immer bei anderen Ausweg, Halt und vorübergehend Rettung. Diese drei Punkte seiner Sorglosigkeit und in gewisser Weise auch Ahnungslosigkeit – eine, wie Kant es ausdrückt, *„selbst verschuldete Unmündigkeit"* – markieren seine Schuld, von der er latent, unbewusst weiß, die er aber im Spiel verdrängt. *„Vorsicht, sagte er sich, und er nahm sich fest vor, keineswegs den ganzen Spielgewinn zu riskieren, sondern höchstens die Hälfte."*[81]

Im Spiel selbst liegt ein Rausch vor, wie es bei Fjodor Dostojewski in „Der Spieler", ‚Alexander Puschkin in „Pique Dame" und Stefan Zweig in „24 Stunden aus dem Leben einer Frau" meisterhaft beschrieben wird. Kasda, bislang überlegt, nahezu souverän agierend, bekommt nicht einmal mit, wie sehr er sich verschuldet und um welch astronomische Summen er bereits spielt, die er weder besitzt noch aus eigener Kraft jemals besitzen können wird. Willi verliert die klare Ich-Identität: *„Hopp, sagte Willi plötzlich und erschrak vor seinem eigenen Wort, ja vor seiner Stimme. Bin ich verrückt geworden? ... Hopp ist Hopp. War er das selbst, der sprach?"* Eine Viertelstunde Unzurechnungsfähigkeit genügt, und der Leutnant ist ruiniert.

Spielschulden sind Ehrenschulden, daher wirkt auch in dieser Geschichte ein verhängnisvoller Mechanismus bis zum Tod, weil ein ehrloses Leben schlimmer ist als er. Kasda folgt der Übertragung des Gedankens Glück in der Liebe, Pech im Spiel. Wenn auch nicht gezielt, da er seinen reichen Onkel um Geld bittet (eine weitere Parallele zu „Leutnant Gustl"), so gelangt er doch auf Umwegen an seine ehemalige Geliebte Leopoldine, die, inzwischen mit diesem verheiratet, über das Geld des Onkels verfügt. Aus dem Patriarchat ist nun ein Matriarchat entstanden: Sie verfügt über Autorität und Entscheidungsbefugnis. Dieser Umstand spielt um der Vorkriegszeit eine gewichtige Rolle und bedeutet mehr als das veränderte Kräfteverhält-

---

[81] Ebenda, Spiel im Morgengrauen, 6, S. 238. Folgendes Zitat, 7, S. 242.

nis zwischen Mann und Frau bzw. Bürgertum und Aristokratie. Offensichtlich ist Kasda in seiner Zeit stehengeblieben und empfindet die Tradition nur als mühseliges Gepäck, denn seine Melancholie und seine Spielsucht, die zahlreichen Affären und seine innere Haltlosigkeit haben miteinander zu tun. Er nimmt seinen Tod in einer Halluzination vorweg: *„Dort im ersten Sonnenglanz ragte schon das Standbild der Spinnerin am Kreuz."*[82]

Die Dynamik der Handlung nimmt mit dem Ablaufen der Frist zu: Willi hat nur noch eine Chance, er ist auf die Gnade seiner zur Geld gekommenen ehemaligen Geliebten angewiesen, die sich an ihm zu rächen scheint, indem sie ihre Macht zu einem Stelldichein mit ihm nutzt, seine Abhängigkeit genießt und offensichtlich nicht bereit ist, ihm das Geld zu leihen. Mit ihrer Inszenierung wird der Zusammenhang von Geld, Korrumpierbarkeit und Manipulation der Seele so deutlich wie die Prostitution der Ehre, um die nackte Existenz zu retten. Unter anderem ist sie angezogen, er nackt, er sitzt auf dem Bett, sie steht bereits an der Tür: Deutlich sind die Hierarchien gesteckt. Leopoldine hat sein Schicksal in der Hand und mit ihm vielleicht auch die Zukunft selbst. Wäre sie bereit, über ihren Schatten zu springen und die ihr vor Jahren, teilweise unwissentlich zugefügte Kränkung zu verzeihen (wo vergessen nicht möglich ist), so könnte Willi Kasda tatsächlich sein Leben überdenken und vielleicht ein schönes Auskommen haben. Doch sie verfügt über einen sadistischen Zug und entscheidet sich, die Schraube seines Leidens, des quälenden Wartens, weiter zu drehen und versagt ihm zwar nicht ein großzügiges Geldgeschenk, dennoch handelt es sich symbolisch nur um ein Zehntel dessen, was Kasda benötigt.

Weshalb Leopoldine ihm das Geld verweigert ist der Schlüsselreiz der Geschichte, die zugespitzt auf die Formel hinaus läuft: Wenn du jemanden bezahlst für einen Dienst, bezahle ihn richtig, sonst bezahle nichts. Ein Geschenk wie Leopoldines Liebe wird zur Prostitution, sobald sie einen Geldbetrag dafür empfängt. Hätte Willi Kasda ihr damals viel Geld gegeben, so hätte er wenigstens seine Achtung vor ihren Reizen ausgedrückt. Die Erzählung dreht sich um das Surrogat, die Sublimation von Geld für Gefühle. Erstens können alle Beteiligten nicht das tun, was sie tun wollen oder umgekehrt, sie wollen nicht tun, was sie tun könnten. Die Folge daraus sind moralische Schulden, die sie wie Kasda durch Geld zu sublimieren suchen. Aus dieser Schuld entsteht eine pekuniäre Verschuldungsspirale, die wiederum mit moralischer Prostitution bezahlt werden muss.

---

[82] Ebenda, S. 248. Folgendes Zitat, S. 254.

Schon formal arbeitet Schnitzler auf die Bedeutung unbewusster Handlungen hinaus: Der Logik seines Geschehens fehlt eine bewusste Zielsetzung, die Handlungsanstöße der Figuren ergeben sich aus der jeweiligen Situation, nicht aus dem zielgerichteten Wollen. Das beginnt schon am Anfang der Erzählung, als durch die erste Begegnung mit Bogner Willis Alltag durch den Zufall einer Situation bestimmt wird. Auch als sich Kasda aus dem Spiel im Café Schopf zurückziehen möchte, gerät er durch das Versäumen des Zuges wieder an den Kartentisch zurück, obwohl er nichts mehr riskieren sollte. So entsteht ein Doppelcharakter, einerseits besitzt die Erzählung eine Dynamik, welche die Hauptperson auf eine Katastrophe hintreiben lässt, andererseits kollidieren in der Handlung zufällige Überraschungen mit den aktuellen Situationen. Diese Unterbrechungen rufen einen diskontinuierlichen Eindruck hervor, obwohl die Erzählung chronologisch geordnet verläuft. Gegen Ende nimmt die aktive Handlung ab und wird zunehmend durch inneren Monolog und Rückblenden ersetzt. Immer deutlicher tritt das ins Unterbewusste Verdrängte aus ihm hervor. *„All dies Vergessene, nun wußte er es wieder. Und geradeso, wie sie es heute getan ... unbekümmert, gedankenlos, während sie noch in süßer Ermattung zu schlummern schien, hatte er sich damals von ihrer Seite erhoben, nach flüchtiger Erwägung, ob es nicht auch mit einer kleineren Note getan wäre, nobel einen Zehnguldenschein auf das Nachttischchen hingelegt ...*[83]

Ein Grundthema in allen Werken Schnitzlers ist die Problematik Eros und Thanatos verbunden über die mangelnde Treue. Sowohl moralisch als auch erotisch, sich selbst und auch den Frauen gegenüber, handelt Kasda fahrlässig. Der Offizier existiert ausschließlich in einer Fantasiewelt der Liebe und des Glücks, in gewisser Weise rauschhaft. Schicksal wird ihm mit dem Glücksspiel gleichgesetzt, es scheint nur noch lapidar darum zu gehen, dass er überall gewinnen und ebenso verlieren kann. Da seine beruflichen Perspektiven minimal sind, verschreibt sich der Leutnant ganz den Möglichkeiten des Glücks, beim Kartentisch einige Gulden zu gewinnen, und dem Glück erotischer Eroberungen. Nur vordergründig agiert er aus Optimismus heraus. Überall atmet der Gedanke des Zufalls, an den er sich ausliefert, ja geradezu klammert: *„Verdammte Pik. Pik brachte ihm immer Unglück ... Elf, zwölf – elf, zwölf – elf, zwölf ... Zwölf, das klang vielleicht besser als elf, vielleicht brachte es ihm Glück ... vielleicht geschah das Wunder – gerade wenn er zwölf verlangte.“*

---

[83] Ebenda, S. 214, S. 294. Folgendes Zitat, 7, S. 245 f.

Auch sind im Kartenspiel wiederum Eros und Thanatos metaphorisch im Trancezustand Kasdas vereint. Er sucht immer die Herz Dame, und da die erotische Farbe Rot allerdings auf das Fräulein Keßner bezogen ist, die eher unwichtig ist, muss man auf die tiefenpsychologische Traumdeutung Freuds zurückgreifen, die Traumverdichtung. Der Traum ist stets lakonisch im Vergleich zu dem Umfang und zur Reichhaltigkeit der latenten Traumgedanken. Weil das eigentliche Erlebnis mit Leopoldine einige Jahre zurückliegt, steht das Fräulein Keßner mit ebenfalls blonden Haaren für Leopoldine. Allerdings bezieht sich der Gedanke an Erotik auf Erinnerungen. Für Leopoldine wird ihre Liebesnacht ein Spiel der Rache und des Ressentiments, für ihn ein Spiel des Todes. Durch den Selbstmord rettet Wilhelm seinen Kameraden Bogner, damit auch seine Seele, er befreit sich von der moralischen Schuld, die er im Trancezustand ahnt.

3. 3. Philosophischer Aspekt

Die Verbindung zur Sozialphilosophie von Max Weber bzw. der Kulturphilosophie von Georg Simmel, beides Zeitgenossen Schnitzlers, besteht in dem Konflikt der alten mit der neuen Kultur bzw. deren Wertetafeln, wie es Freidrich Nietzsche ausdrückt, in dessen Todesjahr „Die Philosophie des Geldes" erscheint. Simmel beschreibt darin den Zeitgeist einer modernen Ethik, die wesentlich vom Darwinismus und noch mehr vom Spencerismus beeinflusst ist. Spencer überträgt Darwins Beobachtungen der Evolution auf den Menschen, insbesondere auf ökonomische, soziale und politische Strukturen und interpretiert Darwins Selektionsmechanismus aus natürlicher Selektion als Anpassung der Besten bzw. Stärksten. Demzufolge wird Geschichte zu einem Wettlauf der Kulturen und Klassenkampf zu einer Frage der idealen Überlebensstrategie. Die „Philosophie des Geldes" trägt dem Kampf um den Platz an der Sonne Rechnung. Einige Aussagen sind treffend, und künden das Zeitalter der Weltwirtschaftskrise als auch Weltkriege an, da Geldwirtschaft keine nationalen Barrieren kennt. Geld hat folglich einen subjektiven, aber auch einen objektiven und in jedem Falle notwendigen Anteil an der sich dynamisierenden Wirklichkeit; es schafft eine Gesetzmäßigkeit, die dem Reich der Zwecke in der Natur ähnelt und zugleich eine Beschleunigung innerhalb der Klassen in ihrem Verhältnis zueinander. *„Wenn es eine Philosophie des Geldes geben soll, so kann sie nur diesseits und jenseits der ökonomischen Wissenschaft vom Gelde lie-*

gen: Sie kann einerseits die Voraussetzungen darstellen, die, in der seelischen Verfassung, in den sozialen Beziehungen, in der logischen Struktur der Wirklichkeiten und der Werte gelegen, dem Geld seinen Sinn und seine praktische Stellung anweisen.[84]

Geld wird zum historischen Symbol und verlagert das Gewicht von einer Sein- zu einer Haben-Kultur. Nicht mehr der Rang der Geburt, sondern die Produktiv- und Schaffenskraft formt die politische Realität. Die Seele ist dabei nie, wie Kant meint, rein, nie *„interesseloser Spiegel der Wirklichkeit"*, sondern wertet immer und wird durch Nutzen geprägt. *Empirisch* betrachtet ist Geld nur Mittel, Material oder Beispiel für die Darstellung der Beziehungen, die zwischen den äußerlichsten, realistischsten, zufälligsten Erscheinungen und den ideellsten Potenzen des Daseins, den tiefsten Strömungen des Einzellebens und der Geschichte bestehen. *Transzentental* hingegen bedeutet Geld dagegen Symbol, um aus der an sich im Naturgesetz vorherrschenden Interesselosigkeit und Gleichgültigkeit, der absoluten Negation jeglicher Bedeutung oder Wertigkeit, den Inbegriff von kultureller Entwicklung und gesellschaftlicher Bejahung herzustellen: Geld zeigt nicht nur die rein wirtschaftliche Praktik, sondern die Zunahme der reinen Indifferenz, die Ökonomisierung des Seins zu einem Haben. Die ganze Zweckbedeutung liegt nicht im Geld selbst, sondern seiner Umsetzung in andere Werte. Die Dialektik Simmels orientiert sich an These, Antithese, Synthese. *„Indem der Gegensatz zwischen dem scheinbar Äußerlichsten und Wesenlosen und der inneren Substanz des Lebens sich aufs Äußerste spannt, muss er sich aufs Wirkungsvollste versöhnen, wenn diese Einzelheit sich nicht nur in den ganzen Umfang der geistigen Welt, tragend und getragen, verwebt, sondern sich als Symbol der wesentlichen Bewegungsformen derselben offenbart."*

Gerade diese Erzählung offenbart für den naturwissenschaftlich geschulten Schnitzler, der nach Determinanten zu suchen gewohnt ist, die Macht des Zufalls. Mehrfach erscheint Kasda ein Ausweg, den er aufgrund seiner inneren Disposition, einer Art Verblendung, nicht sieht und der ihm folglich nicht zur Rettung gereichen kann. Eigentlich beginnt er nur zu spielen, weil er sich langweilt und eine Kutsche verpasst, zudem sieht er die Möglichkeit, einem Freund mit dem Gewinn aus der Not zu helfen. Das Spiel verselbständigt sich dann wie vieles, was man im Leben harmlos beginnt und das einen schädigenden, abhängig machenden Einfluss auf uns ausübt, sofern

---

[84] Georg Simmel, Die Philosophie des Geldes, Vorwort, S. 10. Folg. Zitat. S. 192.

man nicht des Lasters Anfängen wehrt, so dass man am Ende seine Spielschulden nicht mehr zu zahlen vermag. Wo sich das Schicksal wie an einer
Weiche ändern könnte, da hat Leutnant Kasda Pech. So etwa, als er mit
dem Gewinn zu der Landpartie stoßen möchte, dort aber einen Augenblick
zu spät eintrifft, so dass er nolens volens wieder zum Spieltisch zurückkehrt. Noch einmal erhält er, jetzt gegen Nacht, die Möglichkeit, mit seinem
Gewinn ein nahezu sorgenfreies Leben zu beginnen, doch erneut lässt er
sich aufhalten und verpasst den Zug. Ob Schnitzler den Zug oder Tolstoi
die Zola gezielt einsetzt, um eine dynamische selbstzerstörerische Entwicklung anzukündigen, bleibt spekulativ, symbolisch ist der Ort des Bahnhofs
mit seinen Gleisen unbedingt. Laut Freuds Traumtheorie beinhalten Orte,
die man nicht erreicht, eine Sehnsucht nach Unerreichbarem wie dem Tod.

Symbolischer Ausdruck für den Wandel, den Beginn einer neuen Zeit, ist
das Morgengrauen, denn bis zur Mitternacht hat der Leutnant beträchtlich
viel Geld gewonnen. Ebenso möglich, dass Schnitzler das erotische Spiel
assoziiert, welches bei Tagesbeginn endet oder sprachspielerisch an das
Grauen anknüpft, das sich bei Kasda zumindest an jenem Morgen vor seinem Freitod ankündigt. Hinsichtlich seines Fiebers, seiner angespannten
Imaginationskraft, die mit halluzinogenen Zuständen vergleichbar ist, gleicht
Kasda seinem Alter Ego Hermann aus Puschkins „Pique Dame", das
Schnitzler sicherlich gekannt hat. Auch Hermann wird von einem Traum
zum Spiel verführt. Im „Spiel im Morgengrauen" beginnt die traumhafte Stelle symbolisch mit der Überschreitung des „trüben Schwechenbach" als Eintritt in die Unterwelt (Hades, der mit dem Styx erreicht wird) und in das To-
tenreich.

Im Verlauf des Spiels mit Fortschreiten der Zeit ist Kasda nicht mehr er
selbst, er spielt, ohne zu wissen, was er tut, geradezu wie in Trance.
Schnitzler kommentiert dies in seinem Brief an Alfred Kerr November 1926:
„Der Spieler hat nur die Gegenwart und wer einzig den Augenblick hat, hat
somit eigentlich nichts." An Stelle des Traums tritt in dieser Novelle das
Spiel. Durch eine Fassade wie in einem Traum sieht er sich selbst spielen:
„War er das selbst, der sprach? Seine Worte? Seine Stimme?" Noch deutlicher wird der Bezug zu Puschkin, dessen Hermann beim Kartenspiel immer
an die Prophezeiung der alten (Pik) Dame denken muss, wenn man die Assoziationen des Leutnants sieht: „Pik Neun – Pik Zehn – Herz Dame – verdammte Kanaille, dachte Willi. Denn die Herz Dame war eigentlich das
Fräulein Keßner." Auch die Farben verwendet Schnitzler symbolisch: Rot
(Herz Dame) steht für das weibliche Geschlecht, für die erotischen Aben-

teuer, die schwarze Kartenfarbe (Pik) für den Unglück bringenden Zufall bzw. den Tod.

Leopoldine aber trägt kein schwarzes, sondern ein blau gepunktetes Kleid bei ihrem Rendezvous. Schnitzler verwendet in seinem Einakter „Der Puppenspieler" (1904) jedoch die Farbe Blau für den Tod, so trägt dieser den blauen Mantel, als er die Drähte der Puppen, die ein Eigenleben zu beginnen führen, durchtrennt und damit dem Puppenspieler zu Hilfe kommt. *„Auch unsichtbaren Draht trennt diese Scheide"* – diesbezüglich erscheint auch Willi Kasda nur als eine Puppe im Leutnantskostüm.

3. 4. Ästhetischer Aspekt

Analog zu Schnitzlers bislang behandelten Novellen führt eine Ausnahmesituation und Existenzkrise zu einer Reihe von Verwicklungen, einem inneren Dilemma und vorübergehenden Auswegen. Die Optionen erscheinen dem Handlungsträger zufällig und wenig selbstbestimmt. Wo Kasda aktiv wird, erreicht er nichts. Die Begegnungen erweisen sich mehr als Voyeure und Zeugen des Untergangs denn als Bindungen. *„Alleinsein und Alleinsein, das ist zweierlei".*[85] In dieser Doppeldeutigkeit bringt Leopodine zum Ausdruck, dass man freiwillig oder unfreiwillig alleine ist; im ersten Fall verlässt der Verführer die Verführte, im zweiten Fall bleibt dieser zurück. Leopoldine ist der Auslöser seines verfehlten Lebensplanes und zugleich die Startgeberin zu seinem Todesplan. Die Fenster stehen offen, Trompeten aus der Ferne. Stimmungsbild eines Todgeweihten.

Zwischen Wahrnehmung, Ahnung und Erkenntnis bleibt eine Kluft. Willi spürt durchaus, dass Leopoldine mit ihm spielt. *„Wollte sie sich nur an seiner Unruhe, seiner Angst weiden?"* Aber er ahnt nicht einmal, weshalb. Sie deutet vieles an, aber auch nicht mehr. *„Auf die Frage, ob sie glücklich sei, erwidert sie: „Vor allem bin ich ein freier Mensch ... bin von niemandem abhängig wie – ein Mann."* In diesem Fall weiß Leopoldine von seinen Spielschulden und auch von der Hörigkeit mancher Männer wie ihrem eigenen, die sich oft genug ihrem Sexualtrieb unterwerfen müssen. Es besteht kein Zweifel, wer in diesem Duell der Unterlegene ist: Leopoldine ist lebendig und lebensbejahend, Willi bereits ein Verlorener und Suizidkandidat.

---

[85] Arthur Schnitzler, Spiel im Morgengrauen, S. 287. Folgende Zitate S. 288 ff.

Schnitzler verwebt eine ganze Reihe von unausgesprochenen oder nur angedeuteten Sehnsüchten. Willi möchte gerne mit Frau Keßner spazieren gehen, doch er fühlt sich ihr als einfacher Leutnant unterlegen, ferner möchte er seinem Kameraden Bogner aus der finanziellen Notlage helfen, kurz, er will ein Held sein und träumt sich in eine Abenteuerwelt hinein. Seine ehemalige Geliebte hat ihn weder vergessen noch ihm verziehen, und ein Stück Melancholie schwingt in ihren Gesten und Bewegungen mit, wenn sie sich zu ihm in die Kaserne begibt. Ihr Gatte und Onkel Willis gibt offen zu, dass er seiner Leopoldine verfallen ist, weil er in ihr immer noch das süße Madl sieht, das sie einst war. Mit dem Spiel, dem Geld und dem Glück fallen verschiedene Aspekte zusammen, die den anfangs heiteren Tag in ein düsteres Morgengrauen umschlagen lassen.

Die Frauenfiguren bei Schnitzler sind ähnlich wie bei Ibsen mehr als das Salz in der Suppe, es sind die stärkeren Charaktere. Stefan Zweig spricht dem Künstler zu, er habe lebensechte Typen geschaffen, doch genau betrachtet sind es Formen der Weiblichkeit. Prinzipiell lassen sich vier völlig verschiedene Figuren in Schnitzlers Werken charakterisieren. Die erste, populärste und doch auch facettenreichste ist das Wiener Madl, das beispielsweise auch Leopoldine einst war. Vom Wiener Madl hat sie erstens die soziale Schicht (Vorstadt), zweitens die Naivität bzw. mangelnde Bildung, drittens die Sinnlichkeit, viertens die Gutmütigkeit und fünftens das gebrochene Herz, nachdem sie einen scheinbar überlegenen Verführer aufgesessen ist. Der zweite Typus stellt die femme fatale dar, wie sie Wedekinds Lulu in Reinform verkörpert. Auch von ihr hat Leopoldine etwas, denn sie ist gereift und nicht gebrochen, ihr Gatte ist ihr hörig und Willi zumindest finanziell von ihr abhängig. Die dritte Spezies ist die femme fragile, die von Beginn an entweder selbst zur sexuellen Hörigkeit oder gar zum Selbstmord neigt, eine labile Persönlichkeit mitbringt, zur Hysterie oder Depression neigt. Dazu gehören so unterschiedliche Protagonistinnen wie Fräulein Else, Maria in „Der einsame Weg", Gräfin Aurelie von Merkenstein in „Komödie der Verführungen" oder Therese im gleichnamigen Roman. Eine Sonderform dieses Frauentyps bildet die überbesorgte Mutter, wie sie in Berta Garlan oder Frau Beate ihren Ausdruck findet.

Die vierte Persönlichkeit ist die emanzipierte, weise und dennoch fraulich gebliebene Frau. Auch hier gibt es Schattierungen und keine Stereotypen. Beispiele dafür geben Albertine in der „Traumnovelle", Anna aus „Der Weg ins Freie" oder Cäcilie in „Zwischenspiel". Leopoldine ist zwar emanzipiert und dominant, nicht aber weise oder liebevoll zu nennen. Es scheint, als ob

Schnitzler mit ihr eine Gefährdung der natürlichen Ordnung andeuten möchte, eine Art Urhass (Penisneid bei Freud) der Frau gegenüber der sozialen, vor allem aber sexuellen Unterdrückung, die das Patriarchat ihr aufdrängt. Stärker als Albertine, die im Traum ihren Mann kreuzigt, kommt in Leopoldine die Lust an der Rache an ihrem Verführer zum Vorschein. Zum einen raubte ihr Wilhelm Kasda die Unschuld, zum anderen brach er ihr Herz, was als eine Art Freiheitsberaubung gelten kann.

Leopoldine aber oszilliert wie Beatrice im Drama „Der Schleier der Beatrice", die zahlreiche Facetten ihrer Weiblichkeit offenbart. Im Prinzip handelt sie eigenständig und selbstbewusst, doch am Ende nimmt sie Gift. Auch Leopoldines Wesen ist wie Fräulein Else eine Mischung aus der femme fatale (Selbstbestimmungsrecht der Liebhaber) und der femme fragile. Sie tauscht mit Kasda die Rollen. Wie so häufig erweisen sich die Frauen in Schnitzlers Werken als eher befähigt, die multiplen Stimmen oder Persönlichkeitsanteile in ihnen zu leben und konstruktiv zu verbinden.

IV. 4. Traumnovelle

4. 1. Gesellschaftlicher Aspekt

An dieser Novelle arbeitete Schnitzler mit zahlreichen Unterbrechungen bereits seit 1907, bevor die *Traumnovelle* fast zwanzig Jahre später ihren Abschluss fand. Ausgangspunkt ist wie immer ein zufälliges Ereignis, das in diesem Fall zwei Menschen in eine Extremsituation führt und einen archaischen Konflikt aufwirft, der durch Triebunterdrückung bislang nicht zur Sprache gekommen ist. Obwohl Arthur Schnitzler eher sachlich und distanziert schreibt, veranschaulicht er sehr genau sowohl die Motive als auch die psychologische Entwicklung des Protagonisten, und es gelingt ihm zugleich, eine geheimnisvolle, teilweise surreale Atmosphäre zu schaffen.

Schnitzler beschreibt in dieser Novelle die scheinbar harmonische Ehe von Fridolin, einem Arzt, und Albertine, unter deren Oberfläche beide von ungestillten erotischen Begierden heimgesucht werden, die sich durch wechselseitige Entfremdung zu einer Ehekrise auswachsen. Oberflächlich betrachtet scheinen die beiden jungen Partner eine harmonische Ehe zu führen. Dass beide erotischen Verlockungen unterliegen, zeigt Schnitzlers Realismus, zumal die meisten Ehen seiner Zeit entweder aus Mangel an Gelegenheit oder Feigheit ihre Fassade aufrecht erhielten. Albertine repräsentiert zudem einen Typus Frau, den Schnitzler gleichzeitig bewundert und gefürchtet hat: die emanzipierte, selbstbewusste und damit auch starke Frau. Er reagiert damit auf das Phänomen der Frauenbewegung, das auch Thema Dostojewskis oder Tolstois ist und generell zunehmende Bedeutung im frühen 20. Jahrhundert einnimmt.

Formal gesehen erscheint Albertine eine Frau ihrer Zeit zu sein: Sie heiratet früh und jungfräulich, sie kümmert sich um häusliche Belange und bewundert ihren Mann. Sowohl zu Beginn, als sie Fridolin andeutet, dass sie erotische Träume hat als auch am Ende, wo sie ihm über ihren Traum sadistische Neigungen verrät, bringen ihre angelegte Dominanz zum Ausdruck. Die Kreuzigung lässt auf Verbindung von religiösem und libidinösem Erlösungsverlangen schließen. Sie kompensiert ihre real imaginierten Liebesabenteuer und zeigt dadurch, dass sie gewillt ist, einen Rollentausch zu inszenieren. Ihr Mann hingegen hat zwar seine Sexualtriebe ausleben dürfen, zumal er im Patriarchat fest verwurzelt ist, doch wähnt er sich durch seine soziale Fürsorgepflicht um gewisse Abenteuer beraubt.

Fridolin begegnet in den zwei Nächten, die er alleine verbringt, vielen Personen, doch die Begegnungen bleiben flüchtig, fragmentarisch und enigmatisch. Möglicherweise deutet Schnitzler damit die Bindungsunfähigkeit Fridolins an, seine Angst vor Nähe und Intimität, nach der er sich zu sehnen scheint und vor allem, dass die Fantasie das belebendste Moment der Erotik ist. Reale alltägliche Konflikte ermüden die Beziehung, Abenteuer hingegen wirken stimulierend.

Entscheidend für den Ausbruch des erotischen Verlangens erscheint die Heuchelei der Ehepartner, die sich im Glauben lassen wollen, alles sei in perfekter Ordnung, und doch ahnen beide, dass der Partner lügt und die Eifersucht leugnet. *„Harmlose und doch lauernde Fragen, verschmitzte, doppeldeutige Antworten wechselten hin und her; keinem von beiden entging, daß der andere es an der letzten Aufrichtigkeit fehlen ließ, und so fühlten sich beide zu gelinder Rache aufgelegt.“*[86]

Der zweite Kontrast nebst nämlicher und weiblicher Sexualität ist der zwischen Alltag und Traum, Vision und Rätsel, die Leidenschaft entfachen. *„Unfaßbare und unsinnige“* Zweifel lodern in beiden Ehepartnern auf. Die sich eingestandenen Träume am Anfang entfesseln in ihnen eine erotische Glut, eine Gier nach Leben. Schnitzler deutet damit das Gefangensein der Bürger in ihren Konventionen und ihren Ansprüchen an. Über die Sexualität

---

[86] Arthur Schnitzler, Traumnovelle und andere Erzählungen, Abschnitt 1, S. 134.

vermittelt er den Eindruck einer geschwächten und teilweise kranken Gesellschaft, die vor ihren wahren Bedürfnissen in Scheinbedürfnisse wie Kartenspiel und Konzertbesuche flieht. Analog zu Willi in „Spiel im Morgengrauen" dominieren auch bei Fridolin Fatalismus und lähmende Passivität: *„Das Schicksal soll entscheiden."*[87] *... Ich fühle, daß ich in ein Schicksal geraten bin."* Diese Einstellung verrät seine defätistische Gesinnung.

4. 2. Psychologischer Aspekt

Das Geheimnisvolle dieser Novelle rührt von der Entdeckungsreise ins Selbst her, die Fridolin unternimmt, einen Abstieg in die Tiefen seiner eigenen Psyche, und den Veränderungen in den Beziehungen zwischen Menschen. Schnitzler verarbeitet eine Fülle von psychologischer Metaphorik und Symbolismus, vermittelt aber dem Leser unkonventionell die Möglichkeit intuitiver Erkenntnis des Unterbewusstseins zur Bewältigung seelischer Konflikte. Der zentrale Konflikt in dieser Geschichte ist die gedankliche Untreue. Fridolin und Albertine merken, dass sie sich zu anderen außerehelichen Personen hingezogen fühlen und sich Liebesszenen mit diesen vorstellen. Daraus erfolgt eine Entfremdung der Gatten. Diese Entfremdung könnte das Ende der Beziehung bedeuten, doch in diesem Fall findet das Ehepaar wieder zueinander. Auf der Ebene der zwischenmenschlichen Beziehungen versagt Fridolin nicht völlig, er scheint vielmehr in der traditionell geführten Ehe überfordert. Vielleicht lügt er nicht, doch flüchtet er sich in eine Wunschwelt: *„In jedem Wesen – glaub' es mir, wenn es auch wohlfeil klingen mag – in jedem Wesen, das ich zu lieben meinte, habe ich immer nur dich gesucht. Das weiß ich besser, als du es verstehen kannst, Albertine."*

Sein Traum am Strand von Dänemark und vor allem seine Rollenspiele lassen darauf schließen, dass ihm eine aktive Frau nicht so unrecht wäre, vor allem eine sexuell fordernde. Umgekehrt scheint Albertine in der Lage, diese bislang unterdrückte Seite von ihr anzunehmen. In dieser Novelle ist das Leitmotiv der Traum, das Spiel taucht nur in Verbindung mit erotischer Inszenierung auf. Der Traum wird zum Medium der Erkenntnis, da er verborgene Empfindungen ins Bewusstsein hebt. So erkennt Albertine im Traum, dass ihre Beziehung zu Fridolin, aufgrund seiner erotischen Verlockungen im Alltag gefährdet ist. Diese Gefährdung wird durch Fridolins Er-

---

[87] Traumnovelle, 4, S. 160 ff. Folgendes Zitat 4, S. 174, 1, S. 145 und 6, S. 214.

lebnisse angedeutet, jedoch erst durch Albertines Traum vertieft. Im Traum erkennt das Unbewusste etwas, was im wachen Zustand unerkannt bleibt. Die Maskenbälle der geheimen Gesellschaft verkörpern einen Anspruch des Einzelnen auf Unverwechselbarkeit. Doch nur die Männer erheben diesen Anspruch (nur sie sind maskiert), die Frauen befinden die Individualität für unbedeutend (sie sind nackt). Dadurch, dass Fridolin zweimal von einer Fremden gerettet wird, kündigen sich sein Erlösungswunsch und seine Lust am Masochismus an.

Was geschieht wenn ein Ehepaar entdeckt, dass keiner der beiden Partner frei ist von unterdrückten Sehnsüchten und ihre Beziehung durchaus von Dritten gefährdet werden könnte? Verstört durch die eigene Sexualität und mehr noch durch die Angst, die Kontrolle über seine bislang treue Frau Albertine zu verlieren, gerät Fridolin in eine aggressive Stimmung gegen sie, die auch eine erotische Komponente hat. Die hysterische Verliebtheit der Tochter eines Patienten weist er noch zurück; einer jungen, doch bereits an TBC erkrankten Prostituierten folgt er zwar ins Haus, beschränkt sich dann aber auf ein Gespräch mit ihr. Der Tod ist in beiden Situationen unsichtbarer Gast. Erst als ihn seine Neugierde und Abenteuerlust zu einer Orgie führen und er dort eine Frau sieht, die ihr Gesicht hinter einer Maske verbirgt, aber ihren wunderbaren Körper unverhüllt zeigt, ist er bereit, Albertine zu betrügen. Doch bevor es dazu kommen könnte, wird er als Eindringling entlarvt und vertrieben. Statt mit dem Bruch der ehelichen Beziehung zu enden, bewirkt die Gefährdung eine Katharsis. Aus der Ehekrise gehen Fridolin und Albertine beide mit einem größeren Verständnis füreinander hervor. Die unausgesprochenen Wünsche werden nun offen gelegt. Die „Traumnovelle" bewegt sich in der Grauzone zwischen bewusstem und unbewusstem Handeln, zwischen Fantasie und Wirklichkeit. Im Gegensatz zu Freud ist Schnitzler davon überzeugt, dass im Halbbewusstsein eine Verbindung zwischen Es, Bewußtsein und Unbewusstem besteht. Die hinter dem Traum steckende Botschaft begreift Albertine selbst beim Erzählen nicht, entblößt sich ihrem Ehemann: *„Kein Traum ist völlig Traum."*

Die Macht des Unbewussten ist größer als die des Intellekts und nicht durch Kontrolle des Bewusstseins zu bändigen. Ein Beispiel von vielen dafür ist die Episode einer Tochter, die gerade ihren Vater verloren hat. Am Totenbett deutet sie dem gemeinsamen Leibarzt ihre Fantasien an. Fridolin ist zwar weit davon entfernt, mit ihr ein Verhältnis zu wünschen, doch das Gefühl, als Mann begehrt zu werden, scheint ihm seine Frau nicht mehr in adäquater Weise bieten zu können. *„Im selben Augenblick, er wußte nicht* *warum, mußte er seiner Gattin gedenken. Bitterkeit gegen sie stieg in ihm auf und ein dumpfer Groll gegen den Herrn in Dänemark. "*

Fridolin wird nur etwas teilbewusst, was aus tieferen Regionen aus ihm aufsteigt. Erotische Wünsche, aus der Reflexion verbannt, haben ihre Wurzeln längst irgendwo jenseits von Kontrolle und Gesellschaftsnorm geschlagen, doch manchmal treten sie wider Willen des Wünschenden offen zutage. Zutiefst verbittert über seine eigene Untreue stellt Fridolin seine Ehe und seine Liebe zu Albertine zunächst in Frage.

Die Maske (Maskierung) erscheint als Dingsymbol verborgener Triebe und antagonistischem Wunsch, sie auszuleben. Obwohl Albertine nach außen hin ein perfektes Eheleben mimt, hat sie doch recht schwerwiegende persönliche Probleme, wie der Traum offenbart. Der Fund der Karnevalsmaske lässt sie erkennen, dass ihr Mann dieselben Probleme sexueller Orientierung hat. Albertine kommt zu dem Schluss, dass ihre Ehe nur im gemeinsamen Handeln und offenen Gespräch zu retten ist. *„Aufgabe der Erziehung wäre es, den metaphysischen Hunger der Menschheit durch Mitteilung von Tatsachen mit weisem Maß zu stillen, statt sie durch Märchen, was ja die Dogmen sind, zu betrügen."*[88]

4. 3. Philosophischer Aspekt

Promiskuität oder Polygamie erinnern an archaisches Leben vor der Zivilisation. Die Episode mit der Prostituierten, die Fridolin über seine Arbeit hinaus besucht, hat zwei Funktionen: Sie verweist auf die Gefahr eines ausgelebten Trieblebens, denn sie stirbt wie viele im Spital an den Folgen der Syphilis und auf eine ungerechte Verteilung des Risikos, das in der Regel die Frauen benachteiligt. Unsere Zivilisation erweckt den Anschein der Ordnung, doch sie hält vieles unter Verschluss. Offensichtlich fehlt vielen Menschen ein Ventil für ihre Abenteuerlust. Fridolin zumindest hält sich immer zurück, bis außerordentliche Umstände ihm eine andere Identität verleihen. Als er die Möglichkeit dazu erhält, an obskuren Stammesritualen zu partizipieren, ergreift er sie, weil eine dunkle Stimme ihn dazu auffordert. Marianne und Mizzi wecken den Raubtierinstinkt in ihm, doch zum Ausbruch gelangt er erst, als sich viele in einem ritualisierten Rollenspiel der Ausschweifung hingeben. Das Mädchen mit den Seidenstrümpfen, die Tochter eines

---

[88] Briefwechsel Arthur Schnitzler, Sigmund Freud, 1921, S. 161.

Kostümmachers, personifiziert dieses Rollenspiel. Schnitzler deutet an, die Situation und nicht die Moral gibt den Ausschlag darzu, welche Seite des Ich zum Vorschein kommt. Fridolin zumindest erlebt sich auf einmal als jemand anderer, nur weil er maskiert ist und weil er der gleichfalls verkleideten Frau nicht ins Gesicht blicken kann.

Die Zutritt zum Geheimbund gewährende Parole lautet nicht grundlos Dänemark. Dort hatte der junge Fridolin sein erstes erregendes erotisches Abenteuer, das Fantasie blieb und in seinem Unterbewusstsein besondere Macht entfaltet kann. Bereits die Situation mit Marianne am Grabe ihres Vaters kommentiert er mit dem Gedanken, *„Herr in Dänemark"* sein zu wollen. Hamlet drängt sich als literarische Vorbildfunktion für Fridolin auf: Erstens zweifelt auch er, sowohl an sich selbst, seiner Bestimmung als Gatte und seiner sexuellen Fähigkeit, die sich im Rollenspiel kanalisiert. Zweitens bewegt Fridolin sich auf dem schmalen Grad zwischen Sein und Schein, denn so lange er nicht zu seinen wahren Bedürfnissen steht, kann ihn die Liebe niemals befriedigen. Sofern er sich die Unaufrichtigkeit, frei sein zu wollen und gleichzeitig der Anerkennung zu bedürfen, nicht eingesteht und seiner Frau etwas vorspielt, schlägt das System Liebe in falsches Begehren um. Fridolins sadistisches Begehren trachtet nach Inbesitznahme der Freiheit des Anderen. Es ist immanent in seiner Körperlichkeit, doch transzendent in seiner seelischen Gestimmtheit. Anders als Albertine ist Fridolin nicht nur ihr, sondern auch sich selbst gegenüber unaufrichtig, und or verlagert sein Begehren auf die geheimnisvolle Fremde, die er sich zu unterwerfen sucht. Für Sartre ist Liebe immer ein autopoetisch-narzisstisches System, *„insofern Liebe ein Vorhaben ist, d. h. eine organische Gesamtheit von Entwürfen auf meine eigenen Möglichkeiten hin."*[89] Folglich läuft die Ehe von Fridolin und Albertine auf eine gegenseitige Gefangennahme hinaus, der Geliebte soll, so der romantische Entwurf, mir alles auf der Welt sein. Für Sartre ist es unmöglich, in einer bürgerlichen Ehe Liebe und aufrichtiges Begehren der Freiheit zu vereinen. Schnitzler scheint ähnlich zu denken, zumindest sieht er keine Perspektive im Triebverzicht.

Als Motiv für Sadismus und Masochismus führt Sartre ein Ungleichgewicht des Fürsich- und Füranderereseins an. Der Masochist erlebt sein Ich als zu schwach und kann infolgedessen nur Liebe im Zustand des Füranderseins empfinden. Der Sadist erlebt sein Ich als zu stark und muss es im Status des Fürsichseins ausagieren. Schnitzler deutet in der „Traumnovelle"

---

[89] Jean Paul Sartre, Ges. Werke 3, Das Sein und das Nichts, Die Unaufrichtigkeit, S. 641.

an, dass beide Partner in ein Ungleichgewicht durch Triebverleugnung geraten sind: Fridolin hegt Ressentiments gegenüber seiner Frau, weil er meint, stets für sie da sein zu müssen und wünscht sich hemmungsloses Sichausleben an einem fraulichen Objekt, das ihm ausgeliefert ist. Er neigt zu sadistischen Fantasien, doch hinter dieser Projizierung steckt ein masochistisches Leid. Umgekehrt bei Albertine: Sie träumt davon, ihren Mann zu kreuzigen und zu bestrafen, doch insgeheim wünscht sie sich, mehr von ihm begehrt zu werden.

Stendhals Kristallisationstheorie hat Schnitzler im Gegenzug zu Sartres Existentialismus gekannt. Einer der Schlüsselsätze zu Beginn des Buches „Über die Liebe" lautet: *„Alles Unglück unseres Lebens rührt von der falschen Auffassung unserer Schicksale her."*[90] Der Liebende projiziert eigene Wunschvorstellungen in den Partner. Je näher sich die beiden kennen, desto schwieriger werden die Fantasieträume. Er beschreibt das Amalgam von körperlicher Anziehungskraft, seelischer Nähe, galantem Verführen (den Hof machen) und Lust an Entladung von Energie in Form von Aggression. Diese vier Bereiche sind in der Beziehung von Fridolin und Albertine allesamt angesprochen. Die Dauer der insgesamt sieben Kristallisationsphasen variiert von Fall zu Fall, u. a. auch das Alter, die Erwartung, Vorstellung und Erfahrung, vor allem aber die Einbildungskraft der handelnden Personen. Die Fantasie ist stets wichtiger als die Wirklichkeit, die Möglichkeit auf einen Beweis oder die Eroberung selbst. Eine imaginierte Affäre übt meist mehr Einfluss auf das Bewusstsein aus als eine ausgelebte. Genau das ist im Fall der beiden Ehepartner der Fall. Liebe fußt immer auf Einbildungskraft und nimmt Einbildung (Gefühl) wichtiger als Wirklichkeit (Faktizität). *„Die ganze Kunst der Liebe beruht darauf, dass man ausspricht, was der Zauber des Augenblicks erfordert, in anderen Worten: dass man seinem Herzen folgt."* Auch Stendhal thematisiert das Verhältnis von Schein und Sein bzw. Anspruch und Wirklichkeit, Trieb und Triebverzicht. Er glaubt, die Kristallisation sei eine Züchtigung der Liebe mit dem Kopf, und auch wenn er das Wort Triebverlagerung nicht ausspricht, so deuten seine Worte in dieselbe Richtung: *„Man ist, was man sein kann, aber man fühlt, was man ist."*

Stendhal, dessen Werk über die Liebe und Kristallisationstheorie allen Autoren des Fin de Siècle vertraut ist, akzentuiert die Macht der Illusion und der Verschiebung von primärem Begehren auf sekundäre, uns bewusste Formen, diese Lust auszuleben; er knüpft die Libido an die Fantasie.

---

[90] Stendhal, Über die Liebe, S. 79. Folg. Zitat, S. 131 und S. 135.

4. 4. Ästhetischer Aspekt

Der Übergang von Traum und Wachzustand wird mehrfach und unterschiedlich zum Ausdruck gebracht. Es ist Tauwetter, im Morgengrauen oder Dämmerlicht. Dinge ereignen sich oder sollen sich laut Zeitung ereignet haben, doch was genau geschehen ist, bleibt im Dunkeln. Die Beliebigkeit von Ereignissen wird durch die Aufzählung von Titelzeilen aus der flüchtig durchgesehenen Zeitung offenkundig: Die Augen der Frauen sind häufig halb geöffnet, die Stimmen dringen nur gedämpft an das Ohr Fridolins. Alles geschieht wie im Nebel und alle Welt scheint ein Doppelleben zu führen, bei Tag die bürgerliche Existenz, in der Nacht das Abenteuer. Türen sind häufig halb geöffnet, man erhält Zutritt zu Geheimbünden, obschon Fridolin die Losung nicht kennt. Verschlossene Türen, dunkle Gänge, Maskenspiel, Zwielicht im Zimmer. Manches an der Novelle hat etwas von einem Schauerroman. *„Die Zeit lag in völliger Überflüssigkeit vor ihm. Nichts, niemand ging ihn an.“*[91] Alles ist flüchtig, alles in der Schwebe, nichts zu greifen. Andeutungen von Tod, Vergiftung, Selbstmord oder doch Ehrenkodex des Geheimbundes, auch das ist entweder unklar oder ohne Bedeutung. Nur eine Tote ist gewiss, die Fridolin obduziert hat. Das Rätsel der Toten bringt ihn erst auf die Spur, nach eigenen inneren Stimmen zu fragen. Indem er ihre Identität zu klären sucht, findet er ein wenig zu sich selbst und hört auf damit zu träumen, ein anderer zu sein, der verschwindet, um *„irgendwo in der Fremde wieder aufzutauchen und ein neues Leben zu beginnen als ein anderer, neuer Mensch.“*

Fridolin zerfließt die Existenz unter den Händen, er ist hilflos, vor allem seinem unterdrückten Sadismus gegenüber. Zentral wirkt auf das Ehepaar das Verhältnis von Wirklichkeit und psychischem Innenleben, von Traum und Wirklichkeit. Das Ende ist für Schnitzler untypisch optimistisch. Albertines letzte Aussagen sind doppeldeutig: *„Nun, wir sind wohl erwacht ... Niemals in die Zukunft fragen.“* Ihr Appell zum Schweigen erstickt die Lüge falscher Versprechungen.

---

[91] Traumnovelle, 6, S. 199. Folgende Zitate ebenda und 7, S. 214.

V. Romane

V. 1. Der Weg ins Freie

1. 1. Gesellschaftlicher Aspekt

Hinsicht seiner Unentschlossenheit, später sogar Charakterlosigkeit erinnert Georg an den die Ehe flüchtenden Schnitzler. Auch dieser hatte selbst nach der Geburt seiner Kinder gezögert, die entsprechende Mutter zu ehelichen. Teilweise verarbeitet der Roman seine eigene Biografie, wenngleich verteilt auf mehrere Charaktere. Mit Georg hat er den ausgeprägten Vaterkomplex gemein und die Neigung zu unverbindlichen, wenngleich leidenschaftlichen Affären. Mit Heinrich teilt er das Schicksal, eine Geliebte aufgrund von Selbstmord zu verlieren und sich als Dichter nirgendwo wirklich zugehörig zu fühlen.

Über das private Schicksal der beiden Paare hinaus und vieler Randfiguren, die jede auf ihre Weise desillusioniert faule Kompromisse eingehen oder sich resigniert zurückziehen, wird der Untergang der Monarchie durch allgemeine Halt- und Ratlosigkeit signifikant. Obschon der Roman hauptsächlich von seinen Dialogen lebt, fehlt es an Bindung und echter Kommunikation zwischen den Protagonisten. Man fragt sich, woran es liegt, dass selbst diese hoffnungsvollen und privilegierten Menschen nicht vorankommen, ja nicht einmal ein konkretes Ziel kennen.

Georg leidet sicherlich an einer fehlenden inneren Einstellung und Antriebslosigkeit aus Desorientierung heraus. Die Welt der Alten verschwindet zunehmend oder erscheint wie ein Operettentheater aus längst vergangener Zeit. Die künstlerischen Talente *„sollen einfach jung sein, leuchten, leben und dann, wenn´s halt nicht weitergeht – tun was Ihnen beliebt ... aber ohne über sich und die Welt nachzudenken ... So wie es heutzutage namenhafte Maler gibt, die keinen Farbsinn haben, aber Geist und Dichter von Ruf, denen zwar nicht das Geringste einfällt, denen es aber gelingt, zu jedem Hauptwort das falsche Epitheton zu finden."*[92]

---

[92] Schnitzler, Der Weg ins Freie, S. 71 Ein Epitheton ist das Hinzugefügte oder das Attribut zu einem Substantiv. Folgende Zitate S. 89, S. 128, S. 169 und S. 175.

Dies bezieht sich in diesem Kontext auf seinen zur Schau gestellten Pseudoliberalismus, der in Wahrheit nur Alibi dafür ist, sich für nichts und niemand zu engagieren. Allgemein ist dies aber auch seine Haltung der Ehe gegenüber. Auf die Frage, warum sich Heinrich nicht politisch engagiere, bemerkt dieser, er trage *„lieber Schmerzen als Verantwortung"* und lässt seine Geliebte, eine Schauspielerin, an eine Bühne in Deutschland ziehen, um sich nicht wirklich an sie binden zu müssen. Er reist ihr nur nach, um Nachforschungen über ihre Treue anzustellen, die ein anonymer Briefeschreiber in Frage stellt. Sein scheinbarer Verzicht ihrer Karriere willen bietet ihm den Vorwand, sich der Ehe zu entziehen und sie mit Vorwürfen zu konfrontieren. Georg seinerseits fühlt sich durch die Affäre mit der selbstbewussten Geliebten, als würde *„er ein niedrig gewölbtes Zimmer betreten"* und damit seiner gewohnt mondänen, doch inhaltslosen Welt entronnen sein. Bezeichnenderweise bleibt er im Stile Flauberts Antihelden stets passiv und verschreibt sich bestenfalls Träumen: *„Ungetrübte Erinnerungen bewahren wir doch nur an versäumte Gelegenheiten."* Er verwechselt Liebe mit dem Bedürfnis, bewundert zu werden oder zu erobern. Nur diese beiden Gefühle lässt er zu, weil sie ihn von seinen Ängsten befreien, die zunehmend in seinen Träumen zutage treten. Neben dem Mangel an Courage oder der Entschlossenheit zum Handeln, das die beiden befreundeten Künstler dazu verführt, sich einfach treiben zu lassen weiß der *„selbständige, denkende Mensch"* nicht mehr, was zu tun ist, da *„es keine neue Ideen gibt"*. Für Fatalisten wie Georg hat sich *„alles ganz ohne Programm entwickelt, bis auf den heutigen Tag."* Dies ist die Untergangsstimmung der Jahrhundertwende.

1. 2. Psychologischer Aspekt

Schnitzler hat in seinem Tagebuch zu der Zeit der Niederschrift seines ersten Romans 1903 notiert, dass ihn der Beruf des Arztes immer prägen wird, weil *„Medizin eine Weltanschauung"* sei. Tatsächlich stechen in seinem Werk Vergleiche oder Metaphern zwischen ärztlichen und historischen oder ästhetischen Komponenten ins Auge wie etwa: *„Für ihn aber bedeutet Österreich ein unendlich kompliziertes Instrument, das nur ein Meister richtig* *behandeln könnte und welches nur deshalb so oft übel klänge, weil jeder Stümper seine Kunst daran versuche.*[93]

Weder Zwang noch Fremdbestimmung zwingen Georg oder Heinrich so zu handeln wie sie es tun, und doch scheinen sie wie an der Uhr gezogen einem Mechanismus zu folgen, der nicht dem Ehrenkodex, sondern reiner Sentimentalität und purem Ästhetizismus geschuldet erscheint. In manchen Punkten gleicht Georg dem aristokratischen Schriftsteller von Sala wie Heinrich dem Maler Julian (beide aus dem Drama *Der einsame Weg*) ähnelt. Sie kultivieren den Schmerz, verdrängen ihre Eitelkeit durch sentimentale oder zynische Kommentare. Auch in diesem Roman begehen einige Figuren Selbstmord, das logische Ende einer konsequent verfehlten Lebensplanung. Auch in diesem Roman scheinen der Erotomane vom Typ eines Anatol und das Wiener Madl schlafwandlerisch auf den eigenen Untergang zuzusteuern. Um es mit einem Bonmot aus Schnitzlers Tagebuch zu pointieren: *„Leute, die wie ich zur Unzufriedenheit geboren sind, bleibt am Ende doch nur das Müdewerden übrig."*[94]

Wenn Heinrich lapidar gesteht, er habe an seinem Werk wenig gearbeitet, so bedeutet das für Schnitzler zugleich *„wenig durchfühlt."* Obschon er die Schauspielerin begehrt, sagt er, nachdem sie sich ihm hingegeben hat, er habe ein Gefühl *„daß man sie unter dem Einkaufspreis erstanden hat."*[95] Daher fühlt Anna die Kälte Georgs, nur glaubt sie, ihn zähmen, erziehen bzw. enthemmen zu können. Für eine kurze Weile *„fühlte dieser plötzlich, daß er sein Schicksal nicht mehr in der Hand hatte."* Folglich findet Heinrich, die Menschen ahnen nicht einmal, was sie wissen, weil sie es nicht wissen wollen und wissen doch alles, weil es in der Tiefe ihrer Seele gewusst wird.

Nicht nur ästhetisch endet dieser Weg im Müdewerden, Überdrüssigsein und schließlich Selbstmord. In der deutschnationalen bzw. semitischen Frage kündigt sich gleichfalls eine Katastrophe an. Die Juden leiden offensichtlich alle unter einem hysterischen Minderwertigkeitsgefühl, das wahlweise zu Verfolgungsängsten oder zu übersteigertem Kompensationszwang wie dem Duell führt. Schnitzler legt seine politische Meinung dem adeligen Deutschen Georg in den Mund, der die Jüdin Anna liebt und dies zu deren Onkel, einem Arzt sagt, worauf dieser erwidert: *„Was Sie Verfolgungswahn-*

---

[93] Ebenda, S. 182. In seinem Dreiakter „Freiwild" (1896) fällt der enigmatische Satz: „Wenn man lang gehetzt wird, wird man schließlich müd'!"

[94] Arthur Schnitzler, Tagebuch, 1903-1908, S. 13.

[95] Arthur Schnitzler, Der Weg ins Freie, S. 182. Folgende Zitate S. 195 und S. 235.

sinn zu nennen belieben, das ist ... unterbrochenes, sehr intensives Wissen von einem Zustand, in dem wir uns Juden befinden ..." Doch die Erfahrungen der Alten sind niemals lehrreich für die Jungen. Familiengeschichte wiederholt sich wie die Muster der großen Politik nur unwesentlich variieren. Der Mensch fühlt sich oft wider seiner Wünsche, Erwartung oder besseren Wissens zum Handeln gezwungen. Jenen, die sich aus allem heraushalten wollen, zwingt das Schicksal herbe Verluste auf. Im Falle der Juden scheinen künstliche, durch Bildung erworbene oder angelernte Eitelkeiten den Instinkt zu verarmen und zur Über- oder Unterschätzung der eigenen Wertigkeit zu führen.

Georg und Heinrich sind zwei Hasardeure, denen es wichtiger ist zu träumen und sich Möglichkeiten offen zu halten als eigenständiges autonomes Handeln. Genau betrachtet sind es Skeptiker und Pessimisten, die dem Ideal abgeschworen haben. Sie sind, wie es Hegel formuliert, *„ohne Phantasie, ohne Glück in einem fortschallenden, sinnbenebelnden, narkotischen, drückenden Tone, von einer Wirkung, als ob man durch ein Feld von blühenden Stechäpfeln wandelte, dessen betäubenden Düften keine Anstrengung widerstehen kann und wo man von keinem belebenden Strahle, auch nur in der Gestalt einer Ahnung, angeregt wird.*"[96]

Schnitzler, der jede Form des Idealismus verachtete, schreibt in Anlehnung daran: *„Von den Bäumen drüben aus dem Park kam kein Wehen, kein Duft von den verblühten Beeten. Und Georg stand am Fenster, glücklos und ohne Begreifen.*"[97] Es ist eine der zahlreichen Stellen, die Arnold Zweigs Urteil rechtfertigt, der von seiner philosophierenden Haltung des Erzählens spricht.

Schnitzlers Roman zeigt, wie eng die Grenze zwischen Moral und Unmoral ist. Mitleid erscheint bald als Schwäche oder führt zur Selbstzerstörung, daher entspringt die Gleichgültigkeit mitunter einer instinktiven Überlebensstrategie. So formuliert der Arztsohn Berthold Stäuber seinen Antiplatonismus gegenüber seinem Vater: *„Die Menschenliebe ... halt ich für ganz überflüssig, eher schädlich. Das Mitleid ... führt notwendig zu Sentimentalität, zur Schwäche.*"[98] Diese mündet in mehrere Duelle, die weder Ehre noch Freiheit, Mut oder Vernunft unter Beweis stellen, sondern lediglich laszive Lebensmüdigkeit und Todeslust. Berthold folgt in vielem Nietzsches Primat

---

[96] Hegel, *Aufsätze aus dem Kritischen Journal der Philosophie,* Verhältnis vom Skeptizismus zur Philosophie, 1801, Vorrede.
[97] Arthur Schnitzler, Der Weg ins Freie, S. 263. Folgendes Zitat S. 313 und S. 295.
[98] Schnitzler, S. 321. Folg. Zitat 302. Schnitzler verwarf den Idealismus.

vom Leben und Appell, sich einen starken Willen zu formen. Er ist damit der nicht gerade sympathische Gegenentwurf zu Georg und Heinrich. Berthold fordert, dass eine konsequente „Sozialhygiene" die Kranken und Schwachen aus der Gesellschaft vernichtet bzw. ihnen den Lebensgenuss vereitelt. Erste Gedanken an den aufkommenden Nationalsozialismus verbinden sich mit seinen Worten. Er will mit der Zeit gehen und fordert eine Anpassung an das Notwendige und zugleich deren Überwindung. „Eine Flucht aus der Marionettenstarre der Kategorien." Überwindung des Lebenstraumas durch amor fati, der Liebe zum Leben, so nennt es Nietzsche, der eine Lust am Sichselbstbefehlen und -gehorchenlernen einfordert. Befreiung vom Marionettendasein lautete auch das Ziel der aktiven Lebensplanung des Heinrich von Kleist. Für Schnitzler sind es ehrrührige, doch nutzlose Appelle in einer Zeit zunehmender Passivität und Resignation.

1. 3. Philosophischer Aspekt

Generell sind bei Schnitzler die Frauen oft stärker als die Männer und diejenigen, die in den Tod gehen, tun es aus tiefster Überzeugung, nicht aus Langeweile, Spiel- oder Ehrenschulden. Der Generationenkonflikt äußert sich bezeichnenderweise nirgendwo so ausgeprägt wie im Verhältnis des alten Dr. Stäuber mit seinem Sohn. Dieser will keine Erfüllungsgehilfen-Existenz führen. Als Leitmotiv und literarischer Querverweis dient die „Rattenmamsell", eine Figur aus Ibsens Dreiakter „Klein Eyolf"[99] (Uraufführung 1894). Der Schriftsteller Alfred schreibt an einem Stück über eine weibliche Rattenfängerin, die in Umkehr zu der Legende am Ende eine Art Kinderhospiz gründet. Theodor Adorno sagt in „Minima Moralia" (§ 56), die Rattenmamsell sei das „Sinnbild für die zappelnde Marionetten-Verlobung in den Tod." Er bezieht sowohl den Struwwelpeter als auch den Rattenfänger auf die Hysterie des 19. Jahrhunderts, in der kluge Frauen keine Karriere machen dürfen und die Männer sie nicht mehr machen wollen. Sie begnügen sich häufig damit, Söhne und Erben zu sein. Schnitzler beschreibt in

---

[99] Henrik Ibsen (1828-1906) war Schnitzlers und Hofmannsthals wichtigstes dramaturgisches Vorbild. Das Drama beschreibt, wie aus Schuldgefühl zu dem behinderten Kind Eyolf, der Autor und Vater seine Frau und Mutter des Kleinen so vernachlässigt, dass diese sich zu wenig um ihr Kind kümmert. Der Junge ertrinkt, und diese Tragik führt die Eltern wieder zusammen, und sie entdecken aus der Krise heraus ihre Liebe füreinander und Fürsorgepflicht für Straßenkinder. Nicht einsame Ichlinge (wie Alfred zu Beginn des Stückes) braucht die Welt, sondern mutige und beziehungsfähige Anpacker wie Rita.

seinem Roman ein Übergangs-Zeitalter, in dem die Jungen nicht mehr so konservativ denken und fühlen wie die Alten, sich jedoch noch nicht entscheidend von den alten Wertetafeln gänzlich zu lösen vermögen. Ihre Repräsentanten sind entweder kalte Egoisten oder gänzlich handlungsunfähige Beobachter am Leben im Schatten ihrer Eltern. Die Gebildeten und Sentimentalen fühlen sich schuldig für ihre eigenen gewachsenen Ansprüche, denen sie sich charakterlich oft nicht gewachsen zeigen.

Am Beginn des Romans steht der Tod des Vaters von Georg und seinem Bruder Felician, vor allem ihre Orientierungslosigkeit, verbunden mit der unbeantwortbaren Frage *„Wohin?"*. Georg wiederholt sogar das väterliche Muster, indem er eine Sängerin schwängert, aber anders als dieser sie nicht heiratet. Er trägt viel mehr Todeslust als der Vater in sich und möchte eher sterben als sich zu binden. Schnitzler deutet an, seine Passivität hänge mit dem frühen Tod der Mutter und der damit erlebten Hilflosigkeit zusammen. Ebenso stellt er das Bootsunglück wie einen Selbstmord der Mutter dar. Der jüdische Arzt Stauber wird sein väterliches Gewissen und Anwalt der Moral, beleidigt ihn sogar als Feigling, weil er die schwangere Anna nicht ehelicht, sondern vertröstet. Berthold, wie bereits oben erwähnt, bricht mit dem Vater nicht, aber er akzeptiert ihn auch nicht mehr als Autorität – er bahnt sich seinen eigenen Weg ins Freie.

Georg nimmt keine Entwicklung, dazu fehlt ihm die Kraft. Aber er verspürt bereits am Anfang keine Neigung, mit den Freunden seines Vaters zusammenzukommen, sondern zieht das Alleinsein vor. Auch kommen ihm die Räume des Vaters eng und verdüstert vor; es zieht ihn unentwegt in die Natur oder zu Anna, die sich eine natürliche Haltung bewahrt hat und nicht erdrückt wird von der Steifheit der Konvention, die das Leben von Georg zu fordern scheint. Auch schließt sich der Kreislauf in seinem Liebesleben: Am Anfang der Handlung kehrt er von einer Geliebten aus Amerika zurück (um das väterliche Erbe anzutreten), am Ende verlässt er ebenso schweigsam Anna, *„sie schwiegen und wußten, daß dies der Abschied war."*[100] Er schweigt, weil jedes Wort ihn gebunden hätte, so wie er gehen will, um frei zu sein für etwas, was er selbst nicht genau zu bezeichnen weiß. Freisein vom Vater heißt in diesem Roman auch frei von Werten und Verpflichtungen, von Ideen oder Ideologie, teilweise frei von Moral und Bindung jedweder Art. Liebesaffären wie Vater-Sohn-Beziehung verflüchtigen sich bis ins Nichts. Wenn man es sozialkritisch lesen möchte, dann ist die kleinbürgerli-

---

[100] Arthur Schnitzler, Der Weg ins Freie, S. 362. Folg. Zitat. S. 352.

che Anna Roser eine unstandesgemäße Partie für den adeligen Sohn, und dieser folgt dem üblichen Procedere. Doch Schnitzler lag nichts an sozialkritischen Milieuschilderungen, schon nach der ersten Nacht sehnt sich Georg nach *„blauen Fernen, Ungebundensein und Alleinsein"*, er vermag es sich nur nicht einzugestehen wie auch seine Nicht-Beziehung zu seinem Vater trotz all der Feste in seinem Haus. Nur wenn man seine Bindungslosigkeit auf den Verlust der Mutter bzw. mangelnde emotionale Nähe zum Vater bezieht, wird seine Traurigkeit erklärbar. Bezeichnend für die Vaterunfähigkeit ihres Liebhabers verliert Anna das Kind durch Totgeburt. Anlass für den Roman bildete die biografische Totgeburt von Schnitzlers Jungen und sein langes Zögern, die Mutter Marie Reinhard zu ehelichen.

Auch hinsichtlich der jüdischen Frage tut sich eine Kluft auf zwischen Vätern und Söhnen. Oskar verkörpert die totale Assimilation, Oskars Vater Salomon hingegen den radikalen Zionismus. Heinrich inkarniert die gemäßigte Anpassung und praktiziert selbige, indem er am Ende für gar nichts einsteht. Entscheidend wirkt sich bei allen Personen ihre Antizipation der möglichen Reaktionsmuster anderer Menschen aus, so dass die öffentliche von der privaten Meinung selten getrennt wird. Geheimhaltung erotischer Affären scheint daher bis zur Geburt (häufig heimlich vollzogen oder abgetrieben) unabdingbar. Niemand will eine *„Tollheit begehen"* und gegen *„bürgerliche Instinkte"* verstoßen und ein außereheliches oder gar unstandesgemäßes Kind zeugen. Nur besitzen die Alten mehr Anstand und Größe, mit dem Skandal umzugehen. So werden Frauen nicht mehr zu einem gesellschaftlichen Abend eingeladen, wenn ihre Schwangerschaft jeglichen Zweifel an ihrer Unschuld zunichte macht. Die öffentliche Meinung ist vor allem Georg sehr wichtig. Umso paradoxer erscheint es: *„Die Leute wußten alles früher als er selbst. Sie hatten von seinem Verhältnis mit Anna gewußt, ehe es angefangen – und jetzt wußten sie wieder früher als er, daß es zu Ende war."*

1. 4. Ästhetischer Aspekt

Schnitzler selbst sah sich lange nicht als Künstler, sondern Forscher. Daher thematisiert er häufig den Dilettanten, der sich als Dichter ausgibt, obschon es ihm an Talent und konsequenter Lebensführung mangelt. *„Der Dichter scheint sich vom Literaten manchmal nur durch seine geringe Geschicklichkeit in den Bemühungen um einen äußeren Erfolg zu unterscheiden."* heißt es in seinem Vortrag „Der Geist im Wort" (1907), der zeitlich mit seinem Debütroman (1908) koinzidiert. Diese Rolle fällt vornehmlich dem Musiker Georg und seinem Freund, dem Dichter Heinrich zu. Da sich die seelischen Vorgänge der naturwissenschaftlichen Bestimmbarkeit entziehen, aber laut Schnitzler grundlegend sind für fast alle beobachtbaren Handlungen, sind seine Figuren meist durch ihre Triebunterdrückung geprägt. Mitunter opfert der Forscher in ihm die Individualität seiner Charaktere und macht sie so zu bloßen Repräsentanten eines die Persönlichkeit deformierenden Zeitalters. Diese Kritik äußerte Hofmannsthal, der den Roman aufgrund der Stereotypen als misslungen empfand. Das Ich der Handlungsträger befindet sich in permanenter Selbstreflexion, die ohne adäquate Bewusstseinserweiterung bleibt, so dass der Eindruck eines seelischen Determinismus entsteht.

Schnitzler betont aber die Fehlentwicklung und moralische Stagnation, da die beiden zentralen Protagonisten als Künstler, Liebender und Freund versagen. Georg, der gewiss nicht unsympathische Antiheld und *„vornehme Verführer"*, folgt dem Weg des geringsten Widerstandes und erinnert an die passiv-verträumten Charaktere Flauberts, die einer einzigen Illusion folgen und für große Gefühle, von denen sie träumen, doch stets unzugänglich bleiben. Georg verkörpert die Sorglosigkeit seiner Generation, die nichts mit sich anzufangen weiß und von allen pekuniären Sorgen befreit ohne Ehrgeiz, ohne Ziel und Verantwortung in den Tag hineinlebt.

Alle Themen Schnitzlers laufen in dem Stück zusammen: der Antisemitismus in seinen verschiedenen Nuancen, offen, subtil oder politisch motiviert, ebenso wie der Zionismus, der Freitod, die Problematik der Treue in der Beziehung, die Lebenslüge, Spielleidenschaft und sinnentleertes Duell auf der Basis einer fragwürdig gewordenen Ehre. Sie alle lassen sich reduzieren auf eine mangelnde Bereitschaft, Verantwortung und Pflichten zu tragen. Fast alle Protagonisten, die Ärzte und schwangeren Frauen ausgenommen, benehmen sich wie Schurken und Egomanen. Es mangelt ihnen an der Kardinaltugend *diligentia* (Sorgfalt).

Der Musiker Georg und der Dichter Heinrich, der in seiner moralischen Fehlentwicklung an den *„Grünen Heinrich"* Gottfried Kellers erinnert, machen im Verlauf der Handlung, die über ein Jahr angelegt ist, wenig aus ihrem Talent. Noch weniger aus der Chance, in einer festen Beziehung Fuß zu fassen, wobei Heinrichs untreue Geliebte am Ende Selbstmord verübt und Georgs Geliebte Anna nach der Fehlgeburt des gemeinsamen Sohnes und ausbleibendem Heiratsantrag die Beziehung beendet. Es fehlt beiden die (Überzeugungs-)Kraft, die ein unbedingtes Ja zum Leben beinhaltet und sich nicht auf das Neinsagen, Halbherzigkeit wie laue Affären oder Spott über den arbeitenden Besitzbürger beschränkt. Im Zusammenhang mit Zionismus (der eine vage Idee oder Flucht in Idealismus bleibt) macht Schnitzler dies auch politisch deutlich. *„Du hast keine Initiative, Georg"*, bemängelt seine Geliebte, die Sängerin Anna schon vor ihrer Liebschaft. Hauptsächlich geht es um die Sorglosigkeit der Künstler und Lebemänner.

V. 2. Therese – Chronik eines Frauenlebens

2. 1. Gesellschaftlicher Aspekt

Das Paradoxe erscheint als Epochen-gebend. Schnitzlers Zeitalter ist gleichzeitig die Entdeckung und die Verbannung des Individuums. Er interessiert sich stets für die Reaktion von Menschen, die in eine Extremsituation geraten und mit paradoxen, teilweise widersprüchlichen Gefühlen kämpfen. Die Grenze zwischen bewussten und unbewussten Handlungen ist auch im Fall von Therese schwer zu ziehen. Einerseits sehnt sie sich nach Liebe und bürgerlichen Verhältnissen, andererseits nach Freiheit und Künstlerleben. Sie sucht die Anerkennung ihres widerborstigen Sohnes, doch da sie ihn stets in fremden Händen erziehen lässt, fördert ihr Verhalten nur dessen Ablehnung, Isolation und Enttäuschung. Der Kreislauf des Sich-Verbrauchens und Ermüdens im Alltag endet mit dem Raubmord ihres Sohnes, der sie nahezu gleichgültig erdrosselt. Erotischer Rausch und Todessehnsucht, Leidenschaft und Melancholie paaren sich auf selbstzerstörerische Weise in Therese. *„Sie wußte, daß sie Mutter werden sollte, daß sie es war, aber es ging sie eigentlich nichts an."*[101] Therese denkt auch an Selbstmord, definiert sich anfangs über die Zuneigung ihres Liebhabers, erlebt einen kurzen Rausch der Verwandlung – allerdings nicht bedingt durch Änderung ihrer ärmlichen ökonomischen Verhältnisse, sondern der beruflichen Herausforderung als Erzieherin. Um ihrem Broterwerb nachgehen zu können, sieht sie sich zum Versteckspiel mit ihrem Sohn gezwungen, weil ein uneheliches Kind bei den besseren Herrschaften als Makel empfunden wird. Trotz ihres Selbstbewusstseins vermag sie darum nicht zu ihrer Mutterschaft und damit ihrem vollständigen Wesen zu stehen. Schnitzler macht zwar deutlich, dass er die doppelte Moral der Gesellschaft missbilligt, aber

---

[101] Arthur Schnitzler, Therese, S. 120. Folgende Zitate S. 110 und S. 138.

er zeigt auch, dass Therese selbst Verantwortung für ihr Unglück trägt, da sie ihrem Leben keinen eigenständigen Impuls verleiht. Zorn, Scham und gelegentlich ein an Arroganz grenzender Stolz verhindern stets, dass Therese sich das Ersehnte, die menschliche Nähe, zu verwirklichen versteht. Sie bleibt überall eine Fremde, selbst zu Hause oder später in der Familie des Bruders: *„Niemand im Hause wußte, wer sie war ... Alle Scham ihrer Mädchenjahre war in ihr erwacht.“* Therese ist sexuell freizügig, selbstbestimmt, doch auch sie bezieht ihren Wert ausschließlich aus ihrer erotischen Anziehungskraft und nicht aus der Bildung oder ihrer Mutterschaft. Ihre soziale und berufliche Prägung aber erfährt sie gerade aufgrund ihrer unehelichen Schwangerschaft.

Permanent schwankt Therese zwischen Mutterglück und Freiheit bzw. sozialem Widerstand gegen die ihr auferlegte Rolle als Märtyrerin und Lebensflucht von einem erotischen Abenteuer zum nächsten. Paradigmatisch kommen Thereses irdische Weltflucht und metaphysische Freiheitsliebe in einem Satz zum Ausdruck: *„Sie war jetzt außerhalb allen Seins und allen Tuns gestellt, und es bestand eigentlich keine Beziehung für sie als die zu dem unendlich fernen bläulichen Stück Himmel.“* Die Dialektik besteht darin, dass ein freier Blick keine Begrenzung am Horizont zu finden vermag, aber auch keinen Widerstand in einem Gegenüber, das ihn tröstet.

Das Leben hängt von Zufällen ab. Therese findet einen Pensionär, der sie heiraten und damit absichern möchte, doch bevor es dazu kommen kann verstirbt er, und sie bleibt mittellos zurück. Insgesamt erscheint ihr Leben wie eine Kette von Umständen und verpassten Gelegenheiten, die an Schopenhauers Satz vom vierfachen Satz des Grundes (hinreichende und notwendige Kausalketten) denken lassen.

2. 2. Psychologischer Aspekt

Als Naturalist bleibt sich Schnitzler treu: Er fällt kein Urteil, bestenfalls eine Diagnose. Die medizinische Frage ist allgegenwärtig, auch wenn die Genforschung noch in ihren Kinderschuhen steckt: Wird Verhalten vererbt oder zumindest Charakter vorgeprägt? Thereses Vater erweist sich als depressiv und psychopathisch veranlagt, er stirbt in einer Nervenheilanstalt. Ihr erster Liebhaber Max macht sich aus dem Staub, nachdem er ihr die Ehe versprochen und sie lange hingehalten hat. Beides, sowohl die biologische als auch die soziale Prägung, könnte für Thereses Bindungslosigkeit, ihre fatale Sehnsucht nach körperlicher Nähe, die sie seelisch dann doch nicht erträgt, sprechen. In Variation taucht dieses Thema auch in Gestalt ihres Sohnes auf, da seine Aggression gegenüber der Mutter auch in dem Umstand begründet liegen könnte, dass diese ihn als Baby mit dem Erstickungstod konfrontierte.

Auch die mütterliche Prädisposition erweist sich als Handicap für Therese. Zum einen lebt die durch die Heirat mit einem Bürgerlichen verarmte Aristokratin eine doppelte Moral und macht das Liebesglück für ihre Tochter unglaubwürdig, zum anderen flieht sie in ihrer kitschigen Romanwelt als dilettantische Schriftstellerin vor der Realität in eine fiktive Welt. *„Ihre eigene Täuschung entspringt ihrer adeligen Erziehung und einstigen sozialen Sonderstellung, deren Verlust sie durch ihren Status als bekante Schriftstellerin zu kompensieren versucht."*[102]

Unter anderem möchte sie die Tochter mit einem alten Grafen verkuppeln, um in die höhere Gesellschaft zurückzukehren und verweigert ihr das bescheidene Glück an der Seite Alfreds. Dadurch kommt es bei Therese zu einer Ironisierung des romantischen Schicksals, der Weltflucht. So schreckt sie nicht einmal davor zurück, die an ihre Tochter adressierten Liebesbriefe zu unterschlagen, um sie in ihrem Roman zu verwenden. Therese kann sich eine sozial gesicherte Position nicht mehr vorstellen, das Glück ist ihr unglaubhaft geworden durch die Romane der Mutter und das tragische Schicksal des Vaters. Sie wird zu einer *„in ihrer eigenen ursprünglichen Gestalt verlorenen Figur"*.

Viele Vorausahnungen lassen das Schicksal als von innen determiniert erscheinen: Dass Casimir ein Schuft und Verführer ist, ahnt Therese schon, bevor sie sich auf die verhängnisvolle Affäre mit ihm einlässt: Er ist für sie *„sicher ein Defraudant auf der Flucht".*[103] Nach 20 Jahren trifft Therese den Vater ihres gemeinsamen Kindes wieder. Er ist ein verarmter Musiker, und es erweist sich, dass er zum Zeitpunkt ihrer Affäre bereits verheiratet war und ihr unter falschem Namen den Hof machte. Die inzwischen vom Leben ermüdete Frau vermag dabei gar nichts zu empfinden, weder Zorn noch Verachtung. Diese Apathie kontrastiert mit ihrer früheren Empfindsamkeit und Erregbarkeit, die im Kontrast zu ihrer blassen Familie stand. Es scheint, als habe sie ihr Schicksal schon vorausgelebt, immer eines fremden Mannes Geliebte zu sein. Mit ihrem langsamen Niedergang, nicht unähnlich

---

[102] Melissa de Bruyker, Das resonante Schweigen. S. 211. Folgendes Zitat S. 212. Bruyker vergleicht die Rhetorik von Kafka, Schnitzler und Martin Walser.

[103] Arthur Schnitzler, Therese S. 68. Folgendes Zitat S. 123 f.

dem des Habsburger Kaiserreiches, beschreibt Schnitzler die Kälte und Verlogenheit der vergnügungssüchtigen Wiener Gesellschaft. So heuchelt auch
ihr Jugendfreund Alfred Liebe, heiratet aber aus Berechnung die Tochter
eines Professors, auch weil seine Geliebte ja ein fremdes Kind mit in die
Ehe brächte. Auch Therese ist von der lähmenden Gefühlskälte längst infiziert: Was sie an ihrem Sohn liebt ist, dass er einzig ihr gehört und die damit verbundenen Besitzansprüche: *„Es gehörte ihr – und sollte weiter ganz
allein ihr gehören."* Auch diese Beziehung offenbart die allgemeine Unfähigkeit, Gefühle adäquat zum Ausdruck zu bringen. Thereses Interiorisierung
von Schuld zeigt Ähnlichkeiten mit dem ungeborenen Kind im Bauch auf.

Schnitzler betont das kollektive Unbewusste[104], wenn er Therese über
die *„Unsinnigkeit ihres Schicksals"* und ihre Zeit reflektieren lässt. Die Verhältnisse sind bei ihm vielleicht nicht im Äußeren so determiniert, wie sie
seiner Protagonistin erscheinen, aber durch ihre innere Veranlagung und
charakterlich festgelegte Perspektivenbestimmung ergeben sich nur wenige
Handlungsoptionen. Inwieweit Schnitzler sich an *„Thérèse Raquin"* anlehnt,
ist in diesem Zusammenhang nicht unwesentlich. Auch Schnitzler ist von
einem, allerdings mehr psychologisch als sozial festgelegten Determinismus überzeugt und sieht in der Aggression (Gewalt) und Depression
(Selbstzerstörung) einen zwangsläufigen Prozess gesellschaftlich forcierter
permanenter Selbstverleugnung und Unzufriedenheit. Der einzige Mann,
der ihr nahe kommt in all den Jahren, ist selbst ein haltloser, unzufriedener
Spieler und bringt sich um. Thereses zunehmende Apathie deutet eine
Schicksalsverwandtschaft an.

Die Mordtat des Sohnes kündigt sich durch immer dreistere Überfälle
und Übergriffe auf die immer mehr apathisch reagierende Mutter mehrfach
an. Sie leben beide verbittert und innerlich kontaktlos, darum fühlt sie sich
von ihm so gut verstanden: Man lebt nur für ein paar wenige glückliche
Stunden, alles andere ist Illusion und bleibt den wenigen Privilegierten vor-
behalten. *„Wie viele Sonntage seit jenem, dachte Therese, wie viele Paare
haben sich seither gefunden, wieviel sogenannte selige Stunden, wieviel
wirkliches Elend, wie viele Kinder seitdem, wohlgeratene und andere, und*

---

[104] Nach Carl Gustav ein historisches Gedächtnis und intuitiv-psychisches Wissen um
Anthropologie. Die Anlehnung des Namens an die Heiligengeschichte lässt Handlun-
gen als Momente erscheinen, die auf einen größeren allgemeinen kulturgeschichtlichen
Kontext verweisen.

wieder einmal kam ihr die ganze Unsinnigkeit ihres Schicksals, die Unverständlichkeit des Lebens überhaupt niederdrückend zu Bewußtsein. [105]

2. 3. Philosophische Aspekt

Die Entschleunigung, das retardierende Moment, die Wiederkehr des Gleichen: Wörtlich taucht der stereotype Charakter des Alltagslebens, das Therese zermürbt, mehrfach in Schnitzlers Roman auf. Zwei Beispiele verdeutlichen dies: *„In diesem wohlgeordneten Dasein gab es kleine Ereignisse, die den gewohnten Lauf der Tage unterbrachen. Etliche Male geschah es …"* [106] *„… immer wieder erbitterte es Therese, daß die Frau Direktor sich bei jeder Gelegenheit nach Herzenslust schonen und ins Bett legen konnte, während man auf sie, die am Ende doch auch eine Frau war, nie und nimmer Rücksicht nahm und niemals Rücksicht genommen hatte."*

Inhaltlich erscheint zunächst die Mutter 14-tägig bei ihrem in Pflege genommenen Sohn, anfangs noch ihr ganzes Glück, bald nur eine lästige Pflicht. Es ist das Subjektive, das in Monotonie verfällt. Später kommt das Objektive in unregelmäßigen Abständen *„wieder einmal klingelte es"* zu ihr zurück: Der Sohn ist schlicht da als ein forderndes Element. Die bald mehr auf Hass, Schuld und Scham denn auf Liebe basierende Mutter-Kind-Bindung wird zum Inbegriff eines negativen Wiederholungsmusters in Schnitzlers Frauenchronik.

Die geschilderten Episoden gleichen sich sehr, und parallel zu der emotionalen Vereinsamung, ja Verbitterung gesellen sich die Jahre der Inflation, der sozialen Verelendung, in der jeder nur an sich selbst denkt und in einer scheinheiligen Gesellschaft sich vergeblich um Nähe müht. Schmerzlosigkeit, Gefühlstaubheit ist noch das einzige Glück. Die wiederholte Schilderung der Apathie nimmt gleichfalls großen Raum ein: *„Therese fragte nicht mehr, sie ließ alles geschehen, sie war müde. Es gab Stunden, in denen sie sich ohne jeden Schmerz mit ihrem Leben am Ende fühlte."* [107]

Langeweile, Monotonie und Gleichgültigkeit der Umwelt führen zu immer neuen Gewaltfantasien (Selbstmord, Raubmord). Allerdings zeigt Schnitzler vereinzelt Auswege aus der Krise auf, die von Therese aus latentem Anti-

---

[105] Arthur Schnitzler, Therese, S. 134, Folgendes Zitat S. 246.
[106] Ebenda, S. 157. Folgendes Zitat S. 305. In Variation, S. 304: „Wieder einmal kam Nachricht von Franz."
[107] Ebenda, S. 222. Folgendes Zitat S. 294.

semitismus nicht als Option wahrgenommen werden, z. B. betrügt sie in der Jugend ihren Verlobten (einen jüdischen Arzt), und zuletzt zögert sie so lange die Eheschließung mit einem um sie werbenden (jüdischen) Fabrikanten hinaus, dass sie nicht in bessere Verhältnisse kommen kann. Ebenso weigert sie sich, mit dem straffälligen und unkontrollierbar gewordenen Sohn zu brechen, der ihr ganz offensichtlich aus den Händen gleitet. Therese nimmt auch keinen vernünftigen Rat an oder beendet für sie günstige Stellenverhältnisse. Ein wiederkehrendes Motiv ist nebst den unglücklichen Affären Thereses auch ihre Suche nach Halt in Kirchen. Möglicherweise assoziiert sie diesen Ort mit Kloster und Heiligtum, der sie nicht auf ihre geschlechtliche Rolle (Sexualität) reduziert oder mit romantischer Sehnsucht nach Erlösung. Zwar fehlt die Beichte, doch Therese sieht sich immer wieder dem Vater und nach dessen frühem Tod dem älteren Bruder Karl gegenüber verpflichtet, ihr Leben zu rechtfertigen. Dieser übernimmt die Funktion der moralischen Autorität, und sein missbilligender Blick tritt an die Stelle des vom Leben enttäuschten Vaters.

Andere Wiederholungsmuster liegen zum einen in den zufälligen Begegnungen alter Bekannter und ehemaliger Liebhaber wie Alfred und Casimir oder aber dem Wiederauffinden von alten Briefen wie den gestohlenen Liebesbriefen Alfreds, welche die Mutter Thereses für ihre Romane benutzt hat.

Am Ende aber votiert Schnitzler doch für die Resignation und Unmöglichkeit, den Zusammenhang zahlreicher Episoden zu einem größeren Ganzen zu erkennen. Bezogen auf den ahnungslosen Casimir, der seine Rolle als dämonischer Verführer teuer bezahlt, meint er nahezu verständnisvoll: *„Wie sollte er Zusammenhang und Schicksal spüren, da es doch sogar ihr Mühe verursachte, sich als Wirklichkeit vorzustellen, daß aus einem flüchtigen Moment der Lust ein Mensch hervorgegangen war, der ihr Sohn war.“*

Ein wesentlicher Aspekt ist auch in diesem Werk das Thema der Treue. In seinem komödiantischen Einakter „Literatur" (1901) nimmt Schnitzler ironischen Bezug zum dilettierenden Künstlertum. Treue ist zwischen den Schriftstellern Gilbert und Margarete nicht möglich; beide benutzen die Liebesbriefe des anderen für ihren Roman und werfen ihrem Gegenüber dann vor, die Kunst wichtiger als die Liebe genommen zu haben. Dabei artikuliert Margarete, was auch Therese fühlt: *„Ich könnte ja die beste, die treueste, die edelste Frau von der Welt sein, wenn es nur den richtigen Mann auf der*

Welt gäbe.[108] Sie formuliert im Konjunktiv, weil Treue für Schnitzler eine Fiktion ist und bestenfalls durch einen Mangel an Gelegenheit oder Mut aufrecht erhalten wird. Noch deutlicher sagt es Casanova, dessen Rolle des ewigen Verführers im Roman Casimir begleitet. *„Nur das ist Treue … sie kehrte zu mir zurück.“*[109]

Treue und Tugend nehmen keine Gefahr auf sich, welche die Lust doch würzt und die Seele zum wandern lockt. Heimisch zu werden im Geliebten ist auf Dauer unmöglich, wie ein falsches Versprechen *„lügt Treue sich Chaos in die Brust".* Rückkehr, nicht Heimkehr, bildet die einzige Form von wahrer Bestätigung für Liebe.

2. 4. Ästhetischer Aspekt

Die Grundidee verarbeitet Schnitzler schon in der Erzählung „Der Sohn" 1889, die in „Therese" nur geringfügig variiert wird. Bereits der Debütroman „Der Weg ins Freie" thematisiert zudem die Nöte einer berufstätigen Frau (Anna), wenn sie schwanger wird und sich der Mann nicht zu dem Kind bekennt. Wie sie mit der Situation umgegangen wäre bleibt spekulativ, denn die Totgeburt beendet ihre kleine Tragödie. Schnitzlers zweiter Roman (1928) beschreibt gleichfalls die ausweglose Lage einer zum Dulden gezwungenen Frau, deren Sehnsüchte unerfüllt bleiben. Es ist die Geschichte der an inneren Zwängen und Schulgefühlen leidenden Therese Fabiani, die nahezu kontaktlos, zumindest ohne innere Wärme zu ihren Eltern und ihrem Bruder aufwächst. Zwar stammt sie nicht aus armen, sondern verarmt aristokratischen Verhältnissen (die sich nach dem Tod des Vaters drastisch verschlechtern), aber gleich einem typischen Wiener Madl lebt sie in der Monotonie ihres Arbeitsalltags. Wenngleich sie den Arbeitsplatz als Erzieherin und ihre Liebhaber stets selbstbewusst wechselt und eigenständig weitestgehend souverän lebt, so ist ihre Isolation, die Unmöglichkeit aus ihrer Tristesse zu entkommen, offensichtlich.

Es bleibt für den Leser offen, ob sie sich einer Selbsttäuschung, d. h. Träumerei vom bürgerlichen Glück zu zweit hingibt oder unbewusst auf ihr Unglück zusteuert, da alle Charaktere Schnitzlers vom Todestrieb gesteuert scheinen. Therese gibt sich Männern hin, die sie nicht glücklich machen

---

[108] Arthur Schnitzler, Ges. Werke, Dramen, 1, Literatur, S.751.
[109] Arthur Schnitzler, Ges. Werke, Dramen, 2, Drei Schwestern oder Casanova in Spa, 3. Akt, S. 733.

können, wird dabei einmal schwanger und gebärt aus Trotz ihren Sohn, den sie anfangs abtreiben, dann sogar mit dem Kissen ersticken möchte und nie wirklich lieben kann. Aus ihrem unbewussten Schuldgefühl heraus vermag sie sich nie zu befreien, was dazu führt, dass sie sich nie aus ihren trivialen Lebensverhältnissen zu lösen vermag. Sie gibt ihrem mehr und mehr auf die schiefe Bahn geratenden Sohn Geld und bleibt ihm gegenüber wie allen anderen Personen, denen sie begegnet, innerlich abweisend.

Manche Namen und Orte erscheinen symbolisch gewählt. Vater Kasimir trägt einen slawischen Namen, sein ihm unbekannter Sohn Franz den des letzten Kaisers. Therese erinnert sowohl an die Glanzzeit des Habsburger Hofes unter Maria-Theresia als auch an gefallene Frauenfiguren wie Emile Zolas „Thérèse Raquin" (1867), einem Skandalroman, der die sexuelle Verworfenheit einer Kokotte bis zu ihrem frühen Tod zum Inhalt hat. Im selben Jahr, kurz vor dem Erscheinen von Schnitzlers Roman, wurde auch „Thérèse Desqueyroux" von Francois Mauriac veröffentlicht, in dem die Protagonistin ebenfalls todunglücklich ist und keine Bindung zu ihrer Tochter erfährt. Symbolisch scheint auch das Datum von Thereses Tod 1913, kurz vor Ausbruch des Ersten Weltkrieges und damit des Zusammenbruches der k. u. k. Monarchie, dem Ende einer erstarrten Lebensweise. Zuletzt ist die heilige Teresia jüdischer Abstammung aus Toledo und repräsentiert dadurch sicherlich auch die Gespaltenheit der so genannten Halbjuden, die wie Schnitzlers Romanheldin von unbewusstem Antisemitismus getrieben werden. Ihr Bruder Karl, der das väterliche Blut als Makel empfindet, gehört der deutschnationalen und somit judenfeindlichen Partei an.

Als wichtig darf auch der Ortswechsel betrachtet werden; ähnlich wie Marie in „Ruf des Lebens" nimmt Therese in Salzburg nicht so recht am Leben teil; wie der Vater bezahlt sie ihre lang ersehnte Rückkehr nach Wien mit dem Leben. Sie gleicht darin der Klavierlehrerin Berta Garlan, auch hinsichtlich des Umstands, dass sie ihre erste Liebe verschmäht hat und dass sie (allerdings als Witwe) nun selbst für ihr Auskommen sorgen muss. Anders als Therese heiratet Berta jedoch, wenn auch mehr auf Druck ihrer Eltern. Spiegelverkehrt wächst Thereses Sohn auf dem Land auf. Im Gegensatz zu ihr liebt Beate ihren Sohn abgöttisch und erdrückt ihn geradezu mit ihrer Zuneigung. In beiden Fällen kündigt sich der Tod frühzeitig an. Die Schilderung des latenten Todestriebes dominiert die Entwicklung auf der charakterlichen Ebene.

VI. Komparatistik mit Zeitgenossen

VI. 1. Hugo von Hofmannsthal

1. 1. Freundschaft und Korrespondenz

Schon die frühe Kindheit weist Parallelen und Analogien auf. Beide, Schnitzler und Hofmannsthal, besuchen das Akademische Gymnasium am Beethovenplatz. In der Frühzeit orientieren sie sich beide am französischen Symbolismus (Rimbaud, Verlaine, Baudelaire, Mallarmé); die frühen Arbeiten können dem literarischen Jugendstil oder dem literarischen Impressionismus zugeordnet werden. Seit 1891 verkehren sie regelmäßig im Griensteidl, später in den Cafés Imperial und Central. Hofmannsthal ist das jüngste Mitglied der Wiener Freien Bühne, kurz Wiener Moderne. Nach seinem Bruch mit Stefan George um die Jahrhundertwende vertiefen sich seine Kontakte zu diesem Kreis, vor allem zu Arthur Schnitzler. Wechselseitige Besuche in Rodaun[110] bzw. der Sternwartstraße[111] und regelmäßiger Briefverkehr halten sie bis zu ihrem Lebensende, wobei sich die Kollegen immer siezen und mit Vornamen ansprechen. Anlässlich seines überraschenden Todes schreibt Schnitzler, *„wie tief das Verschwinden dieses wahrhaft einzigen (wenn auch nicht unproblematischen Menschen) in mein Inneres greift. Nahezu 40 Jahre sind wir, wenn auch manchmal in einiger Entfernung, nebeneinander hergegangen. Es gab nichts Lebendigeres, Reicheres als Gespräche mit ihm. Wir waren einander sehr nah, ganz besonders in der letzten Zeit."*[112]

---

[110] Hofmannsthal lebt seit seiner Vermählung 1901 im Schlössel Rodaun (gerodete Au) in der Ketzergasse zur Miete. Gleichzeitig behält er seine Stadtwohnung in der Stallburggasse, um nach einem Theaterbesuch nicht mehr die beschwerliche Heimreise antreten zu müssen. Rodaun liegt im südlichen Stadtteil Liesing, der erst 1938 als 23. Wiener Bezirk eingemeindet wird.

[111] Schnitzler zieht 1910 in diese gekaufte Villa an der Türkenschanze. Sie liegt im nördlichen Stadtteil Währing, der 1900 als 18. Bezirk eingemeindet wird. Beide Stadtteile sind zu Lebzeiten der beiden Schriftsteller nicht ans Straßenbahnnetz angeschlossen, ein Besuch also beschwerlich.

[112] Arthur Schnitzler, Briefe 1913-1931, 23.07.1929, S. 611

Eine tragische Analogie verbindet das Ende zweier Dichter: 1928 verübt Schnitzlers Tochter Lilli Selbstmord, 1929 folgt Hofmannsthals Sohn Franz ihrem Beispiel.

In den früheren Briefwechseln tauschen beide Dichter ihre Meinung über andere Stücke aus, später ist zumindest von Schnitzlers Seite aus meist von Tantiemen und Verträgen, Verlagen oder Theaterdirektoren die Rede, in denen sich der misstrauische und in Geldangelegenheiten penible Schnitzler stets benachteiligt wähnt. Mitunter nehmen die beiden auch Bezug auf ihre Stücke, wobei Schnitzler den eigenen älteren Werken gegenüber den jungen seinen Vorzug einräumt. Während des Krieges kühlt ihre Beziehung etwas ab, denn Schnitzler bezeichnet den Krieg als einen *„grauenhaften Weltzustand"* und *„Wahnsinn ohne Zweck"*, und schreibt dem Freund, dass sich ihre Beziehung etwas gelöst hätte, läge sicherlich daran, dass sie *„in einer loseren Epoche zu leben"* beginnen. Er teilt ihm mit, er habe *„Ehrfrucht vor dem Gesetz der Entwicklung"* und müsse sich umso mehr mühen, an die Konstanz menschlicher Beziehungen zu glauben. Alles im Leben sei flüchtig und im steten Wandel begriffen; Botschaften, religiöser, philosophischer oder logischer Art *„haben kaum jemals eine dauernde Tiefe oder sehr weitreichende Wirkung getan."*

Es ist eine Zeit der Verunsicherung wie Schnitzler schreibt, auch in den durch den Krieg unterbrochenen Duineser Elegien Rilkes heißt es *„Bleiben ist nirgends"*. Neben den überall sichtbaren technischen Veränderungen wie Elektrifizierung, Telefon, Radio, Dampfschiffen, Eisen- oder Straßenbahn erleben beide im Grunde konservative Dichter Europa als einen „taumelnden Kontinent". Nach dem Krieg wird Schnitzler weniger gespielt und seine Popularität verblasst. Es ist daher symptomatisch, dass er am 15.01.1923 den reüssierenden Kollegen bittet, bei seinem Intimus Richard Strauss anzufragen, ob er nicht eine musikalische Aufführung seines Stückes „Der Schleier der Beatrice" an der Wiener Staatsoper möglich machen könne. Es überrascht nicht, dass sich Schnitzler bisweilen an den 12 Jahre jüngeren Freund wendet, da dieser bereits die Einleitung zu „Anatol" geschrieben hat. Hinsichtlich der Ironie und grundsätzlicher ästhetischer Vorlieben betreff Bühnenwerk, die Arbeit mit Schauspielern und dem Regisseur Max Reinhardt oder in ihrem Musikgeschmack (Brahms, Mahler, Strauss) sind sich die beiden Dichter ähnlich, wie auch aus Juliane Vogels „Hofmannsthals und Schnitzlers Dramen" (1994) hervorgeht. Dazu kommt die Vorliebe für englische Autoren und die Verarbeitung klassischer Stücke wie bei Hofmannsthal, der Calderon für die Salzburger Mysterienspiele variiert. Zudem schreiben sie beide für denselben Verlag: S. Fischer.

Hofmannsthal ist der optimistischere und sprachbegabtere von beiden Künstlern. Dank individueller sinnlicher Wahrnehmung schaffen sich die Figuren in seinen Dramen einen Selbst- und Weltbezug, gleichwohl das Ich in Frage gestellt wird. Keines seiner Stücke entbehrt der Hoffnung. Schnitzler indes gesteht dem Freund in seinem Brief vom 08.07.1897 ein, dass *„die ganze Stimmung wieder ins Dunkle hineingeraten"* ist. Er deutet dem Freund eine Liebschaft an und schildert seine Reiseeindrücke aus Ischl. Gleichzeitig mahnt er, Liebschaften niemals zu ernst zu nehmen. Schnitzler ist kein begnadeter Briefeschreiber, wie er selbst einräumt, er untergliedert sie beinahe wie Dramen in kleine Akte und endet häufig abrupt wie in diesem Brief mit dem Satz: *„Ich lese noch immer Tolstoi und Brandes."*

Hofmannsthals Briefe sind dagegen wie seine Werke von heller, klarer Heiterkeit, elaborierter Sprache mit Aphorismen und theoretischen Reflexionen. Schnitzler ist selten gut aufgelegt, hingegen neigt er häufig zur Larmoyanz. Anlässlich des Todes der Geliebten Marie Reinhard: *„Ich habe das Gefühl, fertig zu sein, Zeichen genug werden mir gesandt! Vom Morgen aus der Ausblick ins Leere – die Erinnerung an ihr Leben voll Pein, an ihren Tod von einer grenzenlosen Entsetzlichkeit."*[113] Schnitzler überkommen häufig depressive Stimmungen, und er spricht von Vereinsamung weit häufiger als sein jüngerer Kollege. *„Komme ich durch äußere Umstände, unruhige Verhältnisse einige Tage nicht dazu, wenigstens ein paar kurze Stunden zu schreiben, so versinke ich in eine wahre Schwermut."*

1. 2. Essays und Kulturkritik

1. 2. 1. Unterschiede

Die ästhetische Einstellung zur Kunst geht aus den Essays hervor; sie machen deutlich, wo Analogien und Unterschiede zu Schnitzler zu finden sind. Zu den politischen zählt die Haltung zum Krieg. Aus seinen Essays wie „Die Bejahung Österreichs" (1914) geht hervor, dass Hofmannsthal wie die meisten seiner Zeit ein Kriegsbefürworter ist. Die Aufrechterhaltung der sozialen Ordnung (Stände), sonst nur *„leeres Getue"*, hält er für unabdinglich.

---

[113] Arthur Schnitzler, Briefe, 2, 22.03.1899, S. 369. Folgendes Zitat 17.07.1900, S. 387.

Der Krieg dient zur Erneuerung und Belebung der ermatteten Monarchie: *„Geist und Sittlichkeit ... greifen um sich und die Stimmung hinter dieser Armee hat etwas morgendlich Mutiges, etwas nicht völlig nur Europäisches, sondern darüber hinaus etwas in hohem Sinn Koloniales, mit dem Hauch der Zukunft Trächtiges."[114]* schreibt er November 1914. Der Krieg dient einer notwendigen *„gewaltigen geistigen Umwälzung"*. Hofmannsthal glaubt an eine Reinigung und Modernisierung, eine Vitalisierung seiner vom Untergang bedrohten Kultur. Entstehen soll ein *„neues Europa"*, in dem die Autorität des Geistes, neue Ehrfurcht vor *„Geist und geistiger Leidenschaft aufersteht."* Damit steht Hofmannsthal in konträrer Auffassung zu Schnitzler, der den Krieg a priori missbilligt.

Nicht alle Werke Schnitzlers finden die Zustimmung von Hofmannsthal. „Der Weg ins Freie" (1909) rügt er in seinen Briefen; als er Schnitzler Oktober 1910 gesteht, er habe das ihm gewidmete Exemplar *„halb zufällig, halb absichtlich in der Bahn liegen lassen"*. Dieser ist ernstlich gekränkt. *„Und ehe ich mein Kind, wie Sie den Roman mit einer fast über das Bild hinausgehenden Richtigkeit bezeichnen, zum zweiten Mal eines meskinen Eisenbahnunfalls aussetzen möchte, ziehe ich es doch vor, es weiter im Unfrieden mit Ihnen leben zu lassen, ein Zustand, indem Sie sich meines Wissens geradeso wohl befunden haben wie das liebe Kind ..."[115]*

Der Grund für Hofmannsthals relativ schroffe Ablehnung des Romans mag in seiner *„Reflexionspoesie"* begründet liegen. Sein Essay „Ein Dichter und diese Zeit" (1906) skizziert den in ihr implizierten dichterischen Sendungsauftrag: *„Der tragische Grundmythos: Die in Individuen zerstückelte Welt sehnt sich nach Einheit, Dionysos Zagreus will wiedergeboren werden."[116]* Gerade diese wiedergeborene Einheit und der Bildungsauftrag fehlen in Schnitzlers von Skeptizismus durchzogener Prosa.

Die holistische Sehnsucht ist ein Erbe der Romantik und wirkt in Hofmannsthal ungleich stärker nach als im medizinisch geprägten Denken Schnitzlers. Für ihn sind Depressionen medizinisch erklärbar, er behandelt sie mit Medikamenten oder begründet sie als Hemmnis des Gestaltungwillens. Hofmannsthal betrachtet hingegen die Melancholie als Stimulans für die Kreativität: *„Der Dichter ... gleicht dem Seismographen, den jedes Be-*

---

[114] Hugo von Hofmannsthal, Ges. Werke, Prosa III, Die Bejahung Österreichs, 191 S. 189 ff.

[115] Arthur Schnitzler, Briefe, 1, an Hofmannsthal, 2.11.1910 S. 631 f.

[116] Hugo von Hofmannsthal, Ges. Werke, Bd. 8, Reden und Aufsätze, II, S. 56. Ebenda folgende Zitate S. 63 ff. Dionysos Zagreus ist für Hofmannsthal der von den Titanen des 19. Jahrhunderts zerrissene Gott, der mit ganzheitlichem Leben identisch ist.

ben, und wäre es auf tausende von Meilen, in Vibrationen versetzt. Es ist nicht, daß er unaufhörlich an alle Dinge der Welt dächte. Aber sie denken an ihn. Sie sind in ihm, so beherrschen sie ihn. Seine dumpfen Stunden selbst, seine Depressionen, seine Verworrenheiten sind unpersönliche Zustände, sie gleichen den Zuckungen des Seismographen." Gleichwohl ist er sich der Dekadenz bewusst. Die aktuelle Zeit ist für ihn „bis zur Krankheit voll unrealisierter Möglichkeiten und zugleich starrend von Dingen, die nur um ihres Lebensgehaltes willen zu bestehen scheinen und die doch nicht Leben in sich tragen." Den repräsentativen Dingen fehlt es folglich an Geist, den geistigen mangelt es an Bodenständigkeit. Schnitzlers Roman hingegen stellt nur Krankheiten fest, ohne Reflexionspoesie, die ein wahrer Weg ins Freie wäre.

Hofmannsthal ist Hermann Bahrs Ansicht, Kunst entspringe der Religion und bedürfe des Mysteriums, verwandt. Die Salzburger Mysterienspiele bilden für ihn ein Kulturprogramm, das einen Ausweg aus der Krise der Orientierungslosigkeit bietet. In dem zeitgleich zum „Jedermann" entstandenen, die Festspiele begründenden Essay „Das Spiel vor der Menge" (1911) macht er seine Sichtweise, wie reale und imaginäre Welt ineinander übergehen, deutlich: „Dramatische Gebilde dieser großen simplen Art sind wahrhaftig aus dem Volk hervorgestiegen. Vor wen sollten sie als wiederum vor das Volk? ... Wie aber, daß wir das Abgestorbene, das Unzeitgemäße vor sie gebracht hätten! Es wird in unserer Zeit gar zu viel Wesens gemacht von unserer Zeit. ... Das Wohltuende für den Dichter liegt darin, unsäglich gebrochenen Zuständen ein ungebrochenes Weltverhältnis gegenüberzustellen, das doch in der innersten Wesenheit mit jenem identisch ist."[117]

In den Mysterien, Mythen und Fabeln erblickt Hofmannsthal stets eine tiefere Weisheit, wie schon der berühmte „Chandos-Brief" (1902) verkündet. Von Anfang an steht er der Tiefenpsychologie Freuds kritisch gegenüber, da sie das hegelianische Selbst- und Sendungsbewusstsein (das auch Goethe zu eigen ist) kränkt. Die subjektiv gefühlt-erlebte und die faktisch-objektive Wirklichkeit klaffen auseinander, der Dichter kann Dichtung und Wahrheit in goethischer Manier nicht mehr zusammen denken. Die Einheit zwischen Natur und Kunst, Körper und Seele, ist durch die Moderne der permanenten Entfremdung und Entzweiung gewichen. Gerade deshalb sucht Hofmannsthal eine Wiederbelebung des Empfindens über die dionysische Musik und die Geste (Ballett, Mimik, Tanz). Generell ist für ihn je-

---

[117] Hugo von Hofmannsthal, Ges. Werke, Prosa III, Das Spiel in der Menge, S. 62.

doch die Sprache immer mehr als nur ein Medium, Inhalte zu transportieren. Schnitzlers Werke sind ökonomischer, pragmatischer, er will etwas zum Ausdruck bringen. Hofmannsthal hingegen zelebriert die Sprache als pure ästhetische Erscheinung, die sich selbst genug ist. Ein unvollkommenes Kunstwerk ist nichts, und vollkommen macht es nur die Schönheit der Sprache. *„Es ist das Wesen der Zeit, daß sich nichts, was wirklich Gewalt hat über den Menschen, metaphorisch nach außen ausspricht ...“*[118]

Im „Chandos-Brief" stellt Hofmannsthal eine *„traumhaft überirdische Natur"*[119] und das *„Denken in einem Material, das unmittelbarer, flüssiger, glühender ist als Worte"* einander gegenüber, die keine Synthese im Ich finden, womit der Transzendentalismus von Kant bis Hegel zertrümmert wird. Analog Kleists Kantkrise durchleidet Hofmannsthal in der Jahrhundertwende eine Nietzschekrise, die Chandos artikuliert: *„Was ist der Mensch, daß er Pläne macht!"* und die Vernunft ebenso wie die Einheit des Ich bezweifelt. Eine normative Weltordnung besteht nicht, die Wirklichkeit als eine allgemein seiende existiert nicht, sondern wird genealogisch im Inneren begründet im Sinne von neue authentische Werte schaffend. Es bleibt nur das Leitwort der Selbstbetrachtungen Marc Aurels Erkenne dich selbst: *„Das ganze Werk aber sollte den Titel 'Nosce te ipsum' führen."*

Im Gegensatz zu Schnitzler reagiert Hofmannsthal nicht mit Skeptizismus, er lässt auch Schopenhauer und Nietzsche bald hinter sich. Ein künstlerischer Ausweg ist einerseits das Libretto, die Kooperation mit Strauss´ musikalischen Ausdrucksformen, ein zweiter die Reflexionspoesie, die den Individuen die Selbsterkenntnis und damit ein verändertes Handlungsvermögen einräumt.

Ein markanter Unterschied zu Schnitzler besteht in der Verwendung der Allegorie. Schnitzler verzichtet auf die Einführung von Figuren wie Wahrheit, Weisheit, Schönheit, Engel oder Teufel, wie er auch kein Dingsymbol verwendet, für Hofmannsthal hingegen wird die Allegorie als *„sinnfälliges Bild"* zum entscheidenden Stilmittel für das Drama, denn sie kann *„das zerfließende Weltwesen in solcher Art zu festen Gegensätzen ... verdichten"*, wie er in „Das alte Spiel von Jedermann" (1911) schreibt. Gerade aufgrund ihrer sprachbildlichen Überwindung der Eindeutigkeit wird die Allegorie zum zeitgemäßen Mittel, die wirre Welt der Gegenwart überhaupt erst wieder

---

[118] Hugo von Hofmannsthal, Ges. Werke, Prosa II, Ein Dichter und seine Zeit, S. 268.

[119] Hugo von Hofmannsthal, Ges. Werke, Prosa I, Ein Brief, S. 7 ff. Damit wendet sich Hofmannsthal von Georges symbolischem Ästhetizismus ab, gleichzeitig aber auch von Nietzsches Rauschzustand und dionysischer Trunkenheit.

begreifbar zu machen. Der überhistorische Wert des Theaters liegt in seiner Fähigkeit, jedem Menschen seine Position in der Welt und der Gesellschaft angemessen anschaulich und begreiflich zu machen. Nicht umsonst geht es in den beiden Mysterienspielen „Jedermann" und „Das Salzburger Große Welttheater" um die Frage der Theodizee und Selbstreflexion. Gott (das absolute Weltprinzip) verteilt die Rollen, lässt sie aber von den irdischen Seelen auf ihre Weise interpretieren. In seinem Essay: „Das Spiel vor der Menge" formuliert Hofmannsthal: *„Das Theater übt auch am Größten, der mit ihm zu tun haben will, dieselbe unerbittliche und, wie ich glaube, großartig sittliche Zucht wie die Liebe, sie akzeptiert keine Sonderfälle; beide postulieren den Größten wie den Kleinsten vorerst als gesellige Person und dulden keine Würde; beide zeigen dem Individuum und dem Original die Grenze seines Hochmutes und seines Rechtes auf Eigenleben und machen ihn die heilsame Lehre begreifen, daß es gar nichts heißen will, in demjenigen besonders zu sein, worin man sich von der Menschheit unterscheidet, daß das einzige Kriterium der Größe in der Art und Mächtigkeit dessen liegt, was man mit der ganzen Menschheit teilt.*"[120]

1. 2. 2. Gemeinsamkeiten

Beide Dichter stehen in Opposition zu den anderen Kulturströmungen Expressionismus und Impressionismus. Sie suchen das Moderne, doch gleichzeitig bewahren sie die Tradition der Alten wie Grillparzer, Nestroy, Hebbel, Goethe und Schiller in ihren Werken. Ihre Generation steht unter dem philosophischen Bann Nietzsches im Kontrast zum Biedermeier (Spätromantik) wie sie Adelbert Stifter und seine Bildungsideale verkörpern. Dessen Bildungsroman „Nachsommer" (1857) erwähnt Schnitzler beispielsweise gar nicht, hingegen bezeichnet Hofmannsthal ihn als österreichisches Äquivalent zu Goethes „Wilhelm Meister". Werke wie diese sprechen aus der (Wiener) Vergangenheit und damit notwendigerweise eine andere Sprache als der Fin de Siècle. *„Jene Gegenwart der Menschen um 1890 oder 1900, die vielleicht der Stifterischen Welt am fernsten war, ist Vergangenheit geworden.*"[121] Die Behutsamkeit und das Zeitempfinden treffen nicht mehr den Zeitgeist. Falsch sei es dennoch, die Zeit vor dem Jungen Wien als altväterisch und beschränkt einfach abzutun; es gelte vielmehr die Form zu achten

---

[120] Hugo von Hofmannsthal, Ges. Werke, Prosa III, Das Spiel vor der Menge, S. 63
[121] Hugo von Hofmannsthal, Ges. Werke, Prosa III, Stifters Nachsommer, 1924, S. 208.

und die Inhalte als vergänglich zu betrachten. Diese Bemerkung ist insofern relevant, weil Hofmannsthal ein größeres Gewicht auf die Form legt als Schnitzler, dem es naturgemäß mehr um die dramatische Behandlung des Stoffes geht. Was bleibt, ist die Gestaltung von Tatkraft und Lebensfreude, wie sie sich in Schnitzlers Figuren niemals niederschlägt, gerade weil sie eine konträre Zeit erleben. Die Formulierungen Hofmannsthals weisen der Poetik eine neue Rolle nach der Jahrhundertwende zu, die sich vom reinen Symbolismus der Schreibweise des von dem Aufspüren der Dekadenz geprägten *Fin de Siècle* emanzipiert und eine neue hoffnungsvolle Richtung der Moderne einschlägt. Er glaubt, aus dem Zustand des Rausches wie auch dem der Gleichgültigkeit herauszutreten.

In seinen Essays kommt Hofmannsthal verschiedene Male auf Schnitzler zu sprechen oder geht auf dessen Stücke ein. In „Drei kleine Betrachtungen" nimmt er zunächst Bezug auf Novalis Bemerkung „*Nach einem ungleichen Krieg müssen Komödien geschrieben werden*", was ihm als Überleitung zu den Komödien Schnitzlers dient. Er lobt dessen Gespür für die Ironie der Verhältnisse und deren fließenden Übergänge: „*Die Komödie ist die Welt des sozial Bedingten, und die Tragödie entfaltet sich aus dem sozial Unbedingten.*"[122] Hofmannsthal als Anwalt der Wiener Moderne wendet sich programmatisch gegen die Expressionisten, deren Sprache nur „*die Oberfläche kräuselt, aber nicht weckt, was in der Tiefe schlummert. Es ist zu viel von der Algebra in dieser Sprache, jeder Buchstabe bedeckt wieder eine Ziffer, die Ziffer ist die Verkürzung für die Wirklichkeit.*" Demgegenüber macht Schnitzler auf Träume und eine tiefere Wirklichkeit aufmerksam.

Die Bedeutung des Traumes ist in beiden Werken evident. „*Träume sind Taten, unwillkürlich mischt sich in dies schrankenlose Schauen ein süßer Selbstbetrug ... Vor diesem dunklen Blick aus der Tiefe des Wesens entsteht blitzartig das Symbol, das sinnliche Bild für geistige Wahrheit, die der Ratio unerreichbar ist.*" Traum bedeutet auch Hofmannsthal unendlich mehr als Träumerei, er bezeichnet ihn als die offen zu Tage tretende Bildersprache des Unbewussten. Anders als Schnitzler und Freud sucht er jedoch in ihr stets das Archaische und Kollektive, tendiert also zu C. G. Jungs und Bachofens Auffassung und reduziert den erotischen Symbolgehalt. Hofmannthal kehrt vermehrt gerne zum Märchen zurück, weil er darin eine Kollektiverfahrung sieht, die dem Mysterienspiel verwandt ist.

---

[122] Hugo von Hofmannsthal, Ges. Werke, Prosa, IV, Drei Kleine Betrachtungen, S. 40. Der Essay (1921) ist in drei Teile untergliedert. Folgende Zitate ebenda, S. 47 f.

Generell sieht Hofmannsthal in der Sprache auch ein Instrument der Erziehung und der Moral, folglich einen ethischen Wert an sich. Die Sprachkultur gibt Aufschluss über Vertrautsein oder Grad der Entfremdung. *„Das geistige Leben der Nation, ja die zeitweisen Irrtümer desselben setzen sich an den Wörtern ab. In einem entwickelten Zustand erwacht innerhalb des Kreises der Sprachbeflissenen die Aufmerksamkeit auf diesen geheimen Vorgang ... die Entfremdung zu machen, worin sich das Fremdwerden zu der früheren Sitte und Auffassung spiegelt ..."*[123]

Dieser Essay „Gemüt" nimmt noch einmal auf, was bereits in „Das Salzburger Große Welttheater" (gleichfalls 1925) gesagt ist: Ohne Erlebnis keine Erkenntnis, doch Erkenntnis ist zugleich immer Rückgriff auf bereits Gelerntes und Tradition. Damit gehören Hofmannsthal und Schnitzler dem Empirismus an, im weiteren Sinne auch der Lebensphilosophie Nietzsches und dem Pragmatismus Goethes.

In seinem Brief an Suzanne Claussen, seine letzte Geliebte und Vermittlerin zum Film am 15.08.1930 schreibt Schnitzler: *„Hofmannsthal war ein Virtuose der Beiläufigkeit, ein Dichter, und ob nun A. S. als Nummer 1 oder Nummer 2 klassifiziert wird, ist ziemlich egal angesichts seines überragenden Ausdrucksvermögens."*

1. 3. Vergleichbare Dramen

1. 3. 1. „Jedermann" und „Komödie der Verführung"

Deutlich tritt die Verbindung von Leben und Tod in dem für die Salzburger Festspiele konzipierten „Jedermann" (1911) hervor. Es lässt sich zumindest von der Thematik vergleichen mit Schnitzlers 1924 im Burgtheater uraufgeführtem Dreiakter „Komödie der Verführung". In beiden Fällen wird ein Lebemann vom Tod heimgesucht und versucht seine Seele durch Läuterung zu retten. Im „Jedermann" gelingt sie, weil die Gnade letztlich Jedermanns aufrechte Reue erkennt und ihn vor der ewigen Verdammnis bewahrt: *„Gott hat geworfen in die Schal / Sein Opfertod und Marterqual / Und er Jedermanns Schuldigkeit / Vorausbezahlt in Ewigkeit."*[124]

---

[123] Hugo von Hofmannsthal, Ges. Werke, Prosa IV, Gemüt,1925, S. 271.
[124] Hugo von Hofmannsthal, Ges. Werke, Dramen III, Jedermann, S. 69.

Zunächst erscheint die Liebe als flüchtig und das durch Reflexion und Reue hervorgebrachte gute Ende erscheint symptomatisch für Hofmannsthals Glaube an das Gute im Menschen und für seine Anlehnung an Nietzsche Maxime des „amor fati." In Schnitzlers traurigem Ende hingegen gehen Liebhaber und Geliebte mehr irrend und wirrend als bewusst den Weg in den Tod. Die Frau endet durch Suizid, der Mann fällt im ersten Weltkrieg. Schnitzlers Lebensanschauung steht folglich Schopenhauer näher als Nietzsche, wie auch aus Schnitzlers Brief an Richard Beer-Hofmann Juli 1917 hervorgeht. Im Fall „Jedermann" zählen gute Taten und Reue mehr als in der „Komödie der Verführung", da Max, anders als Jedermann im Prinzip seinen „ästhetischen Rausch" weiterleben möchte. Auch Hofmannsthal berührt Sorglosigkeit und Gleichgültigkeit der Lebenden bzw. Liebenden, doch gerade bei Schnitzler triumphiert sie: *„Beziehungslosigkeit ist das Resultat des Spiels mit der Maske, die der Mensch sich aufsetzt, um sein wahres Gesicht zu erblicken."*[125]

Die prägnante Gemeinsamkeit der beiden Stücke besteht darin, dass sowohl Jedermann *„lebt beruhigt vor sich hin / Hat wahrlich Böses nit im Sinn"* als auch Max glauben, nur ihrer Natur und Bestimmung zu folgen: *„Mir ist es gegeben, die ewigen Ströme rauschen zu hören, die dunklen, ewigen Ströme, die unaufhörlich fließen von Mann zu Weib und von Weib zu Mann, zwischen Geschlecht und Geschlecht. Und das ists, was mich zur Einsamkeit verdammt, auch am treuesten, auch am geliebtesten Horizon."*[126]

Schnitzler bezieht sich dabei ironisierend auf Johann G. Herders „Briefe zur Beförderung der Humanität", in denen es heißt: *„Der Strom der Zeit steht nie still; jetzt rieselt er sanft, jetzt rauscht er gewaltig."* Konfrontiert mit dem Leiden anderer vermag auch Jedermann anfangs Max ähnlich nur zu antworten: *„Dir geht's nit wohl? Was kann ich dafür?"* Seine Trägheit und sein Sinn für das Bequeme machen ihn zu einem Wahlverwandten von Max. Im rationalen Sinn ist der reiche Ästhet im Recht, denn für die Ungerechtigkeit der Welt vermag er nichts, häufig weiß er nicht einmal um das Unrecht, das er und sein Reichtum verschulden: *„Geld ist wie andere War, / Da sind Verträg und Rechte klar."*[127] Leid und Schuld armer Menschen gehen ihn formal nichts an, da sie de facto nicht von ihm verursacht werden. Es fehlt ihm an Empathie und allgemeinem sozialen Verantwortungsgefühl: *„Ich wasch in Unschuld meine Händ / Als einer, der diese Sach nicht kennt."*

---

[125] Gabriele Planz, Langeweile, ein Zeitgefühl, Arthur Schnitzler, S. 43
[126] Arthur Schnitzler, Dramen, Komödie der Verführung, S. Fischer, 1924. 1. Akt, S. 13.
[127] Hugo von Hofmannsthal, Jedermann, S. 16. Folgende Zitate ebenda S. 18 f.

Seine Entfremdung von den anderen (seiner Mitwelt) führt zu einer Ich-Spaltung – großzügig im Umgang mit vermeintlichen Freunden und Lustgewinn, kaltherzig bei vermeintlich Fremden, mit deren Schicksal er nichts gemein hat. Hofmannsthals Stück zeigt auf, dass die Gesellschaft den Reichen und Erfolgreichen sowie das Leben als rauschendes Fest schätzt. Ethik und Ästhetik treten auseinander, denn die Moral schätzt nur jene, die verzichten, opfern und uneigennützig schenken. Für Jedermann regiert Geld und nicht Gott oder die Liebe die Welt und er findet zahlreiche Gespielinnen, die ihm diese Lebenshaltung bestätigen. Hofmannsthal spricht in seinem Kommentar von der dämonischen Verführungskraft *„der versklavte Mammon"* und der Seelenkraft des Blickes für das eigentliche Ich. Es ist die *„Idee des Dramas, das zerfließende Weltwesen zu fassen."*

Auch Ulrich, der Widersacher von Lebemann Max um die Gunst der schönen, klugen (und tugendhaften) Aurelie in der „Komödie der Verführung" glaubt nicht an die Macht der Liebe oder an ihr Versprechen. Seine Skepsis scheint sogar berechtigt, denn Aurelie verfällt ihrem Verführer, der wie Jedermann vom väterlichen Erbe sorglos in den Tag hineinlebt. Am Ende gehen Verführte und Betrogener, weil sie sich lieben, aber der Liebe nicht mehr trauen, vor den Augen einer Festgesellschaft in den Freitod. Von Gnade oder Verzeihen fehlt also auch in diesem Akt jede Spur. Schnitzlers vorsichtige, die ewigen Menschenrätsel in weiten Bögen umkreisende Fragesprache endet meist im Tod.

1. 3. 2. „Die Frau ohne Schatten" und „Der Schleier der Beatrice"

Das Leitmotiv beider Künstler bietet sicherlich von jeher Verführung, die Nähe des Todes durch die Liebe. Häufig spielt Hofmannsthal mit Schein und Masken und das Motto beider Verwechslungskomödien könnte lauten: *„Es ist den Menschen im allgemeinen nicht gegeben, zu sehen, was ist."*[128] Die Menschen urteilen nach dem, was sie sehen oder noch mehr, zu sehen meinen. Hofmannsthal spricht von dem *„Falsch-Illusorischen"* gegenüber dem Reflexiven und dem *„Geistig-Poetischen"*. Schnitzler verwendet ebenfalls den Traum als Stilmittel, doch überwiegt die konkrete Fallstudie das dramaturgische Mittel. Wo Hofmannsthal meist den Zauber einsetzt, gebraucht Schnitzler gerne die Hypnose. Mit diesem Thema setzt sich Norbert

---

[128] Hugo von Hofmannsthal, Prosa, Lucidor, S.172. Der Prosatext blieb eine ungeschriebene Komödie, Arabella (Schwester Lucidors) erschien als Libretto zur Strauss' Oper 1927.

Micke in „Das Eros/Thanatos-Motiv in den frühen Erzählungen Schnitzlers" (2000) auseinander und spricht von einer *„Signatur, die das Wesen des Fin de Siècle in definitiver Weise konserviert."* Seiner Meinung nach finden sich in den frühen Werken zahlreiche Analogien zu Hofmannsthal.

Die Frage nach dem Ich und der ständigen Versuchung, ein anderes (vermeintlich glücklicheres) Leben führen zu wollen, ist nirgendwo so präsent wie in der Erzählung „Die Frau ohne Schatten" (1911), die der Oper vorausgeht (1919). Die Verbindung zwischen Märchenwelt und Realität ist für Hofmannsthal dabei nicht ungewöhnlich. Zwischen der irdischen Welt des Normativen, des Sichtbaren und der erklärbaren Handlungen und dem Göttlichen oder Mythischen gibt es meist eine Zwischenwelt oder vermittelnde Instanz in seinen Werken. In „Die Frau ohne Schatten" entscheidet sich eine in einen Kaiser verliebte Fee für die Welt der Menschen und wird seine Gemahlin. Da diese unnatürliche Beziehung so nicht gewollt sein kann, bleibt sie kinderlos. Zudem besitzt die Fee in Menschengestalt keinen Schatten und kann den Palast nur in der Nacht verlassen. Der kaiserliche Gemahl erliegt alsbald der Verführung einer Sterblichen und erstarrt zu Stein. Die philosophische Frage der Theodizee lautet: Ist der Mensch zu interesselosem und damit uneigennützigem Handeln fähig, wie Kant meint? Die Prinzessin ohne Schatten müsste das Wohl aller ungeborenen Kinder mehr schätzen als das eigene Liebesglück, aber auch sie unterliegt der menschlichen Versuchung, die ungeborenen Kinder einer Färberin und deren Schatten gegen ihr Vermögen zu tauschen. Zwei Schicksale überkreuzen sich: Hier die arme Färberin, die Armut und Arbeit nicht länger erträgt, dort die Prinzessin, die alles hat außer dem, was Menschen nun einmal eigen ist (Kinder und Schatten).

Hofmannsthal fragt, wie viel gebe ich von meinem Ich auf, um das (vermeintliche) irdische Glück zu zweit zu gewinnen? Dabei wiegt die allgemeine Humanität mehr das eigene Leid. Der Wert dessen, was ein Mensch zu opfern bereit ist, wird zum zentralen Element für das Stück und nur in der märchenhaften Allegorie kann die Fee eben darum keine Kinder erhalten, so lange sie keinen Schatten hat. Der Goethestoff des Faust ist offenkundig: So lässt sich die gute Seele, die keinen Schatten wirft, von ihrer mephistophelischen Dienerin zu einer Färberin führen, die in ihrer Armut und mit einem älteren Mann (offensichtlich keine Liebesheirat) unglücklich zusammenlebt. Sie hat nun die Wahl: Will sie ihre Ehe retten, so braucht sie deren Schatten, die Färberin muss auf ihren natürlichen Kindersegen verzichten. Für die Arbeiterin besteht die umgekehrte Tauschmöglichkeit: materielles Glück gegen Kindersegen. Inzwischen wird auch der im Grunde gutherzige Kaiser vor die Wahl gestellt: entweder Kinder und zahlreiche schöne Geliebte oder seine Gemahlin und ewiglich sterile Kinderlosigkeit. Das Ich muss sich zwischen Gut und Böse, Wohlstand und Aufrichtigkeit entscheiden. Dem Kaiser gelingt es am Ende nicht, er wird zu Stein. Auch die Färberin erliegt den Verlockungen des süßen Lebens und ist bereit, ihre Mutterschaft zu opfern. Einzig die Fee, die unbedingt zu den Menschen gehören möchte und dazu einen Schatten wie Kinder braucht, vermag es, den an sich unmoralischen Versuchungen zu widerstehen. Ihr Mitgefühl rettet die Seelen ungeborener Kinder und sorgt für einen guten Ausgang.

In Schnitzlers 1900 in Breslau uraufgeführtem Fünfakter „Der Schleier der Beatrice" läuft dagegen alles darauf hinaus, untrennbare Gemeinschaft und ewige Fremdheit zwischen Liebenden darzustellen. Das Motto des Dichters und Lebemanns Filippo, dem Liebe nur eine Laune ist, lautet: „Wahn ist nur eins ... Und eins die Wahrheit."[129] Er artikuliert damit, wofür der Schleier seiner Geliebten Beatrice symbolisch steht. Er handelt nach der Devise „Besitz ist Glück, / Und nur was wir erschaffen, ist Besitz". Diese unterwirft sich gerne seinem Willen, doch kränkt sie ungewollt seinen Stolz, als sie von ihrem Traum erzählt, in den Armen des Herzogs erwacht zu sein. Filippo verstößt sie, worauf sie ihr beider Schicksal schon vorwegnimmt: „Und hab' zu sterben Lust, so komm' ich wieder, / Und nehm' Dich mit."

Vergleichbar ist in beiden Stücken der Traum in seiner Funktion als Ahnung der Zukunft. Hofmannsthals Färberin verhält sich analog zu Beatrice und träumt sich in eine höfische Umgebung hinein: „Ich habe geträumt, daß ich zu dir fliege / mit unablässigen Küssen / wie eine Taube, die ihr Junges füttert / und mein Traum hat dich getötet."[130] Bei ihr ist es jedoch kein verdeckter Wunsch, sondern bewusste Sehnsucht nach erotischer Erfüllung, so dass sie sich dem ihr von der Amme gesandten Jüngling auch willentlich hingibt. Filippo hingegen wehrt diese Träume als unterdrückte Wünsche ab: „Doch Träume sind Begierden ohne Mut, / Sind freche Wünsche, die das Licht des Tags / Zurückjagt in die Winkel uns'rer Seele, / Daraus sie erst bei Nacht zu kriechen wagen."[131] Für ihn sind Traum und damit erotische Fantasie verletzender als der bewusst vollzogene Akt.

---

[129] Arthur Schnitzler, Dramen Ges. Werke, Dramen,1, Der Schleier der Beatrice, 1. Akt, S. 567. Folgendes Zitate ebenda S. 573 und S. 578.

[130] Hugo von Hofmannsthal, Dramen III, Die Frau ohne Schatten, 1. Akt. S. 147.

[131] Arthur Schnitzler, Der Schleier der Beatrice, 1. Akt, S. 576. Folg. Zitat ebenda, S. 584.

Auch der ihren wahren Eros verbergende Schleier der Beatrice erweist sich als Pendant zu der Prinzessin ohne Schatten. So schreibt Hofmannsthal in seinem Nachlass 1919, die Frauen verbergen ihr Verlangen mit ihrer Hast und Glut der Jagd unter einem Schleier. Das Herz der Färberin hat das harte Schicksal verhärtet, aber ihre Glut nicht erstickt. Im Traum ahnt sie den Tod; analog empfindet Filippo: *„Wach sein ist's nicht mehr, und noch nicht der Schlaf"* und verbringt die Nacht vor der geplanten Flucht vor dem Eintreffen Borgias in Bologna mit zwei Kurtisanen.

Es besteht ein Zusammenhang von Schleier, Schatten und Traum. Der Tod wird mehrfach angekündigt. Filippo will sich der entscheidenden Schlacht entziehen. Es geht das Gerücht um, der Herzog will seine letzte Nacht vor Eintreffen des Usurpators mit der schönsten Frau der Stadt verbringen, und so kündigt die in ihn verliebte Schwester Beatrices an, ihre Nebenbuhlerin umzubringen. In „Die Frau ohne Schatten" wird sowohl das Leben des ahnungslosen Färbers als auch das seiner fünf ungeborenen Kinder durch das Gift der Amme bedroht. Die Rolle des Giftmischers übernimmt in Schnitzlers Drama der Seifen- und Duftstoffhändlers Basini. Allegorien wie der Falke für die Freiheit, der Spiegel für Eitelkeit oder die Schlange für Gefahr sind in beiden Stücken verarbeitet. Hofmannsthal variiert, indem die arme Färberin zu Beginn keinen Spiegel besitzt und nur im Brunnenwasser ihr Ich betrachten kann. Mit dem geschenkten Spiegel der Amme wächst auch ihr Bedürfnis nach Anerkennung ihrer Schönheit. Während in seinem Stück die Sonne die dämonischen Kräfte der Amme schwächt, sagt Vittrono über die Absenz der sonst so Tugendhaften: *„Immer, wenn die Sonne sank, Beatrice, warst Du verschwunden."*[132]

Beide Autoren setzen das Feuer allegorisch für entfachte Leidenschaft ein. In „Die Frau ohne Schatten" brät die Amme fünf Seelen der Ungeborenen in Form von Fischen am offenen Feuer. Francesco findet seine Schwester Beatrice verändert vor *„Als wär' in Dir ein Feuer aufgeloht".*

Die Untreue spielt ebenfalls eine gleichrangige Rolle: Während die Färberin ihren Gatten zunächst weckt, weil sie sich vor ihrem eigenen Verlangen fürchtet und ihn erst später betrügt, gibt die Schwester Beatrices unverhohlen zu, bei jedem ihrer Liebhaber doch nur an den Herzog zu denken. Filippo geht in seinem Liebeswerben von Teresina zu Beatrice und von Beatrice sofort zu den Kurtisanen über und ist auch nur deshalb von dem Traum seiner Geliebten vom Herzog so erbost, weil seine eigene Natur gar

---

[132] Der Schleier der Beatrice, 2. Akt, S. 601. Folgendes Zitat ebenda, S. 509.

keine Treue kennt. In beiden Dramen kämpfen Tugend und Laster gegeneinander; bei Schnitzler verkörpern dabei Vittrono, der Beatrice aufrichtig liebt, Beatrice und ihr Bruder Francesco das Gute, hingegen ihre Schwester sowie die Mutter und Filippo das moralisch Korrumpierte, denn im Haus des wahnsinnigen Vaters herrscht Unzucht wie in der ganzen Stadt, so dass man ein jüngstes Gericht fürchtet. Bei Hofmannsthal kämpfen zudem zwei Seelen in der Färberin als auch der Prinzessin, denn beide besitzen ein Gewissen und sind nicht willens, sich von der Amme verführen zu lassen. In beiden Stücken geht es um die latente Prostitution der Frau, sich an Macht und Reichtum zu verkaufen wie Beatrices Schwester. Um es mit Francescos Worten an die Mutter zu sagen: *„Und das, was Du gewesen, wird aus der! / Bereit, sich zu verkaufen, herzuschenken, / Dem, der sie will!"*[133]

Beatrice vermag aus ihrer Freundschaft zu Vittrono nicht Liebe werden zu lassen. Auf Wunsch des Bruders vermählt sie sich mit ihm unter dem Geständnis, dass sie ihn nicht liebe, sondern nur an seiner Seite ausruhen möchte. Die Färberin hingegen glaubt, ihren Mann Barak zu hassen, doch es ist nur ihr Schicksal in Armut, das sie verdammt. Sie wurde von ihren Eltern an ihn verkauft und betrachtet die Ehe als reine Zweckgemeinschaft. Als ihr Gatte jedoch für ihren Pakt sterben soll, nimmt sie eine Strafe auf sich, um sein Leben zu retten. Vergleichbar ist daher die nichts fordernde Liebe von Vittrono und Barak, die von den Frauen wenig geschätzt wird.

Die voreilige Heirat mit Filippo soll verhindern, dass der Herzog sich Beatrice zur Braut vor der Schlacht erwählt. Zu diesem berufen sagt er, er wolle von ihr nicht als Fürst, sondern als Person (Ich) geliebt werden. *„Ich wollte, du liebtest mich."* Dies ist durchaus einer der Leitgedanken des Eros, da er Narzissmus und Abhängigkeit von einem selbständigen Gegenüber, das sich freiwillig zu schenken bereit ist und nicht gewaltsam in Besitz genommen werden muss, artikuliert. Da der Herzog ein aufrechtes Gewissen hat, lässt er Beatrice mit ihrem baldigen Gatten ziehen, *„ob Du mich auch entzückst wie nie ein Weib"*.

Der Prozess der Freiwilligkeit und der Wahl spielt ebenso eine Rolle in „Die Frau ohne Schatten", weil die Prinzessin einen Schatten begehrt, um ganz als Mensch zu gelten und weil die Färberin aus ihrer hoffnungslosen Armut ausbrechen will. Das Drama setzt in diesem konkreten Fall nicht nur eine Gespaltenheit der Seele, sondern das Bewusstsein einer unrechtmäßen Handlung voraus. Erst als Beatrice durch ihr Bleiben signalisiert, dass

---

[133] Der Schleier der Beatrice, 2. Akt, S. 598. Folg. Zitate ebenda, S. 610 ff.

sie sich dem Herzog als Mann zu schenken bereit ist, sagt dieser: *„Dein Will' ist's, wie der meine, also kümmert's / Hier Niemand mehr."*

Als Ausdruck ihrer *„Schönheit Rätselmacht"* will der Herzog Beatrice einen wertvollen Schleier schenken, diese aber erkennt darin Dirnenhaftigkeit und verlangt als Preis für ihre Liebesdienste die unstandesgemäße Vermählung mit dem Herzog. In beiden Dramen geht dem Genuss ein Verzicht voraus, denn Beatrice gibt ihr Glück, der Herzog sein Privileg zum unverbindlichen Beischlaf mit einer Bürgerlichen preis. Die Färberin müsste auf den Kindersegen, die Frau ohne Schatten auf ihre Zauberkraft, der Kaiser auf die Liebe zu seiner Gattin verzichten, um das Begehren zu stillen.

Beatrice erweist sich als selbstbewusst und setzt nicht nur ihre Forderung der Vermählung durch, sondern verschiebt die Hochzeitsnacht, bis der Herzog aus der Schlacht zurückkehrt. Damit signalisiert sie ihm, dass sie an seinen Sieg glaubt. Das Unglaubliche an dieser Wendung bezeichnen die Bologneser als *„Zauberei"* und *„Hexerei"*, die in Hofmannsthals märchenhaftem Stück offen ausgelebt werden. Beide Dichter machen deutlich, dass Träume magisch sind und Wahrheit enthalten; Zauberei wird zur Form des Unbewussten, das aus der Tiefe aufsteigt. Beatrices Kühnheit hat ihren Preis, der verschmähte Vittrono nimmt sich das Leben, ihr Bruder verbannt sie. Auch die Färberin und die Prinzessin zahlen einen hohen Preis für ihren Mut zu einem tiefgreifenden Wandel ihrer Existenz.

Filippo sagt von sich selbst, er sei wie hundert Jahre *„in einem Zauberreich umhergeirrt"*, als dämonischer Verführer hat er manches Mädchenherz ins Unglück gestoßen. So dass ihn sowohl Francesco als auch der Bruder seiner in den Wahnsinn getriebenen Teresina zum Duell fordern. Aus seiner zügellosen Jagd nach Liebeslust erwacht bereut Filippo seine Haltlosigkeit, jedoch nur so lange, bis Beatrice wieder bei ihm erscheint und er erkennen muss, dass sich ihr Traum erfüllt hat und ihn nun *„ein kurzes und verderblich Glück erwartet".*[134] Ihr Schleier fällt und mit ihm die Scheidung von Traum und Wirklichkeit, Schein und Sein: *„Die Lichter flackern, Schatten seh'n wie Menschen / Und Menschen seh'n wie Schatten aus."* Formal besteht ein doppelter Bezug zur Schattenwelt Hofmannsthals: erstens das Einverständnis der Geliebten zum Tod (Thanatostrieb), zweitens der vorherige Beischlaf (Eros). Schleier und Schatten haben jeweils zwei Bedeutungen, denn beide enthüllen und verhüllen Lebens- und Todeslust. Filippo erkennt in diesem Augenblick erst die stoische Haltung im Wesen

---

[134] Ebenda, 3. Akt, S. 633. Folgende Zitate ebenda, beide S.634.

seiner Geliebten: *„All dies, was Dir gescheh'n, / Ist nichts. Des Lebens Unruh' und Verwirrung / Mit allem rätselvollen Licht und Lärm, / Mit aller Angst und allen Wonnen ... All dies ist Dasein – das bist Du."*

Mit Wedekind verglichen ist sie der „Erdgeist" Lulu, mit Nietzsche gesprochen hat sie einen dionysischen Geist, die Lust auf den Schmerz. Beatrice personifiziert den masochistischen Zeitgeist und den unendlichen Wandel, der Vater aller Dinge ist. Sie bereut und fürchtet nichts, ist ganz bei sich und dem gelebten Moment, geht im ästhetischen Rausch auf. Solche Frauen machen Männern Angst, und Filippo schreckt vor ihrer Kaltblütigkeit zurück. Auch Hofmannsthals „Die Frau ohne Schatten" thematisiert, was Goethe das Rätselhafte und Schnitzler das *„Ewig Unbegriff´ne"* heißt.

In Schnitzlers Drama verkörpert Filippo den sadistischen Zug, Genuss an Qual und Unterwerfung, der ihm das Gefühl gibt *„Doch lebten wir"*. Beatrice hingegen steht für den durch Masochismus gesteigerten Todestrieb *„Wir wollen sterben, darum kam ich her."*[135] Doch als Filippo ihr enthüllt, sie trinke vergifteten Wein, konfrontiert er seine Geliebte mit ihrer Lebensgier: *„Du willst das Leben. Geh', da draußen wartet's, / Und nimmt Dich gierig auf als sein Besitz."* Schnitzler greift auf das Romeo und Julia Motiv zurück: Erst der gemeinsame Tod vereint die Liebenden, aber er variiert es, denn der vergiftete Wein macht den inszenierten Tod Beatrices zunichte. Ihr Eigenwille verrät sich: *„So wollt ich´s nicht."* Doch Filippo hat sie getäuscht – nicht sie, sondern er trank von dem vergifteten Wein. Beide verzeihen sich, weil sie nicht mit einer Lüge sterben wollen. *„Es wäre Eigensinn, Dich mitzunehmen"* sagt Filippo bevor er stirbt. Beatrice ereilt das Schicksal ihres Vaters, sie fällt wie so manche Geliebte des Verführers in Wahnsinn.

Die Handlung ist sowohl bei Schnitzler als auch bei Hofmannsthal unglaubwürdig. „Die Frau ohne Schatten" ist als Märchen inszeniert, und thematisiert unbewusste Vorgänge, doch mit der Erkenntnis siegt am Ende das Gute im Menschen. Schnitzlers Tragödie ist allegorisch gehalten und nur als Traum zu verstehen, der schmerzlich Dinge ins Bewusstsein hebt, an denen die Protagonisten zerbrechen. Das Unbewusste hat folglich eine das Leben erhaltende und schützende Funktion. Aus der Ahnung heraus erwächst eine veränderte Haltung zum Leben und ermöglicht den Eingriff in das Schicksal durch die bewusste Entscheidung. Die Charaktere sind in beiden Fällen gleichzeitig frei und unfrei in ihren Entscheidungen, stehen

---

[135] Ebenda, 3. Akt, S. 636. Folgende Zitat ebenda, S. 637 ff.

unter dem Bann des Lebens als auch des Todes und gehören einer immanenten irdischen und einer transzendenten Seelenwelt an.

Selbst der mächtige Herzog bleibt nur teilwissend: *„Mir ist manchmal / Als ahnt' ich das Geheimnis solcher Seelen!"*[136] Wie der Kaiser träumt und ahnt er sein Schicksal voraus und weiß, dass der Tod anderer Voraussetzung zu seinem eigenen Glück bildet. Genau wie der unglückliche Kaiser sucht er, diesem Schicksal zu entgehen und nimmt eine schwere Prüfung auf sich, doch beide Herrscher sind nicht allmächtig. Es scheint, als sei der Mensch ewig verdammt zu begehren, was er nicht besitzt und wenn er es besitzt, sich schuldig zu fühlen für das, was ihn dieser Besitz gekostet hat.

1. 4. Vergleichbare Prosa

1. 4. 1. „Das Glück am Weg" und „Spaziergang"

Ausgangspunkt der allegorischen Erzählung „Das Glück am Weg" (1893) ist die Langeweile eines Reisenden, der gleichmütig und in pathetischer Verklärung schwelgend seine Reiseeindrücke begleitet, sich aber offensichtlich auf niemanden einzulassen vermag und nur in seiner Traumwelt Erfüllung findet. Die Unfähigkeit, dem eigenen Leben entgegenzutreten bzw. sich für oder gegen etwas zu entscheiden verführt zur Oberflächlichkeit, Bindungsangst und Promiskuität, zum Ich-Verlust bzw. zur Ich-Verstellung.

„Das Glück am Weg" erscheint inspiriert von Nietzsches 60. Aphorismus aus „Die fröhliche Wissenschaft" mit dem Titel Die Frauen und ihre Wirkung in die Ferne, in dem es heißt: *„Sitzt mein Glück selber an diesem stillen Platz, mein glücklicheres Ich, mein zweites verewigtes Selbst?"* Es ist ein typischer Prosatext, der ohne Handlung auskommt, ganz von der Sprachästhetik lebt und philosophisch verdichtet wird in der Allegorie des Schiffes „la fortune", mit der beobachteten Dame aus der Ferne, die ihren Reiz durch die Unerreichbarkeit erhält und dementsprechend das flüchtige, nie zu fassende, nur vorgestellte Glück verkörpert. Mythologische Hinweise auf Dionysos, Nereiden, Tyche und Ariadne, Fantasie und Rätsel der Antike, verstärken und unterstützten den in märchenhaft romantischem Ton gehaltenen Text. Das Glück erscheint als subjektivierter Selbstgenuss, evoziert durch Kunst, Einbildungskraft und Erinnerung, ein Prozess der Transforma-

---

[136] Ebenda, 4. Akt, S. 653.

tion. Dazu gesellt sich Voyeurismus als das Begehren im Blick, ein Thema, das Schnitzler speziell in „Fräulein Else" bearbeitet. Um es mit Nietzsche zu formulieren, handelt es sich um eine Transfiguration des Sinnlichen in den ästhetischen Rausch. Es ist nicht das Leben selbst, sondern das Versprechen auf das Glück, welches glücklich stimmt, wie es Stendhal in *une promesse de bonheur"* formuliert. Glück ist Antizipation und Konstruktion, also Idealität niemals Folge von Realität. *„Es liegt unendlich viel in Bewegungen: Sie sind die komplizierte und fein abgetönte Sprache des Körpers für die komplizierte und feine Gefallsucht der Seele, die eine Art Liebesbedürfnis und eine Art Kunsttrieb ist."*[137] In der Sprache des Körpers dieser Frau liegt folglich eine Unendlichkeit an Möglichkeiten ausgedrückt vor, ohne dass man diese greifen bzw. begreifen könnte. Es handelt sich mehr um einen Traum und Verheißung denn wirkliches Erleben. Bei Hofmannsthal ist das erwartete, erhoffte oder erträumte Glück stets das größere, bei Schnitzler dominiert die süße, häufig verklärte Erinnerung. In beiden Fällen aber wird das Glück, vergessen (verdrängen) zu können, zum zentralen Bestandteil des Genusses an der Gegenwart.

„Spaziergang" ist hinsichtlich der Länge und der Handlungsarmut mit „Das Glück am Wege" vergleichbar. Vier Freunde verkörpern dabei vier Sicht- und Lebensweisen. Hans spricht vom Heimweh, das einen durch Erinnerung an geliebte Orte befällt, Max hält dies für eine *„halb unbewusste Erinnerung",* die nur sentimental, nicht glücklich macht, weil es sich um das handelt, was sein soll. Stefan behauptet, er liebe nur das, was nicht mehr da ist, also die Fiktion bzw. das Vergangene an sich. Fritz nimmt die Position ein, dass nur im Vergessen selbst das wahre Glück liege, eine These, die Nietzsche in seinem Aphorismus 126 der „Morgenröte" (Vergessen als die höchste Macht) äußert. Glück scheint in der Verbindung aller vier Triebe zu liegen, dem, was *„den Duft dieser Dinge macht"*[138]*,* dem *„Geheimnis der Stimmung"* (bei Nietzsche die *„Stimulans zum Leben").* Die Rede ist vom *„wallenden Schleier",* der aus dem *„Rätsel unbewußter Schmerzen"* gewebt ist. Beide Werke weisen folglich starke Affinität zur Lebensphilosophie Nietzsches auf. Auch Schnitzler knüpft an die *„Antworten aus der Tiefe der Seele"* an, doch für ihn ist es offensichtlich stärker als bei Hofmannsthal ein Akt des Geschehens und des Zufalls, weniger ein herbei gesehnter und durch Suggestion erzeugter Moment des Glücks. Folglich haben wir stets

---

[137] Hugo von Hofmannsthal, Ges. Werk, Prosa I, Das Glück am Wege, 1893 S. 140 ff.
[138] Arthur Schnitzler, Erzählungen, Spaziergang, 1893, S. 183 f.

„Sehnsucht nach dem, was wir besitzen und Heimweh, während wir doch zu Hause sind."

„Koketterie bewahrt die Gestalten vor der wahren Erkenntnis ihrer inneren Leere[139] und schafft den Dandy. Langeweile ist ein allgemeines Thema der Epoche Fin de Siècle. Schnitzlers Skeptizismus betont dabei besonders die krisenhafte Wirklichkeitserfahrung. *„Hofmannsthals Kritik richtet sich konsequenterweise auf das Lebensversäumnis, das sich als Folge dekadenter Lebenshaltung einstellt."*

1. 4. 2. „Der Marschall von Bassompierre" und „Die Frau des Richters"

Im Essay „Gerechtigkeit" schreibt Hofmannsthal: *„Gerechtigkeit ist alles ... Gerechtigkeit ist das Erste, Gerechtigkeit ist das Letzte. Wer das nicht begreift, wird sterben."[140]* Hofmannsthals Erzählungen schweben allesamt zwischen Traum und Wirklichkeit, Romantik und Allegorie. Eine Adaption des Sujets vorausschauender Tod und Begegnung mit einer geheimnisvollen Fremden liefert „Das Erlebnis des Marschalls von Bassompierre", in dem ein Marschall eine Affäre mit einer geheimnisvollen Schönen hat, die sich im Nachhinein als verheiratet und pestinfiziert herauskristallisiert. Der Beginn *„Zu einer gewissen Zeit meines Lebens"[141]* ist der signifikante Schlüsselsatz, denn auch am Ende bleibt der Marschall im Ungewissen über das Schicksal bzw. die wahre Identität der Frau, die für eine Nacht seine Geliebte war. Das In-der-Schwebe-lassen gehört zu den markanten Charakteristika von Hofmannsthal, das aber auch Schnitzler nicht fremd ist. Es geht primär um das Sehen (und Erkennen) auf den zweiten Blick, wobei die Ohnmacht als Symbol für den fließenden Übergang aus Bewusstsein und Unbewusstem fungiert. Die Unruhe des Marschalls erweist sich als Symptom des Fin de Siècle, das Schnitzler das Zeitalter der *„permanenten Verunsicherung"* nennt. Freilich wählt der Dichter einen anderen, fernen Rahmen, die Zeit der Unabhängigkeitskriege in Italien, gleichwohl werden der Umbruch und das Nervenfieber spürbar. Alles wandelt sich, selbst vertraute Alltagsgegenstände, so erscheint das schlichte Haus bei Nacht dem Marschall als Schloss, bei Tag als Ruine. Tag und Nacht lassen den Ich-

---

[139] Gabriele Planz, Langeweile, S. 42. Die Autorin vergleicht das Thema in den Werken Wedekinds, Schnitzlers und Hofmannsthals. Folgendes Zitat. S. 86.
[140] Hugo von Hofmannsthal, Sämtliche Werke, Prosa I, Gerechtigkeit, 1900, S. 134 ff.
[141] Hugo von Hofmannsthal, Sämtliche Werke, Erzählungen, I, 1900, S. 132.

Erzähler in zwei völlig verschiedene Sphären eintauchen. Allgemein liebt Hofmannthal es, Dinge schweben zu lassen.

Die Erzählung „Die Frau des Richters" (1925) handelt von einem deutschen Herzogtum des 18. Jahrhunderts und macht an den drei miteinander verwobenen Schicksalen Schnitzlers Pessimismus deutlich, dass es wenig Aussicht auf Änderung der sozialen wie auch der charakterlichen Mängel auf Erden gibt. Der Sohn eines moralisch inkompetenten Richters, der sich fest vorgenommen hat, Reformen durchzuführen, handelt wider seinen Jugendfreund feige, unehrlich und betrügt sogar seine Frau, die ihn in seiner Gesinnung ermutigt. Der zur Haft verurteilte Jugendfreund, freigelassen durch ihre Fürsprache und Begnadigung des Herzogs, erweist sich als streitlustiger „bedenklicher Geselle", den die Milde nicht einsichtig macht und der nach dem Gesetz der Willkür verfährt. Um ihren Mann zu beschämen, verlässt Agnes den Richter und wird ein „Gartenmägdelein", wie die Mätressen des Herzogs heißen. Doch dieser ist durch die Feigheit des Richters, den Starrsinn des Freigelassenen wie auch die Rachsucht der Frau derart enttäuscht, dass er die geplanten Reformen verwirft. Vergleichbar mit „Fräulein Else" und „Die Traumnovelle" ist dabei der Widerstand mit den Konventionen, der Konflikt zwischen Ich, Es und Unbewusstem. Zudem erscheint die Ehe als Zwang und wenig glaubhaftes Instrument wechselseitiger moralischer Stütze. Am Anfang muss die Gattin den scheinbar zum Umsturz wild entschlossenen Gatten besänftigen, doch alsbald stellt sich alles als bloßes prahlerisches Gerede heraus, wie der scheinbare Rebell sich als „hochmütig und nicht ohne Tücke" herausstellt. Die vermutlichen Gegensätze zwischen Rechtsstaat und freiem Willen existieren nicht, da Richter und Räuber nahezu austauschbar sind. „Ich kann mir so wenig helfen wie du; wir stehen beide unter demselben Gesetz, doch glaube ich fast, daß mir wohler zumute ist als dir."[142] Die Ironie der Erzählung liegt aber darin, dass die liberal gesinnte Agnes mit ihrer erotischen Hingabe an den Herzog maßgeblich dazu beiträgt, dass der junge, bislang besonnene Mann, auf den Spuren seines Vaters zu wandeln beginnt und sich um die Geschicke seines Landes nicht mehr kümmert.

---

[142] Arthur Schnitzler, Traumnovelle und andere Erzählungen, Die Frau des Richters, S. 96.

1. 4. 3. „Reitergeschichte" und „Abenteuernovelle"

Als weiteres Beispiel fungiert die durch Hofmannsthals Heereserfahrung inspirierte „Reitergeschichte" (1899), in der es zur Todeserfahrung durch einen Doppelgänger kommt. Während der italienischen Unabhängigkeitskriege begegnet dem Wachtmeister Anton eine beinahe noch junge Frau, eine Fremde, die ihn wie magnetisch anzieht. Im Glauben, in ihr eine frühere Geliebte wiederzuerkennen, folgt er ihr, sie wird zu seinem Tagtraum und *„Splitter im Fleisch, um den herum alles von Wünschen und Begierden schwärte."[143]* Er begegnet auf der anderen Uferseite seinem Spiegelbild oder Doppelgänger, der seinen nahen Tod ankündigt. Anton erbeutet in der Schlacht einen Schimmel, Symbol des Thanatos, den sein Vorgesetzter für sich selbst beansprucht. Dieser weigert sich, es fährt ihm *„ein so entsetzlicher Zorn über das Gesicht, die Stimme, die Haltung und das ganze Dasein dieses Menschen, wie er nur durch jahrelanges, enges Zusammenleben auf geheimnisvolle Weise entstehen kann."* Dem Rittmeister bleibt nach dem Kriegsgesetz nichts anders übrig, als die Befehlsverweigerung mit einem tödlichen Schuss zu beantworten. Auch diese Geschichte ist mehrfach deutbar, klar ist nur, dass der Mensch unbewusst von seinen Träumen und Machtfantasien, erotischer als auch kriegerischer Art, getrieben wird.

Wie aus seinen Briefen hervorgeht, Schnitzler hält die Reitergeschichte für ein Plagiat Kleists und vermag die Anwandlung des Freundes, bekannte Stoffe zu variieren, nicht als hermetischen Textverweis zu deuten. Gleiches gilt für die Erzählung des Marschalls, die auf Goethe bezogen ist. Schnitzler steht solchen Experimenten, die Hofmannsthal Schreibübungen nennt, skeptisch gegenüber. Generell zeigt er sich mehr an den Dramen des Dichters interessiert. Die Symbolsprache, speziell die Allegorie ist nicht seine Domäne. Die Neigung, um die Jahrhundertwende solche die Männlichkeit romantisierenden Kriegserlebnisse zu schildern, ist indes ein charakteristischer Zug der k. u. k. Literatur, wie das Beispiel Rilkes Erzählung „Die Weise von Liebe und Tod des Cornets" (1899) veranschaulicht. Auch Schnitzler beschreibt sexuelle Allmachtfantasien und Triebverlagerung von Minderwertigkeitsgefühlen rangniederer Soldaten, die aufgrund ihrer sozialen Herkunft nicht in den Rang eines Offiziers aufsteigen können. Das beste Beispiel dazu liefert „Leutnant Gustl" (1900), der eine richtige Schlacht ersehnt und gerne sich glauben machen möchte, er bräuchte die Mädchen nur fest

---

[143] Hugo von Hofmannsthal, Ges. Werke, Erzählungen 1, Reitergeschichte, 1899, S. 35 ff.

anzuschauen, und schon sind sie die seinigen. Der Blickkontakt mit der Frau bedeutet in allen drei Erzählungen Hofmannsthal den Untergang eines der beiden Geschlechter; der erotische Moment erlebt sein Fiasko im Tod.

In der „Abenteuernovelle" (1928) flieht der junge Anselmo aus seiner Heimatstadt Bergamo, da er Vater und Mutter am selben Tag durch die Pest verliert. Bald stellt sich *„das Bewußtsein einer plötzlich gewonnenen Freiheit"* ein. Das Thema des plötzlichen Todes, ausgelöst durch den Selbstmord der Tochter, wird Schnitzlers zentrales Thema. Zunächst führt ein eher zufälliges Duell zum Tod eines Rivalen von Anselmo, später eignet sich der junge Mann mehr und mehr die räuberischen Züge des im Duell Getöteten an, *„er wußte, daß er hier nichts anderes mehr zu erwarten hatte als den Tod".*[144] Der zu Spiel, Trunk und Raufereien verführte Jüngling wird durch eine Liebesnacht mit einer Jungfrau *„in ihren Armen so völlig zum Mann, daß er nach dem Stolz der Eroberung .... aus seiner Seele schon die Sorge steigen fühlte, sich an die Frau zu verlieren, die Angst, festgehalten zu werden und den Drang, gleich die Geliebte zu verlassen ..."* Freiheit und Bindung sind unvereinbar, bei Schnitzler dominiert bei den Frauen die Angst vor dem Alleinsein, beim Mann die Furcht vor der Nähe. Die Frauen wollen nicht verlassen, die Männer nicht besessen werden. Anselmo verliebt sich in Lucrezia, die von ihrem Vater wie eine Gefangene in einem Kloster gehalten wird. Der Vater gilt als Prophet und sagt dem Eindringling seine Sterbestunde voraus. Anselmo flieht und nimmt am Ende Gift *„wie je- der dem Tod entgegenwandert".* Im Grunde hat er nie erfahren, was selbstbestimmtes Leben ist, sondern sich nur als Wanderer auf dieser Welt empfunden, von Zufall oder Schicksal bestimmt. Das Außergewöhnliche wirft ihn aus der Bahn, der Glaube an das Fatum besiegelt sein Schicksal.

VI. 2. Hermann Bahr

2. 1. Freundschaft und Korrespondenz

Schnitzler lernt den ein Jahr jüngeren Bahr ebenfalls 1891 im Griensteidl kennen und pflegt bis zu seinem Tode (Bahr stirbt drei Jahre später) engen Kontakt zu ihm; beide beschließen etwa zur selben Zeit, ihrem alten Beruf

---

[144] Arthur Schnitzler, Traumnovelle und andere Erzählungen, Abenteuernovelle, S. 315. Folgende Zitate ebenda, S. 331 und S. 358.

abzuschwören und als freie Schriftsteller zu leben (wobei sie ihr Einkommen hauptsächlich nicht aus der Literatur beziehen). Mitunter gesteht Schnitzler in seinen Briefen Bahr Inspirationsquellen für seine Stücke ein, etwa den Bozner Aufstand 1899 gegen das Militär, das die Spannung von Zivil und Militär zum Ausgangspunkt für „Leutnant Gustl" hat.

Bahr schreibt u. a. in „Wiener Theater Rezensionen" mehrfach über Schnitzlers Dramen, und dieser teilt ihm mit, er sei durch den Reigen *„etikettiert auf Lebenszeit",* dass er dieses Skandalstück für überschätzt hält und es bedauert, dass Bahr glaube, er identifiziere sich mit seinen Figuren, dem „Puppenspieler" oder in „Der einsame Weg". *„Wenn Individuen wie Wegrath ... die Grenzen ihrer Begabung erkennen, so ist dies ... wenigstens Symptom ihrer Reife."*[145] Vielmehr neige er den Positionen von Salas zu. Es ist eines der überaus seltenen Dokumente, in denen sich Schnitzler zu seinen Stücken kommentierend äußert.

Häufig beglückwünschen sich beide wechselseitig zu Ihren Werken, die sie zu den Premieren besuchen, sofern es nicht zu einer Überkreuzung kommt etwa, als „Die Andere" am selben Tag (30.07.1905) in München uraufgeführt wird wie Schnitzlers „Zwischenspiel" in Berlin. Schnitzler erlaubt sich dem geduzten Freund gegenüber häufig Kritik an der Ökonomie seiner Dramen, denn jedes Detail sollte einen Bezug zum Ganzen erkennen lassen. Schnitzler liest den ihm zugesandten Entwurf, um erwünschte Ratschläge betreff der Gestaltungskunst mitzuteilen. Beide schreiben vermehrt drei Einakter, die zu einem gemeinsamen Aufzug geeignet sind. Unter anderem findet Schnitzler „Die gelbe Nachtigall" (1907) – ein Stück, das den Aufstieg einer Wiener Schauspielerin am Burgtheater thematisiert – besonders gelungen. Auch in diesem Lustspiel ist Bahrs eigentümlicher Hang zur Groteske wie „Der Faun" (1906) unverkennbar. Neben seiner Tätigkeit als Theaterredakteur, der seine Kritiken in Buchausgaben veröffentlicht, hat Bahr als Lustspieldichter um die Jahrhundertwende zunehmend Erfolg, vor allem durch die Zusammenarbeit mit Max Reinhard. Von seinen insgesamt mehr als 40 Stücken werden jedoch nur die beiden Komödien „Der Meister" (1903) und Das Konzert (1909) heute noch gespielt. Seine Begabung liegt offensichtlich mehr im Essay und der Prosa.

Über das Vertrautsein der beiden Künstler sagt auch der Brief Schnitzlers vom 22.04.1913 viel aus, in dem er ihm von dem Klinikaufenthalt des

---

[145] Arthur Schnitzler Briefe 1875-1913, an Hermann Bahr, 14.12.1904, S. 504.

an Alkoholismus und Paranoia leidenden Freundes Peter Altenberg berichtet, da dies gegen die ärztliche Verschwiegenheitspflicht verstößt.

Ähnlich wie Joseph Roth macht Bahr sich zu Lebzeiten primär als Journalist und Prophet neuer künstlerischer Strömungen einen Namen. Zwischen 1907 und 1932 schreibt er u. a. für die Neue Freie Presse in Wien, aber auch für das Berliner Tagblatt, die Frankfurter Allgemeine Zeitung oder die Vossische Zeitung, für die auch Theodor Fontane aktiv war. Bahr hat ein Gespür für aktuelle kulturelle Tendenzen und bemüht sich auch später um aufrichtiges Verständnis den vermeintlich modischen Richtungen wie dem Expressionismus oder Futurismus gegenüber. Daher rechtfertigt er in nachvollziehbarer Weise sowohl den Symbolismus, den Jugendstil, den literarischen Impressionismus, für den er den Begriff „Fin de Siècle" 1891 prägt als auch die späteren Kunstrichtungen. Eine Analogie zu dem gemeinsamen Freund Hofmannsthal besteht in seiner Hinwendung zum Katholizismus nach dem ersten Weltkrieg.

Mit Hofmannsthal und Schnitzler sowie Beer-Hofmann unternimmt Bahr zudem Radfahrten, besonders in den Semering und nach Ischl. Zudem pflegen sie ein intensives Musikverständnis, u. a. ist Bahr in zweiter Ehe mit der Operndiva und Mahler-Geliebten Anna von Mildenburg liiert. Er gilt als Förderer, wenn nicht Entdecker von Gustav Klimt (den Schnitzler wenig schätzt) und Befürworter der modernen Malerei (die Schnitzler verachtet). So wie Bahr in puncto moderner Musik und Malerei seinem Freund eine Brücke ist, kann umgekehrt Schnitzlers Heranführung an die Psychoanalyse Freuds geltend gemacht werden. Namentlich die „Hysterie-Studien" 1902 finden ihren Niederschlag in seiner Arbeit „Credo – Dialog vom Tragischen" (1903). Wie seine „Tagebücher" belegen, findet Bahr 1902 erst relativ spät und über Schnitzler Zugang zu Freud. In seinem Drama „Die Andere" arbeitet er die Theorien von Triebunterdrückung und Triebsublimation ein. Erst als Schnitzler sich von Nietzsche bereits distanziert, beginnt bei ihm die intensive Auseinandersetzung mit seinem Denken.

Ähnlich wie bei Hofmannsthal kommt es in den Kriegsjahren aufgrund Bahrs Euphorie zu einer Art Entfremdung, wobei die Freundschaft überdauert. Hintergrund bildet auch hier die im Unterschied zu Schnitzler geäußerte Kriegsbegeisterung bzw. Kriegsrechtfertigung, z. B. in „Kriegssegen" (1915). Als Dramaturg am Wiener Burgtheater führen die Wege der beiden durchaus unterschiedlichen Persönlichkeiten wieder zusammen.

2. 2. Essays und Prosa zur Kunst der Zeit

Bahr wirkt an drei Stätten belebend als Kulturkritiker: Wien, München, Berlin. Ob Naturalismus oder Symbolismus, Impressionismus oder Décadence, Secession, Expressionismus oder Heimatkunst – Bahr nimmt sie im Entstehen auf und begleitet sie publizistisch. Beweglich wie kein anderer, avanciert er zu einem der einflussreichsten Vermittler der europäischen Moderne zwischen Wien, Paris, Berlin, Moskau und Madrid, lebt nach dem Credo, „täglich *ein anderer zu sein*", womit er Machs Theorie von der Heterogenität bzw. des Verfalls des Ich, seine Unrettbarkeit populär und anschaulich macht. Zu Lebzeiten feiert man ihn als Prophet oder verdammt ihn als Schwindler. Seine Essays ab 1890 enthalten Texte zu so unterschiedlichen Themen wie Hendrik Ibsen der Pariser Weltausstellung, zum Salon der Impressionisten von 1889, zum Wiener Theater, zur Nationalökonomie Simmels und der Philosophie Brandes, zur Erkenntnistheorie Machs und der Malerei Klimts.

Bis in die Neunziger Jahre dominiert Zolas naturalistische Milieutheorie die Gazetten Wiens. Veröffentlicht wird sein Essay „Die Überwindung des Naturalismus" (1891) in dem Band „Zur Kritik der Moderne", wobei Bahr den Wandel und den Untergang des Alten begrüßt. Bahrs Essays sind stets persönliche Meinungsbilder und betonen die Subjektivtät. Das junge Wien will sich nicht mehr die Theorien anderer aufdrängen lassen und ist süchtig nach eigenen Erfahrungen. Schon der zweite Satz seines Aufsatzes lautet daher: *„Überall habe ich gefragt, mit dieser bebenden, hungrigen Begierde. Und nirgends war Antwort."*[146] Bahr schreibt von einer Agonie und nennt sehr konkrete, weil auf seine eigene Erfahrung bezogene Beispiele für die Dekadenz. Gerade weil das Ende so nah scheint, wird der Zeitgeist in seiner dionysischen Trunkenheit und Selbstvergessenheit greifbar: *„Lasset uns genießen, in Rausch und Wollust, vor der Sintflut!"* Im Gegensatz zum Naturalismus hat der von Bahr beschworene literarische Impressionismus weder Theorie zum Hintergrund noch Wissenschaft als Ziel, es ist das Bekenntnis zur absoluten Subjektivität und dem permanenten Wandel des Ich. Die Moderne ist *„die Qual und die Krankheit des Jahrhunderts, die fieberische und schnaubende"*. Die Einheit des Systems geht verloren, Fantasie und Illusion als Nervenkunst müssen sie ersetzen. Der Körper *„hat Triebe gezeugt und Wünsche, ungekannt zuvor und unverstanden."*

---

[146] Hermann Bahr, Zur Kritik der Moderne, Die Überwindung des Naturalismus, S. 36 ff.

Bahrs Aufsätze, die zahlreiche Künstler wie Hofmannsthal einem Publikum außerhalb Wiens zugänglich machen, lesen sich mitunter wie ein Manifest, doch es sind lediglich kunstvoll aneinander gereihte Glaubenssätze. Es finden sich solche darunter wie *„Aber wenn der König bestattet ist, dann lebe der andere König!"* – Sie lassen sich als Übersetzung und damit epigonenhaft deuten im Sinn *„le rois est mort – vive le roi"* oder nietzscheanisch mit dem Tod Gottes und der alten Ordnung gleichsetzen, was weniger epigonenhaft ist, da Bahr zu dieser Zeit Nietzsches Werke nicht kennt. Gleichwohl lesen sich seine Gedanken wie die des Philosophen vom Umwerten aller Werte: *„Bis der neue Geist wird, in welchem der alte vernichtet und nur die Wirklichkeit ist … bis die Lüge erwürgt ist"* fordert Bahr eine Umkehr. Auch der Stil nimmt mitunter dionysischen Dithyrambus Nietzsches an. Dreifach ist die Wahrheit – man fühlt sich unweigerlich an die dreifache Verwandlung des Geistes bei Zarathustra erinnert – *„Eine Wahrheit ist der Körper, eine Wahrheit in den Gefühlen, eine Wahrheit in den Gedanken."* Mit der Wiederbelebung unserer Sinne soll dem Nihilismus entgegen getreten werden, der auch durch die ästhetische Reflexion Kulturphilosophie erhält. So endet der Essay: *„Vielleicht ist es nur der letzte Krampf, das überall stöhnende, der letzte Krampf vor Erstarrung in das Nichts."*

In seinem Essay „Das unrettbare Ich" (1904), der Machs Philosophie populär macht, schreibt Bahr, es handle sich schlichtweg um die *„Philosophie des Impressionismus"*[147], weil was die Einheit der Persönlichkeit als eine scheinbare entlarvt, wird analog der monochromen Flächen in der Malerei, die sich aus multichromalen Punkten zusammensetzt, eine durch die Kontinuität der langsamen Änderung hervorgerufene Täuschung. Weil das Ding an sich nichts anderes als der Zusammenhang der Elemente, Farben, Töne, Sinne, eine wechselnde Verbindung von Merkmalen ist, kann auch das unveränderliche „Ich" lediglich Komplex und Konstruktion aus unterschiedlichen, der Veränderung unterworfenen Elementen wie z. B. Erinnerungen, Stimmungen, Gefühlen sein. Analog zu Hofmannsthals „Chandos Brief" (1902) äußert Bahr seine Skepsis, dass ein Ich überhaupt existiere.

Für Peter Kampits artikuliert sich in Bahr die Stimme der Wiener literarischen Impressionisten, die darin ihre eigene Grundhaltung darstellen, die nicht mehr zwischen Schein und Wirklichkeit, Wahrheit und Fiktion unterscheidet. Das Sagbare und das Unsagbare finden als Sprachproblem auch Eingang in die frühe Philosophie Ludwig Wittgensteins. Die österreichische

---

[147] Hermann Bahr, Dialog vom Tragischen, Das unrettbare Ich, S. 114 ff.

Philosophie ist ein Musterbeispiel für Paradoxien und Denken in Antagonismen, wie das Kampits in „Mythologische Elemente des kritischen Rationalismus" (1983) veranschaulicht. Um es mit Mach bzw. Bahr zu formulieren: Das Physische und Psychische sind identisch, nur ihrer Betrachtungsweise nach verschieden. Die Metaphysik hat ausgedient, Gott ist tot, nur die Mehrdeutigkeit ist.

Ähnlich Altenbergs „Skizzenbüchern" schreibt Bahr kurz und tendenziell aphoristisch. Als Beispiel für seinen Übergang vom Impressionismus zum „Expressionismus" (Essay 1914), der in dem gleichnamigen Sammelband publiziert wird, beginnt Bahr charakteristischerweise mit einer rhetorischen Frage: *„Muß denn alles gleich »erklärt« werden?"*[148] Kunst kann gar nicht erklärt werden, sondern, wie es im Anklang an Nietzsche im dritten Kapitel über Geschmack heißt: *Selig sind, die Geschmack haben, auch wenn es ein schlechter Geschmack ist, sagt Nietzsche. Aber wer kann sich heute dieser Seligkeit rühmen? Geschmack hat, wer auf einen Reiz ganz unüberlegt antwortet; er mag nachher aus seinem Verstande Gründe dafür beibringen, aber diese rechtfertigen sein Urteil bloß."*

In „Unzeitgemäße Betrachtungen" greift Nietzsche die Universitäten und Bildungsphilister an. Bahr bezieht sich darauf: *„Er stand früher nach gestern hin, er steht heute gegen morgen zu; sein Hauptmerkmal war einst der Widerstand, sein Hauptmerkmal ist heute die Wehrlosigkeit."* Er appelliert an das Recht, jung zu bleiben, und sei es auch nur, sich nicht dem Stillstand der Welt und der Gewohnheit anzuvertrauen. Er hält es für ein Symptom der Krankheit, jede Geschichte als etwas Absolutes festschreiben zu wollen, wo sie doch nur Geburt von etwas Neuem sein könne. Die Generation der Väter erzeuge rebellische Söhne, die wiederum rebellische Enkel zeitigen. Der Zweck von allem ist nicht Geschichte oder Kontinuität, sondern Wandel. In seinem provokanten Artikel „Es gibt in der Kunst stets auch Schwindler" schreibt Bahr, zu schwindeln heißt, nach der Gesinnung des Künstlers zu fragen. *„Mit der Echtheit wird heute eine schreckliche Verlogenheit getrieben. Wir sind ja schon so weit, es dem Künstler zu verdenken, wenn er sich überhaupt etwas vornimmt. Ganz unbewußt wollen wir ihn, nachtwandelnd, von Geschichten überfallen; nur den Rauschkünstler, den Traumkünstler, den Wahnkünstler wollen wir!"*

---

[148] Hermann Bahr, Expressionismus, Kapitel 1, S. 9. Folgende Zitate Kapitel 3, S. 11, Kapitel 5, S. 13 und Kapitel 7, S. 16.

Bahr leugnet nicht, dass er den Theorien der Expressionisten keinen Glauben schenkt, zumal *„sie gern im Nebel reden"*, aber es gibt auch unter ihnen Menschen, die malen, was sie malen wollen oder schreiben, was sie schreiben müssen. Nichts ist überhaupt gemeingefährlicher als ein Maler, der programmatisch wird oder ein Schriftsteller, der sich einer Idee verpflichtet sieht. An der Nachfolgegeneration um Franz Werfel wird Bahrs Verständnis plausibel, denn auch in der Kunst bedarf es des Wandels und mitunter sogar der Brüche. Die Explikation und das Unmissverständliche hält Bahr darum für ein verlogenes und eitles Unterfangen: *„Die Menschheit hat ja die Gewohnheit, immer wenn sie eine Zeitlang ganz zum Sichtbaren hin, ganz im sinnlich Wahrnehmbaren stand – so ganz darin, daß ihr alles Unsichtbare entschwand – sich plötzlich wieder umzukehren, nun wieder zum Unsichtbaren hin, so sehr, daß sie zuletzt das Sichtbare gar nicht mehr sehen will."*

Bahr betont, der nach seinem Werk oder dem Entstehen befragte Künstler wisse bereits nicht mehr, wie oder welche Wahrheiten er vortragen soll. *„Dunkle Reden ärgern den Hörer, aber klare hört er gar nicht an oder überhört sie; wird ihm nämlich die Wahrheit zu leicht, zu bequem gemacht, dann achtet er sie wieder nicht."*

Bahr führt auch Tagebücher, den Inbegriff der Subjektivität, in den Feuilleton und das Kommentarwesen der Zeitung ein. In der Aufsatzsammlung „Kritik der Gegenwart" lautet das Anfangskapitel vom 16. November 1919: *„Ibsen schrieb einst an Brandes: „Ueberhaupt gibt es Zeiten, da die ganze Weltgeschichte mir wie ein einziger großer Schiffbruch erscheint – es gilt sich selbst zu retten!" Schiffbruch überall, das ist die Grundstimmung seines Lebens und: Wie retten wir uns? die Grundfrage seiner Werke gewesen. Daß jener altösterreichische Liberalismus aus lauter solchen »Versehen« bestand, hat mein Vater nicht bemerkt, ich aber habe keinen Augenblick daran gezweifelt, daß auch die Republik sich der stehengebliebenen Regenschirme bedienen und lustig weiter kaiserlich verordnen wird."*[149]

Im dritten Eintrag bekennt sich Bahr zum Katholizismus. Es ist insofern typisch, weil viele nach der Zerschlagung der Habsburger Monarchie sich ins Restaurative flüchteten, und noch mehr plausibel angesichts der gescheiterten Revolutionsversuche. Bahr merkt an, durch Kant und Goethe, durch die deutsche Romantik und die deutsche Musik (eine eher protestantische Bewegung) hindurchgegangen zu sein. *„Das Kunstwerk, das sich*

---

[149] Hermann Bahr, Kritik der Gegenwart,16.11.1919, S. 6 f. Folgende Zitate S. 9 ff.

meiner ganz bemächtigen soll, nicht bloß meiner Gedanken, nicht bloß meines Gefühls, sondern um unmittelbares Erlebnis zu werden, auch noch meiner Sinnlichkeit, muß denselben Weg gegangen sein."

Gerade in der Subjektivität des Überwindens, notfalls auch der Ich-Überwindung liegt die Verbindung zu Gott, der sich am Ende doch als notwendig erweist, weil die Menschen zwar versuchen, ohne ihn auszukommen, aber es doch nicht schaffen. Der neue Geist, von dem Bahr spricht und den er im Expressionismus wie auch im mystischen Katholizismus verortet, scheidet den alten nicht aus, sondern erneuert ihn, *„saugt ihn auf"*, um mit Nietzsche zu reden, innerhalb einer „Ewigen Wiederkehr des Gleichen". Der Stoff eignet sich – man denke an die Mysterienspiel von Hofmannsthal – die Form immer wieder aufs Neue an. Es ist, als ob Bahr die Agonie und die Dekadenz seiner Zeit pointiert durch die Metapher der Selbstüberwindung: *„Ein Zeitalter ist umso größer, je mehr es sich von der Vergangenheit beizusetzen, je mehr Vergangenheit es sicher als seine Form zu gebrauchen weiß; denn solange noch irgendein alter Geist nicht ganz zur eigenen Form des neuen geworden ist, wirkt er in diesem vergiftend fort."*

Die Zeit sei verfault und habe wie organische Geschichte mit Krankheit, Fieber und Genesung reagiert. Kunst muss die vitale Kraft besitzen, nichts Lebendiges auszuschließen; Geschöpf einer Einheit, wird sie dann selber wieder Schöpfer von Einheit. *„Unsere Zeit aber kennt kaum die kleinsten Einheiten, sogar der einzelne selber ist ja keine mehr. Kunst ist immer katholisch, im höchsten Sinn: die Menschheit umschließend."*

Im sechsten Kapitel spricht Bahr von einem Experiment, der Mensch habe den lieben Gott und sein Gesetz heutzutage nicht mehr nötig, sondern müsse alles aus eigener Kraft und mit Hilfe der Vernunft lösen. Seine Kritik an Kant und der Aufklärung, der Metaphysik und dem Anspruch Nietzsches, Gott durch Selbstverantwortung zu entthronen, ist deutlich. Das Experiment der Neugier („Nietzsche: Die Glücklichen sind die Neugierigen"), der Versuch des modernen Menschen ist gescheitert. *„Die Hoffnung, daß er vielleicht doch auf halbem Wege stehen bleibt, sei wirklich albern. Warum denn auch? Einmal auf dem Wege, kann er gar nicht mehr zurück, er muß vorwärts, er muß jetzt schon bis ans Ende. Dort wird's sich ja zeigen! Dort werden es dann alle sehen! Und sehen sie, daß es eben ohne Gott doch nicht geht, da kehren sie dann um und kehren wieder heim zu Gott!"*

2. 3. Vergleich „Das Konzert" und „Stunde des Erkennens"

In dieser Richard Strauss gewidmeten Komödie in 3 Akten (1909) sind dem Musiklehrer Gustav sämtliche Schülerinnen verfallen. Als er wieder einmal wie üblich unter dem Vorwand, ein Konzert zu geben, in die Berge fährt, um sich mit einer von ihnen zu amüsieren, gerät die Gewohnheit seiner Frau Marie, diese Affären zu dulden, in Gefahr, da der betrogene Gatte Dr. Jura nicht gewillt ist, seine Frau Delfine aufzugeben. Die beiden reisen den untreuen Partnern hinterher, spielen ihnen vor, einem Partnertausch zuzustimmen. Bahr verbindet vier philosophische Themen miteinander: die Treulosigkeit eines charmanten Verführers, die mögliche bessere Option des Übersehens, die doppelte Moral des Mannes und die mitunter einzige Lösung zu Konflikten in einer Ehe: die Toleranz.

Vergleichbar mit Schnitzlers Typen sind nicht nur der hübsche, gewiss belesene, doch übereitle, narzisstisch veranlagte Verführer Gustav und die typischen Wiener Madl in Gestalt Delfines (austauschbar durch jede andere Schülerin des Meisters), sondern vor allem das Strickmuster der Intrige: Etwas wird erkannt, aber verdrängt, bis es sich nicht mehr verdrängen lässt, anderen gegenüber aber wird der Schein aufrecht erhalten, weil niemand zu den Konsequenzen bereit ist, die eine Aufdeckung oder Aufarbeitung des Konflikts nach sich ziehen würden.

Dr. Jura ist indes ein ungewöhnlicher Charakter, ein Narr, weil er alles ehrlich sagt und unkonventionelle Lösungen sucht. Er hält Marie für eine instinktiv kluge Frau: „*Nämlich nicht mit dem Kopf gescheit, das nutzt doch auch nichts. Sondern man muß wie ein Hund gescheit sein, mit der Nase.*[150] Nach seiner Andersartigkeit befragt, erwidert er, in der Gesellschaft sage selbst der Kluge nur Dummes, weil er sich sonst unbeliebt oder verdächtig macht. Er deutet bereits den Betrug an, wobei er sowohl sich selbst als auch Marie im Auge hat: „*Der gescheitere Teil ist immer das Opfer. Man kann mit einem Hund auskommen, und man kann mit einer Katz auskommen, aber wissen muß man, ob's ein Hund oder eine Katz ist. Das aber verhindert der sogenannte Takt. Klarheit tut uns not, Klarheit ist das einzige; dann geht alles. Und Klarheit gibt's bloß unter taktlosen Menschen.*"

Nahezu denselben Satz sagt auch Fedor in „Märchen" (1893) zu seinen Freunden, als es ihm darum geht, mit den Vorurteilen von der ewig Gefallenen aufzuräumen und deutlich zu machen, dass die Gesellschaft lieber be-

---

[150] Hermann Bahr, Das Konzert, 1. Akt S. 25. Ebenda folgende Zitate.

logen sein will als aufgeklärt und mündig. Marie fragt Dr. Jura, weshalb er seine Frau nicht daran hindern möchte, mit dem Geliebten durchzugehen. Dieser argumentiert liberal: *„Einen Menschen hindern, der ins Glück will? Oder was er halt für sein Glück hält! O nein. Wenn es wirklich ihr Glück ist, hat sie recht. Das ist sogar wahrscheinlich das einzige Recht, das dem Menschen gar niemand durch nichts auf der Welt bestreiten kann ... ich habe einen solchen Respekt vor der inneren Freiheit meines Mitmenschen, daß ich ihn selbst in seiner Dummheit nicht stören mag. Denn es könnte ja sein, daß das, was ihr das ganz große Glück ist, vielleicht für ihn bloß ein Abenteuer wäre.“*

Dr. Jura will folglich nichts geben auf das Gerede anderer Leute, ferner platonisch oder philantropisch lieben und nicht egoistisch, er will die „fast rührende Sehnsucht nach dem Schönen" seiner Frau Delfine fördern. Worum es ihm geht ist, dass sie nicht an den Falschen gerät, desillusioniert und zerbrochen wird. Er erkennt die romantische Schwärmerei durch die Fixierung oder wie Stendhal es nennt, Kristallisierung auf ein einziges Wesen: *„Das ist ja der Irrtum der meisten Menschen, daß sie hoffen, das Schöne, das über die ganze Welt zerstreut und in allen ihren Teilen ist, das einmal irgendwo in einem einzigen Exemplar ganz beisammen zu finden.“*

Sein Argument ist, der Mensch soll, solang er jung ist, das Allgemeine der Ehe kennen lernen, damit Mann und Frau besser befreundet sein können, um sich zu wechselseitigem Verständnis zu erziehen. Zwar gebe es keine Willensfreiheit, aber doch die Möglichkeit, die richtige Wahl zu treffen und damit auf der Basis der Freiwilligkeit und nicht der Unwissenheit zu lieben. Um zu wissen, welche Frau oder welcher Mann zu einem passt, müsse man über eine *„gewisse innere Reife"* verfügen.

Die infantile Delfine will hingegen gar nichts erkennen, nur das Verliebtsein und den Augenblick genießen. *„Und ich will nun einmal, ich will, und wenn ich was will, muß es sein!"*[151] Im Gegensatz zu ihrem Gatten kennt sie weder Ethos noch ein Prinzip der Dauer. Auch Schwerenöter Gustav verfügt über eine ihr analoge Einstellung: *„Ich kann lieben, wen ich will. Niemand auf der Welt hat die Macht oder ein Recht, mir das zu verwehren. Ich nicht. Ich liebe Delfine heute. Ob ich sie morgen noch liebe, weiß ich nicht.“*

Marie soll sich mit der Rolle der Ehefrau zufrieden geben, ihre Frage: „Wozu hat man denn eigentlich einen Mann?" bleibt unbeantwortet. Offensichtlich wächst aber mit seiner Eifersucht auch das Begehren auf die Gat-

---

[151] Hermann Bahr, Das Konzert, 2. Akt, S. 44. Folgende Zitate S. 48 ff.

tin, als Gustav glauben muss, Marie und Dr. Jura seien ein Paar und sie billige darum seine Affäre. Gegenüber Jura gesteht sie sich ihre Lust, gebraucht zu werden, ein: Sie liebt Gustav, *„weil er einen doch braucht!"*. Auch das Thema der kultivierten Lüge stiftet eine Analogie zu Schnitzler. Gustav, einmal überführt, will nicht einmal einsehen, dass er seine Frau betrogen hat, denn dazu würde das Wissen der Gattin gehören, doch er habe es immer diskret behandelt: *„Betrügen! Als ob du's nicht immer gewußt hättest!"*[152] Vielmehr möchte er die Schuld Dr. Jura als dem Entlarver seines Fauxpas zuschieben: *„Durch seine Maske, durch seine Pose darf man sich nicht täuschen lassen, dahinter steckt doch im Grunde ein sehr echter und wirklicher Mensch, und wer ihn, wie ich jetzt, erst einmal näher kennt und überhaupt die Gabe hat, einen Menschen menschlich aufzufassen."*

Hinter der scheinbaren Plattitüde steckt sowohl eine gesellschaftliche Gepflogenheit, dass Männer aus- und fremdgehen können, eine Theorie, dass der Mann fremdgehen müsse, um seiner Frau im eigentlichen und tieferen Sinne treu zu bleiben (er kehrt zu ihr zurück), drittens die Unfähigkeit der Redlichkeit in Bezug auf den Eros. Gustav glaubt, und Marie hat ihn darin bestärkt, es seinem Beruf schuldig zu sein, als Verführer aufzutreten. Zudem muss er sich durch die scheinbare Naivität seiner Frau in seinem Verhalten bestätigt fühlen. Nur einmal begehrt seine an sich kluge Gattin auf: *„Jetzt aber will ich es nicht mehr. Nein, ich will es nicht mehr ertragen."* Man ahnt, dass sie für eine ganze Generation betrogener Ehefrauen spricht. Doch die Logik ihres Mannes umschmeichelt sie, weil tief in ihrem Inneren ein Defätismus verankert sitzt. Gustav sagt: *„Frauen sind imstande, zehn Jahre mit einem Mann zu leben, ohne zu bemerken, was er ist und was die Frau an ihm hat. Ja, merkwürdig ... Es ist doch ein Unterschied, ob man eine lieb hat oder sie bloß ... liebt ... Ich brauche das nun einmal, das Flimmern und Rauschen und Glitzern des Lebens um mich."*

Etwas später formuliert der Lebemann seinen Zeitgeist, den man als dekadent oder lebenshungrig bezeichnen kann: *„Ich will noch nicht alt sein."* Es wäre falsch, seine Neigungen einfach als amoralisch abzuwerten, ebenso wie es zu kurz greift, Delfine als Flittchen einzuschätzen, nur weil sie sich von Gustav zum ersten Mal als begehrtes Weib geschätzt fühlt. So sympathisch und kultiviert ihr Gatte Franz auch auftritt, er verkörpert keine

---

[152] Hermann Bahr, Das Konzert, 3. Akt, S. 69. Folgende Zitate. S. 71 ff.

Vitalität, keine Leidenschaft, und in gewisser Weise wirkt seine durch Toleranz praktizierte Liebe notwendigerweise missverständlich.

Gustavs Verführungskünste werden wahlweise mit Schach- und Klavierspiel verglichen, alles geht in der Liebe *„Zug um Zug, die Finger besorgen das ganz mechanisch."* Seine doppelte Moral kündigt sich darin an, wenn er sagt, *„daß eine, die ihren Mann betrügt, wohl kaum zu den – »wertvollen« Menschen gehört."* Sein Gegenüber hat von seinem Charme zu wenig und geht mit Frauen wie mit Männern aus Überzeugung gleich um, was scheitern muss: *„Überhaupt sollte man sich ja mit den Menschen viel mehr Mühe geben, mit allen Menschen!"* Sein Idealismus wird im Stück durchaus kritisch gesehen. Auch die natürliche Weisheit Maries hat ihre Grenzen, denn sie zwingt sie zur Passivität: *„Der Mensch soll sich nicht vermessen, in den natürlichen Verlauf der Dinge einzugreifen."*

Delfine scheint am Ende die einzige, die etwas gelernt hat:*„ O Franz, ich hab's ja früher nie gewußt, wie lieb ich dich hab'"* – doch bleibt der Ausgang ihrer Beziehung offen. Im Fall Maries und Gustavs wird die nächste Untreue in der Schlussszene bereits mehr als angedeutet.

In seinem Einakter „Stunde des Erkennens" (1913, 1915 im Wiener Burgtheater uraufgeführt) schreibt Schnitzler eine Komödie über die Ehe. Vergleichbar mit dem „Konzert" ist zunächst die Konstellation zweier Ehepaare, die sich wechselseitig Erkenntnis stiften. Rudolf Ormin hat als Chirurg Karriere gemacht, wäre aber lieber Hausarzt geworden und beneidet daher seinen Kollegen Karl Eckhold, insbesondere um dessen Gattin Klara. Er selbst ist geschieden, und auf dem Weg in ein Kriegsgebiet mit unsicherem Ausgang will er tabula rasa machen, um mit sich ins Reine zu gelangen. In der Folge seines Gesprächs wird ihm klar, dass auch Klara ihn geliebt, sich aber bewusst für ihren Mann entschieden hat, allerdings vor zehn Jahren eine Affäre mit einem Dichter eingegangen ist aufgrund der Leere, die in ihrer Ehe eingetreten war. Im anschließenden Gespräch erfährt Klara von ihrem Mann, dass dieser seit jeher von der Affäre gewusst hat und nun, wo die gemeinsame Tochter geheiratet hat, die Trennung vollziehen möchte. Die ehemalige Frau Ormins ist zwar nicht anwesend, doch wird durch die Dialoge klar, dass sie gewissermaßen das Gegenstück zu Klara bildet, so wie Ormin und Eckhold auf ihre Art rivalisieren.

Die Stunde des Erkennens vollzieht die Wendung von der Komödie in eine Tragödie, denn vorher wähnt sich jeder mehr oder weniger zufrieden mit dem Ausgang des Geschehens. Jeder lebt mutmaßlich in einem häuslichen Glück oder aber in einer selbst gewählten Lebenshaltung, die sich jedoch als große Lüge herauskristallisiert. Ormin gesteht, er habe sich ein Leben lang nach Ruhe gesehnt und Eckhold nach Abenteuer. *„Wir haben jeder immer gegen unsere innere Natur gelebt."*[153] Dies scheint sowohl symptomatisch für die Lebenslüge des Fin de Siècle als auch für die konträre Lebensauffassung von Mann und Frau, wie sie u. a. bei Bahr in „Das Konzert" thematisiert wird.

Es ist auch für moderne Ehen bezeichnend, dass sich Scheidungen häufen, wenn die Kinder aus dem Haus sind oder ökonomische Zwänge nicht mehr bestehen. Klara liebt Ormin, doch sie will ihre Ehe nicht gefährden. Karl dagegen liebt Melanie, die Ormin heiratet, doch beide bleiben bei ihren Partnern. Glück und Unglück in der Ehe – Analogie zu „Das Konzert" – sind untrennbar miteinander verknüpft. Um es mit Klara zu sagen: *„Man verändert sich ja nicht, man verstellt sich, in tiefstem Wesen bleibt man doch immer, was man war."* Ormin erwidert, der Einzelne kann sich zur Not verstellen, aber für menschliche Beziehungen gebe es keine Masken. *„Es gibt wohl kein durchsichtigeres Material als das, aus dem Ehen geschnitzt sind."* Die beiden haben sich mehr geliebt als ihre Ehepartner und dabei stets verstellt, zur geordneten Untreue erzogen und nicht den Mut besessen, ihre Träume zu verwirklichen. Durch das wechselseitige Geständnis kehrt zunächst Frieden ein, doch Ormin argwöhnt, es habe einen anderen gegeben, wenn Klara betone, sie wäre gerade um seinetwegen nicht zu einer Affäre bereit gewesen. Tatsächlich gesteht ihm Klara, eine Affäre mit einem Dichter und gemeinsamen Freund des Hauses eingegangen zu sein. Ormin verlässt das Paar zum einen im Wissen, von der Frau seines Herzens geliebt worden zu sein und aufgrund seiner Lebensplanung die Trennung selbst herbeigeführt zu haben, doch er erfährt nichts mehr über das Geheimnis zwischen den Gatten, sondern scheidet im Glauben, Klara habe für beide die richtige Entscheidung getroffen.

Klara indes wird von dem Anliegen ihres Mannes, sich auf ewig zu trennen, da sie doch der Tochter und dem Schwiegersohn nach Berlin folgen könne, brüskiert. Karl gesteht ihr, er brauche seine Frau nicht, ihre Anwesenheit sei ihm lästig, und nach zehn Jahren stehe es ihm zu, der Treulosen entsagen zu dürfen. Klara versucht, nachdem ihr klar wird, ihr Mann hat von der Affäre gewusst, allerdings immer Ormin im Verdacht gehabt, dass sie um ihre Ehe kämpfen muss: *„Wir sind uns fern gewesen ... damals ... was dann geschah hatte im Verhältnis zu der Entfremdung, die zwischen*

---

[153] Arthur Schnitzler, Dramen, Stunde der Erkennens, S. 832. Folgende Zitate S. 833 ff.

uns eingetreten war, kaum mehr viel zu bedeuten."[154] Sie gibt zu, sich zu rasch müde geworden zu sein. Ihr Fehltritt erscheint ihr aber nicht so gravierend, weil die Ehe zu diesem Zeitpunkt schon zerrüttet war. Klara glaubt sogar, ihr Mann hätte ihr durch den späteren Beischlaf bewiesen, dass ihre Entscheidung, in der Ehe zu bleiben, die richtige war. Er jedoch fühlte sich im Stich gelassen in seiner schweren Identitätskrise (dem Neid auf Ormin und auf dessen Ehe mit Melanie, die er selbst begehrte). Beide haben sich belogen und zehn Jahre geschwiegen. Karls Schuld wiegt jedoch ungleich schwerer, denn er hat Klara im Glauben gelassen sie zu lieben und sie doch nur als Zweckgemeinschaft geduldet.

Schnitzlers Grundkonzept – die Partner sehen das Verhängnis, verschließen aber die Augen davor oder schweigen dazu – ist mit „Das Konzert" absolut identisch. Die Reaktion ist nur deshalb eine andere, weil im einen Fall der Gatte, hier jedoch die Gattin eine Affäre hat. Ormin verreist und wird sterben wie von Sala in „Der einsame Weg". Der Leser weiß auch, dass eine nur aus pragmatischen Gründen (Tochter, Beruf, Gewohnheit) aufrecht erhaltene Ehe nur noch auf dem Papier existiert. Man kann erahnen, dass der Mann der Frau nicht verzeihen kann und die Frau, die zehn Jahre von ihrem Mann durch sein Schweigen betrogen wurde, gleichfalls nicht wirklich glücklich zu werden vermag. Die Freundschaft der Eheleute erweist sich als Zweckgemeinschaft. Das „Glück außer Haus" hat Unglück im Haus beschert. Für Karl ist seine Gattin nur eine Dirne, wobei sie ihm verschweigt, dass es nicht der Kollege und Rivale Ormin war, mit dem sie ihn einst betrog. Klara wird klar, sie hätte vor zehn Jahren gehen sollen, ja müssen und Schnitzler deutet ihren Suizid durch die letzten Sätze der Resignation mehr als an. „Wem will ich schreiben? Wozu? Keinem. Worte lügen ... Bettine? Sie bedarf meiner nicht mehr ... Es soll mit dem Abendessen nicht gewartet werden."

VI. 3. Peter Altenberg

3. 1. Freundschaft und Korrespondenz

„Man kann alles tun, indem man es tut." Unstrittig ist Altenberg ein lebendes Gesamtkunstwerk und verkörpert die Wiener Kaffeehausliteratur wie kein

---

[154] Ebenda, S. 845. Folgendes Zitat, S. 849 f.

zweiter. „Wie ich es sehe" (1896) ist eine originelle Sammlung mit seinen Prosagedichten und Aphorismen aus dem Fin de Siècle in der Stadt. 1859 geboren, also drei Jahre vor Schnitzler, verbringt er brot- und heimatlos seine Zeit ausschließlich mit Wandern, Schreiben und Trinken. Die Freunde sammeln Geld für ihn, organisieren Lesungen oder nutzen wie Egon Fridell seine geistreichen Humoresken für das Kabarett. Er ist ein Aussteiger par excellence, der sich zu seinem Krank- und Anderssein freimütig bekennt und den viele einfach als Original lieb haben. Arthur Schnitzler schätzt ihn gerade aufgrund seiner Unangepasstheit. Briefe adressiert er immer ins Graben-Hotel oder später ins Café Imperial. Nur gelegentlich, wenn er in Kliniken oder Entzugsanstalten verweilt, adressiert Schnitzler Worte an ihn, sonst schreibt er an den Bruder, der ihn finanziell absichert. Vermutlich verkörpert niemand so gut wie er die Dekadenz seines Zeitalters, denn er hat zeitlebens alle Berufe abgebrochen und nie Geld verdient – im Zeitalter des entfesselten Kapitalismus. Er stammt aus einer wohlhabenden jüdischen Kaufmannsfamilie und benutzt als Künstler, der bald nicht vom Menschen zu trennen ist, das Pseudonym Peter Altenberg. Talentiert erweist er sich zu fast allem, aber für das Leben ist er zu ungeschickt. Das Bonmot „Altenberg ist ein Genie ohne Fähigkeiten" scheint für die ganze Jahrhundertwende Geltung zu besitzen.

Seine Ökonomie besteht im Dasein und Verweilen, nicht im Fortschritt. Er kommt voran, wo andere überholen. Ironischerweise ist es sein „Telegrammstil", der am signifikantesten das Gehetzte, Flüchtige und Beliebige seines Zeitgeistes zum Ausdruck bringt. Über das Thema, was Amerika für den alten Kontinent bedeutet, schreibt er in unübertreffbarer Lakonie „Kartoffeln", wohl wissend, dass dies eine Reihe von Verflechtungen und Verbindungen nach sich zieht. Er besucht wie Schnitzler, den er wohl schon aus dieser Zeit kennt, das Akademische Gymnasium am Beethovenplatz.

Was Peter Altenberg, dessen bürgerlicher Name Richard Engländer ist, fehlt, ist vor allem Ehrgeiz und daneben zweckgerichtetes Denken. Es gibt eine Parallele zu Baudelaire, der auf seine Art auch völlig lebensuntauglich vom Geld seines Vaters existiert und in den Tag nur hineinlebt: das „verlorene Paradies", die frühkindliche Entnabelung von der abgöttisch geliebten Mutter. Die Unfähigkeit, sich von der Welt etwas zu holen, ihr gar den eigenen Willen aufzupressen, hat der intelligente Lebenskünstler selbst als pathologisch bezeichnet. Durch die Annahme des Vornamens Peter will Engländer alias Altenberg seine Solidarität mit den weiblichen Opfern seiner

Gesellschaft bekunden, und das Los der Frauen in einer von Männern beherrschten Welt bewusst machen.

Den Namen Altenberg nimmt er nach eigenem Bekunden als bleibende Erinnerung an jenen Ort nahe Greifenstein bei Wien an, an dem sein Akt der Identifikation stattgefunden hat. Die Gastfamilie nennt die jüngste ihrer vier Töchter „Peter", zwingt sie, ihre Haare bubenhaft zu schneiden und sich wie ein Junge zu kleiden. Offensichtlich wird der heranwachsenden Frau ein Geschlecht zugewiesen, weil es in der Familie Altenberg nicht den ersehnten Buben gibt. Die Annahme seines Nachnamens ist in seiner Zeit üblich und wird v. a. von Menschen jüdischer Abstammung praktiziert. Beispiele sind Felix Salten, Egon Friedell, Alfred Polgar, Max Reinhardt. Altenberg vollzieht durch das Pseudonym einen Bruch mit der ungewollten Tradition und familiären Herkunft. Sein Verhalten verweist auf die problematische Frage der Identität, die durch eine selbst gewählte Künstlerexistenz bewältigt werden soll. In seinem Fall misslingt dieser Entwurf.

Am Ende seines von Alkoholexzessen und Paranoia gekennzeichneten Lebens (1919) verliert Richard Engländer sein Ich-Gefühl. Er wird wegen einer schmerzhaften Überreizung der Nerven (Neurasthenie) 1913 in die Irrenanstalt Inzersdorf eingewiesen. Schnitzler verarbeitet die menschliche Tragödie in seiner kurzen Erzählung „Ich" (1927), die von der Totalamnesie handelt. Auch seine Nervenkrankheit gilt als Symptom des Fin de Siècle.

Altenberg muss sich der ambivalenten Stellung der assimilierten Juden bewusst gewesen sein, das bekundet die Skizze „Rassenprobleme", die posthum veröffentlicht wurde. *„Wieso, weshalb sind jüdische Künstler gerade in Wien so allgemein beliebt? Der Wiener hat es nämlich nicht gern, sich ehrlich, anständig sagen zu müssen: Schau, schau, der is ja doch grad so wie unsereiner! Das hat er nicht gern. Lieber sagt er: Er ist zwar a Jud', aber amüsant is' er, der Kerl. Das muss man gerechterweise zugeben."*[155]

Oskar Kokoschka hat 1909 das berühmteste von vielen Portraits Altenbergs gezeichnet. Zu dieser Zeit unterhält der Maler eine Affäre mit Alma Mahler-Gropius und begeht beinahe Selbstmord wegen ihr. Zu den kolportierten Anekdoten gehört die Entstehung von Schnitzlers „Das Wort". 1904 gerät die Ehe eines Freundes von Altenberg wegen der Liebesbeziehung seiner Frau mit einem jungen Liebhaber in eine schwere Krise. Der psychisch labile junge Mann begeht im gleichen Jahr Selbstmord. Peter Altenberg soll ihn bei einer vertraulichen Aussprache mit den Worten *„Stirb, sie*

---

[155] Peter Altenberg, Wie ich es sehe, Nachlass, S. 400. Folgendes Zitat S. 111.

ist eine Göttin" dazu ermutigt haben, und Schnitzler verurteilt dies später in seinem Stück „Das Wort". Es gehört zu den Wahrheiten, dass die Kunst dem Leben nie ganz gerecht zu werden vermag. Altenberg verliebt sich insgesamt viermal in eine Frau, die sich immer seinem besten Freund, dem Architekten Adolf Loos zuwendet und das, obschon Loos verheiratet ist. Je älter er wird, desto jünger sind die Mädchen, denen seine Verehrung zufällt, und das Schema der bewunderten Kindfrau (mehr Kind als Frau), das Schnitzler im Wiener Madl beschreibt, trifft auf ihn ganz bestimmt zu. Unter anderem fällt seine infantile Liebe auch Franz Kafkas jüngster, damals pubertierender Schwester zu.

3. 2. Skizzentechnik

Die meisten der veröffentlichten Texte schreibt Altenberg in der von ihm so genannten Skizzentechnik. Es handelt sich um eine bizarre Mischung aus Prosa, Lyrik und Kaffeehausphilosophie. Gedankenstriche sind der lebendige Ausdruck und ein Markenzeichen der Gedankenwelt Altenbergs. Es geht ihm um die allmähliche Auflösung der Schrift, dieses Notbehelfs, um die Öffnung des Textes, seine Durchlöcherung. Die Leeren und Lücken erweitern den Text in Richtung auf das Ungesagte, sie sind Stellvertreter und Startbahn einer Sehnsucht, die zwar ein Ziel kennt, oft sogar deren viele, aber kein Ende. Ersehnt wird bei Peter Altenberg über alle Maßen. „Wie ich es sehe", die erste Buchveröffentlichung des Kaffeehausliteraten par excellence aus dem Jahr 1896, ist nicht nur an Interpunktionen reich. Das Inhaltsverzeichnis in der neuen Manesse-Ausgabe umfasst mehr als sechs Seiten. Denn die Zahl der Skizzen ist groß, sie sind nämlich oft nur eine halbe bis zwei Seiten lang, die längste umfasst neun Seiten.

Altenberg stellt dem Skizzenbuch ein Zitat aus Huysmans „Gegen den Strich", dem zentralen Werk der Décadence, voran. Es folgen stets konzentrierte Skizzen im impressionistischen Stil, um den Augenblick, die Stimmung und die Atmosphäre in einer kleinen Gruppe von Menschen einfangen. Es geht darum, wenige Sätze für vieles sprechen zu lassen und die Emotionen zwischen ihnen anzudeuten, nicht auszuformulieren. Die Skizzen sind Momentaufnahmen aus einer Zeit, als man Fotografien noch lange belichten musste und die mitunter wie ein sentimentales Stillleben anmuten.

Entscheidend ist die Spontaneität, das Ungekünstelte und Unzensierte, das im Gegensatz zum Manierismus des Biedermeiers steht. Menschen

sind Tiere, daher unterscheiden sich Verliebte kaum von balzenden Auer-
hähnen: *„Wir sind es! Ein Leben lang! ... Nüchtern Berauschte sind wir!"*

Ein Beispiel für seine Lakonie, seinen Witz und Esprit liefert die Episode
„Ehebruch", der bestenfalls angedeutet, aber gar nicht vollzogen wird. Ein
Diener sagt über seinen Herrn, vor der Ehe *„hat er die große Liebe zu ihr
gehabt, von da an hat er nur mehr die kleine Liebe!"*

Karl Kraus und Hermann Bahr vermitteln das Manuskript von „Wie ich es
sehe" an den Verlag der Moderne, an den S. Fischer Verlag in Berlin, für
den auch die anderen großen Autoren des Fin de Siècle schreiben, zudem
Thomas Mann. Altenbergs skurriler Humor trifft den Nerv der Zeit, es ist die
Zeit der Nervenkunst. Seine Texte im Jargon eines immer überhitzten Rei-
zes künden von einer tief bewahrten Sehnsucht nach einem sich beständig
entziehenden Leben. Er selbst beschreibt den Prozess der Entstehung dieser Texte in einem Brief an Schnitzler 1894: *„Wie schreibe ich denn?! Ganz
frei, ganz ohne Bedenken. Nie weiß ich mein Thema vorher, nie denke ich
nach. Ich nehme Papier und schreibe. Sogar den Titel schreibe ich so hin
und hoffe, es wird sich schon etwas machen, was mit dem Titel im Zusammenhang steht. Man muss sich auf sich verlassen, sich nicht Gewalt antun,
sich entsetzlich frei ausleben lassen, hinfliegen – Was dabei herauskommt
ist sicher das, was wirklich und tief in mir war. Kommt nichts heraus, so war
eben nichts wirklich und tief darin, und das macht dann auch nichts."*[156]

Es sind Momentaufnahmen, die in konzentrierter Form das Leben, die
Gesellschaft Wiens um die Jahrhundertwende zeigen. Die Kunst Peter Altenbergs besteht darin, mit wenigen „literarischen Pinselstrichen" ein um-
fassendes Bild zu schaffen; mit Hilfe von kurzen Andeutungen vor dem Leser, der bereit ist, auch zwischen den Zeilen zu lesen, ein ganzes Panora-
ma der Gesellschaft, ihr Beziehungsnetz auferstehen zu lassen.

Altenberg versucht nicht, das Leben auf einen ideologischen Nenner zu
bringen, sondern zeigt es in seiner ganzen Buntheit, seiner oft widersprüchlichen Vielfalt. Eine wichtige Rolle in seinen Skizzen spielen sinnliche Eindrücke – Farben, Gerüche, Stimmungen. Er gilt als einer der wichtigsten
Vertreter des literarischen Impressionismus, der Baudelaires Wort von dem
subjektiven Eindruck wörtlich nimmt. Einige Beispiele sollen Altenbergs ko-
mödiantisches Talent mit Tiefgang belegen. In der Skizze „Flirt" beschreibt
er, wie eine Dame mit einem Dichter spricht, während *„Die Freundinnen das
junge Mädchen schrecklich beneideten, dass der Dichter sich mit ihr so*

---

[156] Peter Altenberg, Brief an Arthur Schnitzler, 06.11.1894. Die Wiener Moderne, S. 213.

lange und so eindringlich abseits unterhielte. Die eine sagte: "Worüber könn-
ten sie sprechen?! Ich habe keine Ahnung." Die andere: "Nun, über Maeter-
linck oder höchstens noch über Ibsen." Die dritte sagte: "Über die Liebe!"
Die vierte: "Über den Ehebruch natürlich." Die Jüngste aber dachte: "Ist es
nicht einerlei, worüber man mit einem Dichter spräche – man spricht mit ei-
nem Dichter!"[157]

Es fällt nicht schwer, sich Schnitzlers Wohlwollen dabei vorzustellen. Der
Ton trifft die Lage von der Vorstellung des Wiener Madls, das nicht recht
gescheit ist, aber es gerne sein möchte und sich mit vornehmlich gebildete-
ren Männern trifft in der Annahme, ihre Bildung sei Dichtung und ein Dichter
immer im Recht. Ein zweites Beispiel liefert die Skizze Sommerabend in
Gmunden: *„Wir, die nicht genug haben an den Taten des Alltages, wir Un-
genügsamen der Seele, wir wollen unseren rastlosen, enttäuschten und ir-
renden Blick richten auf die Wellensymphonien des Sees, auf den Frieden
überhängender Weidenbäume und die aus düsterem Grunde steil stehenden Wasserpflanzen! Auf die Menschen wollen wir unsern impassiblen Blick
richten, mit ihren winzigen Tragödien und ihren riesigen Lächerlichkeiten;
mit düsterer Verachtung wollen wir nichts zu tun haben, und mildes Lächeln
soll der Panzer sein gegen ihre Armseligkeiten!"*

Auch diese Beschreibung trifft den Humor Schnitzlers, den Wiener
Schmäh im Besonderen und die Dekadenz im Allgemeinen. Altenberg nimmt
die Romantiker aufs Korn: *„Dem Gehen edler anmutiger Menschen wollen
wir nachblicken, dem Spiele adeliger Gebärden und der Noblesse ihrer Ruhe! Ein Arm auf einer Sessellehne, eine Hand an einem Schirmgriff, das
Halten des Kleides bei Regenwetter, süßes kindliches Bacchantentum bei
einem Quadrillefinale, wortloses Erbleichen und wortloses Erröten, stummer
Haß und stummes Lieben, und alles Auf und Ab der eingeschüchterten und
zagen Menschenseele – das, das alles wollen wir Stunde um Stunde in uns
hineintrinken und daran wachsen! Rastlos aber, vom Satan Gejagten
gleich, stürmen die Anderen enttäuschungsschwangeren Zwecken entgegen, und ihre Seele bleibt ungenützt, verdirbt, schrumpft ein, stirbt ab!"* Der
ganzen Wortkunst und Schwärmerei folgt ein doch sehr nüchterner Epilog:
*„Jeder Tag bringt einen Abend, und in der Bucht beim Toscana-Garten
steht Schilf, und Weiden und Haselstauden hängen über, ein Vogel flüchtet,
und alte Steinstufen führen zu weiten Wiesen. Nebel zieht herüber, du läs-
sest die Ruder sinken, und niemand, niemand stört dich!"*

---

[157] Peter Altenberg, Prosaskizzen, Märchen des Lebens, Flirt, S. 55. Folg. Zitat S. 67.

Altenberg skizziert die von Schnitzler in Dramen und Prosa dargestellte Grundstimmung, die charakteristisch typisch für Wien um die Jahrhundertwende ist. Am besten macht dies Schnitzlers Eintrag in seinem Tagebuch deutlich, wenn er schreibt, der Grundirrtum des Liberalismus seiner Väter sei es gewesen, einen Glauben entstehen zu lassen, der einem die Illusion mache zu glauben, es gäbe klare Ziele und Wege zu erreichen oder Sicherheit, sprich Werte an sich. Generell haben sich die Menschen im Biedermeier viel von der Aufklärung und dem Selbstbewusstsein autonom handelnder Individuen versprochen. Diese Ideologie, wie sie v. a. im Werk Stifters vorherrscht, erwies sich als eine große Illusion. *„Jeder von uns lebt in jedem Augenblick in einer neuen Welt und muss sich jeden Tag aufs Neue sein Haus bauen.“[158]* Die Unausweichlichkeit des Schicksals ist die verbindende und zugleich trennende Gemeinsamkeit zu Altenberg. Dieser lebt gewiss authentischer das Leben eines Bohémien als der finanziell abgesicherte und bürgerliche Arzt Schnitzler, dennoch schrecken beide vor der Endgültigkeit einer Entscheidung zurück und lassen sich − nicht nur in ihren Affären mit Frauen (Wiener Madl) − vieles offen. Die philosophische Grundüberzeugung, dass Schmerzen doch untauglich sind für sittliche Erneuerung oder der Mensch nicht durch Moral gebessert werden kann, ist identisch. Um es mit einem Satz aus der Novelle „Der Mörder“ (1910) zu sagen: *„Seinen Drang, die schwierigsten Angelegenheiten des Lebens ohne tätiges Eingreifen zu erledigen.“[159]*

In dem Portrait des treulosen und egomanischen, verwöhnten und zur Arbeit untauglichen Verführers Alfred skizziert Schnitzler gleichsam Peter Altenberg. Alfred ist intelligent und charmant, doch moralisch verkommen. Er ist ohne Antrieb etwas zu verändern, so betrügt er sowohl die Verlobte als auch die Geliebte. Als es nicht anders geht, weil ihn die lukrative Ehe sonst von seinem Müßiggang entbinden würde, tötet er seine Geliebte. Am Ende entscheidet sich die reiche und standesgemäße Verlobte für einen Nebenbuhler (das Schicksal Peter Altenbergs), und sein Mord war vergebens. Das Duell nimmt er gerne in Kauf, denn Alfred ist am Ende, er *„empfand sich wie der Vollzieher eines Schicksals, an dem sein Wille keinen Anteil mehr hatte“.* Oder um es noch deutlicher zu sagen: *„Als er den Lauf der Pistole auf sich gerichtet sah, während dreier Sekunden, die gleich drei kalten Tropfen vom Abendhimmel auf den klingenden Boden fielen, dachte er*

---

[158] Arthur Schnitzler, Tagebuch 1879-92, S. 345.
[159] Arthur Schnitzler, Erzählungen, Der Mörder, S. 335. Folgende Zitate S. 342 ff.

an eine unsägliche Geliebte, über deren verwesenden Leib die Wogen des Meeres raunten." In den wenigen Sätzen scheint der Untergang eines Zeitalters, exemplifiziert an einer Person, beschlossen und willentlich hingenommen zu werden, gerade – das ist das Paradoxe – durch den Mangel an eigenem Lebenswillen, Vitalität, Entschlusskraft. Alfred ist kein schlechter Mensch, er ist ein Verlorener mit einem *„unrettbaren Ich".* Es ist die Differenz zwischen können, sein und wollen, drei Potenzen, die den Protagonisten Schnitzlers und auch Altenbergs das Leben so schwer macht.

VI. 4. Richard Beer-Hofmann

4. 1. Biografie und Korrespondenz

Beer-Hofmann wird 1866 geboren und ist damit vier Jahre jünger als Schnitzler. Sie lernen sich 1890 im Café Griensteidl persönlich kennen, und bereits seinen ersten Novellenband widmet er dem Freund. Er besucht dasselbe Akademische Gymnasium wie Hofmannsthal, Schnitzler und Altenberg, stammt aus wohlhabendem Haus und arbeitet im Beruf als Jurist. Er gehört folglich zu den Dichtern aus Berufung und nicht aus Not. Als er sich als Dreißigjähriger in eine katholische Sechzehnjährige verliebt und sie nach jüdischem Brauch heiratet, nimmt niemand daran Anstoß. Auch Beer-Hofmann zählt zum assimilierten Judentum, dem politisches Engagement suspekt ist. Schnitzler merkt zu der Hochzeit 1896 süffisant an, Beer-Hofmann habe sie *„aus einem Wiener Mädel ins Präraphaelitische stilisiert, und es ist ganz hübsch, wenn ein aus dem Rahmen getretenes Bild ... im Original auf der Veranda sitzt und plötzlich auf gut Wienerisch zu lachen, zu schauen und zu reden anfängt."*[160] Er will damit andeuten, dass ihre romantisch Tugendhafte stilisiert und idealisiert wirkt.

Sprachästhetisch bedingt verbindet Beer-Hofmann eine besondere Nähe zu Hofmannsthal, und so wohnt er 1901-1906 gewiss nicht zufällig in der gleichen Straße (heute Ketzergasse) in Rodaun, Stadtteil Liesing. Ein Beispiel für die häufige Korrespondenz über Kollegen im Allgemeinen und Hofmannsthal im Besonderen liefert dessen Versdrama „Der Tor und der

---

[160] Arthur Schnitzler, Briefe 1893-1916, März 1896 an Olga Wassnix, S. 107. Das substantivierte Attribut Präraphaelitische verweist auf den romantischen Gedichtband Dobsons.

Tod" (1893). In diesem Stück begegnet Claudio dem Tod, muss sein Leben bilanzieren und kommt wie dreißig Jahre später Werfels „Spiegelmensch" zu der Einsicht, er habe am Leben vorbeigelebt, weil ihm niemand wirklich etwas bedeutet habe. In diesem Stück rechnet Hofmannsthal mit dem Dandyismus und Narzissmus ab, der den Fin de Siècle auszeichnet. Beer-Hofmann schreibt, die „wichtigsten Figuren sind für den Eingeweihten an ihren besonderen Besitztümern symbolisch und wirklich zu erkennen." Baldassare weise auf Schnitzler hin, Galeotto auf ihn, Ferrante auf Salten und Andrea auf den Autor selber. Offensichtlich ist die Ehefrau Paula die treibende Kraft, dass Beer-Hofmann aus Rodaun fortzieht, da sie berechtigt oder nicht eifersüchtig auf den intimen homophilen Umgang ihres Gatten mit seinem „Hugerl" anspringt. So kommt es, dass er nach Währing in die Nähe Schnitzlers übersiedelt.

Mitunter erweist sich Beer-Hofmann auch als feinerer Zeitgeist und Gentleman im Gegensatz zu Schnitzler, der es gerne derb hält. Ein Beispiel ist seine Empörung über die Entdeckung, dass Schnitzler und Salten sich die Geliebte, die Schauspielerin Adele Sandrock in vollem Bewusstsein teilen und ihr die Komödie vorspielen, sie ahnten nichts von ihrem Wissen, so dass sie sich an ihren Ausreden und ihrer Verlegenheit erfreuen. Sein ironischer Kommentar lautet: *„Hatten wir überhaupt Probleme? Es war wahrlich die Zeit Arthur Schnitzlers."* Er fordert den Freund in seinem Brief März 1894 auf, sie wenigstens in ihrer Karriere zu unterstützen, was auch geschieht, denn sie erhält einige Hauptrollen in seinen Stücken. Unter anderem widmet ihr Schnitzler in „Der Reigen" die Rolle der Schauspielerin, die zwei Männern sehr offensiv ihren Eros abverlangt. Mag Adele auch nicht so unwissend sein, wie Beer-Hofmann annimmt, entscheidend ist die Geschmacklosigkeit, die er bei der promiskuitiven Gleichzeitigkeit empfindet, welche Schnitzler offensichtlich amüsiert und anspornt. 1905 widmet Beer-Hofmann Schnitzlers „Der einsame Weg" ein Gedicht mit gleichem Namen, das mit *„Alle Wege, die wir treten münden in die Einsamkeit"* beginnt.

Beer-Hofmann verbringt ähnlich wie Schnitzler einige Aufenthalte in Berlin, um den Proben seiner Aufführungen unter Max Reinhardt beizuwohnen. Im Gegensatz zu Schnitzler bleibt er jedoch oft für Monate, da sich die Dramen „Jakobs Traum" und „Der Grafen von Charolais" als schwer aufführbar erweisen und die Premiere jeweils verschoben werden muss. Umgekehrt geht aus den Briefen Reinhardts an Schnitzler hervor, dass er in Beer-Hofmann eine Regie-Begabung entdeckt zu haben glaubt und ihn als Berater bei verschiedenen Inszenierungen heranzieht. Seine Ehe scheint jedoch sehr glücklich, harmonisch und von wechselseitiger Achtung erfüllt gewesen zu sein. Nach dem ersten Weltkrieg publiziert Beer-Hofmann kaum noch etwas. Ein Jahr nach dem Anschluss Österreichs an das Deutsche Reich emigriert er mit seiner bereits kranken Frau in die Schweiz und siedelt nach deren Tod nach New York über, wo er 1945 stirbt.

4. 2. Vergleichbare Novellen: „Der Tod Georgs" und „Leutnant Gustl"

Tod und Traum sind allgemeine Topoi der Wiener Moderne, bei Beer-Hofmann spielen unerfüllter (geträumter) Eros und ein imaginierter Liebesakt eine zentrale Rolle. So auch in seiner wichtigsten Erzählung „Der Tod Georgs" (1900), der darin die wichtigsten Themen des Ästhetizismus und der Dekadenz verarbeitet, die um die Jahrhundertwende einen großen Teil der Wiener Literatur beherrschen. Der Tod des jungen Arztes Georg ist Anlass für eine kunstvoll arrangierte Kette von Assoziationen, Empfindungen, Bildern und Träumen des Freundes Paul, dessen Entwicklungsgang von ästhetischer Realitätsflucht zu Schicksalsbejahung und Lebensverbundenheit führt. Beer-Hofmann, in engerem Kontakt mit Hofmannsthal stehend, beginnt bereits 1893 mit dieser Arbeit, die neben „Leutnant Gustl" ein zeitgleiches Dokument für das Bewusstseinsprotokoll darstellt.

Pauls Leben offenbart sich ihm durch den Tod Georgs, der ihn aus seiner Einsamkeit erlöst. Durch den Traum nimmt Paul Kontakt mit einer tieferen Schicht seines Bewusstseins auf. Auslösendes Moment des Wandlungsprozesses von Paul, dessen innerem Monolog wir folgen, ist einerseits das reale Erlebnis des Todes seines Freundes Georg und andererseits ein durch die Begegnung mit einer Fremden ausgelöster Traum von einem Frühlingsfest in einem syrischen Tempel. Das zeitliche Zusammentreffen mit dem Erscheinen von Freuds Traumdeutung ist zwar bedeutungslos für Beer-Hofmann, denn es gibt keinen Zusammenhang zwischen Freuds Betonung der traumhaften Verschlüsselung und Entstellung unbewusster Wünsche und dem rein symbolisch gefassten Traum bei ihm, doch die Bedeutung des Traumes allgemein kennzeichnet den Übergang zweier Jahrhunderte, die kulturprägend kaum unterschiedlicher sein könnten.

Von Bedeutung in „Der Tod Georgs" ist wie bei „Leutnant Gustl" fast ausschließlich das innere Geschehen, die äußeren Ereignisse sind marginal. Paul beneidet Georg um seine Gesundheit, seinen starken Willen und seine Vitalität und sein erotisches Glück bzw. sein Glück im Leben. Am Fluss als dem äußeren Zeichen seines Wandels begegnet er einer androgyn wirkenden Frau, von deren Tod er bald träumt. Im Traum hat er sie vor sieben Jahren geheiratet, nun liegt sie seit Wochen sterbend in einem kellerartigen Raum des Hauses. Sie ist, um in der Typologie zu bleiben, eine typische *femme fragile*, erscheint fast körperlos und von Anfang an als dem Tode geweihtes bleichsüchtiges Mädchen. Vergleichbar mit „Leutnant Gustl" ist die Verdinglichung der Frau: Paul hat *„sie lieb, so wie man die Dinge lieb hat, denen man Sehnsucht und Glück und Schicksal zu sein vermag."*[161] Er liebt – gleichsam typisch für Schnitzler dasjenige, was er mit der Frau assoziiert: *„Nicht sie liebte er – nur das, woran sie ihn erinnerte."* Wie Gustl will auch Paul dominieren und fürchtet eine eigenständige Frau. *„Er nahm ihr den Glauben, wo sie frei ... und lehrte sie ihr eignes Leben mit Zweifel und fragenden Augen zu sehen ... Aber je mehr er ihr nahm, desto mehr ward sie sein. Leer und haltlos sank sie ihm zu, denn an ihn glaubte sie, als wüchse ihm die Kraft und Tugend aller Dinge zu, die er zerstörte und die schwächer waren als sein Wort."*

Beer-Hofmann schildert ähnlich wie Schnitzler eine labile defätistische Persönlichkeit in ihren Minderwertigkeitsgefühlen. Neben dem angedeuteten individuellen Sadismus, der im Traum auf weiblichen Masochismus stößt, verkörpert die erotische Beziehung zwischen den beiden das gesellschaftlich erzwungene Ungleichgewicht zwischen den Geschlechtern. Zu dem tritt ein Ästhetizismus des Vergehens, denn der künstlerisch sensible Paul zeigt der bloß sinnlichen Frau die Schönheit alltäglicher Dinge, *„an der sie achtlos vorübergegangen war"*. Er führt sie gleich ein Priester zur Weihe, es geht um das *„Insichsinnen"* und nie die äußere Welt, die sich darstellen lässt. Paul hat die Frau zu seiner Gefährtin erzogen, aus zweifacher Einsamkeit ist eine Sehnsucht entstanden, die er für Harmonie hält.

Vergleichbar mit Gustl sind Pauls Kindheitserinnerungen, die verdrängt werden durch die (infantilen) Allmachtfantasien. Paul erscheint so weltfremd wie der in seinen militärischen Konventionen befangene Gustl. Beide vertrauen blind idealisierten Heldenfiguren. Bei Paul sind es antike Mythologien und bei Gustl schneidige Vorgesetzte. *„Aber tot und verklärt und entrückt allem unedlen Dienen war die Sprache, in der von jenen Helden geschrieben stand: sie redete nicht von Geschehenem, sie war Magie ..."*

Wie alle *décadents* verwechselt Paul schon früh seine Fantasiewelt mit der Realität oder ordnet sie jener über. Die zeitliche Ferne der antiken ‚Er-

---

[161] Richard Beer-Hofmann, Der Tod Georgs, S. 21. Folgende Zitate S. 24 ff.

eignisse' spielt dabei keine Rolle, so lange er sich nur von sich wegträumen kann und einer Illusion hinzugeben vermag, ein Anderer zu sein. Dies ist auch bei Gustl der Fall, nur eben realitätsnäher, zumal er kein Intellektueller ist.

Die Erinnerung an die kindliche Lektüre leitet über zu einer Episode, in der Paul im Traum an einem syrischen Frühlingsfest im Tempel von Hierapolis teilnimmt und der die Entgrenzung seines Ich im Rauschzustand kennzeichnet. Bezüge zu Baudelaires oder Mallarmés Symbolismus sind offenkundig. Substantiell geht es auch Beer-Hoffmann um Lebenslust, die Schnitzlers Leutnant Gustl in Anbetracht seines sich vorgenommenen Freitodes verspürt. *„Fühlen wollten sie, endlich ihr Leben fühlen; den Kreis gleichverrinnender Tage, in den es gebannt, sprengen und – wie sie die eingeborenen tiefen Schauer vor dem Tode kannten – die schlummernde Lust des Lebendigseins jubelnd wecken."*

Da das Individuum zu einer transzendierenden Vereinigung streben soll, nimmt Paul an dem Fest auch nicht wirklich teil, sondern fühlt sich von der Lebensfülle bald bedrängt und bedroht. Er ist zum Genuss unfähig, da er ständig über den Zusammenhang der Phänomene nachdenkt, ihre Herkunft und Zukunft mitbedenkt. Kurz, Paul vermag nicht im Jetzt zu leben. Er gefällt sich wie Leutnant Gustl in der Rolle des Voyeurs: *„Er sehnte sich danach, wie Andere, die Früchte hart am Stiel zu pflücken und nur den Duft und die Süsse ihres Fleisches zu schmecken."* Seinen Traum von Einheit zwischen Geist und Intellekt kann Paul in der Praxis nicht ertragen. Die scheinbare Freiheit beängstigt ihn: *„Aber fensterlos und versperrt engte sich der Raum, und alles, was in gepresstem Gewühl sich um ihn drängte, nahm ihm selbst den Atem und stahl ihm seine Lebensluft."*

Der Traum kehrt zur sterbenden Frau zurück. Ihr Sterben wird in allen physischen und psychischen Details verfolgt. Aber auch dies kann Paul nicht von sich ablenken, denn sie ist *pars pro toto* Teil von ihm. Der Traum weist keine Verschlüsselung auf, nur eine Übertragung von Georg auf die Frau, die an seiner Stelle stirbt. Da er sie zu seinem Wesen geformt hat, stirbt gleichermaßen ein zentraler Teil von ihm, sein ‚altes' Selbst.

Als die Frau stirbt, erwacht Paul. Nun erst nimmt der Leser zur Kenntnis, dass es sich bei dem ganzen letzten Abschnitt um einen Traum gehandelt hat. Er steht nun vor der paradoxen Konstellation, dass ihm der Tod der geträumten Frau nahe geht, während ihm die fremd gebliebene Lebende, der er noch vor einigen Stunden begegnet ist, nichts bedeutet. Er ist ihm jedoch klar bewusst, dass der Traum von großer Bedeutung für ihn ist. Beer-

Hofmann wirft die Frage auf, worin der Unterschied zwischen Traum und Wirklichkeit besteht, und dass Träume eine Botschaft enthalten, die uns im Wachzustand das Erkennen verschließt.

Paul sitzt im Zug, in dem Georgs Leiche nach Wien überführt wird. Erst an dieser Stelle erfährt der Leser, dass Georg in der Nacht gänzlich unerwartet gestorben ist. Paul reflektiert über das Leben Georgs. Sein Tod befreit ihn von seinen Ängsten, und so beobachtet er die Menschen außerhalb des Zuges unvoreingenommener. Er wird zu einem Anderen, aus einer Leere heraus keimt etwas Neues in ihm hoch: *„Und nur, weil er leer war, hatte es in ihm keimen und vergänglich sich entfalten können? Und gab es nichts, das unverfänglich in ihm war, das ihn nicht verlassen konnte, dessen er sich sicher fühlen durfte, und das immer ihm, und nur ihm, so gehörte, wie das Blut in seinen Adern?"*

Auch die innere Verunsicherung gehört zu den vergleichbaren Momenten in den nahezu gleichzeitig entstandenen Erzählungen „Der Tod Georgs" und „Leutnant Gustl." Pauls Spaziergang durch den herbstlichen Schönbrunner Schlosspark wird so detailliert beschrieben wie Gustls Weg zum Prater. Als Paul am Neptunbrunnen steht, hört er hinter sich weibliche Stimmen. Eine junge Frau führt ihre Mutter zum Becken, um Goldfische zu füttern. Im Spiegel des Wassers fühlt sich Paul an den Tempel von Hierapolis erinnert. Er erkennt die Spaziergängerin aus Ischl und seinen Traum, der mit ihrem erlebten Tod endete. Die Wirklichkeit verschränkt sich mit seiner Fantasie. Dieses Heraufholen des Vergessenen oder auch Verdrängten, das Rühren an Dinge, *„die lange tief in ihm vergessen lagen, und die nun wieder nach aufwärts drängten"* ist das Schlüsselerlebnis schlechthin für Paul. Mit einem Schlag ist der ganze Komplex des Traums und des damit verbundenen Todes Georgs wieder präsent. Ohne ganz zu verstehen, erkennt er die Bedeutung des Traums als die unbewusste „Macht des Lebens" in ihm. Paul erkennt aber, dass er in das Weltgeschehen eingebunden ist, dass die Seele durch eine unüberschaubare Fülle von Eindrücken geformt wird. Ernst Mach und die Unrettbarkeit des Ich werden erkennbar: *„In allem hatte er nur sich gesucht, sich von den anderen getrennt gefühlt, ihre Taten wie ein Schauspiel mitverfolgt und nie daran gedacht, dass ihn das Leben zum Mitspielen zwingen könnte."* Die Erkenntnis, er sei ein selbstgerechter Egoist, unterscheidet die Erzählung von „Leutnant Gustl", der in seiner selbst geschaffenen Fantasiewelt verbleibt.

Beide Autoren wählen die Form des inneren Monologs. Während Schnitzler die Syntax durchbricht und dadurch das Fragmentarische der

Gedanken und Empfindungen zum Ausdruck bringt, schreibt Beer-Hofmann romantisch formvollendete Sätze. Beer-Hofmann lässt Paul inhaltlich in Bewusstseinsregionen vordringen, die einem Gustl unzugänglich bleiben. Innovativ ist auch der Umgang mit der Zeit in Beer-Hofmanns Text. Als Folge der Konzentration auf inneres Erleben treten physikalische und psychologische Zeit auf extreme Weise auseinander. In den Traumsequenzen, aber auch in den Passagen der Reflexionen Pauls ist die Zeit unendlich dehnbar, sie ist praktisch ausgeschaltet. Paul wundert sich wie Gustl nach dem Erwachen, dass er erst so kurz geschlafen hat, obwohl er vermeint, im Traum ein ganzes Leben durchlebt zu haben.

VII. Komparatistik mit der Nachfolgergeneration

VII. 1. Stefan Zweig

1. 1. Biografisches und Korrespondenz

Zweig ist 1881 geboren und damit 19 Jahre jünger als Schnitzler. Er lebt vorwiegend in der Josefstadt in unmittelbarer Nähe zum unter dem Kaiser Joseph entstandenen Burgring, erst spät zieht er nach Salzburg. Im Gegensatz zu dem meist in Wien verbleibenden Schnitzler ist er jemand, der fast alle Kontinente kennt und international Lesungen oder Vorträge abhält, mit Künstlern vieler Nationen persönlich verkehrt. Schnitzler ist auch während seiner Ehe (1903-1921 mit Olga Gussmann) meist in Liebesaffären mit Schauspielerinnen verwickelt, während Zweig eine relativ bodenständige Ehe mit Friderike Maria von Winternitz führt (1920-1938), sie allerdings für seine Privatsekretärin Lotte Altmann verlässt. Zwar heiratet Zweig im Exil die um viele Jahre jüngere Frau, doch scheiden beide bereits Februar 1942 freiwillig aus der Welt.

Schnitzler akzentuiert das Ehedrama stärker als Zweig, dessen Prosa weniger über Untreue, Eifersucht und Lebenslügen handelt. Schnitzler ist zeitlebens als Bühnenautor und Dramatiker erfolgreich, Zweig versucht sich nur gelegentlich in dieser Gattung, ist aber ein anerkannter Romancier, den Schnitzler auch gerne um Rat fragt, wenn es um Tantieme oder neue Verlage geht. Beide bestreiten ihren Lebensunterhalt aber nicht aus dem Schreiben und sind finanziell gut über ihre Herkunft abgesichert.

Beide sind Pazifisten bereits vor Ausbruch des Krieges. Sie teilen das Interesse für Nietzsche als Vordenker der Tiefenpsychologie und Sigmund Freud, sind Hauptvertreter der psychologisch motivierten Novelle. Zweig konzentriert sich bald auf Biografien außergewöhnlicher Schicksale und Schilderung historischer Augenblicke, um komplex angelegte Seelenvorgänge zu thematisieren. Schnitzler entwickelt eigene Erzähltechniken wie das Bewusstseinsprotokoll und erfindet Figuren wie den Typus des Wiener Madls oder den melancholischen Dandy Anatol.

Schnitzler ist pessimistischer, doch sein Erzählstil ist humorvoller als der Zweigs geprägt, Der Sprachstil ist sachlicher, das Ende dafür dramatisch. Die Dekadenz eines verlogenen und unrettbar dem Verfall preisgegebenen

Zeitalters, das mit der Habsburgermonarchie endet, kontrastiert mit der humanistischen Hoffnung Zweigs auf einen Neubeginn. Zweigs Erzählung wirkt mitunter pathetisch und belehrend, zudem kommentiert er, wo Schnitzler schweigt. Zweigs Einstellung zum Leben ist prinzipiell optimistischer, daher bisweilen auch heroischer und sentimentaler in der Stimmung gegenüber dem naturwissenschaftlich orientierten Schnitzler. Stilistisch ist Zweig eher Lyriker, folglich achtet er stärker auf Rhythmik und Melodik im Satzbau als auf Dialoge oder eine gestraffte Handlung. Zweifellos ist Schnitzler der begnadetere Erzähler von beiden.

Neben allen Unterschieden bestehen zahlreiche Analogien zwischen beiden befreundeten Autoren und ein reichhaltiger Briefwechsel. Beide schreiben auch eine Autobiografie: „Jugend in Wien" (1920) bzw. „Die Welt von Gestern" (1942). Manchmal überschneiden sich die Themen wie im Fall Casanova, den Zweig in seiner Monografie „Drei Dichter ihres Lebens" (1928), Schnitzler als Komödie „Drei Schwestern oder Casanova in Spa" (1919) und als Erzählung „Casanovas Heimfahrt" (1921) verarbeitet. Bezeichnenderweise widmet Schnitzler dem Liebhaber, Zweig dem Dichter und Denker seine Aufmerksamkeit.

Die beiden kennen sich durch Kuraufenthalte in Meran. Zweig spricht in seinem ersten Brief von der Amalgamierung des Jüdischen und des Wienerischen in der Person und dem Scheiben Schnitzlers. Er mache auf Schmerzen, von denen die eigene Seele bislang nichts ahnte, aufmerksam.

Eine regelmäßige Korrespondenz setzt 1914 ein, wobei die Anrede noch Herr Doktor lautet und worin Schnitzler Zweig für seinen Artikel „Schnitzler in Russland" dankt. Es geht ferner um eine von Schnitzler nicht autorisierte Aussage bezüglich seiner politischen Einstellung zum Krieg und zur slawischen Rasse. Er versichert Zweig, *„daß wir jeder unsere Heimat geliebt haben, daß wir aber trotzdem Gerechtigkeit, Urteil und Dankbarkeit niemals verlernt, daß wir, um es kurz zu sagen, auch in dieser ungeheuren Epoche der Verwirrung niemals gänzlich den Verstand verloren hätten."*[162]

Zweig bescheinigt in einem Brief vom 25.08.1917 Schnitzlers Gefühl *„für den nackten und nicht bloß sozialen Menschen".* Er decke die Lebenslügen der Menschen, die Verlogenheit ihrer Moral und sexueller Begierden, das falsche Schamgefühl auf, unsere *„Schmerzen werden an einer von der kranken Stelle weit entfernten Stelle empfunden."* Schnitzler besucht seinerseits die Premiere des in der Tradition Lessings „Nathan der Weise" ste-

---

[162] Arthur Schnitzler, Briefe 1913-1931, an Stefan Zweig, Dezember 1914, S. 62.

henden Dramas „Jeremias" in Zürich und bescheinigt dem Freund, das Stück strahle *„eine große menschliche Wärme"* aus. Zweig rezensiert zahlreiche Theaterstücke und betont dabei, dass Schnitzler als erster Freuds Psychologie in die Literatur und den populären Antisemitismus, vor allem auch die Spielsucht und doppelte Moral beim Militär eingeführt und thematisiert habe. Er verweist dabei auf das Dreiecksverhältnis von Ich, Es und Über-Ich und die Vermengung in Bewusstseinsschichten, im Traum, Spiel und Eros. *„Professor Bernhardi"* und *„Der Weg ins Freie"* deutet Zweig als durch die Biografie Schnitzlers erklärbare Auseinandersetzung mit seinem Selbst. Er stellt Schnitzlers panoptischen Blick als *„Former des Seelentons"* für das Wiener Milieu heraus, seinen Witz und tiefsinnigen, meist sarkastischen Humor. Philosophisch stehe Schnitzler Schopenhauer nahe und bezeichnet ihn als *„sinnlichen Skeptiker"*.

Häufig schreibt Schnitzler aufgrund einer lobenden Rezension Zweigs in der Öffentlichkeit, etwa in seinem Brief vom November 1924 und die Technik von „Fräulein Else" akzentuiert. Seine eitle Seite tritt hervor, als er den Vergleich mit Dostojewski ablehnt und seine Originalität betont. Zweig wiederum macht auf Unstimmigkeiten der Summe selbst in Jahren der Inflation aufmerksam und begründet es mit der moralischen Verlockung, die dadurch dem Publikum Elses Taktieren verständlicher machen soll.

In einem Brief Januar 1928 verteidigt Schnitzler seine Stimmungsschwankungen und Triebe, die weniger edel sind, als der Humanismus es gebietet. Er fragt, durchaus nicht zum ersten Mal, nach den Tantiemen für Zweigs Übersetzungen, da er mutmaßt, ihm entgehe viel Geld. Außerdem erkundigt sich Schnitzler nach Vertriebsmöglichkeiten seiner Werke in russischer Sprache, da Zweig über Kontakte verfügt. Zuletzt würdigt er, allerdings nur in einem Nebensatz, die „Sternstunden der Menschheit".

Die meisten von Schnitzlers Briefe an Zweig sind in dieser Art gehalten: ein wenig Erklärung oder Verteidigung des eigenen Verhaltens, ein wenig Suche nach Unterstützung und am Ende ein nicht sehr überzeugendes Lob auf den Kollegen. Zweig antwortet diplomatisch, doch richtungsweisend: *„Meine ganzen materiellen Angelegenheiten werden in einer etwas fatal leichtfertigen Art von mir geführt. Ich glaube, ... weil ich immer das annehme, was man mir schickt oder schenkt, nie nachfrage oder mich erkundige."* [163] Zweifellos ist Zweig der bescheidenere Autor von beiden.

---

[163] Stefan Zweig, Briefwechsel mit Hermann Bahr, Sigmund Freud, Rainer Maria Rilke und Arthur Schnitzler, S. 351 f.

1. 2. Beziehung zu Freud und Verarbeitung seiner Psychoanalyse

Zweig schickt Freud April 1908 sein Trauerspiel in drei Akten „Tersites" (1907 uraufgeführt). Der Dank Freuds eröffnet einen Briefwechsel und eine Freundschaft, die bis zum Tod des Psychoanalytikers 1939 andauert. Die letzte Widmung an Freud schrieb Zweig 1938. Sie steht in dem Roman „Ungeduld des Herzens" und lautet: "Sigmund Freud medico, magistro, amico Stefan Zweig 1938". Höhepunkt der dichterischen Verarbeitung der Psychoanalyse stellt sicherlich „Die Heilung durch den Geist" (1931) dar. In der für Zweig typischen Form der Trilogie vergleicht er Franz Mesmer, Mary Baker-Eddy und Sigmund Freud. Sein Ziel ist dabei nicht die Darstellung seiner Lehre, sondern die Einordnung in den Zeitgeist und eine Charakterstudie. Da es das Einsteinsche Zeitalter ist, widmet Zweig dem Physiker und Nobelpreisträger dieses Buch. Symbolisch schlägt der Schriftsteller damit die Brücke zwischen einschneidenden Erkenntnissen in der Welt der Körper und denen der Seele, zwischen Physik und Psychologie und die Untrennbarkeit von Zeit und Raum als auch Leib und Geist. Besonders markant ist die aus Scham und aus Unerfahrenheit resultierende Unterdrückung des weiblichen Eros und hinsichtlich freudianischer Triebsublimierung im Fall der Erika Ewald ihr gesteigertes musikalisches Empfinden.

Scham ist ein zentrales Thema Freuds aber auch Nietzsches. Der Philosoph bezeichnet Scham in „Unzeitgemäße Betrachtungen" als „Ängstlichkeit vor der Begierde" und als „Furcht vor Enthüllung der wahren Natur" hinter der sich „Rätsel und bunte Ungewißheiten versteckt halten". Zudem heißt es in der „Fröhlichen Wissenschaft" (Aphorismus 65): „Hingebung. – Es gibt edle Frauen mit einer gewissen Armut des Geistes, welche, um ihre tiefste Hingebung auszudrücken, sich nicht anders zu helfen wissen als so, daß sie ihre Tugend und Scham anbieten: Es ist ihnen ihr Höchstes."

Durch Nietzsche und Freud wird bei Zweig und Schnitzler der Zusammenhang zwischen Philosophie und Psychologie deutlich, die ihrem schriftstellerischen Werk als Inspiration zugrunde liegt.

Zwischen Freud und Schnitzler bestehen zwei große Unterschiede. Der Wiener Psychologe glaubt im Gegensatz zu dem Wiener Arzt nicht an die biologische (genetische) Determination, sondern hauptsächlich an die Prägung durch früheste Kindheit. Schnitzler indes hält die Macht des Unbewussten für geringer als die des Halb- und Teilbewussten, zu der auch der Schlaf und Traum zählen. Zudem erkennt er in der Sexualität weniger archaisches oder kollektives Triebverlangen, sondern vermehrt eine charakterliche Ausprägung des jeweiligen Rollenverständnisses. Folglich differenziert er den weiblichen stärker vom männlichen Eros. Zweig ist eindeutig femininer orientiert und übernimmt einen nahezu weiblichen Blick.

Schnitzler steht prinzipiell dem freudianischen Systemdenken wie auch Nietzsche skeptischer gegenüber als der bewundernde Zweig. Schnitzlers Rollenverständnis von der Frau ist biologisch-anatomisch geprägt, meist gelingt ihr der Ausbruch aus einer seelischen Verstrickung. Freuds Rezension auf Schnitzler ist verglichen mit seiner Wertschätzung Zweigs von verhaltenem Lob, denn er weiß um die Unvereinbarkeit ihrer Aussagen.

Zweig steht zwischen den beiden bewunderten Schriftstellern, wovon Freud mehr der Naturwissenschaft und Schnitzler stärker dem künstlerischen Bereich zuneigt. Es scheint, als möchte Zweig mit seiner Auffassung von Triebverzicht, -Verleugnung und -Sublimierung beide Positionen einander annähern. Indem er die Geschichte als Kollektiverleben stärker zentriert, wirkt auf das unbewusste Kindheitserlebnis verstärkt das teilbewusste historische Bewusstsein ein. Zu den erotischen Veranlagungen tritt immer ein gewachsenes und wandelbares Rollenverständnis hinzu.

In der Novelle „Verwirrung der Gefühle" (1927) mischen sich die misslungenen Vater-Sohn-Beziehung des Studenten mit einer homoerotischen Neigung des Professors zu seinem Zögling. Zwischen beiden Männern schwelen diverse Konflikte, und einer davon ist der von beiden unterdrückte Eros, ein anderer ihre intellektuelle Rivalität und damit auch Neid auf das seelische Korrektiv. Eine von Homophilie geprägte Geschichte hat Schnitzler nie geschrieben, weder vom Konflikt noch vom Interpretationsansatz her, weil er dem Thema der Kompensation weniger Beachtung schenkt.

Zweigs Komparatistik „Die Heiligung durch den Geist" – wenngleich erst nach dem Tod Schnitzlers publiziert – enthält signifikante Merkmale, wie seine Generation die Psychoanalyse anders wahrnimmt als Schnitzlers Generation. Beispielsweise reflektiert Zweig darin über die Situation der Jahrhundertwende, die er aus der Kinderperspektive erlebt, aber doch erst retroperspektiv beurteilen kann. Er sieht, anders als Schnitzler, Freud als Repräsentanten einer neuen Ära und Eröffnung einer unbekannten geistigen Welt. Er grenzt sich nicht mehr von ihm ab, denn Freud ist bereits Geschichte, sondern bekennt: „Das Unbewußte ist das tiefste Geheimnis jedes Menschen".[164] Gerade in der Traumdeutung Freuds kann Zweig andere Dinge entdecken als Schnitzler, da er die Technik betrachtet und nicht die

---

[164] Stefan Zweig, Die Heilung durch den Geist, S. 198. Folgende Zitate S. 329 ff.

mögliche Konkurrenz. In einem Zeitalter, dass an einem übersteigerten oder erlahmten Willen lahmt, kann die Hypnose Heilung bedeuten, weil im Dämmerzustand mehr als im Wachzustand an das *„Unbewußte heranzukommen"* ist. Zweig unterscheidet deutlich zwischen Unbewusstem und Unterbewusstem (Schnitzler nicht), das eine ist Gedankenlosigkeit, das andere ursprünglicher Trieb. Für ihn bedeutet die Triebsulimation einfach ein „Verschieben des Gedanken" bzw. ein „Vergreifen" und „Versprechen". Dadurch, dass er die Silbe „Ver" so betont, stiftet er Bezug zu Nietzsche, der im „Zarathustra" sagt, der Mensch sei ein Tier, das versprechen müsse. Nicht nur, weil Zweig in „Der Kampf mit dem Dämon" Nietzsche einen großen Aufsatz widmet, vor allem, weil er ihn philosophisch und nicht nur ästhetisch als Künstler begegnet, ist die Differenz zu Schnitzler offenkundig.

Zweig problematisiert Freuds Traumdeutung nicht, weil es für ihn nicht wichtig ist, ob sie verifizierbar ist. Er betrachtet sie vielmehr als Inspiration und *„Bote einer ungewöhnlichen Sprache"* oder einen *„schicksalsverräterischen Akt."* Zweig geht davon aus, dass Freud einer *„künftigen Deutung schon einigermaßen vorgearbeitet hat"* und seine Symbolbilder eines Tages entschlüsselt werden. *Die Akzeptanz von Vermutungen ist konträr zu jedem wissenschaftlichen Anspruch und unvereinbar mit Schnitzlers naturwissenschaftlich geschultem Denken.* Zweigs Vorliebe für den besonderen Augenblick muss Schnitzler als höchst problematisch empfinden.

.Zweig sieht in Freud eine *„provisorische Feststellung",* und in der Bejahung dieses Experiments trennen ihn Welten von Schnitzler oder Freud, die um eine in Zweifel geratene Wahrheit ringen. Beide sehen, vielleicht ungleichgewichtig, im Traum das andere, unterdrückte, zur Wirklichkeit gelangen wollende Ich, aber es scheint eher gefährlich, fast zerstörerische Tendenzen heraufzubeschwören. Zweig hingegen vertraut sich seinen Träumen als positive Kraftquelle der Erneuerung an: *„Erst Freud stellt zum ersten Male fest, daß die Träume zur Stabilisierung unsers seelischen Gleichgewichts notwendig sind."*

Zweig ordnet seine psychologischen Erzählungen immer dem Zwang unter, vor allem der Angst. Schnitzler hingegen befürchtet, als Individuum werde durch den Schematismus Freuds eskamotiert, hingegen postuliert Zweig die Erweiterung der Poesie durch die Psychoanalyse: *„Immer hat sich die Seele der Menschheit ... nur in der Dichtung offenbart, als schaffende Phantasie ... Keine Seelenkunde – diese Erkenntnis hat Freud unserer Zeit aufgeprägt – kann darum das Wahrhaft-Persönliche eines Menschen erreichen, die nur sein waches und verantwortliches Tun betrachtet."*

1. 3. Vergleichbare Prosa

1. 3. 1. „Frau Berta Galan" und „Die Liebe der Erika Ewald"

Der erwachende Eros und sein Scheitern nimmt eine zentrale Stellung in den Werken von Zweig und Schnitzler ein. Vergleichbar sind die zeitlich verwandten Erzählungen „Frau Berta Galan" (1900) und Zweigs „Die Liebe der Erika Ewald" (1904), schon allein, weil beide heimlich einen Musiker lieben, die eine ihren Gatten betrügt, und weil die Sensibilität für Empfindungsnuancen der weiblichen Figuren darin so bestechend geschildert ist. Beide Dichter verbinden in ihren Erzählungen die drei Grundthemen Scham, Schuld und sexuelles Verlangen auf ähnliche Art und Weise. Die jungfräuliche Pianistin Erika Ewald verliebt sich während der Proben für ein gemeinsames Konzert in einen Geigenvirtuosen – die Witwe und Klavierunterricht gebende Berta trifft ihre ehemalige Jugendliebe wieder. Während die Liebe der beiden Frauen zunächst platonischer Natur ist – sie erfreuen sich an gemeinsamen Gesprächen und Spaziergängen – wächst in den ehemaligen Jugendlieben sofort das Begehren für die junge bzw. jung gebliebene Frau. Der Mann gesteht der Verehrten seine Gefühle, jedoch spürt die Frau in beiden Fällen, dass sie für diesen Schritt, für eine Affäre, noch nicht bereit ist und flieht.

Die innere Stimme des Blutes und die starke Sehnsucht nach Körperlichkeit führt sowohl Erika Ewald als auch Berta Galan zu dem Liebhaber (in beiden Fällen Musiker) zurück. Als Erika sich verschmäht und durch eine Nebenbuhlerin ersetzt wähnt, erwacht sogar Todessehnsucht in ihr, und sie fasst sie den Entschluss, Rache zu üben, indem sie sich dem erstbesten Mann hingibt. Das Schicksal jedoch bewahrt sie vor diesem Schritt und lässt sie ihr Leid langsam ertragen. Auffälligstes Vergleichsmoment zu Berta ist nebst der mühsam zurückgehaltenen sexuellen Aktivität die Fixierung auf nur eine Person. Zudem kontrastieren dabei männlicher und weiblicher Eros. Sowohl Schnitzler als auch Zweig beschreiben die latente Sehnsucht nach dem Tod und die bis ins Traumatische gesteigerten Auswirkungen auf das seelische Erleben einer Berührung, weil sie bislang unterdrücktes Triebleben kaskadisch freilegt. Vergleichbar ist auch die schmale Gratwanderung zwischen dem erlebten oder vorgestellten Glück und Leid. Zweig inszeniert die tägliche Tragödie wie Schnitzler das Tragische im Alltäglichen.

Die erotische Verführung vollzieht sich durch das Wechselbad der Gefühle, die Unsicherheit und aufkeimende Zweifel, dem Alternieren von Nähe und Ferne, welche die Sehnsucht auf einen erneuten Kontakt potenziert: *„Das Fremdwerden des Vertrauten"* wie es Zweig nennt. Sogar wörtlich stiftet die Erzählung die Beziehung zwischen Leben und Tod *„Zuckungen sterbender Liebe feuchter Lippen."* Das Paar redet nicht viel miteinander, weil das den erotischen Zauber schmälern würde. Ein zufälliges im inneren ersehntes Ereignis löst in einem übersteigert von stiller Erwartung und Zurückhaltung geprägtem Herzen seine Handlungsdynamik aus. Auffällige Analogie zu der unverheirateten Berta Galan: Erika, der Musik und dem Geiger in anbetungsvoller Hingabe ergeben, verweigert sich seinem sexuellen Begehren, woraufhin dieser sich an einer anderen orientiert. Vom Typus her neigen beide Frauen zur Hysterie. So weiß sich die enttäuschte Erika gegenüber einer Zufallsbekanntschaft allein durch hemmungsloses Weinen vor dem Verlust ihrer kostbar gehüteten Keuschheit zu bewahren. Ihre Abstinenz ist mit der Berta Galans identisch.

Mit diesem Pfand sexueller Unschuld sagt Zweig vieles aus. Zum einen die unterschiedlichen Ausgangspositionen von Mann und Frau, die gesellschaftlich kodiert sind. Der Anstand und damit die Jungfräulichkeit werden um die Jahrhundertwende in bürgerlichen Kreisen hochgehalten. Während die Frau aber eher bereit ist, sich in Geduld zu üben, vermag der Mann seiner brennenden Begierde meist nicht zu widerstehen, und er sucht Trost bei anderen. Der sittliche Widerstand fordert seinen Preis: *„Nächte, in denen sie ihr Blut brennen fühlte von glühendem Begehren."*[165] Der Mann ist die verführende und raubende Gewalt, der die Frau in der Regel als Liebesobjekt ohnmächtig gegenübersteht. Mit der Metonymie *„schwarze Schatten"* verdeutlicht Zweig die obskure Verführungsgewalt, das dunkle Geheimnis der Wollust, die bei Frauen durch ihren Zwang auf Verzicht nur gesteigert wird. Leben fordert leidenschaftliche Selbsthingabe und damit auch Selbstverlust im Anderen. Dies ist der Hintergrund des Mythos von Orpheus und Eurydike, auf den, allein schon weil der Geliebte Musiker ist, und die Musik Erika in Ekstase versetzt, Zweig anspielt. Die Fantasie muss zumindest im weiblichen Eros die Agitation ersetzen, so dass die Vorstellung, der Geliebte sei ganz der ihre, Erika vorübergehend genügt. Zudem fixiert sie ihre gesamte Wunschwelt auf den Geiger, er allein scheint sie aus der Bedeutungslosigkeit ihrer Existenz zu retten, und ihm allein kommen bedeutungsvolle Worte, teilweise von den schweigenden Lippen abgelesen, zu. Die sie *„heimlich verführende Gewalt"* macht, dass er ihre tief im Unterbewusstsen

---

[165] Stefan Zweig, Die Liebe der Erika Ewald, S. 37. Folgende Zitate S. 40 und S. 45.

begraben gehaltene physische Leidenschaft weckt, sie aus Erikas Leib nahezu überströmt.

Bedeutsam wird vor allem die Scham Erikas. Sie schämt sich ihrer Herkunft, ihres Geschlechts, ihres Verlangens und ihrer Entsagung bzw. der heimlichen Wollust. Auf Dauer kann sie nur von Stimmungen überwältigt werden, die ihr junges liebesbedürftiges und nach Zärtlichkeit hungerndes Herz zwar zum Schweigen, nicht aber zum Verstummen bringen können. Erikas Seiten sind einmal in Schwingung geraten, ganz ruhig zu bleiben ist ihr unmöglich geworden: *„Was immer geschehen war mußte wieder Erlebnis werden."* So ringen Verzicht und Lust stets in ihr, und Zweig deutet den Eros aus ihrer Perspektive: *„Die Liebe des Mannes mordete die sanfte Liebe des Mädchens ... ihr Bewußtsein betäubte sie, sie wollte ihm sagen, daß ihre Liebe ganz anders sei als die seine ... aber die Worte fanden keine Laute."*

1. 3. 2. „Fräulein Else" und „Angst"

Das Motiv Erpressung und seelisches Dilemma im Inneren einer Frau drängt sich durch „Fräulein Else" (1924) und „Angst" (1925) auf, allerdings mit dem für Zweig charakteristisch-optimistischen und versöhnlichen Ende und natürlich mit dem Unterschied, dass Irene verheiratet ist und sich einem Liebhaber freiwillig hingegeben hat, was sie persönlich erpressbar macht, wohingegen die jungfräuliche, erpressbar gewordene Fräulein Else für die Taten des Vaters haften soll. In *„Angst"* (1910) veranschaulicht Zweig die Gefühle einer Ehebrecherin, Irene Wagner. Immer, wenn sie ihren Geliebten – wiederum ein Musiker – verlässt, fürchtet sie, dass ihr Ehemann den Betrug enthüllt. Eines Tages wird sie von einer Fremden, die behauptet, Irene hätte ihr den Geliebten ausgespannt, abgepasst und erpresst. Irene gibt ihr Geld, flieht, und die Jagd beginnt. Immer neue Forderungen kommen auf sie zu, zwingen sie zu neuen und dreisteren Lügen, zuletzt veräußert sie sogar ihren Ehering. Der psychische Verfall der bislang selbstbewussten und vom Leben verwöhnten Frau ist schleichend, aber unaufhaltsam. Zunächst spielt sie noch die Souveränität, hält den Geliebten hin, lässt ihn im Unklaren und trennt sich schließlich von ihm. Daraufhin verlässt sie drei Tage lang nicht das Haus, was ihrer Familie auffällt.

Ihr fürsorglicher Mann – ein Rechtsanwalt – bringt sie immer wieder in Situationen, in denen sie beichten könnte. Mit jeder Stunde, die sie verstreichen lässt, jeder verpassten Gelegenheit zur Aussprache, nehmen die Ängste vor der Enthüllung zu. Ein Albtraum verrät sie beinahe, ebenso ein unterschlagener Geldbetrag, um die Erpresserin stillzuhalten. Alle Bemerkungen ihres Mannes verfolgt sie misstrauisch, denn sie fürchtet, er könnte etwas von ihrem Betrug an ihm ahnen. Als sie eines Tages nach Hause kommt, sitzt der Ehemann mit den Kindern gerade zu Gericht, da das Mädchen etwas gestohlen hat. Der Dialog über das Thema Schuld bietet Irene Gelegenheit zur Aussprache, die sie erneut verstreichen lässt. Die Demütigungen gehen unerbittlich weiter, die Erpresserin besucht sie nun bereits in der Wohnung. In die Enge getrieben und vor Angst nicht mehr Herr ihrer Sinne, besucht sie den bislang ignorierten Geliebten und konfrontiert ihn mit Forderungen und Anschuldigungen. Bei der Gelegenheit glaubt sie zu entdecken, dass er bereits eine neue Geliebte hat. Im Zustand großer Verwirrung kauft Irene in einer Apotheke Gift, aber im letzten Moment taucht ihr Mann auf und bringt sie nach Hause, wo Irene zusammenbricht. Der Gatte gesteht, dass er eine arbeitslose Schauspielerin angeheuert hat, um sie zu erpressen, damit sie ihren Geliebten verlässt und zur Besinnung gelangt.

Vergleichbar ist neben der Erpressung, der Scham und der Schuld mit dem Seelenmonolog „Fräulein Else" vor allem die offensichtliche Traumatisierung, die bis zum (versuchten) Freitod führt. Unterdrückte Ereignisse und Erlebnisse erwecken Leid und können zu Traumatisierung, Neurosen, Psychosen, Apathie oder Hysterie führen. Entzieht sich Erika ihrem gesteigerten Lusttrieb und sublimiert ihn durch Musik und Fantasie, so lebt ihn Irene aus. Sie hat jedoch als Anwaltsgattin und Mutter zweier Kinder eine ganz andere soziale Position als die sich in ungesicherten Verhältnissen befindliche Erika. Auch Irene ist gespalten: Einerseits schämt sie sich sowohl ihres Kontrollverlustes, der Wahl ihres Geliebten (der gering erscheint gegenüber dem Ehemann) und vor allem ihrer Unfähigkeit, die Situation zu bereinigen. Andererseits steigert sie sich wie eine Spielerin in alle Möglichkeiten, Ausflüchte und Wunderglauben hinein und ist nicht zu einer Situationsanalyse in der Lage. Ihre mentale Blockade verhindert, dass sie selbst handelt und die Optionen Geständnis oder Anzeige wahrnimmt. Stattdessen überlagert nur ein einziges Gefühl ihr Handeln – Angst. Gerade dieser Ausnahmezustand macht sie mit Fräulein Else vergleichbar.

Die Situation tritt ein durch drohende Enthüllung, Nacktsein und damit Verletzung der Intimität. *„In der Fahrt erst spürte sie, wie sehr diese Begegnung sie ins Herz getroffen hatte. Sie tastete ihre Hände an, die erstarrt und* *kalt wie abgestorbene Dinge an ihrem Körper niederhingen ...*"[166] Analog zu Fräulein Else ist eine Versteinerung die Folge und ein ewiges Kreisen der Gedanken ohne Ausweg. Irene verkörpert drei Seiten der heimlichen Geliebten: Betrogene, Betrügerin, Opfer. Betrogen wird sie zum sowohl von der Erpresserin und Vorgängerin als auch von ihrem Geliebten, da er sich bald mit einer anderen einlässt und drittens durch ihren Gatten Fritz, der mit ihrem schlechten Gewissen spielt. Betrügerin und Täterin ist sie zum einen, indem sie den Geliebten gar nicht über die Situation aufklärt, weil sie der Erpresserin vorher den Geliebten genommen hat und weil sie Fritz mehrfach hintergangen hat. Opfer ist Irene, da Lebensqualität, Stolz und Selbstvertrauen durch die Qual des Entdeckt-Werdens und die Schmach, sich nicht wirklich aus der Situation befreien zu können, stündlich schwinden.

Eine weitere Analogie zu „Fräulein Else": Durch die Drucksituation gelangen innere Kinder, sprich infantile Gefühle an Irenes Oberfläche: *„Sie loderte innen von einem sehr seltsamen Gefühl, wie sie es nur als Mädchen gekannt hatte."* Viele ambivalente, im Inneren der Gattin streitende Gefühle werden letztlich von einem einzigen, der Angst, überlagert. Zweig enthüllt in diesem Seelendrama eine komplexe Struktur von Selbstbehauptung und Selbstverleugnung, von Instinkt und Intellekt, Scham und Stolz, Erniedrigung und Lust zur Pein. Erregungszustände scheinen der von beruflichen und familiären Pflichten oder gar Sorgen entbundenen Gattin geradezu willkommene Abwechslung in der Monotonie ihres Alltags. Auch in dieser Novelle spielt die Musik eine bedeutende Rolle: So verliert Irene ihre Kontrolle beim Tanz und steigert sich in erotische Zuckungen hinein. Da der Musiker als unansehnlich, aber begnadet talentiert geschildert wird, steht zu vermuten, dass sein Spiel eine orphische Wirkung auf die sonst kühle Gattin besitzt. Es kann durchaus sein, dass auch er in das Spiel des betrogenen Ehemannes eingeweiht ist, denn vor Verlassen seines Hauses sagt der Ex-Geliebte zu der konfusen Irene: *„Verzeihen Sie ... Morgen, morgen werden sie alles begreifen."* Irene bleibt Prototyp einer Hysterikerin à la „Fräulein Else": *„Nur die Nerven vibrierten wie hochgespannte Saiten, alles wartete auf die Züchtigung, und beinahe ersehnte sie seinen Zorn."*

---

[166] Stefan Zweig, „Verwirrung der Gefühle", Angst, S. 283. Folg. Zitate S. 293, S. 346, S. 349.

1. 3. 3. „Die Toten schweigen" und „Zwang"

Der Thanatostrieb und der daraus erfolgende Zwang (*ananke*) ist eine Form von Tod, da er vitale Lebenstriebe unterdrückt. Viele Stücke Schnitzlers zeigen, wie der kollektive, durch Konventionen und Normen entstandene Druck durch die Hintertür einer subjektiven Motivation der Angst Einlass findet. Der Mensch sieht, seines sozialen Netzwerks oder einer bislang aufrecht erhaltenen Selbstlüge beraubt, keinen anderen Weg als den Selbstmord. Diese Zwänge sind im bürgerlichen System sogar größer als im Proletariat oder der Aristokratie. In seiner Novelle *„Die Toten schweigen"* (1897) widerspricht Schnitzler dem Titel, denn der Tote lebt und redet der Überlebenden ins Gewissen, bis sie gesteht. Das Geständnis ihres Fehltrittes bewahrt die verzweifelte Gattin Emma vor Schlimmerem. Ausgangspunkt bildet eine gemeinsame Kutschenfahrt mit dem Geliebten, der durch eine Kollision mit einem anderen Wagen tödlich verunglückt. Um den Skandal ihres Verhältnisses zu vertuschen, verschweigt sie den Vorfall, da ihr Überlebenswille und sozialer Geltungsdrang größer ist als die Loyalität zu dem Verstorbenen. Am Ende gewinnt ihr Gewissen aber die Oberhand und sie gesteht. Schnitzlers Erzählung verbindet die weibliche Untreue (Schuld) mit einem unverschuldeten Unglücksfall und dabei zwei seelische Antagonismen: verdrängen und gestehen wollen.

Die Macht des Verdrängten stößt bei der Frau auf die Macht des Unverdränglichen, die Lebenslüge stößt auf die Unmöglichkeit, diese durchzuhalten. Die Krisensituation evoziert unerwünschte Emotionen, die wenn überhaupt, geteilt werden müssen, um geheilt werden zu können. Die Lebenslüge zieht wiederum widersprüchliche Gefühle und Handlungen nach sich. Meist werden die Konflikte im Traum oder nur ansatzweise (und hier wiederum hauptsächlich von Frauen) bewältigt. Für das männliche Rollenverständnis bleibt selten ein Ausweg außer Duell, Krieg oder Selbstmord. Emma gesteht oder beichtet ihrem Gatten nicht aufgrund eines moralischen Gefühls, sondern weil sie einen Albtraum hat und ihr eigenes Spiegelbild nicht. Der kollektive Zwang, einen Toten, noch dazu einen geliebten Menschen, nicht einfach so zu ignorieren, ist zu groß, um die Last ihres Schweigens zu tragen.

Zweig schildert in drei Variationen „Amok" (1922), „Wondrak" (1919) und „Zwang" (1918) jeweils die Geschichte eines Mannes, der durch einen Zwang bedingt, sein Leben aufs Spiel setzt. Der pazifistisch gesinnte Maler Ferdinand hat sich dem Einzugsbefehl durch Auswanderung in die Schweiz entzogen. Als ihn der Brief mit der Einberufung in die Armee dennoch erreicht, gerät er in eine tiefe Krise. Durch inneren Zwang getrieben will er mit seiner Frau brechen, um seine Pflicht fürs Vaterland zu erfüllen. Diese versucht alles vom Argument bis zur Erpressung, um ihren Mann zurückzuhalten, doch dessen Zwang ist stärker. Erst an der Grenze, beim Anblick von schwer verletzten Frontsoldaten, gelingt es ihm, den inneren Verhaltenscodex abzuwerfen und nach Hause zurückzukehren. In diesem Fall lockt nicht der Ruf des Lebens, sondern des Todes. Man darf die Kameraden nicht im Stich lassen, es wäre Beihilfe zum Mord. Zweig deckt die Kraft gesellschaftlicher Konventionen und daraus entstehende Gewissenskonflikte auf. Der Krieg evoziert existenzielle Ängste noch bevor der Mann in die erste Schlacht gezogen ist. Die seelischen Automatismen lassen Ferdinand gegen seine persönliche Überzeugung handeln. Die Ausweglosigkeit rationaler und subjektiver Entscheidungen gegenüber einem archaischen Schuldgefühl lässt eine perverse moralische Verpflichtung gegenüber der Liebe triumphieren. Das Thema der Soldatenehre findet sich besonders in Schnitzlers Dreiakter „Ruf des Lebens".

In zahlreichen Novellen variiert Zweig das Thema Zwang. So auch die die Spielsucht thematisierende *„Vierundzwanzig Stunden im Leben einer Frau"* (1925). Darin beschreibt Zweig zwei Zwangssysteme. Das eines Spieler und das einer Witwe, die ihm zu helfen versucht. Auch in „Zwang" tut die Frau alles, um ihren Gatten im Haus und damit sicher am Leben zu halten. Sie ist ebenfalls bereit, alles auf eine Karte zu setzen, um diese Existenzkrise zu meistern. Während sie unter dem Zwang steht, sein Leben retten zu müssen, spürt er das unüberwindliche Verlangen, seines für etwas Größeres als ihn selbst hinzugeben, um vielleicht andere Menschen zu retten. Der Kampf zwischen der Pflicht zur guten Tat und dem Zwang zu einer Handlung, die für Außenstehende keinen Sinn macht, weil sie selbstzerstörend ist, gilt substanziell für die Spaltung der Charaktere. Die Besessenheit des Malers, seinem Vaterland dienen zu müssen, speist sich aus der Scham, ein Feigling und Verräter zu sein. Irrationale Gefühle wie die von Ferdinand oder Emma sind nicht zu kontrollieren oder gar zu beherrschen, gerade weil sie weder bewusste noch subjektive Willensentscheidungen sind.

Die Ehe wird von dem Pessimisten Schnitzler – auch aufgrund seiner eigenen Erfahrungen – als fortgesetzte Lüge und Verrat empfunden. Worte erscheinen als unzureichend, missverständlich oder illusionär. Weder Schnitzler noch Zweig verurteilen die Schwächen und Leidenschaften ihrer

Protagonisten, sie enthüllen lediglich eine doppelte Moral oder den Versuch einer Scheinwahrheit. Für Schnitzler sind alle Liebesbeteuerungen ideeller Zwang und Selbstbetrug, da Lebenswille und Egoismus stets stärker sind als Nächstenliebe und Ethik. Dies macht besonders seine Erzählung „Sterben" (1892) deutlich. Am Anfang beteuert die Geliebte, mit dem Todgeweihten sterben zu wollen, als das Datum näher rückt, will sie davon nichts mehr wissen. Umgekehrt hat der junge Todeskandidat am Anfang kein Interesse an der Freundin, doch als er sich sterbend wähnt, klammert er sich an sie. *„Nur eines war ihm klar. Daß er sie da haben mußte, da, bei sich ... Marie, Marie, murmelte er. Ich will nicht allein sterben, ich kann nicht."*[167] Am Ende ist doch jeder für sich allein. Marie und Felix (Schnitzlers Ironie, dem Todgeweihten diesen Namen zu geben) befinden sich in einer extrem von Zwang erfüllten Haltung. Die Geschichte endet mit dem Freitod des jungen Mannes, der das Gefühl der Verlassenheit nicht mehr erträgt. Wenn sich jemand umbringt, dann nur, weil er seinen Lebenswillen auf Zerstörung eigenen oder fremden Glücks richtet. Abgesehen davon erscheint Schnitzler der Suizid, mit dem so viele seiner Figuren enden, keine Alternative zu bieten. Er entspringt einem fatalen romantischen Liebesideal, einer Totalisierung des Moments und der Paarbeziehung. Die übermächtige Stimme des Unterbewussten suggeriert stets den kategorischen Imperativ „lebe!" und nicht „sterbe!". Es ist aber möglich, diese Stimme zum Verstummen zu bringen, gerade weil der Mensch sich dem Intellekt oder einer Idee verpflichtet sieht.

Beide Autoren schreiben über das Verhältnis von unterdrücktem Eros und ebenso verdrängtem Thanatos. Die größte Gemeinsamkeit liegt in der Herausarbeitung innerer Sachzwänge durch irrationale Mechanismen der Schuld- und Schamgefühle und damit verbunden die Sprache des Unbewussten im Traum oder in der Halluzination. Aus dem unterdrückten Eros geht meist eine tragische Verstrickung bzw. unglückliche Liebesbeziehung hervor. Beide sind zudem Befürworter der Emanzipation, haben aber selbst im eigenen Leben ihre Probleme mit selbstbewussten Frauen. Dabei wird besonders das Ringen um einen individuellen Lebensgenuss spürbar. *„Die Protagonistinnen bei Zweig scheitern, weil sie hartnäckig nach der unmöglichen Realisierung ihrer imaginierten, den Verstand dominierenden Vorstellungen und Wünsche streben. Ihre psychische Zerrissenheit zwischen*

---

[167] Arthur Schnitzler, Erzählungen, Sterben, S. 144.

Wunschwelt und Wirklichkeit geht mit widersprüchlichen Gefühlen und einer Unterdrückung der Träume einher.[168]

1. 4. Vergleich der Dramen „Das Haus am Meer" und „Das weite Land"

Ein weiteres Grundmotiv in den Werken beider Autoren ist Untreue bzw. die Unfähigkeit der Geschlechter, offen und unzweideutig miteinander zu kommunizieren. Zweigs Zweiakter „Das Haus am Meer" (Uraufführung Wiener Hofburgtheater 26.10.1912) nimmt die Vorkriegsstimmung vorweg, auch wenn er (um die Zensur zu umgehen) zur Zeit des amerikanischen Unabhängigkeitskrieges spielt. Schauplatz ist ein verlassener deutscher Küstenort im Haus einer traditionellen Lotsenfamilie. Zwei Welten prallen im Gasthof aufeinander: Trinkfeste und abenteuerlustige Soldaten übernachten in einem traditionsbewussten Haus für Seefahrer, um Einheimische für den Krieg zu mobilisieren. Der Erbe Thomas Krüger sieht sich in einer Nacht aller seiner Träume beraubt; er erfährt, dass seine kinderlose Frau Katharina vorher eine Dirne war. Der Werber, dem beim Trinkgelage ein Rekrut entwischt, findet in einem naiven, zu Geld gekommenen Seemann unfreiwilligen Ersatz. Nachdem er ihn betrunken gemacht und geködert hat, sieht sich dieser zur Überfahrt nach Amerika gezwungen und wie ein Sträfling in Ketten gelegt. Thomas, nicht ahnend, dass er werdender Vater ist, löst ihn aus, verhilft dem Familienvater zur Flucht und geht an seiner statt nach Amerika. Im zweiten Akt, 20 Jahre später, kehrt er zurück. Er sieht, dass seine Frau einen jüngeren Mann und offensichtlichen Banditen geheiratet hat, der sie mit der Tochter betrügt und vom Schmuggel lebt. Er erfährt, dass diese Tochter sein eigen Fleisch und Blut ist, das ihm Katharina nach seiner Ausschiffung nach Amerika geboren hat. Um eine Eskalation zu vermeiden, gibt er sich seinem Weib, das ihn für tot hält, zu erkennen, um dann zu fliehen. Auf hoher See jedoch stürzt er sich und den ehrlosen zweiten Gatten ins Meer.

Zweig verbindet drei Themen in diesem Stück: die mangelnde Kommunikation durch fehlendes Vertrauen zwischen den Eheleute, zweitens den Verrat und Ehebruch, drittens die Macht des Blutes und der Tradition. Drei Generationen leben mit unversöhnlichen Lebenseinstellungen unter einem Dach: Der alte Oheim Krüger wehrt aller Erneuerung, sucht nur einen Erben

---

[168] Agata Fabis, Tragisch-Liebende im Werk Stefan Zweigs und Arthur Schnitzlers, S. 58.

für das Haus und ist misstrauisch allen Fremden gegenüber. Sein 30-jähriger Neffe Thomas hat zwar viele seiner Ansichten mit ihm gemein, aber er steht zwischen ihm und seiner 20-jährigen Frau Katharina, die Lebenslust und Unbekümmertheit verkörpert. Die folgende Generation, vertreten durch den zweiten Gatten Peter und die mit Thomas gezeugte Tochter Christine erscheint moralisch längst verdorben und selbstsüchtig wie ein verjüngtes Spiegelbild der Mutter. Durch nicht zustande kommende Gespräche, die auf Misstrauen beruhen, gesteht Katharina ihrem Gatten nicht, dass sie in guter Hoffnung ist, obschon sie weiß, wie viel ihm ein Kind bedeutet. Zum einen will sie um ihrer selbst geliebt werden, zum anderen sucht sie einen passenden Augenblick, um den ihr vermeintlich feindlich gesinnten Oheim ganz zu entmachten, denn die Schwangerschaft sichert ihr Einfluss und dauerhafte Bleibe im Haus. Als die Werber mit den Soldaten im Gasthof übernachten wird sie mit ihrer bislang verschwiegenen Vergangenheit konfrontiert, da sich zwei ehemalige Liebhaber unter den Soldaten befinden. Selbst jetzt gesteht sie aus Furcht, Trotz und Eigensinn ihrem ahnenden Mann nicht ihr früheres Dirnenleben ein und lässt die günstige Gelegenheit, reinen Tisch zu machen, verstreichen. Durch die beiden Lügen hat sie maßgeblichen Anteil an der seelischen Zerrüttung ihres bislang bodenständigen Gatten, der keinen Lebenssinn mehr für sich sieht, als er über den Werber Aufklärung erfährt. „Mir tut kein Fluch mehr weh – Vor Schmerz bin ich gefeit´, ich hab so viel, als einer tragen kann ... Der meine ist von solcher Art, daß keine Macht der Erde ihn tilgen kann; es wächst kein Kraut dafür. Mein Leben ist verspielt, vorbei.“[169]

In der Nebenhandlung scheitert ein aufrechter Seemann, der sein Glück gemacht und Frau und Kinder hat, weil dieser im entscheidenden Moment dem Lärmen der Soldaten nachgibt, sich von seiner Heimreise abhalten lässt und im betrunkenen Zustand Opfer der Ränke des Werbers wird. Der Oheim trägt seinen Teil zur Tragödie bei, indem er sein Wissen um die Schwangerschaft zurückhält und als sein Neffe sich entschließt, statt des bedauernswerten Seemanns als Söldner nach Amerika einzuschiffen, gar nicht anwesend ist. Der Verrat bindet die beiden Sujets des Generationskonfliktes und des Kommunikationsmangels, da der Seemann seine Familie verrät, als er sich auf Spiel und Trunk mit den Soldaten einlässt, der Erbe den Werber in eine schwierige Situation bringt, indem er einem anderen

---

[169] Stefan Zweig, Gesammelte Werke, Dramen, Das Haus am Meer, S. 79. Folgende Zitate S. 121 und S. 133.

angeworbenen Rekruten zur Flucht verhilft und die Frau, indem sie ihren Gatten nicht nur mit Schweigen betrügt, sondern auch ihm nur vorspielt, ihn zu lieben. Ihr wahrer Charakter, Leichtsinn und Frivolität, hängt mit ihrem Nomadenleben zusammen. Der Oheim sieht voraus, dass sie nicht in das einsame Landleben passt, dass sie sich zu sehr um neue Gäste bemüht, und dass ihr wenig an der Mutterschaft gelegen ist, aber er schweigt.

Im zweiten Teil der Tragödie – die erste endet mit dem jähen Aufbruch von Thomas – werden die Folgen ihrer Dirnenartigkeit deutlich. Katharina, die allein auf ihre Jugend und Schönheit setzt, ist einem jungen Taugenichts verfallen, einem männlichen Gegenstück zu ihrer Lebenseinstellung. Während sie ihm in Hörigkeit verfallen ist, betrügt er sie mit der Tochter Christine, die nichts von ihrem Vater weiß und die ganz nach ihrer Mutter geraten ist. Nicht nur, dass Peter mit ihr ein Verhältnis hat, sie sind auch beide nicht am Fortbestand des Gasthauses interessiert, so dass dieser immer mehr verkommt. Thomas findet bei seiner Rückkehr einen nahezu blinden Oheim, eine verlebte Gattin und zwei sorglos egoistische junge Menschen vor, die das Geld durchbringen und sich um das Morgen nichts scheren. Dies, seine Heimatlosigkeit und die Gewissheit, keinen männlichen Erben zu haben, dem er sein in Amerika gemachtes Haus und Land vererben könnte, führt zu seinem Entschluss, nach nur einem Tag wieder abzureisen. *„Nein, sie ist nicht das Kind, das in den vielen Tagen in mir lebte und das ich kannte wie die eig'ne Hand. Nein, eine Tochter, die ist nicht das Kind, das meine Werke erbt und meinen Willen, ist nicht die Kraft und ist die Sehnsucht nicht nach neuen Dingen ... Sie hat dein Blut."* Da er symbolisch das Schiff verpasst hat, ist er gezwungen, ein Angebot Peters anzunehmen, was in der Katastrophe enden muss, da sich Wut und Enttäuschung in ihm angestaut haben. Folglich endet das Stück mit der Trostlosigkeit von Mutter und Tochter, die allein zurückbleiben. Einzig der Oheim weiß nach der Schilderung seiner Enkelin: *„Nun seh´ ich ihn bald wieder."*

Zweig macht in diesem Stück auf verschiedene repressive Systeme aufmerksam. Der Mann gilt mehr als die Frau, besonders in Hinblick auf die Erbschaft aber auch in der Außendarstellung. Der Mann handelt, entscheidet, ist entschlossen, hat das Geschick der Familie nahezu alleine zu tragen. Die Frau dagegen hat nur die Wahl, sich bei ihm einzuschmeicheln und devot zu sein. Die Vorurteile und Traditionen, der Erhalt des Vergangenen gelten mehr als die Bereitschaft zu Wandel oder Wunsch zur Selbstverwirklichung. Die Menschen teilen keine Gemeinsamkeiten, jeder lebt in seiner Seelenqual für sich allein oder misstraut den anderen. Möglichkeiten zur Besinnung, zur Versöhnung bestehen, verstreichen aber ungenutzt. Auch die religiöse Frage, die Notwendigkeit eines Glaubens und der Schicksalsbestimmung, die Gebundenheit des Menschen an Haus und Hof, seine Blut- und Boden-Ideologie spielen eine dominante Rolle. Vor allem aber geht es um Verrat.

Schnitzler schreibt in seinen Aphorismen *„Zu einem Verrat sind die meisten Menschen pünktlicher zur Stelle als zu einer Tat der Untreue. Denn sich bei einem Verrat zu verspäten, kann leichter den Kopf kosten, als zu einer Handlung der Treue nicht da zu sein."*[170]

Fast zeitgleich zu Zweigs Drama entsteht sein Fünfakter „Das weite Land" (Uraufführung 1911 am Wiener Burgtheater). Auch hier regieren Lüge und Verrat und ein ständiges Verschweigen wahrer Gefühle. Anstelle dass die Menschen miteinander reden, reden sie nur übereinander. Gerüchte führen zu Illusionen, diese schaffen Fakten. Friedrich, Fabrikant und Lebemann, betrügt seine Frau Genia wie es ihm gefällt und verspricht Erna die Ehe, obschon er weiß, dass sein einziger Freund, Doktor Maurer, ihr einen Antrag machen möchte. Er wartet auf die Gelegenheit, seine bislang loyale Frau in ihrer Untreue zu überraschen und fordert deren Liebhaber Otto zum Duell, erschießt ihn. Einer der letzten Sätze des Stückes, die Friedrich an Erna richtet, fasst die traurige Botschaft zusammen: *„Alles ist Täuschung. Du bist zwanzig, du gehörst nicht zu mir."*[171] Immerhin muss wegen der sinnlosen Affäre der junge Otto sterben. Friedrich verspürt keine Schuldgefühle, den Mann erschossen und seinen Freund Mauer durch seinen Egoismus verloren zu haben. Das Leben erscheint ihm nur *„zum Totlachen"*, denn die Konventionen erlauben einem nur den heimlichen Lebensgenuss, nicht aber den aufrechten Umgang mit seinen Gefühlen.

Genia hinterfragt mit Recht, wozu sich ihr Gatte duelliert, da er sie weder hasst noch liebt. Eifersucht, sonst ein gängiges Thema in Schnitzlers Dramen, verspürt niemand, bestenfalls gekränkten Stolz. Sie nennt das Duell auch *„eine lächerliche Eitelkeits- und Ehrenkomödie, wie wir ja alle wissen".* Hinter dem sinnlosen Duell (im Stile Fontanes „Effi Briest") steht aber einerseits die Unfähigkeit, Vergangenes hinter sich zu lassen und andererseits die Verachtung dem Leben gegenüber, da ein wirklicher Grund zum Existieren nicht vorhanden ist. Auch Genia mit ihren 31 Jahren ist bereits zu verbittert, um noch sentimental zu sein: *„Ich habe den festen Willen, ihn zu*

---

[170] Arthur Schnitzler, Tagebuch 1893-1902, S. 14.
[171] Arthur Schnitzler, Dramen, Das weite Land, 5. Akt, S. 682. Folgende Zitate S. 675 ff.

vergessen." Solidarität entsteht zwischen der Mutter des im Duell erschossenen Otto und Genia, die sich für kurze Zeit begehrt gefühlt hat. Doch selbst in ihrer sich abzeichnenden Freundschaft mischt Schnitzler Resignation und Fatalismus: *„Es geht ja wohl nicht anders."* Die Ehe ist nicht mit *dem Duell gerettet, man hat nur die Ehre gewahrt. Friedrich beneidet sogar den jungen Mann: „Ja, der hat´s freilich leichter als ich. Für den ist alles erledigt. Aber ich – ich bin auf der Welt."*

Vergleichbar ist sicherlich nicht der Stoff bzw. die Handlung, aber die Gesinnung. Neben dem Hauptmotiv Verrat, da der Ehemann nicht nur fremdgeht und zwei Geliebte zur Närrin macht, sondern auch den Ehebruch inszeniert, ist die Unfähigkeit der Kommunikation und die benachteiligte Stellung der Frau das Grundmotiv. Die Zeit erscheint auch vor Kriegsausbruch nicht mehr überlebensfähig, weil die Individuen seelenlose Roboter geworden sind. Diejenigen, die noch sentimental und weich geblieben sind, sterben oder sind überflüssig.

1. 5. Politische Essays Zweigs über den Zeitgeist Schnitzlers

1. 5. 1. Vorkriegsstimmung

Obgleich vom Herzen Europäer, verweist Zweig auf die Gefahr der Einförmigkeit Europas insbesondere durch den Einfluss Amerikas. *„Alles wird gleichförmig in den äußeren Lebensformen"*[172]: dieselben Tänze, die gleiche Musik und dieselbe Form von Mode, selbst die Städte ähneln sich immer mehr. Zweig warnt vor der einseitigen Stimulierung der Masse, die ihre wahren Gefühle in oberflächlichem Genuss betäubt und Individualität verhindert. Zweig steht den modernen Massenmedien, Radio und Presse skeptisch gegenüber, sieht in ihnen vorwiegend die Gefahr der Manipulation. Die Menschen lassen sich vermehrt treiben, die persönliche Erfahrung tritt hinter dem ästhetischen Massenkonsum zurück. Die „Meinung der Welt" erfolgt käuflich aus den Medien, hinter denen sich wirtschaftliche Konzerne mit politischen Interessen verbergen. Die Menschen werden passiver, unmündiger und dressierbar, weil das kritische Reflexionsvermögen sinkt. Menschen haben seelisch, *„so wie die Natur ökonomisch, eine ständigen Anstrengung notwendig, um sich im Gleichgewicht zu erhalten."* Im allge-

---

[172] Stefan Zweig, Zeiten und Schicksale, Die Monotonisierung der Welt (1925), S. 30 ff.

meinen Wohlstand Europas wird eine euphorische Stimmung künstlich erzeugt, die Probleme auf dem Balkan und die Gefahren der Industrialisierung durch gewaltige Kredite werden verdrängt. Es wäre notwendig statt Nationalismus einen Ausgleich zwischen den Mentalitäten der Völker zu schaffen, damit die nächste Generation ohne Hass und Vorurteile aufwachsen könne. Der wirtschaftlichen geht eine seelische Krise voraus, eine geistige Erkrankung des hysterischen Zeitalters und eine Dekadenz, die nach einer *„gründlichen Entgiftung"* verlangt.

Zweig ahnt die Gefahr des Weltkrieges, die dem Thanatostrieb geschuldet ist durch das kollektive Versagen der Politik. Die k. u. k. Monarchie leidet unter politischer Handlungsunfähigkeit und Korruption des Beamtenstaates. Der geistige Ausdruck dieser Epoche ist daher der elitäre Pessimismus und die fehlende Bindung der Bürger zu den humanistischen Idealen. *„Irgendetwas fehlt hier, das spürt man. Irgendetwas, das die Menschen mehr zusammendrängte, das Nebeneinander vieler arbeitender Existenzen zusammenglühte in eine große Idee."*[173]

Zweig verfasst vor dem ersten Weltkrieg viele Artikel in der *Neuen Freien Presse* in Wien, die auch Karrieresprungbrett für Joseph Roth wird und das bevorzugte Journal Schnitzlers ist. Er betont darin stets den fehlenden Patriotismus, die Sorglosigkeit der Politiker in dem Vielvölkerstaat, das schwindende religiöse Empfinden und das fehlende Gefühl für den Zusammenhalt. Wenn in Galizien etwas geschieht, interessiert das den Wiener nicht, und selbst die Dichter schreiben nur über ihre Region, nie über das Völkerverbindende. Österreich existiert nur im Kopf, als ein Name und eine historisch-politische Notwendigkeit, die Masse aber hört nur mit dem Herzen. Allen Volksfesten, Paraden und selbstvergessenem Rausch der Massen, die Vergnügen suchen, fehlt das Einheitsbewusstsein. Die Liebe gilt nur einem Teil, nicht Ganzösterreich, nicht Österreich-Ungarn. Zweig bezieht sich auf die Märzrevolution 1848 und die verpasste Gelegenheit zur Reform, auf den sich abzeichnenden Machtverlust, der spätestens mit dem Triumph der Preußen bei Königgrätz sichtbar wurde. Er beklagt das Scheitern einer großdeutschen Lösung, der durch Verlust der katholischen Konfessionseinheit weiteres Sektieren folgt wie die Slawophilie und Italiens nationale Erhebung unter Garibaldi. *„Franz Josef ist die stärkste Bindung, die heute alle Nationen hier zusammenhält."* Es gibt aber auch Vorteile der Heterogenität, vor allem landschaftlicher und kultureller Art.

---

[173] Stefan Zweig, Die schlaflose Welt, Das Land ohne Patriotismus, 1909, S. 8.

Einen ähnlichen Tenor hat Zweigs unmittelbar nach dem Attentat auf den österreichischen Thronfolger verfasster Artikel *„Heimfahrt nach Österreich"* von August 1914. Darin beschreibt er die herrschende Stimmung, eine Art Fieberzustand des Reiches und wie der Patriotismus schlagartig Freundschaften und private Beziehungen in den Hintergrund rückt; sogar die einst vertraute Fremdsprache feindlich auf das Gemüt wirkt. Gleichfalls August 1914 beschreibt Zweig den Lebenswillen der Nationen. Obschon er selbst immer pazifistisch ausgerichtet ist, ergreift er Partei und nennt die Stärken der deutschen Rasse als dem Kriegsverbündeten. Die Verbrüderung und Vereinheitlichung des Lebenswillens, die Organisation der Vielen unter einem Ganzen, das Pflichtgefühl und der völkische Gesamtwille sind seine Themen und man spürt, wie der Krieg die Gesinnung verändert, selbst bei jenen, die reflektieren und frei von Hass sind. *„In Deutschland ist die Religion entstanden, die alle wichtigen Entschließungen und die letzten Entscheidungen der Moral einzig der inneren Pflicht anheimgibt ... die den Pflichtgedanken zum kategorischen Imperativ aller Tätigkeiten erhebt."*[174]

Der Autor ist zu diesem Zeitpunkt beseelt von einer tiefen Bindung und dauerhaften Verwurzelung der deutsch-österreichischen Völker, *„da alle Unterschiede untergehen müssen im Gefühl gemeinsamer Not und gemeinsamer Pflicht."* Es ist ein Paradox: Während des Krieges arbeitet der Pazifist Zweig mit den Kriegsbefürwortern Hofmannsthal und Roth im Kriegsarchiv und muss den Soldaten an der Front Mut zusprechen: *„Von Schlachten träumen jetzt die Friedlichsten ... Es gibt keine Werkstatt in Europa, kein einsames Gehöft ... dem nicht ein Mann weggerissen ist, an diesem Ringen beteiligt zu sein ..."*[175]

November 1914 thematisiert Zweig, dass es keinen wirklichen Österreicher gibt, sondern nur Schriftsteller deutscher Sprache, die im k. u. k. Reich geboren sind. Er beschreibt die Selbstmüdigkeit eines überkommenen Staates ohne wirkliche Ideen und macht den Unterschied zum kraftvollen Deutschland, einer aufsteigenden jungen Nation mit einheitlichem Volk deutlich. *„Niemand wird eine wirkliche Einheit zwischen Schnitzler und Schönherr, zwischen Rilke und Rosegger, zwischen Lenau und Stifter herstellen können."*[176] Der österreichische Dichter ist ein leeres Wort, selbst der Österreicher existiert nicht in einem Vielvölkerreich, das in sich mehr

---

[174] Stefan Zweig, Die schlaflose Welt, 1914, Heimfahrt nach Österreich, S. 31 ff.
[175] Stefan Zweig, Die schlaflose Welt, 1914, Ein Wort von Deutschland, S. 38.
[176] Stefan Zweig, Die schlaflose Welt, 1914, Vom österreichischen Dichter, S. 49.

Fremdheit bietet als ganz Europa. Zweig deutet an, dass er die Idee der Monarchie für überkommen hält und auf einen Neubeginn hofft.

1. 5. 2. Nachkriegsstimmung

Zweig konstatiert zunehmende Gleichgültigkeit und Nihilismus in der vom Krieg nicht betroffenen gesellschaftlichen Oberschicht, die in Davos feiert, dem Luxus sorglos frönt, während weniger besser Gestellte bittere Not leiden. Doch immer gibt es einen Gegenentwurf, der Hoffnung auf eine Besserung der Menschen verheißt wie Berta von Suttner, die sich uneigennützig ständig in Gefahr begibt, Not auf sich nimmt, um anderen zu helfen. Zweig stellt sie mit den Gründern des Roten Kreuzes und Romain Rolland Tagore und Gandhi auf eine Stufe.

Zweig ist zwar ein Gegner von Monarchie und Diktatur, bleibt aber skeptisch gegenüber der jungen Demokratie, die einer Zeit der kulturellen Inflation aller Ideen und Ideale entsprungen ist. Die Ideen der Philosophen werden vom Volke immer verkannt und verraten, so die Ideen von Erasmus von Rotterdam, Rousseau oder Nietzsche. Es gibt keinen Sieg der Ideen, weil Ideen nicht siegen, verlieren oder sterben können. Zweig sieht – im Gegensatz zu Schnitzler – immer Individuen, nie Typen oder Repräsentanten. Zuviel Todestrieb attestiert er den Menschen, die den Krieg befürwortet haben, und so greift Zweig Martin Heideggers Kritik an dem *„Gerede der Jemeinigkeit"* und der *„Manwelt"* in „Sein und Zeit" (1927) vor, wenn er gegen *„das Gerede über das Wissen"* und die oberflächliche *„Meinung der Vielen"* argumentiert. Er hingegen schätzt die dem Leben unter Mühen und persönlicher Erfahrung abgerungene *„Überzeugung des Einzelnen."* Diesem radikalen Individualismus steht Schnitzler skeptisch gegenüber, wenn dieser schreibt: *„Meinung ist Masse, Überzeugung der Mensch."*[177] Unter Opportunismus versteht Zweig ein *„sachtes Hinüberschleichen"* von einer Meinung zur anderen. Schnitzler argumentiert in seinem Brief an Zweig Oktober 1918 wie einst Flaubert bezogen auf die Märzrevolution 1848, dass Korruption und Machtgier über die Ideale der Tugend siegen und Bequemlichkeit oder Dummheit über die intellektuelle Redlichkeit triumphieren.

Zweig indes glaubt an das Ende der *„Herrscherelemente"* und erhofft sich einen Umschwung der inneren Überzeugung. Verlogenheit heißt er „kernlos", weil taktierender Verstand oft den *„Sinn entkernt"*.

---

[177] Stefan Zweig, Die schlaflose Welt, Opportunismus, Der Weltfeind, 1918, S. 132.

An die Krise des europäischen Denkens, die eine Folge der gestürzten Monarchien ist, schließt sich auch Zweigs Aufsatz über das fehlende republikanische Bewusstsein an, das unmittelbare Reaktion auf die Kapitulation Deutschland ist. Wie Karl Jaspers die Phase nach dem zweiten Weltkrieg, so sieht er jene nach dem ersten Weltkrieg nur als ein Atemholen an, eine *„Übergangszeit zwischen der bisherigen Geschichte"*, die nun aufgrund der technischen Möglichkeiten des Menschen die völlige Zerstörung oder den Weltfrieden bringen wird. Zweig votiert für einen behutsamen Weg der Reformen, nicht der radikalen Umstürze. Dabei ist der *„Trieb zur Wahrheit"* nicht immer mit Erkenntnis gleichzusetzen, denn er stößt häufig auf Nietzsches Geist der Schwere, eine *„Schwerkraft, die den Aufstieg in das Unendliche hemmt."* Die Leidenschaft zur Erkenntnis und zum guten Handeln ist so stark wie sein *„Gegeninstinkt"* aus Zerstörungswillen, der Lust zum Verdrängen, Verschleiern und Verleugnen. Das Vergessenwollen, ein zentrales Thema Nietzsches und später Heideggers, das zum Umlügen der Geschichte führt, beruht seiner Meinung nach auf einer psychologischen Überlebensstrategie, der Flucht vor dem Bewusstsein. *„Und gerade dies macht unsere Zeit so furchtbar tragisch, so widerlich und hoffnungslos, daß sie eines ungläubigen Glaubens ist, daß alle nationalen und politischen Ideale, die jetzt so laut gebrüllt werden, irgendwo einen falschen Ton haben und aus einer Absicht, nicht aus einer Innerlichkeit klingen."*[178]

Zweig verweist auf die Wirtschaftsinteressen Amerikas, die Problematik eines Europas ohne ihr Herz Deutschland und die künstliche Schaffung zahlreicher Nationen aus dem Reich der Habsburger. Es gibt jedoch einen großen Einfluss des einzelnen auf sein Schicksal und kein notwendiges Gesetz des Verfalls. *„Alles Erleben ist sinnlos, insoweit es vergänglich ist und wieder verloren geht, alle Wahrheit nutzlos, wenn sie wieder vergessen wird."*

Von großer Bedeutung für den schrittweisen Prozess der Demokratisierung ist für Zweig die Rolle der Frau, Gleichstellung und Emanzipation. Zweig begrüßt sie als sexuelle Befreiung und Demokratisierung und sieht die historische Notwendigkeit *„einer radikalen Umformung aller sittlichen und sexuellen Beziehungen zugunsten der Frau".*[179] Er stellt jedoch auch die Frage, wie die neue Frau sein wird und welchen Platz sie in der Politik und der Geschichte einnehmen wird.

---

[178] Stefan Zweig, Die schlaflose Welt, Die Tragik der Vergeßlichkeit, 1925, S. 142 ff.
[179] Ebenda, Zutrauen zur Zukunft, S. 166 ff. Artikel von 1926.

Der Lauf der Geschichte gibt Pessimisten wie Schnitzler Recht und auch Zweigs Kommentare werden angesichts der Bedrohung durch den Nationalsozialismus und der apathischen Regierung zunehmend resignativer. Im Todesjahr Schnitzlers sieht er die Nachkriegspolitik ernüchtert: „Die Bilanz nach 12 Jahren Weimarer Republik fällt selbst für den geduldigen Demokraten Zweig desaströs aus. *„Die junge Generation aber sagt sich mit Recht: Zwölf Jahre sind ein Fünftel eines bewußten Menschenlebens, und wenn die europäische Politik in diesem Schneckentempo weitergeht, wenn sie weiterhin so schleimig langsam, so süßlich klebrig, so träge und gichtig bleibt, so wird in weiteren zwölf Jahren abermals nichts getan sein als abermals dreihundert öde Sitzungen verredet ... und noch immer wird Europa von Waffen starren, Staat gegen Staat, Volk gegen Volk ...*"[180]

VII. 2. Joseph Roth

2. 1. Biografische Unterschiede

Als Kommentator des Werkes Schnitzlers tritt der Journalist und Theaterkritiker Roth nur einmal in Erscheinung anlässlich seines Ablebens in Form eines Nekrologs: *„Was nun im Besonderen Arthur Schnitzler betrifft, so scheint hier ... zu bemerken, daß er repräsentativ für eine Epoche, ein Land, eine Monarchie war und ist; daß seine dramatische und epische Leistung mit den lächerlichen privaten Konfessionen und Reportagen der "jungen Generation" nicht zu vergleichen ist; daß seine Sprache der dichterische Reiz der Melancholie auszeichnet und nicht der blanke, nackte Schimmer einer Tatsachenhäufung und nicht das Rufzeichen-Pathos politischer Anklagen."*[181]

Dass Roth sich wenig über Zweig äußert, überrascht nicht, denn gar zu verschieden sind ihre Welten. Joseph Roth betritt aus dem tiefsten Osten des Reiches der Donaumonarchie stammend (heutige Ukraine) Wien in der unmittelbaren Vorkriegszeit 1913. Er gehört weder Schnitzlers sozialer Klasse an, er verkehrt nicht in seinen Kreisen noch gehört er seiner künstlerischen Richtung an. Einzig Stefan Zweig verbindet die beiden extrem unterschiedlichen Künstlertypen. Roth ist 1894 geboren und damit 32 Jahre

---

[180] Stefan Zweig, Die schlaflose Welt, Revolte gegen die Langsamkeit, 1931, S. 178.
[181] Joseph Roth, Das journalistische Werk Band 3, 1931-1939, Nachruf auf Arthur Schnitzler, S. 71

jünger als dieser, ein Vertriebener aus Galizien und bringt von daher ganz andere Voraussetzungen mit. Er macht sich einen Namen als sozialistisch engagierter Journalist („der rote Joseph") und setzt sich erst 1929 infolge der Erkrankung seiner Frau an Schizophrenie mit Nervenleiden auseinander. Freuds Psychoanalyse verachtet er.

Während Schnitzler in seinem ganzen Leben Wien nur auf Reisen verlässt, immer ökonomisch abgesichert ist, eine starke Bindung zu seinem Vater besitzt und zu Lebzeiten großen Erfolg als Schriftsteller hat, ist bei Roth das Gegenteil der Fall: Er lebt als vaterloser Vagabund, kommt nach seiner Berliner Zeit als Starreporter sozial stark herunter und bedarf der finanziellen Zuwendung Stefan Zweigs. Roth erlebt als Schriftsteller keinen Erfolg und hat keine familiäre Bindung, er ist schwerer Alkoholiker. Bereits in Wien, in welchem er insgesamt mit Unterbrechungen vier Jahre lebt, zieht er achtmal um[182] und beginnt bereits in Hotels zu leben (Hotel Bristol, Atlanta, Parkhotel Schönbrunn). Schnitzler hat in sechzig Jahren Wien insgesamt vier Adressen[183] vorzuweisen. Großbürgerliche Behaglichkeit und Emigranten- und Flüchtlingsschicksal stehen sich gegenüber. Begegnet sind sich die beiden kontroversen Schriftsteller nie.

Am 30. April 1920 stellt die Wiener Zeitung „Der neue Tag" sein Erscheinen ein, für die Roth ca. 100 Artikel in nicht einmal drei Jahren geschrieben hat. Da die Metropole mit den Worten seines journalistischen Vorbildes und Freundes Alfred Polgar, politisch wie kulturell „ausgedörrt" ist und nach unzensierten Informationen hungert, reist Roth 1920 nach Berlin und findet auf Zeilenhonorarbasis dort die Möglichkeit, als freier Mitarbeiter für mehrere Tageszeitungen zu schreiben.

Roth ist kein Dramatiker, dafür ein begnadeter Erzähler und Essayist. Vergleichbar sind folglich nur Erzählungen, Novellen und Romane. Ihre Themen sind jedoch bedingt durch die massiven Veränderungen Österreichs sehr unterschiedlich, dennoch gibt es einige Überschneidungen: das Wiener Madl, der Verlust der Unschuld und die Verbindung von Eros und Tod, der traurige Untergang der k. u. k. Monarchie, die Passivität der Männer, die sich im Spiel und bei den Frauen verlieren. Siegfried Kracauer

---

[182] Roth wohnte in der Pazmanitengasse, Nussdorfer Straße, Währinger Straße, Hietzinger Hauptstraße, Am Tabor, Rembrandtstraße, Wallensteinstraße und Goldschmiedgasse.

[183] Sein Geburtshaus Jägerzeile (heute Praterstraße) während seiner Arbeit im Spital, Alser Straße und Mariannengasse, nach Gründung einer eigenen Familie Sternwartstraße.

nennt den Wiener Charme den *„süßen Verfall"* und die *„linke Melancholie"*. Schnitzler erwähnt die Frankfurter Allgemeine Zeitung jedoch nie.

2. 2. Essays über den Zeitgeist Schnitzlers

Um eine Vergleichbarkeit hinsichtlich des von beiden Künstlern erlebten Zeitgeistes zu ermöglichen, beschränkt sich der Textvergleich auf die Wiener Zeit zum Ende der Monarchie, während der Kriegsjahre und unmittelbar danach, also der Zeitraum von 1913-1920, da Roth diese Zeit hauptsächlich in Wien verbringt. Der Journalist Roth vertritt dabei bald als Pazifist die Idee eines Weltbürgertums in der Tradition eines Voltaire und Rousseau oder Stefan Zweig, seinem vielleicht engsten Freund und in jedem Fall wichtigsten Fürsprecher. Vor allem seine Ablehnung des unmittelbar nach Kriegsende einsetzenden Nationalsozialismus. In dieser Zeit wird Schnitzler kaum noch in Wien aufgeführt. Roth verfasst zwei Essays über den sogenannten „Reigenprozess" 1920. In „Hoch auf Frey Eysoldt" verteidigt er den Mut der angeklagten Regisseurin Grudrun Eysoldt am Wiener Kleinen Schauspielhaus, weil sie das Aufführungsverbot von Schnitzlers Dramen missachtet. Schnitzler gilt im deutschsprachigen Raum folglich als Unbequemer, Sittenverführer und Nestbeschmutzer. Roth nennt Schnitzler nebst Werfel einen *„guten Europäer"*. Zudem schreibt er, Schnitzler sei ein Anhänger des Eros, der zugleich die soziale Problematik schildere und den Lügenputz der Gesellschaft demaskiere.

Roth schreibt in dem bezeichnenden Artikel *„Der Tepp"*, jede Form des Nationalsozialismus geht mit Pogromen, Antisemitismus, postimperialistischem Größenwahn und Kolonialismus einher; seine Gesinnung führt in Parallele zu Franz Werfel zu einer anfangs kommunistisch, später rückwärts gerichteten Utopie, wie sein einstiger Kollege Ernst Bloch in „Das Prinzlp Hoffnung" urteilt. Roth hasst die Monarchie und jene Kräfte, die das absolute Führerprinzip befürworten zunächst, doch als der Nationalsozialismus sich immer stärker profiliert, trauert er um die Habsburger Monarchie als politisches Gegengewicht. Spätestens seit 1930, als sich das Scheitern der Weimarer Republik abzeichnet und in Österreich Dollfuß Kanzler wird, verkörpert für ihn die Donaumonarchie als hegemoniales Reich eine nostalgische Einheit in der Mannigfaltigkeit, in der völkische Identitäten und religiöse Gruppierungen ohne ethnische Konflikte koexistieren können. Mit zunehmender Verzweiflung über den sich aggressiv ausbreitenden Faschismus verklärt oder euphemisiert Roth das Habsburgerreich als seine Heimat. Zwar anerkennt er ihre Rückständigkeit (Ämter werden unter Freunden verteilt) und die ungelösten Fragen ethnischer Diskriminierung (Balkanfrage, Verfolgung der Ostjuden durch Polen, Ukrainer und Kosaken, Berufsverbot bzw. Wahlverbot für bestimmte gesellschaftliche Schichten), aber diese Probleme erklärt er für lösbar.

Roth tendiert in jenen frühen Jahren wie viele, die den Krieg aus nächster Nähe erlebt haben zum Kommunismus, auch weil er sich als Anwalt der Unterlegenen fühlt. Sein Unwille, sich mit dem Kapitalismus im einen Extrem und dem anarchistisch gesinnten Nihilismus zu arrangieren, ist nicht so fern von der Sichtweise Schnitzlers und des liberal gesinnten Bürgertums, nur wesentlich radikaler. Was bei Schnitzler ein Prozess über Jahre ist, sich wenn überhaupt einem System anzuschließen, geschieht bei Roth fast sprunghaft. Nach der Enttäuschung über die Folgen des realen Kommunismus erblickt Roth später in der Monarchie das kleinere Übel im Vergleich zu Stalinismus und Faschismus.

2. 3. Politische Essays vor und unmittelbar nach dem Krieg

Der erste Artikel Roths für eine Wiener Zeitung datiert vom 05.12.1915. Roth ist als Kriegsreporter unterwegs, eine ihn äußerst prägende Zeit. Typisch für seinen unverwechselbaren Erzählton ist der einleitende Satz *„Die wunderschöne Geschichte erzählt mir mein Freund, der Wind."*[184] Der betont märchenhafte Stil, einhergehend mit stereotypen Formeln wie *es war einmal* kontrastiert mit den bissigen, teilweise sarkastischen sozialkritischen Beobachtungen. Häufig setzt er Wiener Schmäh wie *„Geschichten aus dem Wienerwald"* als ironische Stilblüte ein. So erzählt der Wind im Artikel *„Herbstwind"* von zwei Mädchen, die einst Rivalinnen um die Gunst eines jungen Burschen sind, bis dieser in den Krieg einzieht. Als er wie so viele seiner Kameraden fällt und die Männer in der Heimat rar werden, wandelt sich ihre Rivalität in Freundschaft. In eine hübsche, etwas traurige Anekdote verpackt Roth das Seelendrama Millionen von Kriegswaisen. Stets betont Roth das allgemeine menschliche Schicksal durch das persönliche Liebes-

---

[184] Joseph Roth, Das journalistische Werk, Band 1, 1915-1923, S. 3. Publiziert in „Österreichische Illustrierte", 06.10.1915.

Leid. In dem vergeblichen Mühen zu lieben enthüllt sich die Melancholie seiner Zeit. Man muss verzeihen, weil es nichts Unverzeihliches gibt.

Bonmots, Zitate oder Paraphrasierungen durchmengen seine Glossen. Theaterkritiken sind meist mit alltäglichen Problemschilderungen versehen. Politische und ästhetische Kommentare überlagern sich, so etwa die Aussage, dass Juden in der Regel die besseren Kenner deutscher Poesie sind oder die besseren Schauspielerinnen. Vor allem in seiner Wiener Zeit verwendet Roth den Kaffeehaus-Plauderton und wertet ihn intellektuell mit treffenden Gleichnissen auf, die eine gewisse Tiefe in die Leichtigkeit und Heiterkeit seiner Zeilen hineintragen. So beschweren sich zwei russische Gelehrte nach einer Hinrichtung bei französischem Wein über die barbarischen Sitten der Deutschen. Roth ist dieser Hang zum ironischen Selbstwiderspruch zu eigen, er erkennt die schmale Bandbreite zwischen der tragischen und der komischen Seite der *conditia humana*. Vor allem portraitiert er Menschen und Menschliches, ohne zu verurteilen. Dies ist seine größte Gemeinsamkeit mit Schnitzler.

Viele seiner Artikel nehmen Bezug auf Legenden. Ein Beispiel ist der Turandot-Stoff, in dem eine chinesische Prinzessin ihre Bewerber vor Aufgaben stellt, die sie niemals zu erfüllen vermögen, unter dem Preis ihres Lebens. *„Es war einmal ein blutjunger Musikant"* beginnt der Artikel *„Über die Satire"*. Der junge Mann wirbt um sein Ideal, gewinnt zunächst den Konkurrenzkampf, wird aber vertröstet, mit der Hochzeit drei Tage zu warten. Der Beinahebräutigam sieht sich verdrängt von einem Ritter, zudem ein fantastischer Tänzer. Ironischerweise muss er zum Tanz aufspielen, auch zum Hochzeitstanz seines Rivalen. Am Ende stirbt er in und unter süßen Geigenklängen, die wie Schmerzensseufzer anmuten. Unschwer ist der Untergang der Donau- und Walzermonarchie zu erkennen. Diesen märchenhaften Stil pflegt Roth immer wieder in seine Feuilletons einzubetten.

Gerne stilisiert Roth auch durch wiederkehrende Syntax einen hypnotisch-beschwörenden Ton. Sein vermutlich populärster Artikel beginnt mit: *„Es war einmal ein Kaiser ..."*, wiederholt das Wort Sinnlosigkeit: *„Die Sinnlosigkeit seiner letzten Jahre erkannte ich klar, aber nicht zu leugnen war, daß eben diese Sinnlosigkeit ein Stück meiner Kindheit bedeutete."*[185] Er schildert das Zeremoniell des abfahrenden Kaisers, „dessen Schönheit seiner Größe entspricht und jeder Tradition, die ja zumindest eine Vergangen-

---

[185] Joseph Roth, Das journalistische Werk 2, 1921-1929, *„Seine k. u. k. apostolische Majestät"*, S. 910 ff. Publiziert in der F. A. Z. am 06.03.1928. Ebenda folgendes Zitat.

heit beweist." In seiner Beschreibung mischen sich der gefühlte Untergang (obschon 10 Jahre nach Ende des Krieges geschildert), die zelebrierte Würde der Untertanen, die liebevolle Art, auf das Greisenalter von Franz Joseph zu verweisen und die Symbolik einer unentrinnbar vorrückenden Zeit, *„so daß man gleichzeitig eine Art Frühling und Sommer fühlte, zwei Jahreszeiten, die übereinanderlagen, statt aufeinanderzufolgen."* Der Ruhe folge bekanntlich der Sturm, so endet sein Artikel mit dem prophetischen Satz *„Die Geräusche der Welt erwachten."*

Alle markanten Themen, denen sich Roth in seiner journalistischen Laufbahn stellt, sind in subjektiver Berichtsform gehalten. Die Neue Sachlichkeit mit ihrem aus dem Positivismus und dem Wiener Kreis herrührenden Anspruch an Objektivität lehnt er konsequent ab. Der Untergang seiner Heimat, der Traditionen und Werte, wird zur sentimentalen Stimmung der Dekadenz, die Schnitzler erlebt hat. So beschreibt Roth in seiner Wiener Zeit das Aufkommen der hektischen Großstadtbetriebsamkeit: Pferdedroschken werden von Automobilen und Straßenbahnlärm erschreckt. Auch von Schnitzler ist überliefert, dass er die Tram und besonders die Eisenbahn gehasst hat und davon überzeugt war, dass sie die Menschen einander entfremdet.

Roth und Schnitzler haben beide ein Auge für das Detail und das Gespür für seine Symbolik. So beschreibt der Journalist jede Farbe, jedes erdenklich wahrnehmbare Geräusch und blickt dabei psychologisch tief in die Herzen der Menschen. Als Beispiel sei erwähnt, wie die ausgehungerten Menschen in der Tram verschüttete Milch vom Boden aufzulecken suchen. Die zunehmende Mobilität der Massen, das Getrappel der Pferde, die Unwirklichkeit der marionettenhaften Situation – u. a. springt der greise Leibdiener, *„von einem Gummi gezogen, auf den Bock"* – geben Wien ein Kolorit, das unter dem Antagonismus von Tradition und radikalen Veränderungen zu zerbrechen scheint.

Roth und Schnitzler beherrschen die Kunst, weder zu viel noch zu wenig zu sagen, sie sind gleichzeitig lakonisch, pointiert und immer zweideutig in ihren Dichtungen. Beide beziehen in ihre Beobachtung mehrere alltägliche Vorgänge ein; psychische Seelenzustände, biologisch überprüfbare Tatsachen und historische Phänomene bleiben aufeinander bezogen. In der Satire *„Der persönliche Stil"*, einem Artikel von 1818, besteht dieser Individualismus und damit das eigenständige Denken lediglich darin, dass ein Schüler in seinem abgeschriebenen Aufsatz am Schluss einen eigenständigen Gedankenstrich setzt. Dies ist mit der Komödie *„Fink und Fliederbusch"*

(1917) vergleichbar. Später nimmt Roth auch wie Schnitzler die seltsamen sensationsgierigen Gepflogenheiten im Verlegermilieu aufs Korn. Der Spott gegenüber Dilettantismus und Bildungsphilisterei ist bei beiden Schriftstellern allgegenwärtig. So nimmt Roth in dem Artikel *„Wo die Kartousch singt"* sowohl ungarischen Akzent als auch das Pseudowissen des passionierten Musikliebhabers Österreichs Burgtheater aufs Korn. Mit der Aussage: „Mein Freund, der was von Musik versteht." wird Kritik an den verständnislosen Kommentaren des Redenden geübt.

Eine weitere Gemeinsamkeit: Roth kreiert gerne Typen, selten diffamiert er persönliche Schwächen. Im Satz: *„Die Dame neben mir machte ein Gesicht wie Marmeladenbrot"* skizziert er die Stimmung eines typischen Wiener Opernballs, wo sich das Publikum amüsiert, während des Krieges, wo wenige Kilometer entfernt Soldaten in Schützengräben liegen. Seinen bittersüßlichen Wiener Humor über Klatsch und Tratsch in der Gesellschaft garniert Roth am Ende mit der politischen Pointe: *„Man dachte an die Soldaten im Schützengraben, die vielleicht sterben müssen, ohne die neue Léharoperette gesehen zu haben."*[186] Der Artikel findet sich in der Neuen Wiener Tageszeitung, die auch Schnitzler bevorzugt wegen der Theaterrezensionen liest, Wien, 05.05.1918. Man darf davon ausgehen, dass Schnitzler ihn kennt.

Roth beschreibt darin die Oberflächlichkeit, des Menschen Rang an der Uniform und alten Konventionen wie Titeln festmachen zu wollen oder die Anmaßung, seine Identität hinter dem Beruf des Soldaten verstecken zu wollen. Vor allem aber karikiert er die Wiener Behaglichkeit und gepflegte Lamoyanz. Gar wenig Lehren scheinen die Menschen aus dem verlorenen Krieg ziehen zu wollen: Das farbenfrohe Leben von Gestern spiegelt sich im grauen Alltag des Heute als *„Rückkehr des denkenden Menschen aus Kanonenfuttertagen"*. Zu diesem Zeitpunkt ist Roth bekennender Sozialist und schreibt polemisch gegen den (toten) Kaiser. *„Warum steckt das Menschliche in einem Kleid, das man den Rock des Kaisers nannte, als dieser noch Direktor der Irrenanstalt Vaterland war und sein Reich Zwangsjacke?"*[187]

Roth beschreibt die Wiener Nachkriegszeit als ein Tollhaus, in dem Hunger, Schwarzmarkt, Inflation und Korruption für ein tägliches Chaos sorgen. Etwa den Existenzkampf des Wieners, der morgens mit einem Klosettdeckel losgeht, um ihn gegen etwas Nahrhaftes einzutauschen und endlich

---

[186] Joseph Roth, Gesammelte Werke, 1, *Wo die Kartousch singt*, S. 14, „Der Friede".
[187] Ebenda, S. 21, Kanonenfutter, „Prager Tagblatt", 17.04.1919.

nach diversen Händeln abends mit einem halben Huhn nach Hause zu kommen, oder er schildert die Problematik, unauffällig Polizei und Beamte zu bestechen. Das Passivum beherrscht den Wiener Straßenverkehr und bald auch die Grammatik. *„Es heißt nun: Es wird verkehrt, nicht mehr man verkehrt. Man steigt nicht mehr ein oder aus, sondern man wird geschoben, ein- oder ausgestiegen ... Die Auferstehung unseres Straßenverkehrs sieht einem Begräbnis verzweifelt ähnlich.“*[188]

Roths Beobachtungsgabe, Schilderungen und soziale Kritik sind pointiert. Um die Entmenschlichung, Schwarzmarkt, Absurdität des Alltags und Würdelosigkeit des Hungers auf den Straßen Wiens zu veranschaulichen, die mit zunehmender Gleichgültigkeit der Masse, *„ein Konglomerat aus Schaulust und Arbeitslosigkeit“* einhergeht, beschreibt Roth eine Menschentraube, die in teilnahmslosem Voyeurismus einem geschundenen Gaul bei seinem Todeskampf zusieht. Immerhin nimmt man von seiner Agonie jedoch Notiz, denn man spekuliert auf sein Fleisch nach der Schlachtung. Auf der Straßenseite gegenüber kümmert sich überhaupt niemand um einen Mann, der auf offener Straße kollabiert. *„Ein Mensch war zusammengestürzt. Kein Pferd kümmerte sich um ihn ... Daß ein Pferd stirbt, selbst bei die Futterpreise, ist immer noch eine Sehenswürdigkeit. Aber daß ein Mensch krepiert ist, bei die Futterpreise, schon selbstverständlich.“*[189] Das Beispiel zeigt, dass Roth wie Schnitzler Wiener Umgangssprache mit berücksichtigt.

In Zusammenhang mit dem eingeschläferten Tiger berichtet Roth über einen Mann, der sich und seine Familie erschießt, weil er nichts Essbares mehr bezahlen kann. Die Kugeln sollen Frau und Kindern den Gnadentod bringen und den Hungertod ersparen. Auf dem Amt hatte man den verwirrten Mann für einen Simulanten gehalten, weshalb ihm ein Lebensmittelgutschein verweigert wurde. Die Analogien zwischen Tier und Mensch und die Bedeutung des darwinistisch geprägten Existenzkampfes in all seinem Überlebenskampf bilden ein ständiges Thema Roths, das bei Schnitzler bestenfalls subtil zum Vorschein kommt.

---

[188] Joseph, Gesamtes Werk, Band I, 17.04.1919, S. 21. Folg. Zitat 23.05.1919, S 34.
[189] Joseph, Gesamtes Werk, Band I, 12.09.1919, S. 47.

2. 4. Umgang mit dem Judentum

Ein zentrales Thema Schnitzlers ist die Judenfrage, zu der sich Roth häufiger äußert. In „Sehnsucht – Heimweh nach Europa" zählt er die Halb- oder Vierteljuden unter seinen Freunden auf wie Rilke, Zweig, Werfel, Hofmannsthal, aber auch Schnitzler, ohne die Europas Kultur so nicht denkbar wäre. 1927 unternimmt Roth eine Reise in seine eigene Vergangenheit, er bereist Ostgalizien, das heute zur Ukraine gehört und das im Essay „Juden auf Wanderschaft" 1927 seinen Ausdruck findet: *„Dieses Buch verzichtet auf Beifall und Zustimmung derjenigen, welch die Ostjuden mißachten ... Dieses Buch ist nicht für Leser geschrieben, die es dem Autor übelnehmen, daß er den Gegenstand seiner Darstellung mit Liebe behandelt statt mit wissenschaftlicher Sachlichkeit ... Der Ostjude sieht die Schönheit des Ostens nicht, er weiss nichts von seiner Weisheit, auch nicht, dass seine Rohheit anständiger ist als die gezähmte Bestialität des Westeuropäers."*[190]
Während Schnitzler Dramen wie „Professor Bernhardi" (1918 uraufgeführt) und die Vorkriegszeit wählt, wobei er ausschließlich intellektuelle und damit assimilierte Westjuden wie sich selbst skizziert, beschreibt Roth in seinem Erlebnisbericht die dramatische Situation der orthodox gebliebenen Ostjuden, die in erbärmlicher Armut leben. Zahlreiche Anekdoten aus dem ihm so bekannten Raum Galiziens vermitteln einen um Objektivität bemühten Blick, aber die Form, in der er den Fakten Ausdruck verleiht, ist von lyrischer Subjektivität. Roth will sowohl Leidensgenossen aus ihrer Lethargie wachrütteln als auch Unwissende betroffen machen und das Menschliche gegenüber dem Sachlichen und vermeintlich Objektiven betonen. Schnitzler beschreibt Charaktere hauptsächlich, um dahinter liegende Konflikte und historisch gewachsene Strukturen zu kennzeichnen. Roths „Juden auf Wanderschaft" hingegen betont nie die große Politik. Seine Menschen folgen in ihrer Orientierungslosigkeit stets der Stimme der Radikalen (mal links, mal rechts), werden missbraucht oder gehen unter. In seinem Artikel differenziert Roth den traditionellen Ost- vom angepassten Westjuden, von intakten Gemeinschaften und ihren Wurzeln abgeschnittenen Individuen, von der Assimilation geschwächten Emigranten. Roth verweist auf die historisch gewachsene tiefe Abneigung der Juden gegen die Revolution, auf ihre ebenso traditionelle Obrigkeitshörigkeit, ihre masochistischen Gefühle des Märtyrers und vielen Toten. *„Viele wandern aus Trieb und ohne recht zu*

---

[190] Joseph Roth, Gesammelte Werke, 2, Juden auf Wanderschaft, S. 827 ff.

wissen warum ... Viele kehren zurück. Noch mehr bleiben unterwegs. Die Ostjuden haben nirgends eine Heimat, aber Gräber auf jedem Friedhof ... viele verlieren sich und die Welt .... Dichter und Denker sind unter den Menschen im Osten häufiger als Wunderrabbis und Händler." Die Analogien der Syntax sind zu auffällig, um nicht gewollt zu sein. *Mit der literarischen Anleihe, bei Roth durchaus keine Seltenheit, stiftet er eine kulturelle Identität und Verbundenheit trotz geografischer und rassischer Heterogenität, die an die k. u. k. Monarchie erinnert."*

Roth sieht den Triumph des Nationalsozialismus bereits in den frühen Zwanziger Jahren voraus, weil er sich intensiver mit der deutschen und internationalen Politik beschäftigt als der auf Wien fokussierte Schnitzler. Der Journalist erkennt darum, was in der Weimarer Republik angelegt ist und weil er, im Gegensatz zu Stefan Zweig, Arthur Schnitzler oder Hugo von Hofmannsthal nicht mehr der einigenden Kraft des Humanismus vertraut. Das dritte Reich liegt noch in weiter Ferne; die Sehnsucht nach Solidarität und Gemeinsamkeit eines geeinten friedlichen Europas macht viele (Dichter) blind für die Realität. Das Problem des Ressentiments ist so alt wie es assimilierte Juden gibt, schreibt Roth. Das Gewissen Europas hängt mit der Abstammung der Juden zusammen, die Roth als *„Anwälte des deutschen Gewissens"* bezeichnet. Was am meisten fehlt ist aufrechtes Verhalten, auch die Künstler sind korrupt und denken nur an ihr Publikum, ihre Verträge, Ihre Gagen.

Joseph Roths eigene Auseinandersetzung mit den jüdischen Wurzeln erfolgt ähnlich wie bei Franz Werfel oder Franz Kafka spät, dann aber intensiv. Nach seiner sozialistischen folgt eine jüdische Phase, vor allem setzt sich Roth seiner eigenen Natur gemäß mit dem Chassidismus auseinander. Diese findet 1930 in „Hiob" ihren romanhaften Ausdruck, um nur jenes Werk zu nennen, das in die Lebensspanne Schnitzlers fällt. Vordergründig bilden Identitätssuche, Emigration und Auflehnung gegen das verhängte Schicksal die dominante Rolle, hintergründig blickt Roth *„hinter den Zaun"* der Mystik und sucht die wahre Begegnung mit dem Glauben. Ein Teil dieser Kultur sind Prophezeiungen, die in „Hiob" zum tragenden Bestandteil der Erzählungen werden. Bei Schnitzler findet man diese Form nur einmal signifikant, in der Erzählung „Die Weissagung" (1905), in dem ein Leutnant von einem Taschenspieler die Zukunft und seinen Tod vorausgesagt erhält. Schnitzler vermeidet gewöhnlich sowohl den Aberglauben als auch tief spirituelle Fragen, wie sie die jüdische Protagonistin Mendel Singer in „Hiob" durchlebt. Schnitzlers Familie ist im Gegensatz zu Roths galizisch-chassidischer Mutter ein Beispiel des assimiliert-askenasischen Judentums[191] liberaler, groß-bürgerlicher Prägung, das der jüdischen Religion distanziert gegenüber-steht. Trotz ihrer Assimilation an die deutsche Kultur ehelichen beide Schriftsteller Jüdinnen in einer Synagoge, doch die Zeiten haben sich in-zwischen verändert. Im Fin de Siècle existiert zwar Antisemitismus, wie es ihn immer gegeben hat, aber nicht in existenzbedrohlicher Form, es gibt keine Pogrome oder Berufsverbote. Roth merkt in seinen Memoiren an, zu Schnitzlers Zeit habe das Judentum als sozialer oder politischer Faktor kei-ne Rolle gespielt. Das ist nachweislich falsch, zumal Roth Wien erst als neunzehnjähriger Student betritt, vermutlich schließt er von seiner Heimat Brody auf die Residenzstadt. Als Roth sich in der Wiener Universität ein-schreibt, muss er erleben, wie sich seine Kommilitonen fast täglich mit deutschnationalen Burschenschaften prügeln und wird von einem Professor nicht zur Prüfung zugelassen. Nach wie vor gilt, was in „Leutnant Gustl" Thema ist: Juden gelten als nicht aktionsfähig (folglich minderwertig) und dürfen sich offiziell nicht schlagen. Umso skandalöser, dass Schnitzler in „Der Weg ins Freie" den jüdischen Leutnant Golowski seinen antisemiti-schen Vorgesetzten zum Duell fordern und erschießen lässt. Schnitzler arti-kuliert dieses: *„Es war nicht möglich, insbesondere für einen Juden, der in der Öffentlichkeit stand, davon abzusehen, daß er Jude war ...."*[192]

Schnitzler wird durch die Thematisierung des Antisemitismus zur zentra-len Zielscheibe der Deutschnationalen. Trotzdem erfährt man bei ihm nichts über die Eigenarten, Gebräuche und Riten der jüdischen Familien, ganz im Gegenteil zu den Romanen und Erzählungen Joseph Roths. Widersprüchli-che Äußerungen Schnitzlers verraten seine unsichere Identitätssuche zwi-schen Zugehörigkeit und Entfremdung. Der Briefstelle „Ich *leide nicht im ge-ringsten unter meiner jüdischen Abstammung"* steht im selben Jahr 1914 die Tagebuchnotiz gegenüber: *„Wie schön ist es ein Arier zu sein – man hat sein Talent so ungestört".* Schnitzler hält es für sonderbar, dass *„wir uns als alles zugleich fühlen müssen. Ich bin Jude, Österreicher, Deutscher."*[193]

---

[191] Das komplementäre Begriffspaar Ostjuden (Chassiden) und Westjuden (Aschkenasi-den) prägte um 1900 der jüdische Publizist Nathan, 1864 geborener Julius Birnbaum.

[192] Theresa Nickel (Hg.), Arthur Schnitzler, Jugend in Wien, Eine Biografie S. 222. Schnitz-ler schreibt: *„Sicherheit ist nirgends, das war meine Grunderfahrung."*

[193] Arthur Schnitzler, Arthur Schnitzler, Tagebuch, 1913-16, S. 116.

2. 5. Vergleichende Prosa: „Der blinde Spiegel" und „Liebelei"

Obschon er den Typus des Wiener Vorstadtmädchens generiert, kommen in Schnitzlers Welt Arbeiterinnen so gut wie nicht vor, gleichwohl fast 60 % der Wiener Arbeiterklasse angehören, die 1884 gegründete SPÖ bereits die größte der Stadt ist, und nicht weniger als zwei Drittel der Arbeiter an Unterernährung und durch Hygienemangel verursachte Krankheiten leiden. Das Thema berühren Schnitzlers Stücke nur insofern, als von Zwangsprostitution des süßen Wiener Madls die Rede ist. *„Wer krank wird, sich auflehnt gegen die schlechten Arbeitsbedingungen ... auf den warten Arbeitslosigkeit und Armut. Die süßen Mädels aus der Vorstadt, die nicht nur in Schnitzlers Erzählungen und Dramen begegnen, sind von ihrer Herrschaft materiell und auch sexuell ausgebeutete Dienstmädchen oder schlecht bezahlte Verkäuferinnen. Häufig ist es nur die Prostitution, die sie von dem Verhungern bewahrt. Die Herren Leutnants bleiben ziemlich jämmerliche Gestalten, die in der Regel keine Ahnung davon haben, was menschlicher Anstand ist.*"[194]

In Roths frühen Erzählungen wie „Der blinde Spiegel" (1925) wird die sozial und psychisch unterlegene Rolle der Frau im Rollenverständnis des Mannes jedoch ein zentrales Thema. Die kindliche Angestellte Fini vollzieht ihre Entwicklung zur heranwachsenden Frau bis zu ihrem Freitod nach der letzten Desillusionierung. Das pubertierende Mädchen fixiert sich immer nur auf das Bild und die Erwartung des Mannes, zunächst auf den Vater, später auf ihre Liebhaber. Sie fürchtet sich vor ihrer erwachenden Sexualität und trotzdem ihre ältere Schwester ungewollt schwanger sitzengelassen wird und an der Abtreibung beinahe stirbt, verfällt Fini dem Charme des Musikers Ludwig bis zur Hörigkeit, weil sie seinem Begehren nicht zu widerstehen vermag. Fini ist devot zwischen Martyrium und absoluter Hingabe, immer zur Unterordnung gezwungen. Am Ende bringt sich das schutzlose und gefallene süße Madl aus Resignation um. *„Sie zerschellte an den weichen Treppen aus purpurnen und goldenen Wolken.*"[195]

Diese Erzählung ist mit Schnitzlers Dreiakter „Liebelei" (1895) am besten vergleichbar. Darin verliebt sich das naive Wiener Vorstadtmädchen Christine in Fritz, der durch seine Affäre mit einer verheirateten Dame ein Duell heraufbeschwört. Fritz erzählt Christine nichts von sich, weil er in ihr nur ein

---

[194] Jaques Le Rider, Arthur Schnitzler oder Die Wiener Belle Epoque, S. 98.
[195] Joseph Roth, Gesammelte Werke, 4, Der blinde Spiegel, S. 388.

Abenteuer sieht. Als er im Duell erschossen wird, bringt sich Christine um, da sie jetzt die Identität ihres Verführers erfahren hat und weiß, dass sie für ihn nur eine Episode bedeutet hat. In beiden Fällen, die repräsentativ für andere Erzählungen der beiden Dichter sind, werden Inferioritätsgefühle mit sexueller Ausbeutung verbunden, zudem die Suche nach einem Beschützer mit der Frage von zwar nicht gewerblicher, aber erzwungener Prostitution. Die naiven Frauen erscheinen in ihrer Sehnsucht nach einer glücklichen Ehe als Freiwild für die erfahrenen Männer. Der letzte Satz des Dreiakters lautet bezüglich Christines Freitod daher symbolisch: *„Sie kommt nicht wieder – sie kommt nicht wieder!"*

In seinem Tagebucheintrag von 1881 charakterisiert Schnitzler das Wiener Mädel als *„Prototyp einer Wienerin, reizende Gestalt, geschaffen zum Tanzen, ein Mündchen ... geschaffen zum Küssen – ein paar glänzende lebhafte Augen. Leichtsinnig mit einem abwehrenden Anflug von Sprödigkeit."*[196] Die Verbindung zwischen natürlicher Naivität, Lebenslust und sozialer Minorität macht sie fast immer zum unterlegenen Mädchen, das von der großen Liebe träumt. Sie gleicht, wenngleich mit anderen Mitteln jenen Juden, die sich durch Intelligenz und Fleiß eine dauerhafte Akzeptanz in der deutschrassigen Kultur erhoffen.

Dem Wiener Madl begegnen wir in Roths Erzählungen, die vor dem tragischen Verlauf seiner Ehe und der Erkrankung seiner Frau Friedel (einem Wiener Madl) an Schizophrenie liegen. Seinen späteren Erzählungen ist diese Naivität fremd, die Frauen sind von Beginn an gebrochene Wesen. Auffallend bleibt das Kriterium der Inferiorität. Mitunter wehren sich die verschmähten Geliebten und sind nicht so naiv, wie sie der Liebhaber gerne hätte. Beispiel liefert die Erzählung „April – die Geschichte einer Liebe." (1925). Ein Durchreisender beobachtet Liebende im Wiener Stadtpark. Auf der Bank lernt er die vom Vater ihres Kindes verlassene Anna kennen, und es entsteht eine flüchtige Liebelei, wie man sie mit den Wiener Madl so gerne und so leicht hat. Als ihn eine Frau über ihm, die aus dem Fenster blickt (Sehnsuchtsmotiv, Die Frau am Fenster) verliebt anschaut, teilt ihm Anna mit, es handle sich hierbei um eine Schwindsüchtige, die nicht mehr lange zu leben habe. Dies ist ihre kleine Rache an den treulosen Männern, denn es stellt sich bei der Abfahrt am Bahnhof heraus, das *wunderschöne Mädchen* ist gesund und munter daher *„gar nicht lahm, gar nicht schwindsüchtig."* Es bleibt beim verheißungsvollen Blick in die Augen. In dreierlei

---

[196] Arthur Schnitzler, Tagebuch, 1879-92, S. 394.

Hinsicht ist die Erzählung mit „Spiel im Morgengrauen" vergleichbar: Erstens haben sich die einst so naiven süßen Wiener Vorstadtmädchen nach einer herben Enttäuschung entwickelt und nehmen so Rache an den Liebhabern. Zweitens wird das Spiel mit der Täuschung, die Lüge zu einem allgemeinen Kommunikationsmittel, das zunächst die Nähe aufbaut, später aber dauerhaft verhindert. Drittens scheinen die Männer nur von Frauen träumen zu wollen, die sie nicht haben können, jene hingegen, die sich ihnen hingeben, verachten sie immer.

2. 6. „Die Geschichte von der 1002. Nacht" und „Liebelei"

Inbegriff des Wiener Madls ist Mizzi Schiernagl aus dem 1939 posthum erschienenen Roman „Die Geschichte von der 1002. Nacht." Die Handlung spielt im Wien des Fin de Siècle wie so viele Erzählungen des rückwärts gewandten Autoren. Die einfache Schneiderin Mizzi liebt hoffnungslos den Major und Lebemann Taittinger. Dessen Maskerade, die einem in Wien gastierenden persischen Scheich vorgaukelt, in den Armen einer begehrten Frau zu liegen, während er doch nur die Mizzi küsst, macht aus ihr über Nacht eine reiche Prostituierte. Für das einstige Liebespaar bedeutet die Charade den Beginn einer leidvollen Zeit: Sie weiß nicht mit ihrem Reichtum und den Neidern umzugehen, der Major verliert sich in flüchtigen Eroberungen. Als er die Gefallene im Gefängnis besucht und der Kontakt wieder hergestellt ist, braucht sie der Adelige dringender als die Arbeiterin ihn benötigt. Den Major hat seine Verwechslungskomödie die Karriere gekostet, er muss abdanken. Ohne Aufgabe begleitet er Mizzi nun täglich zum Karussell auf dem Prater, das er ihr gekauft hat, damit sie dort als Kassiererin arbeiten kann und beobachtet das stille Glück der einfachen Leute, von dem er doch ausgeschlossen bleibt. Mizzi ist zwar gefallen, aber wieder aufgestanden, Taittinger hingegen bringt sich am Ende um, weil das Leben „langweilig" und seine Situation „penibel" ist. Ihrem Lebenstrieb hat er auf Dauer nur ein gleichstarkes Äquivalent entgegenzusetzen: seinen Todestrieb.

Drei Leitmotive lassen einen Vergleich von Roths Roman und Schnitzlers 1895 im Burgtheater uraufgeführten Dreiakter „Liebelei" zu. Erstens der Fall eines melancholischen, gebildeten und vom Rang her über dem Mädchen stehenden Verführers. Franz Taittinger und Fritz Lobheimer betäuben ihre innere Leere mit einer Liebelei, die für die Frauen mehr ist als eine Affäre.

Zweitens träumen in beiden Fällen zwei Näherinnen vom sozialen Aufstieg an der Seite eines sie liebenden Mannes. Sowohl Mizzi als auch die Freundinnen Christine und Mizi verkörpern den Typus des Wiener Madls, das in seinem schlichten Gemüt gefangen bleibt und veranschaulichen die Unmöglichkeit der Liebe a priori. Drittens geht es für die Männer geht es um Liebelei, nicht um Liebe, um süßes Erinnern an den Duft der Frauen, nicht um eine feste Beziehung. Am Ende steht immer der Tod.

In Schnitzlers Stück verklärt der mit Mizi liierte Theodor das Wiener Madl, da er sie gar nicht als Mensch wahrnimmt. Da sich das Paar keinen Illusionen hingibt, kommt es auch nicht zur Tragödie. Fritz hingegen ist ernsthaft in eine verheiratete Frau verliebt und übersieht, dass ihn das Wiener Vorstadtmädchen Christine aufrichtig liebt. Theodor definiert das süße Madl, mit dem man doch immer weiß, woran man ist, weil nie etwas Ernstes daraus entsteht: *„Ein sehr liebes Frauerl, mit der man sich gut amüsieren kann.“[197]*

Sowohl bei Schnitzler als auch bei Roth sind häufig die Fenster geöffnet, damit der Frühling und die laue Luft der Sehnsüchte erwachenden Lebens einströmen. Das Wiener Madl hat immer ein „süßes Gesichtel" und ist naiv, daher ungefährlich wie ein Ding, das man bis zum Überdruss besitzen darf. Bestätigung findet das Klischee durch Aussagen wie der von Christines Freundin: *„Wer wird denn im Mai an den August denken".*

Theodor will Fritz, gleichfalls Reservist beim Militär, bei Laune halten und von der Schwermut abhalten, die aus seiner ernsten Affäre mit der Ehefrau hervorgeht. Sein narzisstisches Motto lautet: *„Wir hassen die Frauen, die wir lieben und lieben nur die Frauen, die uns gleichgültig sind."*

Fritz erscheint sentimentaler in seinen amourösen Verwicklungen, daher zögert er mit einer Liebschaft, doch damit nährt er nur umso mehr die Hoffnungen Christines, deren Charakter mit der Mizzi Schiernagels vergleichbar scheint. Während sie ihn hartnäckig nach seiner Identität befragt, antwortet Fritz: *„Ich will ja gar nichts wissen."* – ein Satz, den wörtlich auch Fedor in „Märchen" von sich gibt und der zur Einstellung Franz Taittingers passt.

Es kommt, wie es kommen muss bei Schnitzler und auch bei Roth, der gleichfalls den seelischen Determinismus beschreibt. Der Mann braucht in beiden Geschichten das Geheimnis und gebraucht seine Liebschaften für den kurzen Zauber des Eros im Rätselhaften oder dem Spiel, die Frau dagegen sucht Treue und hätte gerne Klarheit oder Verbindlichkeit.

---

[197] Arthur Schnitzler, Dramen, Liebelei, 1. Akt, S. 189. Folgende Zitate S. 194 und 200.

Gleich der Schauspielerin Fanny am Ende in „Märchen", so sagt auch die desillusionierte Mizi: *„Das überlebt überhaupt kein Mann, daß ich mich um den kränken tät – das sind sie alle zusammen nicht wert, die Männer."*[198] Ihr Pragmatismus hilft ihr genau wie Mizzi Schiernagel, den Geliebten nur ein wenig zu lieben und diese Entromantisierung erweist sich als lebenserhaltend für beide. Christine hingegen leidet unter dem Liebesentzug und der mangelnden Aufrichtigkeit. Sie flüchtet sich in Hoffnungen und idealisiert den Moment der Verführung als ein ewiges Versprechen. Fritz hingegen ist zumindest darin aufrichtig – darin gleicht er Fedor in „Märchen", dass er nur den Augenblick begehrt und, wie Nietzsche es fordert, sich der Gegenwart verpflichtet weiß: *„Es gibt vielleicht Augenblicke, die einen Duft von Wenigkeit um sich sprühen. Das ist die einzige, die wir verstehen können, die einzige, die uns gehört."* So verhält sich auch Major Taittinger.

Die Helden Roths lieben Reseda als den Duft der Frauen, wohl wissend, dass sie eine Illusion lieben und keine Frau aus Fleisch und Blut, die ihnen doch nur die Vergänglichkeit sein kann. Mizzi wird desillusioniert, doch sie überlebt und reift zur Geschäftsfrau. Christine hingegen erweist sich in ihrer Schwärmerei als untauglich für das Leben. Es ergeht ihr darum wie Fini in Roths „Der blinde Spiegel". Taittinger stirbt wie Fritz für die Ehre.

Als Christine erfährt, dass Fritz sich für eine andere duelliert hat, gestorben ist und sie nicht einmal zum Begräbnis eingeladen wurde, bricht für sie eine Welt zusammen. Sie vermag aus ihrer Selbsttäuschung nicht mehr herauszufinden. *„Ob heute, ob morgen oder in einem halben Jahr, das kommt doch schon auf eins heraus".* Träumerisch veranlagte Frauen wie Fini oder Christine können diesen Realismus nicht ertragen, sie träumen und wollen für ewig lieben. Solch sentimentalen Charakteren bleibt nur eins: der Gang zum Weiher. Christines letzter Satz kündigt ihren Freitod an: *„Was bin ich ihm gewesen, für eine andere hat er sich erschießen lassen?"*

VII. 3. Franz Werfel

3. 1. Biografie und Korrespondenz

Werfel wird 1890 und damit etwa 28 Jahre vor Schnitzler in Prag geboren. Wie Roth kommt er kurz vor Kriegsbeginn nach Wien und neigt am Anfang

---

[198] Ebenda, 2. Akt, S. 222. Folgende Zitat S. 227 und 3. Akt, S. 232 sowie S. 252.

zu Kommunismus und einem ausschweifenden Leben. Seine wilde Ehe mit der verheirateten Alma Mahler-Gropius (die Heirat erfolgt erst 1929) gleicht einem Skandal, wie er auch Schnitzler nicht unbekannt ist. Generell ist die Erotomanie Schnitzlers (er verehrt Alma) wie die Werfels legendär.[199] Als er 1917 nach Wien kommt, wo er zwei Jahrzehnte sesshaft wird, treffen sie sich des Öfteren auf dem Semering, um gemeinsam zu musizieren. Sie teilen literarische und noch mehr musikalische Vorlieben, und Schnitzler bewundert die spätere Gattin Werfels ungemein. *„Sex war das Hauptgesprächsthema, und meistens wurden lärmend die sexuellen Gewohnheiten von Freunden und Feinden analysiert, wobei Werfel eine ernste und intellektuelle Note einzubringen versuchte, indem er sich feierlich über die Weltrevolution verbreitete."[200]*

Die Ehe zwischen Werfel und Alma Mahler-Gropius ist so kompliziert, so vielschichtig, so sehr von gegenseitiger Untreue geprägt wie die Schnitzlers zu seiner Frau Olga Gussmann, daher kommen einige Themen wie Verrat, Untreue, Eros und Thanatos nahezu identisch, wenn auch zeitversetzt in ihren Werken zum Ausdruck. Die Ehe ist gleichzeitig der Konvention geschuldet als auch einzige Möglichkeit, aus einem unkontrollierbaren Triebleben herauszukommen.

Auch Schnitzler ist eine Todgeburt (Sohn Franz 1901) nicht fremd, die Werfel im vergleichbar selben Alter mit seinem unehelich gezeugten Sohn Martin 1919 erlebt. Die größte Gemeinsamkeit besteht jedoch sicherlich im Tod seiner adoptierten Tochter Manon mit Alma Werfel-Mahler, die 1935 an Kinderlähmung verstirbt. Auch wenn die beiden Männer darüber nie haben sprechen können, da Schnitzler schon vier Jahre vorher stirbt, macht ihre Sorge um die Kinder sie doch zu Gesinnungsgenossen.

Beide arbeiten (wie Hofmannsthal) mit dem Regisseur des Burgtheaters, Intendant und Theatergründer Max Reinhardt – er emigriert wie Werfel 1937 in die USA – eng zusammen. Beide haben auch dank Reinhardt in Amerika großen Erfolg und stehen der Filmindustrie positiv gegenüber, wobei Schnitzler wie Werfel auch gut durch das neue Medium verdienen und die Möglichkeiten des Kinos erkennen, die Hofmannsthal oder Roth verteufeln. Beide sind jüdischer Abstammung, wobei sich Werfel spät, aber intensiv länger mit seinen semitischen Wurzeln auseinandersetzen muss, da er

---

[199] Von 1919 an lebte Alma mit Werfel zusammen. Öffentlich wurde die Beziehung zu dem Schriftsteller, als Max Reinhardt, Intendant des Deutschen Theaters in Berlin, Werfel einlud. Dass Schnitzler sie zu dieser Zeit im Seemering besuchte, war Alma geschuldet.
[200] Ernst Kerenek, Im Atem der Zeit, Erinnerungen an die Moderne, S. 395.

den Nationalsozialismus bis zur Emigration und dem anschließenden Holocaust erlebt.

Zwar korrespondiert Werfel mit Freud, hält ihn aber für einen Magier und ist weit weniger an der analytischen Aufarbeitung seelischer Erkrankungen interessiert als an der literarischen Verarbeitung von Möglichkeiten der Bewusstseinsspaltung. Besonders Freuds Aufsatz „Das Unheimliche" (1919) fasziniert ihn. Freud begreift das Gefühl des Unheimlichen als eine bestimmte Form der Existenzangst und er führt diese auf zwei Quellen zurück: auf die Wiederkehr des Verdrängten und auf die Wiederbelebung eines überwundenen Realitätsverständnisses, das in eine Kastrationsfantasie münden kann. Ein anderer Lösungsweg ist das Überwinden durch Selbstüberwinden, das stark an Nietzsches Lehre des Zarathustra erinnert. Werfel nutzt Nietzsches Metapher *Selbsterkenner* und *Selbsthenker* in seinem Begriffspaar *Selbstverfolger* und *Selbstvernichter*. Analog Nietzsche geht es darum, dem Prinzip „Stirb und Werde" zu folgen und im bejahten Untergang des Alten die Wiedergeburt des neuen Menschen zu entdecken. Generell stiftet die Verbindung Nietzsche – Freud für Werfel, mehr noch als für Schnitzler, eine literarische Quelle, um seine Kunst zu gestalten.

3. 2. Vergleich der Dramen „Spiegelmensch" und „Marionetten"

Besonders „Spiegelmensch" (1920), der ohnehin durch seine Paraphrasierungen an Goethes „Faust" (Hermann Bahr bezeichnet das Stück als den österreichischen Faust), Ibsens „Peer Gynt" und Strindbergs „Nach Damskus" angelehnt ist, liefert komparatistische Elemente zu Schnitzlers Einakter „Der Puppenspieler" (1905). Schnitzlers fasst drei Einakter (Der Puppenspieler, Der tapfere Cassian, Zum großen Wurstl) in einem Stück „Marionetten" zusammen, Werfel schreibt in „Spiegelmensch" eine „Magische Trilogie" in drei Akten. Schnitzlers „Marionetten" entgleiten seine Fantasiegebilde und werden zu „Gespenstern", die zunehmend ein Eigenleben führen. Die Puppen entziehen sich zunehmend der Kontrolle des Meisters. Seine Machtlosigkeit artikuliert sich: *„Wer schützt mich vor den eigenen Schattengestalten ... daß ihr nun euer eigenes Dasein führt?"*[201] Am Ende muss der Tod herbeieilen, um die Drähte der Puppen zu durchtrennen, wobei er klar macht, dass auch der Mensch nur eine Marionette ist.

---

[201] Arthur Schnitzler, Gew. Werke, Dramen, 1, Der tapferere Cassian, S. 869.

In „Spiegelmensch" entwirft der Mönch Thamala ein zweites Selbst, sein zunehmend ein Eigenleben entwickelndes Spiegelbild, das dämonische Macht über ihn gewinnt. Werfel bezeichnet seine *„Tragödie als Schwurgericht des Notwendigen."* Der Spiegelmensch ist das *„notwendigste Wesen"* im Leben der Menschen und *„Verkehrung des Daseins"* in Anlehnung an Nietzsches *„Umwertung aller Werte"*. Im Mittelpunkt steht die Werdung des Ich durch Selbstüberwindung, ohne die der Mensch zu Grunde geht.

Werfel führt einen Doppelgänger in Form des Spiegelmenschen ein, der zugleich das unterdrückte Ich des Mönchs Thamal ist, aber auch eigenständig ihn zum Bösen verführt.

Nietzsches Zarathustra heißt den Menschen ein Seil geknüpft zwischen Tier und Übermensch. Werfels Mensch hat das Potential, seine inneren, häufig antagonistischen Anteile zu leben noch nicht ausgeschöpft.

Der mit Werfel und Schnitzler vertraute Rudolf Steiner unterteilt in seiner Rezension über den „Spiegelmensch" , im ersten Teil wandle sich die äußere Betrachtung im Spiegel in eine Seelenschau des Mönches Steiner, spricht von der *„Rückspiegelung"* des eigenen Wesens. Hinter dem Spiegel bleiben die verleugneten Triebe, Begehren und der Durst zurück. Der Mensch sieht in diesem Zustand nur den Inhalt und damit die Formen der Täuschung. Im zweiten Akt erkennt Thamal (das Ich) im Spiegelbild (Es) sein inneres Selbst, er wandelt sich zu einem sündigenden Triebtäter. Er erkennt die Seele bewusst und wird darum sein eigener Richter. Er ruft ein Schwurgericht und verurteilt sich selbst zum Tode. Im dritten Akt ist der Spiegel zum monadischen Fenster der Welt geworden. Thamal erkennt die höhere Natur (Über-Ich) in seinem vermeintlich unabhängigen Selbst. In Werfels Mysterienspiel gibt es keine Erlösung, es triumphiert Nietzsches *„ewige Wiederkehr des Gleichen."*

Das Ich spaltet sich in dem Augenblick, da der Mensch sein volles Bewusstsein entwickelt und zerfällt in den bewussten und den unbewussten Teil. Das Erkennen zwingt ihn, mehrere Anteile in seiner Persönlichkeit zu akzeptieren.. *„Wir alle gingen durch – doch was wir sehn, was nicht, was wir zu lieben meinten … denn jedes Wesen ward zu unserem Wahn … Wir haben alle das falsche Ich befreit und das wahre umgebracht."*[202] Der Spiegelmensch tritt in verschiedenen Masken auf wie die Allegorien der Mysterienspiele Hofmannsthals. Thamal hat sich vom einem sinngebenden Leben

---

[202] Franz Werfel, Dramen I, Spiegelmensch, 1. Teil Spiegel, S. 138 ff.

entfremdet und erkennt seine Schuld, die eine menschliche Erbsünde ist: *„Und eure Lust wird mir zur Lust"* (Nietzsche: *„Und Lust will Ewigkeit").*

Es ist gleichgültig, ob der Mönch tatsächlich gesündigt hat oder die Sünden nur in seinem gedanklichen Begehren liegen, die der Spiegelmensch an seiner Stelle verübt und auslebt. Thamal fühlt sich um sein ungelebtes Leben betrogen, das die Unterdrückung seines Lebenswillens (Eros) zur Folge hatte. *„Ihr seid das Geborene, das niemals lebt / Und dennoch vergebens zum Tode strebt"* [203] (Nietzsche: *„Alles was wert ist zu werden, ist auch wert, zu vergehen").*

Bei Werfel wird der Mensch Ankläger (Freuds Ich), das Schicksal (Freuds Es) zum Angeklagten, der Spiegelmensch (Freuds Über-Ich) zum Richter. Laut Nietzsche bringt der Eros als Wille zum Leben Wahrheitstrieb und der Tod den Willen zum Schein hervor; beides streitet vor einer Instanz darum, welcher Trieb überwiegt. Zu leugnen ist jedoch keine von beiden Formen des Ichs. *„Der Menschen Zukunft ist durch mich vergiftet"* – Thamal kann es anders, als sich selbst den Tod wünschen. Eros und Thanatos streiten sich: *„Nenn mich die eigene Todesangst / Nenn mich das Leben, an dem du hangst."* Der sich besinnende Anteil ist zugleich der verunsicherte, der gebärende zugleich der sterbende Anteil am Ich. Thamal trägt als Urmensch einen Doppelgänger in sich. *„Die letzte Lüge ist die Selbstvernichtung"* [204] sagt darum der Spiegelmensch, bevor Thamal auf ihn schießt.

Der Doppelgänger verkörpert zwar das egoistische Ich Thamals, andererseits aber bringt er die Allmachtfantasien des selbstgerechten Mönches zu Fall. Er wirkt also gleichzeitig als Verbrechen und Strafe. Der Spiegelmensch allegorisiert die Selbstvergottung, wobei die innere wie die äußere Realität sich stets wandeln. Als Thamal auf den Spiegel schießt, fügt er sich selbst eine Wunde zu, eine *„Welt vor der die wenigsten genesen".* In dem Mönch tobt ein Kampf seiner Ressourcen, der Wille zum Leben wie der Wille zum Tod, der Wille, sich selbst zu genügen und jener, anderen gefallen zu wollen. Eros und Thanatos, Ja und Nein zur Welt, umspannen sich als Gegensatz und bedürfen der Spiegelung, um ein endlose Kreisen im Ego-Zustand zu überwinden. Werfel deutet ein kosmisches Gesetz des Geschehen-Müssens an, das Nietzsche bzw. Schnitzler nicht fremd ist.

Analog zu "Spiegelmensch" lautet die Kardinalfrage in Schnitzlers Einakter „Der Puppenspieler", ob der Mensch einen freien Willen hat. *„Mir graut*

---

[203] Franz Werfel, Spiegelmensch, 2. Teil, Eins ins Andere, S. 160 ff. Zitat ebenda.
[204] Franz Werfel, Spiegelmensch, 3. Teil, Fenster, S. 213 ff.

vor der neuen Macht / Ist´s Gesetz, ist´s Willkür, die mich schuf?"[205] Der Schriftsteller Georg rechtfertigt seine Einsamkeit und spielt für seine Umgebung Schicksal wie ein Puppenspieler mit seinen Marionetten. Er muss jedoch erfahren, dass er selbst und nicht die vermeintlich von ihm manipulierten Wesen ohnmächtig handelt. Der Tod seines Kindes veranschaulicht ihm die Fremdbestimmung, er allein ist keine Täuschung, sondern unabwendbare Macht. Schnitzlers Stück betont zudem die Unbeständigkeit des Ich, da Georgs einzige Kontinuität im ständigen Wandel seiner angeblich gewählten Mitwelt liegt. Seine Substanz erscheint als die Kernlosigkeit an sich, die gewählten Liebhaber als die Perspektive, an der wir wörtlich wie bildlich hängen.

Schauspieler Eduard behauptet, er sei *„schattenlos glücklich"*, sein ehemaliger Freund, der Dichter Georg, zeigt sich verwundert über sein schier grenzenloses Eheglück und Vertrauen in die Zukunft. Er fragt seinen ehemaligen Freund *„Weißt du denn, wie viel Tag für Tag auf der Welt geschieht, weil es irgendjemand insgeheim wollte?"* Als die einstigen Freunde und Rivalen um die Gunst einer Frau scheiden, hat nur Eduard Lebensmut an der Seite Annas gewinnen können, Georg, der vordergründig die anderen bemitleidet, bezahlt sein Spiel mit dem Zufall mit Sarkasmus. Beide Männer wirken wie Spiegelbilder in ihrer Kommunikation. Georg gesteht, er habe das ihn liebende Mädchen Anna bezahlt, damit sie dem Schüchternen schöne Augen mache und wähnt sich überlegen: *„Ihr wart die Puppen in meiner Hand. Ich lenkte die Drähte. Es war abgemacht, daß sie sich in dich verliebt stellen sollte."*

Doch inzwischen ist aus Anna Eduards Frau geworden, aus dem spielerisch inszenierten Zufall ist liebende Bestimmung geworden, beide haben einen Sohn Georg. Erst jetzt erfährt der Autor, dass Anna einst *„eine Neigung im Herzen"* für ihn trug und ihn nur hatte eifersüchtig machen wollen durch die Liaison mit seinem besten Freund. Um sich zu rächen vereitelte sie, dass aus ihrer Freundin Irene und Georg ein Paar werden konnte. Georg gibt vor, er habe nie Frau, Kind und sichere Arbeit gesucht. *„Ich lebe nach keinem Programm."* Er übersieht, dass er, indem er sich immer dem Zufall überlässt, gerade dadurch einem bestimmten Plan folgt.

Irene muss nun erfahren, dass gerade ihre Intrige auf Umwegen aus beiden ein Paar werden ließ, so wie durch Georgs Eingreifen Eduard und Anna eins wurden. Der Unterschied besteht darin, dass Georgs Ehe scheitert

---

[205] Arthur Schnitzler, Ges. Werke, Dramen, 1, Marionetten, Der Puppenspieler, S. 839 ff.

und das gemeinsame Kind stirbt, das ebenso acht Jahre wäre wie der Knabe Georg. Folglich spiegeln sich die beiden Paare komödiantisch.

Sowohl „Spiegelmensch" als auch „Puppenspieler" thematisieren die Geltungs- und Kontrollsucht des modernen Menschen. Werfel mischt dabei politische, religiöse und ästhetische Fragen, als handele es sich auch hier um eine intrinsische Trinität. Im Mittelpunkt steht Goethes anthroposophische Lehre der drei Stufen zur Welteinsicht und der Grundkonflikt, dass der Mensch im Gegensatz zum Tier sich in der vorgefundenen Welt nicht einzufügen vermag. Während Werfels Entwurf die äußere Welt als Spiegel innerer Empfindung begreift, legen Schnitzlers „Marionetten" den Schluss nahe, menschliche Vorstellungen sind Reaktionen auf die Reize der Außenwelt.

Beide Autoren sind zumindest von Nietzsches Erkenntnisphilosophie beeinflusst. Dass ein vollständiges Erkennen der Innenwelt von außen nicht möglich, geht aus Georgs Rede hervor: *„Die Leute, mit denen ich da draußen große Geste rede, ahnen nicht, wer ich bin; und wer vor mir Abschied nimmt, weiß nicht, ob er mich wiederfindet."*[206] Der Mensch sucht einen Ausgang aus dem Labyrinth des Schicksals und forscht nach einem Fenster, das Innen- und Außenwelt verbindet. *„Denn hinter dir versank die Spiegelwelt, / Die uns die Fratze gegenüberstellt / Der eigenen Person in jedem Wesen, / Die Welt, in der die Wenigsten genesen. / Wir alle gingen durch, doch was wir sahn / War nicht, was wir zu sehn, zu lieben meinten."*[207]

3. 3. „Tod eines Kleinbürgers" und „Doktor Gräseler"

„Der Tod des Kleinbürgers" (1928) ist eine Erzählung Franz Werfels, in der ein Wiener Kleinbürger am Existenzminimum mit seiner Familie lebt. Die Familie besteht aus dem Portier und baldigen Pensionär Herrn Fiala, seiner Gattin, einem epileptischen Sohn und der verwitweten Schwägerin. Herr Fiala schließt eine Lebensversicherung ab, doch die greift erst, wenn er eine bestimmte Summe eingezahlt hat. Da er schwer erkrankt, die Ärzte ihn schon aufgeben haben, droht die Familie mittellos zurückzubleiben. Mit eisernem Überlebenswillen, so scheint es, hält der Todgeweihte durch. Kurz vor seinem Sterben hat Karl noch einen Traum, in dem er vom Oberst des k. u. k. Regiments den Befehl bekommt abzuleben. Kurz darauf stirbt er.

---

[206] Arthur Schnitzler, Ges. Werke, Dramen,1, Der Puppenspieler, S. 848.
[207] Franz Werfel, Ges. Werke, Dramen 1, Spiegelmensch, 3. Teil, Fenster, S. 213 ff.

Seinen 65. Geburtstag hat er am Ende um zwei Tage überlebt, und seine Familie erhält die Versicherungssumme.

Der sozialhistorische Hintergrund bildet die Pauperisierung Wiens und Massenarbeitslosigkeit und Inflation, einerseits bedingt durch den Krieg, andererseits durch die aus der Provinz des Kaiserreiches einströmenden Billiglohnarbeitskräfte. Das Schicksal der Existenznot selbst für Menschen, die ein Leben lang gearbeitet und in die Rente einbezahlt hatten, ist daher kein Einzel- sondern der Regelfall. Viele Soldaten erhielten einen äußerst schlecht bezahlten Versorgungsposten als Beamte, von der auch die Novelle Schnitzlers „Doktor Gräsler, Badearzt" (1917) handelt, denn sie deutet ökonomische Not, Existenzangst und Selbstmord aus Perspektivlosigkeit an. Allerdings ist die Stimmung bei Werfel niederdrückender und um vieles ärmlicher, zudem ist Fiala weder Doktor noch mit 48 Jahren wie dieser sexuell aktiv. Vergleichbar sind jedoch die Allmachtfantasien im Traum des Portiers und die Aussicht auf ein Entkommen aus der finanziellen Bedrohung durch den Vertragsabschluss. Fiala tätigt ihn und hält durch, Gräsler bekommt vor Klinikankauf vor der erträumten Freiheit ebenso kalte Füße wie er die erotisch belebende Beziehung zu der emanzipierten Sabine flieht. Fiala steht seinen Mann, Doktor Gräsler zieht das bequeme Leben an der Seite einer einfachen Postangestellten Typus Wiener Madl und später der anspruchslosen Frau Sommer der beruflichen wie privaten Herausforderung vor. Gräsler überlebt, Fiala nicht, dennoch hat man das Gefühl, nur der kleine Portier hat etwas aus seinen Möglichkeiten gemacht, während der Badearzt eher überlebt als wirklich lebendig erscheint.

Fiala hat seinen Fiebertraum vermutlich im Koma, während die Fantasien Gräslers seinem Unbewussten entspringen. Der Tod ist allerdings auch bei Schnitzlers Erzählung präsent, da Gräsler die Postangestellte Katharina mit Scharlach infiziert, was für seine moralische Haltung spricht. Zudem stirbt die Schwester des Badearztes, die offenbar viele Affären hatte und Einsamkeit und Armut am Ende nicht ertrug. Diese Erkenntnis steht aber mehr im Zusammenhang mit Gräslers völliger Unkenntnis dem Leben gegenüber, das von Vorurteilen geprägt ist. Fiala hingegen, wenngleich schwach in seiner sozialen Position, verzeiht seiner Frau, dass sie ihn nicht besuchen kommt und hat Verständnis für die Nöte anderer. Für ihn ist weniger wichtig, was aus ihm wird, sondern wie er seine Familie absichern kann.

Fialas Willensstärke kontrastiert mit Gräslers Willensschwäche. Die Frauenfiguren bei Werfel sind beide schwach: Die Ehefrau lässt sich von der respektlosen Schwester überreden, den beschwerlichen, doch vermeintlich sinnlosen Gang zum Spital nicht mehr zu unternehmen. Sie haben weder Vertrauen noch Seelengröße, über die eigenen Bedürfnisse hinwegzusehen. Anders die Frauen in Schnitzlers Erzählung: Sabine ist selbstbewusst, Katharina zumindest lebenslustig, Frau Sommer pragmatisch und fröhlich. Respektlos gegenüber dem Mann ist jedoch keine von ihnen.

Werfel schreibt, die Motivation dieser Erzählung habe er aus seiner ärmlichen Kindheit in Prag entnommen, denn an Liebe hätte es im dem beengten Haushalt niemandem gefehlt. Zwar kann man das Haus Fiala nicht als idyllischen Ort der Liebe bezeichnen, aber Fiala opfert viel Herzblut für seinen an Epilepsie erkrankten Sohn. Andererseits ist ein Genuss am Verfall bei Werfel festzustellen, er schreibt selbst *„Mich reizt sträflicherweise das Erloschene"* in einem Brief, denn der physische Zustand Fialas gleicht einem Fiasko. Er zumindest ist kein Verdrängungskünstler wie sein Pendant Gräsler, der egoistisch und feige nur für sich lebt und jede Verantwortung scheut. Der Badearzt kapituliert vor der Herausforderung, er hat keinen starken oder vitalen Willen und wählt den Weg des geringsten Widerstandes. Beide Männer sind einsam, doch Fiala gibt seiner Existenz dennoch einen Sinn.

3. 4. Politische Essays zu Schnitzlers Zeitgeist

Die Problematik des durch seine Spaltung von Ich, Es und Unbewusstem charakterisierten Menschen beschäftigt folglich sowohl Schnitzler als auch Werfel, weil sie sowohl für den Fin de Siècle als auch die Epoche des Existentialismus markant sind. Theoretische Erklärungen bietet der Essay *„Beim Anblick eines Toten"* (1938), der den tragischen Unfalltod des Ödon von Horváth thematisiert oder das Gleichnis *„Die Fürbitterin der Tiere"* (1935), in dem Werfel den Tod der geliebten Stieftochter Manon verarbeitet. Werfel argumentiert, das Ich habe keine „Basis", weder im Körper, in der Seele noch im Geist. *„Es ist der erste Akt des Selbst-Zerdenkens und Selbst-Zerlebens."* [208] Der Leib steht nur *„im losen Zusammenhang mit unserem wirklichen Ich ... Der Körper ist also nicht das Ich."* Dies erinnert an die Substanz- und Kernlosigkeit des Ich, von dem bereits so häufig die Rede war.

---

[208] Franz Werfel, Gesammelte Werke, Erzählungen 4, Die Fürbitterin der Tiere, S. 14. Folgende Zitate. S. 15 ff.

Das Ich, sofern es das Besondere in unserer Persönlichkeit bildet, liegt keinesfalls im bewussten intelligiblen Akt. *„Im Geiste also, der außerhalb der Sprache nicht zu leben scheint, ist jenes Wesen, jenes Ich nicht zu fassen ..."* Das Ich verbindet für Werfel vielmehr Körper, Geist und Seele und schafft darüber hinaus eine vertraute Sphäre zu dem, was nicht ist und doch sein muss, dem Göttlichen: *„Jeder Heilige und nicht nur der christliche ist ein Transformator, ein Umschaltungspunkt der Natur in die Übernatur und der Übernatur in der Natur."* Diese Spiritualität sucht man bei Schnitzler vergeblich.

Schnitzler ist Pragmatiker, Werfel vertritt hingegen eine religiöse Mystik, die mitunter an die Kabbala erinnert, meist aber von der katholischen Heiligenvorstellung geprägt bleibt: *„Das Ich wird Gott, und Gott wird das Ich."* Aktueller Ichpunkt und Werdelinie sind identisch, weil hier der Schnittpunkt von Möglichem und Wirklichem liegt. Das Menschentum erscheint als Zusammengehörigkeit von Ebbe und Flut. Dieses kosmische Gesetz aus Eros und Thanatos nennt Werfel *„ göttliches Geheimnis".*

Zu Werfels frühen, also zu Lebzeiten Schnitzlers verfassten Essays zählt das politische Manifest „Brief an einen Staatsmann" (1916). Darin verknüpft der Autor drei zentrale Themen seiner Zeit und auch Schnitzlers: Einsamkeit, Verunsicherung durch den Wandel und Lebenslüge: *„Ich fürchte nur zu sehr, daß sich der Individualismus der gestrigen Geistigkeit in einen Universalismus von morgen verwandelt, wobei der einzige letzte Erkenntnisschmerz, der Schmerz der Vereinsamung, der endgültigen Einsamkeit, um den Spottpreis einer niemals erlebten, ehrgeizig erlogenen, allgemeinen Zugewandtheit verschachert wird."*[209]

Da jede Kunstform die Frage des Zeitgeist materialisiert, kann Werfel sich auch kein anderes Gedicht denken als ein tragisches, weil die Zeit um Jahrhundertbeginn von tragischer Melancholie ist: *„Das ewige unerbittliche Bewußtsein vom Schöpfungsfehler, die lebendige Erkenntnis vom obersten Mißlungenheilskoeffizienten und seine Korrektur zu sein, das scheint mir die beste Definition der Dichtung. Alle Poesie stellt eine Verwandlung dar, die Verwandlung der Wirklichkeit in die Richtigkeit, die Verwandlung der Sündhaftigkeit in die Erlöstheit, die Verwandlung der Welt in die Vorwelt."*

Zweifellos ist schon dem jungen Werfel eine Faszination am Irrationalen und Wahn zu Eigen, die Schnitzlers naturwissenschaftliche Erkenntnissuche nicht teilt. Er empfindet zweifellos als Dichter des Lebens, als boden-

---

[209] Ebenda, Brief an einen Staatsmann, S. 21. Folgende Zitate S. 22 ff.

ständiger Künstler, wohingegen Werfel schreibt: „*Das Erlebnis dieser anderen, gar nicht mittelbaren Zeit, dieser erkennenden, unter anderen Gravitationen stehenden Zeit, drängt den Dichter schmerzlich aus jener Welt hinaus.*" An dieser Stelle wird deutlich, dass beide Denker und Künstler eine Generation trennt. Werfel dient im Krieg, er ist jung und begeistert sich wie Roth für die Revolution in Russland und für die moderne Kunst, Schnitzler hingegen ist zu alt für den Kriegsdienst und hat bereits resigniert.

Als Schnittstelle bleibt die Frage nach dem sozialen Ich, jenem Ich für die anderen, „*das entweder mechanisch sich irgendeiner Gemeinschaft einordnet oder komödiantisch vor ihr einhertanzt.*" Der Politiker erweist sich als trunkener Utopist oder unredlich, dazwischen ist nichts.

Des Dichters Zweck aber scheint Werfel „*keinesfalls der zu sein, für die Revolution die Trompete zu blasen. Er stürmt andere Bastillen, unwiderstehliches Dynamit der Ein-Sicht.*" Der echte Künstler und Dichter erhebt das tatsächlich Gesehene, aber Abstrakte zu einem konkreten Gesicht. Der scharfäugige Einblick aber, die getreueste Wiedergabe, die eindrucksvollste Schilderung vermittelt noch lange nicht ein „*dichterisches Gesicht*". Folglich müht sich auch Werfel zwischen dem subjektiven Eindruck, dem echten und aufrechten Gefühl und der objektiven Wahrheit. Die vollkommene Aussage einer Tatsache, der gestaltete Stoff selbst, verrät keine Bedeutung. Die Vision einer Tatsache erst entschleiert ihre Bedeutung und lässt sie uns ahnen.

In einigen Aufsätzen zu Lebzeiten Schnitzlers, mehr noch nach der Machtergreifung Hitlers und dem drohenden Anschluss Österreichs, erinnert Werfel an die kulturellen Leistungen seiner Rasse „*... Arthur Schnitzler, Arzt und Naturforscher unter den Dichtern. In Dramen und Novellen gestaltet er die Agonie des Wiener Bürgertums. Seine Liebelei ist eine unvergängliche Volksballade der kleinen Leute und der großen Liebe in Wien.*"[210]

VII. 4. Robert Musil

4. 1. Biografie, Unterschiede und Gemeinsamkeiten

Robert Musil (1880 in Klagenfurt geboren) hat nur relativ wenige Jahre in Wien verbracht, weil er in dieser Luft nicht atmen kann", wie er schreibt, und

---

[210] Franz Werfel, Ges. Werke, 5, Das Geschenk Israels an die Menschheit, 1938, S.54 ff.

weil die Luft noch stickiger und gefährlicher wird. Musil ahnt den Untergang Österreichs durch die Großdeutsche Lösung schon lange voraus. Er wohnt hauptsächlich in der Rasumofksygasse unweit der Technischen Universität, die er besucht. Er verfasst unter anderem Theaterkritiken, von denen zwei Rezensionen über Schnitzler erhalten sind. Von 1910 bis zum Ausbruch des Ersten Weltkrieges, in dem Musil eingezogen wird, lebt er in der Reichshauptstadt und schreibt unter anderem für die Neue Rundschau. Im Gegensatz zu Schnitzler befürwortet er wie die meisten seiner Kollegen den Krieg und sieht sich als Patriot. Dies dokumentiert u. a. seine von ihm herausgegebene „Soldatenzeitung." Es ist daher wenig verwunderlich, dass Schnitzler Musil nicht erwähnt und vermutlich ihm ablehnend gegenüber steht. Nach dem Krieg kehrt er nach Berlin zurück, erst nach Hitlers Machtergreifung zieht er für fünf Jahre noch einmal nach Wien, um nach dem Anschluss und der großdeutschen Lösung in die Schweiz zu emigrieren. Nur die Jahre 1910 bis 1914 verbringen die beiden unterschiedlichen Männer in Schnitzlers Heimatstadt. Eine Korrespondenz zwischen beiden besteht nicht.

Als Schüler Ernst Machs verbindet Musil um die Jahrhundertwende Ingenieurwissenschaft, Mathematik und Philosophie. Er ist damit der einzige Schriftsteller, der wie Schnitzler sich einem naturwissenschaftlichen Denken verpflichtet sieht. Im Gegensatz zu diesem jedoch studiert er auch Psychologie, namentlich die Gestalttheorie. Menschen werden in ihr als offene Systeme gedacht, also weit weniger determiniert als bei Freud. Ihr Schwerpunkt liegt im aktiven Umgang mit der Umwelt, der Interaktion und die Sensibilisierung für einzelne Schritte innerhalb des Wahrnehmungs- und Deutungsprozesses. Diese psychologische Schule oder Perspektive zeichnet einen Essay aus, den Musil in seiner Funktion als Theaterkritiker über Arthur Schnitzler verfasst. Anlässlich der Premiere von „Das weite Land" am 14.10.1911 im Burgtheater spricht er von dem komplizierten Seelengefüge der Verführer, Lügner und Betrüger, wie sie in der Gestalt des Fabrikanten und skrupellosen Ehebrechers Friedrich Hofreiter zu ihrem maximalen Ausdruck gelangt: *„Nie wird das Aktuelle erlitten, immer das Zwischenaktuelle. Die Akte selbst bestehen in der Hauptsache aus Vor- und Rückblicken. Es zeichnet sich darin eine Philosophie ab etwa des Inhalts, daß der Augenblick nichts ist als der wehmütige Punkt zwischen Verlangen und Erinnern. Daß leidenschaftliches Handeln nichts ist als eine Maske, hinter der jeder Mensch einsam bleibt."*[211]

---

[211] Robert Musil, Gesammelte Werke, 2, Kritiken und Essays, Das Weite Land, S. 481.

Schnitzlers Faszination für den Tod liegt in seiner Tätigkeit als Arzt begründet, die eine fast hypochondrische Todesangst in ihm bewirkt. Dazu kommt der biografische Einschnitt des Todes seines Vaters, vier seiner Geliebten und seines Sohnes. Musil hat während des Krieges ein Nahtoderlebnis, und er fühlt sich seitdem, *als ob ich schon nicht mehr da wäre"*. Beide finden die bürgerliche Welt als unwiderruflich versunken und stimmen eine Symphonie des Verfalls an, deren Tonalität jedoch unvereinbar anders klingt. Der erste Weltkrieg hinterlässt ein Traumata, da der Mensch in Materialschlachten aufgerieben und anonym in Massengräbern bestattet wird. Folglich besteht ein Zusammenhang zwischen Individual- und Kollektivtod.

4. 2. Eros und Thanatos, die Frau als das Fremde in „Drei Frauen"

Die „Drei Frauen" ist ein dreiteiliger Novellenzyklus von Musil, der 1924 veröffentlicht wird und drei Geschichten enthält: „Grigia" (1921), „Die Portugiesin" (1923) und „Tonka" (1922). Sie spielen alle im heutigen Italien (das damals noch Teil des Habsburgerreiches bildet), wo Musil seine Zeit als Soldat verbracht und ein Nahtoderlebnis hat.

In der ersten Novelle verlässt Homo aufgrund einer Sinnkrise Frau und Kind, geht nach Venetien, wird Grubenarbeiter und beginnt dort eine Affäre mit der verheirateten Bäuerin Grigia. Sowohl das Thema Todesahnung als auch Betrug bzw. doppelte Untreue von Mann und Frau überschneiden sich mit Schnitzlers Konflikt zwischen Eros und Thanatos. Das Liebespaar wird von dem Gatten überrascht und im Stollen eingeschlossen. Grigia entkommt aus dem Stollen, indem sie den Geliebten zurück- und gleichsam verlässt. Sie rettet sich, weil in ihr der Lebenstrieb triumphiert. Homo (eine Anspielung auf *homo sapiens*) dagegen verspürt gar keinen Überlebenswillen, er verkörpert damit die verstümmelte und traumatisierte Kriegsgeneration, der Musil entstammt. Ausdruck einer zu Ende gegangenen Zeit ist die Schließung des Bergwerks, in dem Homo seinem Tod entgegendämmert wie die untergehende Donaumonarchie ihrer Abschaffung entgegentaumelt.

Die zweite Novelle erzählt von dem Herrn von Ketten, der in Trient seine Frau, die Portugiesin, auf eine Felsenburg geholt hat, diese aber nur einmal im Jahr besucht, um den Beischlaf mit ihr zu vollziehen und seine Kinder kaum beim Namen kennt. Die Gattin, deren Name als Zeichen ihres Dingcharakters nicht genannt wird, fügt sich in die fremde Ordnung, bleibt eine Fremde. Für ihn ist sie einfach das Andere und Märchenhafte. Mit dem Tod seines Erzfeindes verlieren die Kämpfe des Herrn von Ketten als auch das Leben ihren Sinn, und er wird sterbenskrank. Erst als er den Tod spürt, lässt er sich von seiner Frau pflegen. Als ein Jugendfreund der Portugiesin zu Besuch, kommt, wird ihm klar, dass er sie elf Jahre allein gelassen hat. Der hilflose Kranke beobachtet eine wilde Katze, die in seinem Haus Aufnahme findet, doch als sich ihr Leiden nicht bessert, erschlägt sie ein Knecht. Sowohl von Ketten als auch die Portugiesin identifizieren sich mit der Katze. Der Kranke erhebt sich von seinem Totenlager und versucht, seine Kraft und Wildheit wiederzuerlangen, indem er die schroffe Felswand unter der Burg hinaufklettert. Er schleicht zum Schlafgemach seiner Frau, in dem er den Liebhaber vermutet, doch der Knecht meldet, dass der Fremde am Morgen fortgeritten sei. In dieser, gleichfalls von einem Nahtoderlebnis und der Todeserwartung geprägten Geschichte variiert Musil die Themen Eifersucht und Treulosigkeit durch eine Halluzination. Aber auch hier bleiben Mann und Frau sich fremd, und es findet keinerlei Entwicklung statt.

Die dritte Novelle handelt von der in einem Tuchgeschäft arbeitenden Tonka, die in mancherlei Hinsicht an Schnitzlers süßes Wiener Madl erinnert, das einfache junge Ding aus dem Tuchgeschäft. Ein Wissenschaftler verliebt sich in das Mädchen und holt sie in das Haus seiner pflegebedürftigen Großmutter, die im Sterben liegt. Ihre rührende Einfalt, Schweigsamkeit und Anhänglichkeit werden zu einem beglückenden Teil seines Lebens, aber sie bedrücken den jungen Mann auch, denn trotz allem bleibt ihm Tonka fremd. Nach dem Tod der Großmutter nimmt der Freund sie mit sich in eine andere Stadt. Und weil er glaubt, dass es so sein muss, wird Tonka seine Geliebte. Als sie nach Jahren des Zusammenlebens ein Kind erwartet, glaubt der Liebhaber (sie sind nicht verheiratet), dass die Empfängnis in eine Zeit seiner Abwesenheit gefallen ist. Er misstraut Tonkas Unschuldsbeteuerungen. Er vermag sich weder zu ihr zu bekennen, noch von ihr zu lösen. Während der Schwangerschaft leidet die junge Frau an einer schleichenden Krankheit, und die Todesahnungen bewahrheiten sich: Sowohl die Mutter als auch das Kind sterben bei der Geburt und nehmen ihr Geheimnis mit sich ins Grab.

Alle drei Geschichten thematisieren das Fremde zwischen Mann und Frau, enden mit dem Tod und geben Rätsel auf. Die Begegnungen mit dem Fremden nehmen bei Musil eine zentrale Rolle ein. Die Gegensätze in dieser Trilogie finden sich in der „Skizze der Erkenntnis des Dichters" vom Autoren selbst bearbeitet: Es fallen darin die Begriffe des *„Ratioiden"* (Ratonalen) und des *„Nicht-Ratioiden"* (Intuitiven), die er stets neu zu umschreiben versucht. Diese Gegenüberstellung deckt sich sowohl mit der von Männlichkeit und Weiblichkeit als auch Eros und Thanatos. Die Frauenfiguren, die den drei Novellen den Titel geben, repräsentieren das *„Nicht-Ratioide"* in unterschiedlichen Varianten. In der Figur der Grigia wird dabei der Bereich des Naturhaften und Erotischen behandelt, in der Figur der Portugiesin die Nähe zum Meer und zum Süden; in Tonka die unverdorbene Einfachheit. Alle drei Frauen verkörpern eine in den männlichen Protagonisten unterentwickelte, andere Seite, in ihrer vorgeblichen Untreue entziehen sie sich männlichem Besitzanspruch und stellen diese in Frage.

Von Schnitzlers Tagebuchnotiz *„Wir leben in einem Zeitalter der Ungewissheit"* zu Musils Verunsicherung ist es kein weiter Schritt. *„Wir irren irgendwie voran",* hat Musil 1919 in sein Tagebuch geschrieben, und sein Interesse an den menschlichen Irrungen und Wirrungen der Erkenntnis schlägt sich bereits in „Die Verwirrungen des Zöglings Törleß" (1906) nieder. Geheimnis und Macht über den Eros spielen dabei eine wesentliche Rolle. Masochismus wird zum Schlüssel, zur Erkundung der eigenen Seelenlandschaft. Die Phase der Adoleszenz fehlgeleiteter Jugendlicher koinzidiert mit dem bestehenden Wertezerfall der Monarchie und Sympathie mit einer kommenden Diktatur. Dadurch lässt sich in der Vergewaltigung des Einzelnen das System des Ganzen visionär vorzeichnen. Das Internat wird zu einem Kaleidoskop gesellschaftlicher Strömungen und ihrer Repräsentanten. Törleß verkörpert das Sammelsurium verwirrter Ansichten. Er selbst verändert sich im Laufe seiner Pubertät und zum *„jungen Mann von sehr feinem und empfindsamem Geiste",* mit *„einer ästhetisch-intellektuellen Natur".* Die Törleß-Novelle fällt in die Zeit, in der jener Traditionalismus ins Wanken gerät, der die Grundlage des politischen und öffentlichen Lebens in der Gesellschaft und der Kultur bildet und deren über Jahrhunderte gewachsene Strukturen durch den Ersten Weltkrieg auf immer zerstört werden. In der Zeit um 1900 werden die konfliktreichen Tragödien jugendlicher Helden, ihre Entwurzelung oder Entfremdung mit der Umgebung zu einem bevorzugten literarischen Stoff, der Schnitzler mit Musil vergleichbar macht. Musil thematisiert im Stile Frank Wedekinds „Frühlingserwachen" besonders die erwachende und fehlgeleitete Sexualität, weil sie moralische Normen, gesellschaftlichen Regeln und Gewaltmechanismen verbindet. In ihnen liegt die Auflehnung gegen das Erlaubte und Geduldete und die Erkenntnis durch das Experiment im Selbstversuch. Das Grundthema sowohl Schnitzlers als auch Musils ist die Ich-Findung beziehungsweise die Gründung eines Selbstbewusstseins in einer autoritären Gesellschaft.

Ganz offensichtlich sucht Musil die Nähe der Lebensphilosophie Nietzsches, um *„die Krise der Erziehung und die Krise des jungen Menschen zu schildern."* Das strenge Reglement im Internat entspricht als System dem deutschen Idealismus mit dem hegelianischen Absolutheitsanspruch. Der Autor legt sein Augenmerk auf die Verwirrungen, einem Ausnahmezustand, der sich mit Nervenfieber vergleichen lässt, um darin philosophische, psychologische und erkenntnistheoretische Fragestellungen zu verbinden. Der Roman wird zum Spiegel einer Krise der Fundamente, der Infragestellung absoluter Erkenntnis und des Bewusstseins einer irrationalen Wirklichkeit. Ein Beispiel liefert die Konfrontation mit der Unendlichkeit, ein zweites die Beschäftigung mit den imaginären Zahlen und ein drittes die Reflexion einiger Aussagen der Philosophie Kants. Der größte Unterschied zu Schnitzler liegt in der formalen Bearbeitung des Stoffes, denn anders als dieser integriert Musil theoretische Reflexionen in die Handlung. Schon dass der Erzählung voran gestellte Zitat Maeterlincks *„Sobald wir etwas aussprechen, entwerten wir es seltsam"* legt nahe, dass Musil ähnlich wie Hofmannsthal im „Chandos-Brief" die Frage des Ich als ein Sprach- und Begriffsproblem auffasst. Im Unterschied zu Schnitzler findet aber ein massiver Veränderungsprozess in der Gedankenwelt des jungen Mannes statt, der sich auch auf sein Verhalten auswirkt.

4. 3. Essays

In seinen Aufsätzen „Der mathematische Mensch" (1913), der Machs „Ökonomie des Denkens" weiterführt, „Skizze und Erkenntnis des Dichter" (1918) und „Das hilflose Europa" (1922), in dem Musil die Gegenwart als von Nüchternheit und Zweckrationalität durchdrungen beschreibt, zeigt Musil auf, dass eine Gesellschaft, die einseitig materialistisch geprägt ist, auf Dauer nicht überleben kann. Die Anlehnung an Darwins biologischen Kampf ums Dasein ist dabei offensichtlich. Laut Nietzsche ist auch Wissen ein Ausdruck des Willens zur Macht und ein Kampf um das seelische Gleichgewicht zwischen antagonistischen Trieben. Prinzipiell unterscheidet Musil dabei lebende und tote Gedanken. Die Lust an der Kraft des Geistes, sprich Denkakrobatik, und damit verbundener Tatsachenlust ist wissenschaftlich; im Denken liegt auch ein Wettkampf vor. Nietzsche unterscheidet in ein dionysisches und apollinisches Erkennen, Musil führt die Begriffe ratioid und nicht-ratioid ein. Unter ersterem versteht er das physikalisch-gegenständliche Erkennen, hingegen betrifft das nicht-ratioide Denken ungegenständlich ideenhaftes Erkennen. Nur das lebendige nicht-ratioide Denken verhilft zur Menschlichkeit, weil es nicht recht haben, sondern verstehen will, sich entfaltet und wächst, also nicht starr oder bloß funktional bleibt. Der Gedanke zu Nietzsches großer Vernunft des Leibes liegt angesichts Musils Formulierung nahe: *„Ein lebender Gedanke ist einer, der zum Mittelpunkt einer augenblicklichen Kristallisation unseres ganzen Wesens zu werden scheint."*[212]

Das von der Ratio geprägte Denken dient der Bewältigung und damit der Selbsterhaltung. Demgegenüber ist das lebendige Denken auf Lust oder Wahrheitsliebe abgestimmt, folglich dient es der Selbstentgrenzung. So liegt im Denken einerseits Bedürfnis, Drang, Jagd, Gewalt inne, das aus einem Mangel entsteht und andererseits ein aus dem Überfluss und der Fülle entspringendes Triebsystem, das mit Sättigung und Glückszustand einhergeht. Es geht im Kern wie bei Nietzsche um eine Balance, ein Gleichgewicht zwischen beiden Formen des Denkens oder Systeme des Gleichgewichts, wie es der Akrobat in „Mann ohne Eigenschaften" und der Seiltänzer in Nietzsches „Zarathustra" veranschaulichen. Denken dient *„der Erhaltung eines beständigen Gemütszustandes"*.

Analog Nietzsches Dekadenztheorie des modernen Menschen und Machs Zersetzung des Ich handeln auch Musils Essays und Reflexionen von der Krise und dem drohenden Untergang der abendländischen Kultur, die, Gott den Kredit, den Menschen die Lebenslust und den Kulturstaaten die nützliche Einbildung entzieht, dass sie eine Aufgabe haben. Der Zustand, den Nietzsche Wille zum Schein und Illusion nennt, beruht auf der zunehmenden Künstlichkeit in der Wirklichkeit, der andere Zustand, den Nietzsche Wille zur Wahrheit heißt, impliziert die Möglichkeit eines Auswegs, einem Für etwas Konkretes zu leben. Musil transformiert das in utopisches Denken, das er auch „Möglichkeitssinn" nennt.

Schon die Essays zeigen, dass Musil abstrakter, lösungsbezogener, mathematischer denkt als Schnitzler. Ähnlich verlaufen die Analyse und die Diagnose, die beide Denker anstreben. Sowohl Musil als auch Schnitzler erkennen Mechanismen der Gewalt und Lüge in der Liebe, Sterilität und Vitalität ringen sowohl im Mann als auch in der Frau um Vorherrschaft. Es darf weder der eine noch der andere Trieb zerstört oder unterdrückt werden, sonst folgen kalter Pragmatismus oder selbstzerstörerische Ekstase.

---

[212] Robert Musil, Ges. Werke, 2, Essays, Skizze der Erkenntnis des Dichters, S. 81 ff.

Die zeitgenössische Kultur, so Musil in seinem Aufsatz über die Krisis in Europa, leidet an einer tiefgreifenden Unruhe und Unsicherheit, da ihr die Ordnungsbegriffe des Lebens fehlen. Die Krise der Gesellschaft schlägt sich in der Verunsicherung des Individuums nieder, der Entfremdung von Ich und Du, was zur Halt- und Perspektivlosigkeit der Beziehungen führt. Musils Roman gleicht einem großen Essay, das Denken darstellen will und die zeitliche Entwicklung einzelner Gedanken zu einem System nachvollziehbar gestalten möchte, was zu einer diachronen Entwicklung von Ideen führt. Der Essay erscheint wie der Roman als Medium des lebenden Denkens, das Perspektiven und subtile Erkenntnisschichten wie Wachen und Träumen ineinander montiert. Die pure Reflexion führt nur zum Auseinanderfallen des natürlichen Gleichgewichts, ist aber notwendig für eine anthropologische Weiterentwicklung. Laut Musil dient der Gedanke in erster Linie der Artikulation des Gefühls durch den Verstand, der Wegwendung von belanglosem Wissen. Es entsteht eine komplexe Mischung zwischen echten, eingeredeten, subtilen und dominanten, verdrängten und sublimierten Gefühlen.

Musil interessiert was passiert, wenn Gewohnheit unterbrochen wird und die Kohärenz oder Stringenz rationaler Argumente verloren geht. In diesem Zustand sieht er die Möglichkeit zur Entlarvung der wahren Motive durch ein Tiefenbewusstsein. Es werden Ausgangspunkt und geheimes Gravitationszentrum der Überlegungen transparent. Angelehnt an Nietzsches Willen zur Macht, seine verbindende Dreiheit aus Instinkt, Tat und Reflexion macht Musil deutlich, dass allein eine noch unverbrauchte Seele mit der Größe der Gesinnung Schritt zu halten vermag. Es bedarf mehr Fantasie, um die Möglichkeiten der menschlichen Seele zu erkennen und ihr Potential umzusetzen.

4. 4. Musils Dramentheorie, „Der Schwärmer" und „Vincenz"

Musil verfasst zu Beginn der zwanziger Jahre zwei Stücke, „Der Schwärmer" (1921) wird von ihm als Ideendrama konzipiert, ein Schlüsselwerk der modernen deutschsprachigen Dramatik, das acht Jahre später gegen Musils Willen in einer verstümmelten Fassung uraufgeführt wird.

1924 schreibt Musil eine schlechte Kritik über Schnitzlers in Berlin aufgeführte „Komödie der Verführung", die den Ansprüchen Erkenntnis zu stiften nicht genüge: *„Dies vorausgeschickt, ergibt sich von selbst, daß ein Ideendrama, das nicht diffuses Licht auffängt, sondern Menschen durch bestimmte geistige Strahlen bewegt ... so daß man es nur an der Bewegung der*

*Personen gewahrt, die darin leben und allmählich den Zuschauer das Er-
kennen lehren."[213]* Die mangelnde Konvergenz ist folglich dokumentiert.

Im Zentrum der Handlung „Der Schwärmer" steht eine doppelte Drei-
ecksgeschichte: Anselm hat seine Geliebte Regine, die Frau des Ministeri-
albeamten Josef, in das Landhaus seines früheren Freundes Thomas entführt. Josef will seine Frau zurückholen. Bei seiner Ankunft hat sich Anselm
allerdings längst Thomas' Frau (und Regines Schwester) Marie zugewandt.
Thomas versucht, um Marie zu kämpfen, gibt jedoch bald auf. Anselm reist
ab, Marie folgt ihm. Josef verlässt desillusioniert das Haus, Regine und
Thomas bleiben als Verlassene allein zurück. Für Musil geht es um den
Kampf gegen das *„eigenschaftslose Dasein"* – Machs kernloses Ich. Die Figuren sind entweder Träumer, idealistische Schwärmer, beherrscht von der
Idee eines Glücks, das sich nicht erfüllt oder aber Pragmatiker. Es geht
folglich um Auseinandersetzung, um *„Weltanschauung",* nicht um Liebes-
leid. Der Aspekt des individuellen Eros tritt zurück, das Amouröse ist bestenfalls die Matrix, um die Ideen der drei Paare zu hinterfragen.

Als Symbol für das Sicherheitsdenken verwendet Musil das ausgelegte
Balkennetz, von dem der Beamte Josef spricht, während Thomas, der ewig
Tätige und auf seine Weise als reiner Kopfmensch auch ein Schwärmer,
von dazwischenliegenden Löchern spricht. Die Nüchternen werfen in ihrer
Bestimmtheitsideologie den Illusionisten vor krank zu sein. Ehebrecherin
Regine wird vorgeworfen, sie habe eine Schwäche für übertriebene Ideen
und sei charakterlich nicht gefestigt. Ihre Zofe nennt sie einen *„vulkanischen
Menschen".* Josef, der Rationalist, der für jedes Problem eine Lösung kennt,
bleibt am Ende allein, denn die Kluft zu seiner Gattin ist zu groß für ein Balkennetz. Thomas wird von seiner Gattin verlassen, weil er nichts so sein
lassen kann wie es ist und sie ihn für einen gefühllosen Verstandesmen-
schen hält.

Symptomatisch entsteht Erkenntnis bei Musil im Monolog mit sich selbst.
So fragt und antwortet sich Thomas: *„Wo ist Seele, Ordnung, geistiges Gesetz? Zusammengehören, Begriffenwerden, Ergreifen, Wahrheit, wirkliches
Gefühl? .... Der Abgrund des stummen Alleinseins schluckt sie wieder
ein."[214]* Genau an dieser Stelle kommt das Tragische, die Weltanschauung
des unrettbaren Ich zum Tragen mit seiner tiefgründigen Einsamkeit. Thomas sucht die Wahrheit und Ordnung, aber er weiß, es gibt sie nicht und

---

[213] Robert Musil, Gesammelte Werke, 1, Kritiken, S. 665.
[214] Robert Musil, Ges. Werke, 4, Dramen, Die Schwärmer, S. 367. Folgendes Zitat S. 330.

wenn, dann flieht sie jeden Zugriff. Sein früherer Freund und inzwischen verhasster Rivale Anselm hingegen verkörpert die Flucht ins Utopische: *„Was diesen Gedanken fehlt ist nichts als das bißchen Demut der Erkennt-nis, daß schließlich doch alle Gedanken falsch sind und daß sie deshalb geglaubt werden müssen – von warmen Menschen."* Er ist ein Schwärmer, der gar keine Stabilität sucht, sondern lediglich stimuliert sein will. Daher braucht er geradezu manisch immer wieder andere Menschen und liebt den Wandel. Zu Regine sagt er, er lasse sich nicht von ihr und niemandem fest-halten, da er immer wieder neu beginnen wolle. Maria verkörpert die Aufbe-gehrende, die widerspenstige Ehefrau, die Thomas' experimentellen Skep-tizismus nicht mehr zu tolerieren bereit ist und die Dinge einfach auf sich beruhen lassen möchte. Gerade Ruhe und Wärme hofft sie bei Anselms *„unbestimmtem Denken"* zu finden. Musils Erkenntnissuche liegt in der Mit-te, er favorisiert keine seiner Figuren, sondern legt es auf Nietzsches Per-spektivismus an.

Aufgabe des Dichters sei nicht die Verkündung irgendeiner Wahrheit, sondern die vielgestaltige *„Ausdeutung des Lebens"*, schreibt Musil in sei-nem Tagebuch, weil Kunst primär *„Beiträge zur geistigen Bewältigung der Welt"* liefere. Dabei erklärt er den Erkenntnis-Optimismus für das Dichteri-sche als unentbehrlich, weil in einem Zeitalter zunehmender Orientierungs-losigkeit der *„Lebensoptimismus gestärkt sein soll."*[215] Dazu bedarf es des symbolischen Ideal-Realismus, der zwei Zustände (Normal- und Ausnah-mezustand) miteinander in Bezug setzt und einen symbolischen Ausweg (Utopie) schafft. Folglich kann die Anpassung an das naturwissenschaftli-che Weltbild der Literatur nicht erspart bleiben, sie muss interagieren. Mu-sils Essay „Zu Kerrs 60. Geburtstag" (1927) endet mit dem Fazit: *„Man kann auf die Dauer keinen erfundenen, sondern nur einen realen Idealismus brauchen."*[216] Musil akzentuiert stets die Gegensätzlichkeit von Naivem (In-tuition) und Reflexivem (Intellekt) Denktrieb und schreibt dem ersten Idea-lismus, dem zweiten Materialismus zu. Keine der Denktypen ist für sich al-lein lebenstauglich, es kommt immer auf den Ausgleich an. In „Der Schwärmer" prallen die Konstellationen aufeinander und finden nicht zu ei-ner vitalen Synthese.

Das zweite Stück, eine Komödie, heißt „Vincenz und die Freundin bedeu-tender Männer", das 1923 im Berliner Volkstheater uraufgeführt wird und

---

[215] Robert Musil, Tagebücher, S. 939 und S. 745.
[216] Robert Musil, Gesammelte Werke,1 Kritiken, S. 1180.

später auch seinen Weg nach Wien findet. Die Handlung entspringt einer leicht variierten Realität, da sich Musil die Liebschaften aus seinem Bekanntenkreis borgt. Dabei erinnert seine femme fatale mit dem bezeichnenden Namen Alpha an die Musen Lou Salomé oder Alma Mahler-Gropius, eine femme fatale, der die Männer alle erliegen, während sie selbst niemanden so richtig zu lieben versteht. Alpha geht allerdings dem eloquenten Hochstapler Vincenz, der als Beruf *„Wortemacher"* angibt und als einziger ihrer Verehrer keinen Beruf hat, auf den Leim. Vincenz Erfolgsrezept ist, das er die bürgerliche Ordnung aufs Beste für seine Zwecke auszunutzen versteht. Er lebt die bewusste Schein-Identität, während alle anderen nur etwas vorspielen und sich selbst belügen: *„... Während jeder andre in einer Farbe angestrichen ist, bin ich harmonisch gesprenkelt."*[217] Der Zusammenhang zwischen Geld und Erotik, Prostitution der Ideen und des Gefühls, ist das verbindende Glied zu Schnitzler. Dies kommt deutlich an der Stelle, an der die sich zum Anarchismus bekennende Alpha die Welt als Trugbild des Patriarchats entlarvt, zum Ausdruck: *„Ich habe die Welt nicht gemacht. Ich hätte sie auch wirklich besser gemacht, wenn ich gefragt worden wäre; das ist kein Kunststück. Und diese, von diesen Männern gemachte Welt soll ich ernst nehmen? Das wollen sie ja von mir; ich soll die Welt respektieren! Da würde ich ja eher Sufragette werden!"*

Christof Schallhorn kommt in „Problematik im Verhältnis von Theaterbegriff und Dramatik" (1996) zu dem Schluss, dass *„Musils Ideendrama mit seinem inhaltlich realistischen Idealismus und seinem formal stilisierten Realismus"* zu Schnitzlers Dramenauffassung konträr ist. Dies lässt sich mit dem Zeitgeist und der Verschiebung ästhetischer Schwerpunkte erklären, aber auch mit individueller Ausprägung. Schnitzler verkörpert die Generation der Väter für Musil, die dem Untergang Österreichs tatenlos zusah, zudem das bürgerliche Lager, das bestenfalls am Selbstverständnis der Besitzenden kratzt. Auch wenn der Begriff Expressionismus nebulös bleibt und sehr unterschiedliche Richtungen kennt, so bezieht sie sich doch weit weniger auf Täuschung oder Desillusionierung, glaubt nicht an Determination durch Schicksal oder Wissenschaft, hinterfragt die Auswirkungen der Technik auf die Mentalität und erarbeitet Utopien, reaktionäre als auch revolutionäre. Auffallend ist die Entschleunigung in Musils Werk, wohingegen Schnitzlers Erzählungen auf einen finalen Punkt oft rasend schnell zusteuern.

---

[217] Robert Musil, Vincenz und die Freundin bedeutender Männer, S. 427. Folg. Zitat S. 442.

Epilog

Nietzsche, Marx und Freud gelten als die großen Propheten der Moderne. Mit ihnen verändern sich Kunst, Politik und Seele. Sie stehen symbolisch und paradigmatisch für das Fin de Siècle, die Belle Epoque, das moderne Wien um die Jahrhundertwende. Ihre Werke haben tiefe Spuren in den Kunstwerken hinterlassen, ihre Gedanken Revolutionen ausgelöst oder Tabus gebrochen. Das Individuum und die Gesellschaft sind seitdem in zahlreiche Schichten und Systeme zerfallen. Für Arthur Schnitzler und die Künstler Wiens seiner Zeit ist Freuds Psychologie von großer Bedeutung für das dichterische Schaffen. Vielleicht weniger an Marx als an Zola und Maupassants Naturalismus geschult, der aber gleichwohl ein System- und Milieudenken ist und den Menschen als ein von den sozialen, ökonomischen und politischen Umständen determiniertes Wesen begreift, haben auch die kritischen Gedanken vom Aufbau und der Hierarchie der Gesellschaft Schnitzler geprägt. Seine Arbeiten sind gleichwohl als Einbruch in die Intimsphäre und Skandal empfunden worden, mehrere Stücke erhielten Aufführungsverbot. Nietzsches Willenstheorie, seine Vision vom Überwinden alter, unbrauchbar gewordener Werte, schlägt sich ebenso in der Prosa wie im Drama nieder.

Eine vierte bedeutsame Gestalt, die gleichwohl Nietzsche, Marx und Freud das Ich als fragil, aus mehreren Schichten bestehend und daher instabil begreift, ist Ernst Mach. Schnitzler hat von allen etwas aufgenommen und etwas Eigenständiges daraus gemacht; er ist kein Freudianer, Nietzscheaner oder Machianer, erst recht kein Marxist geworden. Seine Kunst lässt den Naturalismus nicht hinter sich, aber sie variiert ihn, sie steht der Traumdeutung und Symbol- oder Typenlehre Freuds nicht entgegen, aber sie geht bestimmt nicht in ihr auf. Schnitzler entwickelt, obschon er wenig Philosophen liest und dies auch nur selektiv, vielleicht aber gerade auch aufgrund seiner kritischen Haltung allen Theorien gegenüber, etwa Philosophischem auf der Bühne: den Neubeginn im Untergang. Um an dem Ekel nicht zugrunde zu gehen, darf man ihn nur in kleinen Dosen kosten, es gleicht fast der Stärkung des Immunsystems. Den Ekel überwinden geht so wenig wie ihn zu verdrängen, gerade darauf kommt es Schnitzler an: nicht verdammen, aber erkennen, nicht leiden, aber empfindlich bleiben, nicht richten, aber gerechter werden im Umgang mit sich selbst.

Die Wiener Moderne wird zum Zeitzeugen des größten Zusammenbruches der europäischen Geschichte seit dem Zerfall des römischen Reiches. Die Nostalgie der k. u. k. Monarchie schlägt sich in die Epoche umgreifenden Romanen wie Joseph Roths „Radetzykmarsch" oder Hermito von Doderers „Die Strudelhofstiege" wieder.

Schnitzler ist diese Art von Wehmut fern, er schreibt nicht über Reseda oder Uniformen. Er beschwört nicht den Schwanengesang des Untergangs herauf, beschönigt nichts, verschweigt noch weniger. Dem Humanismus und Kosmopolitismus eines Stefan Zweig steht er skeptisch gegenüber, ebenso Franz Werfels katholischer Mystik und expressionistischer Haltung. Obschon Schnitzlers Dramen und Erzählungen eine gewisse Zeitlosigkeit und Modernität anhaftet, wird er von der folgenden Generation wie Roth und Musil kaum noch gelesen, seine Stücke selten aufgeführt.

Schnitzler ist gewiss kein Revolutionär, auch kein gesellschaftlicher Außenseiter. Er hält sich aus dem Politischen heraus, wie seine Stellung zum Zionismus verrät: Er weiß um sein Judentum, doch er möchte sich davon nicht mehr geprägt sehen als von seinem Beruf oder der Theaterlandschaft an sich.

Schnitzler gehört der Generation des Jungen Wien an, für die Eros und Thanatos, Leben und Tod untrennbar und sich wechselseitig stimulierend zusammengehören. Er schreibt à la terre, bodenständig, denn die Themen, über die er schreibt, hat er alle selbst durchlebt. Eifersucht, Betrug und Betrogen-Werden, es sind die kleinen Dinge, die große Kreise ziehen. Schnitzler ist weniger in der Antike zu Hause als Hofmannthal, weit weniger experimentierfreudig und neugierig als Hermann Bahr, kein Bohémien wie Peter Altenberg, weniger Träumer als Beer-Hofmann, sondern ein Künstler der Realität, den der Beruf des Arztes und das naturwissenschaftliche Denken leiten.

Schnitzler schreibt viel über Ärzte oder Künstler, Liebhaber und das Wiener Madl, also Typen, die er kennt. In „Fink und Fliederbusch" rechnet er mit dem dilettantischen Literaten ab, der Dichter sein möchte und deckt die Austauschbarkeit der Meinungen im Journalismus auf. Primär handeln viele seiner Geschichten von der Bloßstellung des falschen Lebens und einer Pseudo-Kunst. Dabei deutet er das wahre Leben an und ironisiert es zugleich in seiner ironisierten Unmöglichkeit. Das Komische, so hat es Musil einmal formuliert, bestehe im *„ironischen Spiel mit der ganzen Existenz"*, wobei *„die Sprache die tiefere Schicht der Komödie ist."*

Literaturverzeichnis

Primärliteratur

Schnitzler, Arthur, Gesammelte Werke, Die Dramatischen Werke in zwei Bänden, S. Fischer, 1962, Frankfurt

Schnitzler, Arthur, Dramen (Auswahl), Patmos 2002, Zürich

Schnitzler, Arthur, Traumnovelle und andere Erzählungen, S. Fischer, 2006, Frankfurt

Schnitzler, Arthur, Leutnant Gustl, Reclam, 2002,Stuttgart

Schnitzler, Arthur, Tagebücher in zehn Bänden, Österreichische Akademie der Wissenschaften, 2000, Wien

Briefe von Sigmund Freud an Arthur Schnitzler, Hg. Heinrich Schnitzler, S. Fischer, 1955, Frankfurt

Freud, Sigmund, Gesammelte Werke, S. Fischer, 1996, Frankfurt

Kierkegaard, Sören Entweder – Oder, dtv, 2005, München

Mach, Ernst, Die Analyse der Empfindungen und das Verhältnis des Physischen zum Psychischen, Wissenschaftliche Buchgesellschaft, 1993, Darmstadt

Mach, Ernst, Die Mechanik in ihrer Entwicklung historisch und kritisch dargestellt, Wissenschaftliche Buchgesellschaft, 1991, Darmstadt

Nietzsche, Friedrich, KSA, De Gruyter, 1988, Berlin

Sartre, Jean Paul, Werke, 3, Das Sein und das Nichts, rororo, 1993 Hamburg

Simmel, Georg, Die Philosophie des Geldes, suhrkamp tb, 2011, Frankfurt

Schopenhauer, Arthur, Die Welt als Wille und Vorstellung, dtv, 1998, München

Stendhal, Über die Liebe, insel tb, 2007, Frankfurt

Sekundärliteratur

Blom, Philipp, Der taumelnde Kontinent, dtv Verlag, 2011, München

Böschenstein, Silvia, Die imaginierte Weiblichkeit, Suhrkamp, Frankfurt, 2004

de Bruyker, Melissa, Das resonante Schweigen, Königshausen & Neumann, 2008, Würzburg

Dickel, Manfred, Zionismus und Jungwiener Moderne, 2004 Universität Jena

Dangel, Elisabeth, Augenblicke Schnitzlerscher Frauen, Sprache und Literatur in Wissenschaft und Unterricht 22, Jahrgang 1991 Nr. 67, Wien

Duhamel, Roland, Zu den philosophischen Grundlagen der österreichischen Literatur nach 1900, Germanistische Mitteilungen, Band 58, 2004, Brüssel

Duhamel, Roland, Schuld und Verantwortung – Arthur Schnitzlers Kompromiss, Germanistische Mitteilungen, Band 69, 2009, Brüssel

Fabis, Agata, Tragisch-Liebende im Werk Stefan Zweigs und Arthur Schnitzlers, 2012, Universität Krakau

Gutt, Barbara, Emanzipation bei Arthur Schnitzler, V. Spiess, 1978, Berlin

Kerenek, Ernst, Im Atem der Zeit, Braumüller, 2012, Wien

Le Rider, Jaques, Arthur Schnitzler oder die Wiener Bel Epoque, Passagen Literaturtheorie, 2007, Wien

Kampts, Peter, Zwischen Schein und Wirklichkeit, Österreichischer Bundesverlag,1984, Wien

Kluwe, Sandra, Schnitzler und Adler in Abgrenzung zu Freud, Grin Verlag, 2007, Heidelberg

Mann, Heinrich, Ein Zeitalter wird besichtigt, S. Fischer TB,2001, Frankfurt

Micke, Norbert, Das Eros / Thanatos Motiv in den frühen Erzählungen Schnitzlers Amadis, 2000, Berlin

Planz, Gabriele, Langeweile, Tectum Verlag, 1996, Marburg

Prasse, Britta, Textanalytische Reflexion der Monolognovelle Fräulein Else mit dem Fokus auf die weibliche Hysterie, 2011, Universität Essen

Schallhorn, Christof, Das Theater Robert Musils, 1996, pdf Datei

Terwort, Nicole, Ich-Entwertung und Identitätsverlust in Arthur Schnitzlers Dramen,1992

Trösch, Vanessa, Die Frau in den literarischen Geschlechterbeziehungen bei Arthur Schnitzler, 2011, Universität Essen

Voigt, Anna, Frauenfiguren bei Arthur Schnitzler, 2004, Marburg

Wunberg, Gotthart, (Hrsg.), Die Wiener Moderne. Literatur, Kunst und Musik zwischen 1890 und 1910. Reclam, 2000, Stuttgart

Komparatistik

Altenberg, Peter, Wie ich es sehe, Nachlass. Manesse, 2007, Zürich

Beer-Hofmann, Richard, Der Tod Georgs Reclam, 2000, Stuttgart

Bahr, Hermann, Zur Kritik der Moderne, Kunst und Kritik, Leipzig 1891

Bahr, Hermann, Dialog vom Tragischen, S. Fischer 1904, Berlin

Bahr, Hermann Kritik der Gegenwart, Haas und Grabenherr, 1922, Augsburg

Bahr, Hermann, Das Konzert, Erich Reiß Verlag, 1909, Berlin

Bahr, Hermann, Expressionismus, Delphin 1916, München

Bahr, Hermann, Tagebücher, Skizzenbücher, Notizhefte. Hg. von Moritz Csáky,1994, Wien

von Hofmannsthal, Hugo, Sämtliche Werke, Hg. Herbert Steiner, S. Fischer, 1950, Frankfurt

Musil, Robert, Gesammelte Werke, Hg. Adolf Frisé, rororo, 1989, Hamburg

Roth, Joseph, Gesamtausgabe, 6 Bände, Das journalistische Werk, Hg.

Hackert, Fritz, Kiepenheuer & Witsch, 1989, Köln

Werfel, Franz, Gesammelte Werke 3, Dramen, S. Fischer Verlag, 2002, Frankfurt

Werfel, Franz, Gesammelte Werke 4, Erzählungen, S. Fischer Verlag, 2002

Zweig, Stefan, Die Heilung durch den Geist, S. Fischer Verlag

Zweig, Stefan, Briefwechsel mit Hermann Bahr, Sigmund Freud, Rainer Maria Rilke und Arthur Schnitzler, S. Fischer, 1990, Frankfurt

Zweig, Stefan Gesammelte Werke, Die Schlaflose Welt, S. Fischer, 1990, Frankfurt

Zweig, Stefan, Dramen, Das Haus am Meer, S. Fischer, 1990, Frankfurt

Centaurus Buchtipp

Georg W. Forcht

Frank Wedekind und die Volksstücktradition

Basis und Nachhaltigkeit seines Werkes

Reihe Sprach- und Literaturwissenschaft,
Bd. 41, 2012, 200 S., br.,
ISBN 978-3-86226-154-3, **€ 24,80**

Frank Wedekind, der Wegbereiter des modernen Dramas, der Lyriker, Bänkelsänger und Kabarettist, zeigt uns hier abermals eine neue Facette seines Werks. Es ist bekannt, dass die Alt-Wiener Volksstücktradition die „Basis" für sein dramatisches Werk bildet. Weniger bekannt ist jedoch, dass seine Lyrik und Dramatik mit den übernommenen volksstückhaften Elementen auf zahlreiche spätere Volksstückautoren „nachhaltig" gewirkt hat. Dabei sind es immer wieder die gleichen Spielmuster der Volksstücktradition, die Wedekind in sein literarisches Konzept übernimmt und an spätere Autoren weitergibt.

Die Arbeit zeigt im literaturhistorischen Kontext, wie zwei Generationen standardisierte Elemente aus dieser Tradition in ihr literarisches Schaffen einfließen lassen. Zur ersten Gruppe sind die Schüler zu rechnen, die in den 30er Jahren bei Wedekinds Lehrer und großem Förderer Prof. Kutscher in München Literaturwissenschaft studiert und Wedekinds Arbeit aus erster Hand kennen gelernt haben. Hierzu zählen Bertolt Brecht und Marieluise Fleißer ebenso wie Ödön von Horvàth. Zur zweiten Gruppe sind Martin Sperr, Rainer Werner Fassbinder und vor allem Franz Xaver Kroetz zu rechnen, die in den 70er Jahren das „neue kritische Volksstück" unter Ausnutzung der Medienkompetenz zu einer Renaissance geführt haben.

Dadurch, dass bei allen Autoren von Raimund bis Kroetz neben der Handlung und Interpretation auch das biographische Umfeld ausgeleuchtet und ständig Querverbindungen gezogen werden, dürfte das Buch jeden neugierig machen, der sich für die Bühne und das Volksstück interessiert.

www.centaurus-verlag.de

Jürgen Gedinat
Ein Modell von Welt
Unterwegs in der Globalisierung
2013, ca. 200 S.,
ISBN 978-3-86226-215-1, € **19,80**

Peter Schulz Hageleit
Geschichtsbewusstsein und Psychoanalyse
Geschichte und Psychologie, Bd. 15, 2012, 320 S.
ISBN 978-3-86226-119-2, € **24,80**

Katrin Schrenker
Dichtung und Wahn
Zur Psychopathologie in Georg Büchners »Lenz«
Reihe Sprach- und Literaturwissenschaft, Bd. 40, 2010, 160 S.,
ISBN 978-3-86226-036-2, € **18,90**

Klaus D. Spangenberg
Josef Block
Maler der Berliner und Münchner Secession
Reihe Kunstgeschichte, Bd. 8, 2010, 196., 54 Farbabb.,
ISBN 978-3-86226-013-3, € **18,90**

»Ich vermute, dass Blocks Arbeiten, wären sie nicht verloren und verbrannt, heute auf Auktionen wieder gefragt wären und dass Klaus-Dieter Spangenberg, der nun einen ersten biografischen Überblick verfasst hat, recht daran tat, auf Block hinzuweisen. «
Roland H. Wiegenstein in: Die Berliner Literaturkritik, 03.05.11.

VHS Lörrach / VHS Weil am Rhein
TAMphilo
Sternstunden aus 10 Jahren philosophischer Erwachsenenbildung
Reihe Philosophie, Bd. 36, 2011, 183 S., geb.,
ISBN 978-3-86226-015-7, € **19,80**

»Das Buch ist eine gute Gelegenheit sich mit philosophischem Denken auseinander zu setzen, und eine gelungene Nachlese zu den Veranstaltungen der TAM-philo Reihe.«
Mag. Harald G. Kratochvila, Rezension vom 22.06.2011, in: www.socialnet.de Rezensionen.

Georg W. Forcht
Frank Wedekind und die Anfänge des deutschsprachigen Kabaretts
Reihe Sprach- und Literaturwissenschaft, Bd. 39, 2009, 239 S., 56 Abb.,
ISBN 978-3-8255-0744-2, € **20,00**

Georg W. Forcht
Liebesklänge und andere ausgewählte Lyrik-Manuskripte des jungen Frank Wedekind
Reihe Sprach- und Literaturwissenschaft, Bd. 38, 2. überarb. Aufl. 2006, 348 S., 30 s/w Abb.,
ISBN 978-3-8255-0659-9, € **24,90**

»Forcht zeichnet Wedekinds Entwicklung sorgfältig nach.«
Helmuth Kiesel, Frankfurter Allgemeine Zeitung vom 19.10.2007.